新编高等学校公共管理系列教材　总主编　祝天智

PUBLIC ADMINISTRATION

行政管理学

周定财　◎主　编
楚德江　史为恒　◎副主编

北京大学出版社
PEKING UNIVERSITY PRESS

图书在版编目(CIP)数据

行政管理学 / 周定财主编. -- 北京：北京大学出版社, 2024. 7. -- ISBN 978-7-301-35234-2

Ⅰ．D035

中国国家版本馆 CIP 数据核字第 2024XH7351 号

书　　　名	行政管理学 XINGZHENG GUANLIXUE
著作责任者	周定财　主编
责 任 编 辑	尹　璐　吴康文
标 准 书 号	ISBN 978-7-301-35234-2
出 版 发 行	北京大学出版社
地　　　址	北京市海淀区成府路 205 号　100871
网　　　址	http://www.pup.cn　新浪微博：@北京大学出版社
电 子 邮 箱	zpup@pup.cn
电　　　话	邮购部 010-62752015　发行部 010-62750672　编辑部 021-62071998
印 刷 者	河北文福旺印刷有限公司
经 销 者	新华书店 787 毫米×1092 毫米　16 开本　27.5 印张　508 千字 2024 年 7 月第 1 版　2024 年 7 月第 1 次印刷
定　　　价	78.00 元

未经许可，不得以任何方式复制或抄袭本书之部分或全部内容。
版权所有，侵权必究
举报电话：010-62752024　电子邮箱：fd@pup.cn
图书如有印装质量问题，请与出版部联系，电话：010-62756370

目 录
Contents

第一章　行政管理学概说　001
  第一节　行政、行政管理与公共行政　001
  第二节　行政管理学的研究对象、内容和方法　010
  第三节　行政管理学的创立和发展　017

第二章　行政环境　047
  第一节　行政环境概述　047
  第二节　行政环境的理论依据　057
  第三节　行政管理与行政环境的互动　059

第三章　行政职能　064
  第一节　行政职能概述　064
  第二节　西方国家行政职能的演变　073
  第三节　转轨时期我国政府行政职能的转变　077

第四章　行政组织　086
  第一节　行政组织概述　086
  第二节　行政组织的结构和特性　094
  第三节　行政组织的类型　101

第五章　行政领导者　107
  第一节　行政领导概述　107

　　　　第二节　行政领导制度　　　　　　　　　　111
　　　　第三节　行政领导的方法、方式和艺术　　　115
　　　　第四节　行政领导者及其三重规定性　　　　126
　　　　第五节　行政领导者的素质结构　　　　　　132

第六章　人事行政管理　　　　　　　　　　　　　138
　　　　第一节　人事行政和人事管理　　　　　　　138
　　　　第二节　职位分类和品位分类　　　　　　　143
　　　　第三节　公务员和公务员制度　　　　　　　147

第七章　财务行政管理　　　　　　　　　　　　　165
　　　　第一节　财务行政管理概述　　　　　　　　165
　　　　第二节　财政收入管理　　　　　　　　　　168
　　　　第三节　财政支出管理　　　　　　　　　　171
　　　　第四节　政府预算管理　　　　　　　　　　174
　　　　第五节　政府审计　　　　　　　　　　　　181

第八章　机关行政管理　　　　　　　　　　　　　188
　　　　第一节　机关行政管理概述　　　　　　　　188
　　　　第二节　机关行政管理的内容　　　　　　　192
　　　　第三节　机关行政管理的现代化　　　　　　201

第九章　行政公共关系　　　　　　　　　　　　　205
　　　　第一节　行政公共关系概述　　　　　　　　205
　　　　第二节　行政沟通　　　　　　　　　　　　213
　　　　第三节　政府形象塑造　　　　　　　　　　222

第十章　公共危机管理　　　　　　　　　　　　　232
　　　　第一节　公共危机与公共危机管理　　　　　232
　　　　第二节　公共危机管理过程与体制　　　　　238
　　　　第三节　公共危机管理机制　　　　　　　　246

第十一章　公共政策　254

第一节　公共政策的含义和理论演进　254

第二节　公共政策的地位、功能和主要类型　264

第三节　公共政策的合法化　269

第十二章　行政立法　275

第一节　行政立法概述　275

第二节　行政法规、行政规章与行政规范性文件　281

第三节　行政立法的程序及效力　286

第四节　新时代我国行政立法的改革和发展　290

第十三章　行政决策　296

第一节　行政决策概述　296

第二节　行政决策理论与分析模型　302

第三节　行政决策的基本原则和方式　307

第四节　行政决策的程序及其影响因素　312

第五节　行政决策体制　320

第十四章　行政计划　327

第一节　行政计划概述　327

第二节　行政计划的制订　333

第三节　行政计划的实施与控制　338

第十五章　行政执行　345

第一节　行政执行概述　345

第二节　影响行政执行的因素　350

第三节　行政执行的前提与手段　355

第四节　行政执行的一般过程　360

第十六章　行政监督　365

第一节　行政监督概述　365

第二节　行政内部监督体系　373

第三节　行政外部监督体系　377

第四节　完善我国的行政监督体系　　384

第十七章　行政绩效　　390
第一节　行政绩效概述　　390
第二节　行政绩效评估与测定　　393
第三节　当代中国行政绩效的提升　　402

第十八章　行政改革　　408
第一节　行政改革概述　　408
第二节　当代西方国家的行政改革　　415
第三节　当代中国的行政改革　　420

后　记　　432

第一章 行政管理学概说

> **导 读**
>
> 对于人类社会来说，自从有了国家和政府以来，就有了行政的问题。行政管理学是研究政府管什么、怎么管的一门学问，其研究内容将随着社会的不断发展而不断变化。作为一门由西方学者创立、从西方引进的学科，行政管理学的学科体系、基本概念、理论框架、研究方法以及表述方式等，都带有西方国家的国情和西方学者的风格。我们在引进和学习的同时应当致力于建设中国特色社会主义的行政管理学，这将是一项长期而艰巨的任务。

第一节 行政、行政管理与公共行政

一、什么是行政

（一）行政的产生

在距今 2000 多年前的《左传》中就有"行其政事""行其政令"的记述，《史记·周本纪》中也有"召公、周公二相行政，号曰'共和'"①"成王少，周初定天下，周公恐诸侯叛国，公乃摄行政当国""周公行政七年"等表述。这里"行政"一词的含义是代行朝政，执掌管理国家全部事务的大权，与现今"行政"一词的含义完全不同。

现今"行政"一词作为社会生活通用概念，主要是对英文"administration"的意译，当然也与古汉语中的"行政"有所联系。英文"administration"一词源于拉丁文 administrate，是相对"政治"（politics）这一

---

① 公元前 841 年，周厉王因国人发难而遁，太子靖年幼，于是"召公、周公二相行政，号曰'共和'"。

概念而产生的，意为国家、社会公务的推行、执行与管理。国际上通用的《社会科学大辞典》对"行政"的解释是：国家事务的管理。马克思则认为，"行政是国家的组织活动"①。这一经典定义至少包括四层内涵：（1）行政是一种国家活动，而不是一般机关、组织、团体、单位的活动，因此脱离一定的国家事务、社会、文化、政治环境等去空谈"行政"，是极端错误的，既无实践指导意义也不会有多大的理论意义和思想价值；（2）行政是一种组织活动，这种组织活动的主体是国家行政机关，即政府；（3）行政是一个活动过程，不是孤立、静止的，而是有一定的运行机制、程序、方式、方法；（4）行政是相对于国家立法、司法活动而言的，即行政并不是国家的所有活动，它只是对国家公共事务进行的组织管理活动。

伍德罗·威尔逊

美国第 28 任总统伍德罗·威尔逊最早提出具有现代意义行政概念，他认为"公共行政就是公法的明细而系统的执行活动"。"行政是行动中的政府；它就是政府的执行，政府的操作，就是政府工作中最显眼的部分，并且具有与政府本身同样悠久的经历。"② 据此，我们认为，"行政"就是"行使政治"，就是"政治的被行使"。

（二）政治与行政

政治与行政二分法

什么是政治？孙中山先生认为："政治两字的意思，浅而言之，政就是众人之事，治就是管理，管理众人的事便是政治。"③ 研究政治与行政的关系，是行政管理学研究的永恒主题，也是理解行政学产生的前提。可以说，一百多年的行政学发展都是围绕着政治与行政的关系来展开的。将行政从政治中分离出来，提出政治与行政二分法是威尔逊和古德诺。

1. 威尔逊的观点

1887 年，伍德罗·威尔逊在美国《政治科学季刊》上发表《行政学研究》一文。在文中，他批判了传统的政治学说的权力概念，以及政府行政管理效率低下和混乱等弊端，提出要建立一门行政管理学，"力求使政府不走弯路，使政府专心处理公务减少闲杂事务，加强和纯洁政府的组织机构，使政府在评价工作时得到尽责的名声"④。他认为，政治是立法团体和其他政策制定集团专有的活动，而行政是行政官员执行法律和政策的专有活动。行政学要研究人事问题，更要研究组织与管理问题，组织的有效性和效率是行政学的根本。他首先提出了政治与行政分开的观点，并认为这是行政学存在的前

---

① 《马克思恩格斯全集》第 3 卷，人民出版社 2002 年版，第 386 页。
② 彭和平等编译：《国外公共行政理论精选》，中共中央党校出版社 1997 年版，第 16 页。
③ 《孙中山选集》（下卷），人民出版社 1981 年版，第 661—662 页。
④ 彭和平等：《国外公共行政理论精选》，中共中央党校出版社 1997 年版，第 5 页。

提和可能。也为行政学发展成为一门独立的学科奠定了基础，因此，威尔逊被公认为现代行政学的创始人。

2. 古德诺的观点

1900年，弗兰克·古德诺出版《政治与行政：对政府的研究》一书，发展了威尔逊关于政治与行政分开的观点，创立了"政治与行政二分法"。他认为，"在所有的政府体制中都存在着两种主要的或基本的政府功能，即国家意志的表达功能和国家意志的执行功能"。"为了方便起见，政府的这两种功能可以分别称作'政治'与'行政'。政治与政策或国家意志的表达相关，行政则与这些政策的执行相关。"① 在此基础上，他进一步指出，政治是通过公民中的政党组织指导和影响政府政策的行为或职能，行政是用技术标准处理社会事务，行政可以不关乎政治，因为行政主要是半科学、准司法、准商业的活动，履行这些行政职能的官员为事务官，而履行政治职能的官员是政务官。古德诺把行政从政治中分离出来，使之成为一个相对独立的研究领域，这对行政学的产生也起到了重要的促进作用。

弗兰克·古德诺

3. 马克思主义的观点

从马克思主义的观点来看，政治与行政都是一种社会历史现象，都是建立在一定经济基础之上并为一定经济基础服务的上层建筑。两者密切联系，又互相区别。

第一，政治的实质是阶级之间的关系。在一定社会形态中，各阶级之间特别是统治阶级和被统治阶级之间的关系构成政治的实质内容。在阶级社会中，政治首先是阶级的政治，而行政的根本任务就是巩固统治阶级的政治统治。

第二，政治的核心是国家政权。某些政党、集团之所以拥有立法权和政治决策权，正因为其所属的阶级掌握了国家政权。一切政治行为和政治活动，归根结底是为了夺取政权和巩固政权，而行政正是以国家政权为后盾、以维护和巩固国家政权为根本任务的。

总之，政治主导行政，行政从属于政治。行政不可能不表现国家的意志，执行也不可能不体现政治。行政的目标、职能、行为和活动，都不同程度地、直接或间接地具有政治的属性。因此，政治与行政是难以截然分开的。

（三）西方对行政概念的解释

从西方的学术传统来看，对"行政"大致有以下几种解释：

1. 与立法、司法相对应的"行政"

在西方的学术传统中，早在古希腊时期，亚里士多德就认为一切政体都

---

① 〔美〕古德诺：《政治与行政》，王元、杨百朋译，华夏出版社1987年版，第10页。

具有三种机能，即议事机能、行政（执行）机能、审判（司法）机能，并对行政机构及其产生和活动的原则进行了比较详细的论证。① 在近代，英国的约翰·洛克在《政府论》中首次将国家权力分为立法权、行政权和对外权，认为三种权力应该分别由不同的机关或人行使，相互制约，以防止权力被滥用。② 在洛克以后，法国哲学思想大师查理·孟德斯鸠在《波斯人札记》《论法的精神》中提出"三权分立"理论，将国家权力分为分立与相互制衡的三个机关——立法机关、行政机关、司法机关。③ 一些学者以此理论为基础，认为行政就是国家管理活动中与司法、立法相并列的执行活动。在三权分立的国家，立法是制定法律，行政是执行法律，司法是维护法律。在近代学术界，这一"行政"概念被人们广泛接受。这种解释的优点是使"行政"概念的质的规定性更加明确，有利于人们把握行政管理的特点，将行政活动与其他活动区别开来。但这种观点过于狭隘，并不符合现代社会的实际情况。行政机关拥有立法权已成为一种普遍现象，立法、司法机关也有大量的人事、财务等方面的行政事务。

2. 与政治相对应的"行政"

现代行政学的产生与政治学的发展存在着密不可分的关系。一般认为，近代德国学者 J. K. 布隆赤里较早提出了政治与行政分开的思想。但从严格意义上说，现代行政学首先是由美国的政治学家提出来的，如美国的威尔逊、古德诺等人。他们主张研究行政学的起点是把行政与政治分离开来。按照他们的说法，政治是国家意志的表达，行政是国家意志的执行。这种解释的优点是促使行政学从其母体政治学中分离出来，但缺点是将政治与行政截然分开、相互脱离，不能正确反映当代世界各国政治与行政紧密联系、相互结合、相互影响的客观现实。因为在任何一个国家，行政不仅仅是被动的执行性活动，也是积极参与和影响国家政治决策的活动。任何行政活动都不可能不表现国家的意志，现代国家的政府机关更具有强烈的政治色彩。

3. 与管理相对应的"行政"

这种观点认为，行政活动是一种管理活动。如美国学者古利克认为，行政是由计划、组织、人事、指挥、协调、报告和预算等功能构成的一个过程。美国行政学家怀特认为："行政乃是为完成或为实行一个政权机关所宣布的政策而采取的指挥、协调和控制活动。"④ 美国1985年出版的《公共行政学词

---

① 参见〔古希腊〕亚里士多德：《政治学》，吴寿彭译，商务印书馆1965年版，第220—228页。
② 参见〔英〕洛克：《政府论》（下篇），叶启芳等译，商务印书馆1964年版，第89—91页。
③ 参见〔法〕孟德斯鸠：《论法的精神》（上册），张雁深译，商务印书馆1961年版，第155页。
④ Leonard D. White, *Introduction to the Study of Public Administration*, Macmillan, 1926, p. 3.

典》将行政定义为"政府及公共机构事务的管理和指挥"。按照上述观点，国家的立法机关、行政机关和司法机关对社会事务的管理活动，都可称为行政活动。这种解释的优点是把行政概念的外延扩展到部门行政的范畴，使行政管理学研究的领域更为广阔。其缺点是外延过宽，包罗万象，容易把有着不同的主体、对象、方法和手段的管理活动混为一谈，无法揭示出行政的特殊本质，不利于行政学自身的发展。

二、行政管理

（一）行政管理的产生

科学管理理论的出现，使"科学管理"的革命首先发生于工商企业内部。著名管理学家彼得·德鲁克曾说："在人类历史上，还很少有什么事比管理的出现和发展更为迅猛，对人类具有更为重大和更为激烈的影响。"[①]

行政管理源于科学管理的兴起，企业管理向政府管理渗透，使"行政"概念从政治性的管理向程序化和技术性的管理演变，从而把行政的概念扩大和延伸到企事业单位和其他社会组织的管理活动。在这里需要明确两点：（1）行政也是一种管理活动。行政是高层次的管理，而管理是低层次的行政。（2）行政是国家的组织活动，而不是其他社会组织的管理活动。

改革开放以后，管理的重要性开始在我国得到普遍的认同，大家纷纷学管理，讲管理。这一阶段的行政著作多把"行政"称为"行政管理"，这样一来，既强调了行政属于管理的范畴，也强调了行政管理与其他管理的区别。

（二）管理与行政

自从世界上有了人类的活动，就有了管理。可以说，管理是与人类社会相伴随的社会现象。而行政是一种特殊的管理形式，"行政"一词本身就具有管理的含义。二者既有密切的联系也有本质的区别。

二者的区别主要表现在：第一，内涵不同。行政主要指政府或行政机关的活动，是国家行政机关行使国家权力、依法管理国家事务、社会公共事务和机关内部事务的活动。管理主要指工商企业的活动，是管理者在一定的环境和条件下，为了实现特定的目的，动员和运用有效资源而进行的计划、组织、领导和控制等社会活动。第二，外延不同。管理的外延广，包括个人、家庭、国家，有人类活动的地方就有管理。而行政是管理这个大系统中的子系统，并不是所有管理都应当纳入行政范畴。第三，形成时间不同。行政的

---

① 周三多等编著：《管理学——原理与方法》，复旦大学出版社2009年版，第1页。

主体是政府，而政府不是从来就有的，也不会永远存在下去，但管理活动则贯穿人类社会的始终。这是两者最明显的区别。第四，活动层次不同。行政是层次较高的活动，是指政务的推行，包括决策、规划、指导、领导、协调等。而管理是层次较低的活动，是指事务的推行，包括执行的方法、技术、程序等。第五，活动性质不同。行政是政治性与社会性的统一，属于特定社会上层建筑的范畴。而管理活动一般不具有明显的政治性质，存在于各种社会形态中。

二者的联系主要表现在：从系统的角度来看，行政是政府和行政机关实施的一种特殊形式的管理，它隶属于一般管理，是整个管理系统中的一个子系统，是众多管理门类中的一个重要门类。从一般与个别的关系上看，管理是一般现象，而行政是高级管理人员对较重要事务的处理，它高于一般管理，属于特殊现象。正如张康之在《公共行政学》一书中指出，"作为一种特殊形式的管理，行政是与国家的产生联系在一起的，是有了国家才出现了行政，即所谓行其政事"[1]。因此，二者是一般与特殊的关系。

（三）学术界对行政管理概念的理解

学术界对于行政管理概念的理解，主要有三种观点：

第一种是狭义的行政观。认为行政管理是国家行政组织即政府系统依法对国家事务和社会公共事务的管理，即国家行政权力的运用。如威洛比就认为："行政是政府组织中行政机关所管辖的事务。"[2] 这种观点的意义在于将"行政"概念质的规定性表述得较为明确，有助于人们把握行政管理活动与其他类型管理活动的区别及自身特点。但不能全面反映当代"三权"之间相互渗透、行政管理本身权限逐步扩大的现状与趋势。

第二种是广义的行政观。认为行政管理的范围应包括整个国家的管理活动，即包括国家权力机关、行政机关和司法机关依法行使国家权力对国家事务进行管理的活动。如古德诺认为："政治是国家意志的表达，行政是国家意志的执行。"[3] 因而从功能性、技术性的角度来看，行政是对法律和政治的执行行为。这种观点的意义在于促使行政管理从政治学母体中分离出来并逐步形成一门独立的学科，其缺陷是单纯强调政治与行政两者之间的分离，不能正确地反映政治与行政紧密联系、相互结合、相互影响的实际情形。

第三种是最广义的行政观。认为行政管理不仅包括国家机关（立法机关、

---

[1] 张康之、李传军编著：《公共行政学》，北京大学出版社2007年版，第2页。
[2] W. F. Willoughby, *Principles of Public Administration: with Special Reference to the National and State Governments of the United States*, Johns Hopkins Press, 1927, p. 10.
[3] 〔美〕古德诺：《政治与行政》，王元、杨百朋译，华夏出版社1987年版，第10页。

行政机关、司法机关）的管理活动，而且包括一切企事业机关的管理活动，即包括一切办事机构的行政事务工作。如西蒙等人认为，行政就是"若干人为达到共同目的时所做的合作的集体行动"[①]。这种解释以后演变为"行政即指一切团体处理行政事务的活动"。这种观点的意义在于将行政概念的外延扩展到社会各部门行政的范畴，使行政学研究的范围更为广泛。其缺陷是易与企业管理、国民经济管理等学科相混淆，不易显现行政学科的独特性和确定性。

上述广义和最广义的解释，似乎不能确切反映行政管理的实质。因此，我国学术界大都接受狭义的行政观，即将行政管理理解为政府系统的管理活动。

三、公共行政的含义

（一）"公共"的含义

"公共行政"是公共行政学中的专门术语，由于在"行政"前面加了"公共"二字，使"行政"本身的含义更为丰富。

（1）公共行政是和"私人的""盈利的"或"企业的"行政相区别的。亦即强调执行行政活动的主体主要是公共部门或公共服务机构，而不是私人企业或私人机构。

（2）明确了行政活动的目的和性质。不同的行政管理有着不同的目的和性质，如封建国家行政管理的目的和性质是巩固王权和少数人的统治，私人行政的目的和性质是为了盈利，而公共行政的目的和性质主要是为公众提供服务。

（3）强调行政所负的社会的责任和义务。行政活动的目的和性质决定了它应负有的社会责任和义务，因此，其工作绩效不能简单地以利润或效率为标准，而必须以服务数量、质量、满足社会需求的程度等多种尺度为标准。

（4）强调了公众的参与性。行政的整个活动过程和广大公众的利益有密切联系，这种参与主要表现为公众对政府决策的影响、通过立法、监察、司法机构对政府行为的约束以及通过各种渠道对政府活动的舆论监督等各个方面。

（5）强调了行政活动的公开性，即所谓的"透明行政"和"阳光行政"。詹姆斯·福里斯特尔曾经说过："政府工作的困难在于，它不但必须干得很好，而且必须让公众相信他干得很好。换句话说，能力和表现是同样必要的。

行政管理与企业管理

---

① 张润书：《行政学》，台湾三民书局股份有限公司1980年版，第3页。

我认为,在一个人身上同时具备这两点是很困难的。"① 因此,政府官员必须向公众证明其决策正确,并服从行政机构不计其数的法律和规章。虽然某些烦琐的公事程序或许可以谨慎地消除,但是,大量的程序对于保护公众利益来说是必不可少的。

（二）公共行政的"公共性"

"公共行政"是"行政"的别称,它突出强调了行政管理的"公共性"特点,涉及公共权力的运用、公共需求、公共利益、公共政策、公共事务、公共产品、公共服务和公共责任等问题。这是行政管理与其他管理的一个重要区别,也是行政管理学最需着力探讨的领域。

概括起来,公共行政的"公共性"主要表现在以下五个方面:

1. 行使公共权力

公共权力是公共行政的基石和保证。公共权力在国家产生之后主要表现为国家权力,而行政权力是国家权力的重要组成部分;由宪法、法律和社会认同的公共权力或行政权力便是公共权威。在我国,政府的权力属于人民,人民通过人民代表大会及其常委会向政府授权,政府作为人大的执行机关,对人大负责,对人民负责。中国共产党的路线、方针、政策通过人民代表大会转化为公共权力。政府在党的领导下,通过行使公共权力,贯彻执行党的路线、方针、政策。各人民团体、社会组织和公民个人,共同服从于公共权力和各级政府的管理。在党、国家权力机关和人民的共同监督下,政府行使公共权力,为人民服务。总之,公共权力代表着国家的意志,具有极高的权威性和极强的约束力。

2. 管理公共事务

公共事务是公共行政的客体。在计划经济体制下,我国政府无所不包、无所不管,扮演了全能政府的角色。事实证明,这一做法使得行政效率低下,导致政府规模失控,造成国家大量人力、物力、财力的浪费。同时,又剥夺了企业和公民应有的自主权,打击了他们的主动性和创造性。当前,政府必须适应市场经济的要求,加快职能转变,从"全能"的误区中走出来。凡是公民可以自理的事情,凡是企事业单位内部的事情,政府都不必干预和插手管理,只管理社会公共事务。社会主义国家的公共事务,最为关键的是如何搞好宏观经济管理与调控,如何增强国有大中型企业的活力。

---

① 转引自〔美〕菲利克斯·A. 尼格罗、劳埃德·G. 尼格罗:《公共行政学简明教程》,郭晓来等译,中共中央党校出版社1997年版,第10页。

3. 提供公共产品和公共服务

公共产品是和私人产品相对应的概念，是指具有非排他性和非竞争性①的产品，可分为纯公共产品和准公共产品两种。公共产品具有非竞争性、非排他性、规模效益大和初始投资量大等特点，使得私人企业或市场不愿意提供、难以提供或即使提供也难以做到有效益，因而一般由公共部门或准公共部门来提供。公共服务是公共部门与准公共部门为满足社会公共需求，共同提供公共产品的服务行为的总称，它分为提供纯公共产品的公共服务和提供准公共产品的公共服务两种。

公共产品的分类

4. 实现公共利益

公共利益是公共行政的宗旨，"明确地表达和实现公共利益是政府存在的主要理由之一"②。公共权力从本质上来说，是相对于私人的、个别的、局部的权力而言的，决定了这种权力代表和谋取的是社会全局性、普遍性的公共利益，而不是私人或某集团的利益。我国各级政府机关和工作人员，除了依法获得其应得的报酬和享受合法的福利以外，不得以任何形式谋求部门与个人的特殊利益。以权谋私等腐败现象是对"全心全意为人民服务"根本宗旨的背叛，与行政管理的性质相违背，必须坚决反对。

5. 承担公共责任

公共责任是公共行政的灵魂。政府依法行使公共权力、管理公共事务、实现公共利益，也必须承担公共责任。社会主义国家政府担负有五项责任：一是对执政的中国共产党负政治责任，包括贯彻和执行党的路线、方针、政策，本级和上级党的决议决定等。二是对国家权力机关负执行责任，包括执行国家的宪法、法律以及上级和本级人民代表大会的决议决定等。三是对国务院和上级政府负行政责任，包括执行国务院的行政法规和国务院各部委的行政规章，以及国务院和上级、本级政府的决议、决定、命令等。四是对司法机关负法律责任，包括民事责任、经济责任等，任何政府及其工作人员，都必须依法行政、依法管理。五是对公民和社会负公仆责任，主要指对社会和人民负责、工作努力、为人民服务等。

（三）公共行政的定义

综合分析国内外学者关于公共行政的定义可以发现，他们基本都是围绕"谁"管理"什么"这个基本公式展开，主要涉及行政管理的主体及其任务

---

① 公共产品的非排他性也称消费上的非排斥性，即当某人消费某类产品时，他无法排斥其他人也同时消费这类产品。公共产品的非竞争性是相对于私人产品具有的竞争性特点而言的。私人产品具有消费上的竞争性，而公共产品则在消费上具有非竞争性的特点，即可以为许多人同时享用，也可以反复消费，其边际消费成本为零，每增加一个消费者并没有导致总成本的增加。

② 〔美〕珍妮特·V. 登哈特、罗伯特·B. 登哈特：《新公共服务：服务，而不是掌舵》，丁煌译，中国人民大学出版社2004年版，第62—63页。

和活动范围。与国外学者关于"公共行政"的定义相比，我国学者侧重于"谁（主体）"管理"什么（范围）"的问题，如行政主体包括国家、国家行政机关、国家政府系统等，行政范围包括国家事务、社会事务、政府事务、社会公共事务等。而国外学者则侧重于如何管理的问题，如强调执行法律、实现政治决定的目标、制定并执行公共政策等。这些定义反映出国内外学者研究的侧重点存在一定差异，但在研究的基本内容上存在着许多共同的方面。

我们认为，所谓公共行政，是指国家权力机关的执行机关，即国家行政机关行使国家权力，依法管理国家事务、社会公共事务和机关内部事务的活动。这个定义包括"谁在管理""如何管理""管理什么"三个方面。就其外延来讲，它主要包括三个方面：一是政府机关对国家和社会公共事务的管理，即行政系统依靠行政权力对整个社会进行管理，如政治、文化、经济、社会、教育、宗教、卫生、体育、环境、生态、外交、军队等的管理；二是政府机关对内部事务的管理，如会议管理、文件管理、档案管理、政务信息管理、保密管理、信访工作管理和机关后勤管理等；三是对以上两个方面管理的管理或监理。

对上述公共行政的定义可作如下理解：

第一，行政管理的主体是各级国家行政机关（即狭义的政府），在我国是指国务院和地方各级人民政府。

第二，行政管理的客体是国家事务、社会公共事务和行政机关内部事务。其中，机关内部事务的管理是前提和基础，而对国家事务和社会公共事务的管理是目的。

第三，行政管理的核心（宗旨）是进行公共资源的有效配置，提高行政绩效。

第四，行政管理在性质上是一种执行性活动。

第五，管理国家事务和社会公共事务突出了"公共"的特性，涉及公共权力的运用、公共利益、公共政策、公共服务等问题。

第二节　行政管理学的研究对象、内容和方法

一、行政管理学的研究对象

"科学研究的区分，就是根据科学对象所具有的特殊的矛盾性"[①]。行政管

---

① 《毛泽东选集》第 1 卷，人民出版社 1991 年版，第 309 页。

理学与其他学科相区别的重点在于它的特殊的研究对象——行政。但由于对行政的不同理解，不同研究者对同一研究对象往往有不同的认识，形成不同的学派。如行政法学派偏向从法律、法规条文去解释行政，着重研究现行法律、法规；行为学派从行为主义的观点和方法去解释行政现象，着眼于研究行政现象中人的行为的动机、过程和结果；社会关系学派认为行政现象是一种社会现象，行政关系是一种社会关系，因而研究行政也就是研究行政活动的社会关系；决策学派认为行政活动是决策活动，行政研究即决策研究。此外，还有从行政权力的分配和行政组织结构角度研究行政的结构学派；从行政活动的规则、步骤、程序等角度研究行政的程序学派等。这些学派从不同侧面发展了行政管理学的丰富内容，展示了行政管理学的多种研究途径。因此，不应当对它们做完全的肯定或简单的否定。但作为一门学科的研究对象，应当有完整的而不只限于某一方面的解释。

（一）行政管理学的概念

根据现代行政管理的基本特点和本章第一节对行政概念的解释，行政管理学是一门以国家行政机关（政府）依法、有效地管理国家事务、社会公共事务和机关内部事务为目的、系统地研究行政现象及其活动规律的科学。在我国，行政管理学又称行政学，或公共行政学、公共行政管理学[①]。上述行政管理学研究对象的表述包含如下要点：

1. 行政管理的主体是国家行政机关，即狭义的政府

在我国，行政管理主体是国务院和地方各级人民政府。任何类型的管理，其管理主体都必须具有对管理客体的支配权。而这种支配权的性质、来源和获得方式，则依管理类型的不同而各异。行政管理的支配权即行政权，它源于国家权力，是国家权力结构的组成部分。在我国，行政机关是国家权力机关的执行机关，其行政权力是国家权力机关依法授予的。因此，行政管理是以国家权力为根据的、行使国家行政权的一种公共管理活动。

2. 行政管理的客体（对象）是国家事务、社会公共事务和机关内部事务

行政管理的范围遍及国家和社会生活的各方面和全体国民。其他任何一种社会管理都没有行政管理这样广泛的周延性和关系国家和社会全局的重要性。由此也决定了行政管理学有比其他管理科学更广阔的研究领域和更广泛的适用性。当然，行政管理具体的作用范围是受社会需要、法律和资源限制的，也不能任意扩大和延伸。

---

① 参见夏书章：《现代公共管理概论》，中山大学出版社2017年版，第1—2页。

3. 行政管理的根本原则是依法管理

依法行政是现代行政管理的本质特征。行政管理必须以法律为根本的活动准则,在法律规定的范围内实施管理。任何行政机关和行政人员都没有超越宪法和法律的特权。

4. 行政管理的实质是揭示行政管理活动的客观规律

国家事务、社会公共事务和机关内部事务纷繁复杂、变化多端,往往令人难以捉摸。"但是,在表面上是偶然性在起作用的地方,这种偶然性始终是受内部的隐蔽着的规律支配的,而问题只是在于发现这些规律。"① 行政活动同其他实践活动一样是有规律性的,行政管理学的主要任务和根本目的就在于探讨和发现这些规律性,形成科学理论,使行政管理建立在科学基础之上。

5. 行政管理的目标是追求高效率

行政效率问题是行政管理的核心问题,也是行政管理的出发点和归宿。行政效率是衡量行政管理活动是否科学的重要标准。行政管理学就是通过解释行政管理活动的客观规律,指导政府如何在管理国家事务、社会公共事务和机关内部事务过程中提高行政效能的一门学问。

(二)行政管理学与相关学科的关系

行政管理学是一门综合性的多层次多学科相交叉的边缘学科,它与政治学、管理学、法学、经济学、社会学、数学、系统论、心理学等都有着密切的关系。

1. 行政管理学与政治学的关系

政治学是研究以国家政权为中心的各种政治现象和政治关系及其发展规律的科学,而行政管理是从政治学分离出来的一个分支学科。政治学的基本理论对行政管理学的研究有指导作用。但行政管理学研究的是国家行政机关的管理活动及其规律性,是管理学的一个领域,同政治学又有区别。如果说政治学的研究对象宏观而且比较抽象的话,行政管理学则较为具体,具有实用性的特点。就二者的相互关系而言,"行政管理学是借政治学指引其努力的方向,政治学则依赖行政管理学充实它的内涵"②。

2. 行政管理学与管理学的关系

现代管理学起源于企业管理科学,企业管理科学推动了行政管理学的发展,丰富了行政管理学的内容;行政管理学也吸取了企业管理科学的理论和方法。它们在内容上交叉、理论和方法上互鉴、学科发展上相互促进。但行

---

① 《马克思恩格斯文集》第 4 卷,人民出版社 2009 年版,第 302 页。
② 吴挽澜:《行政学新论》,幼狮文化事业公司 1988 年版,第 14 页。

政管理学是国家行政机关管理国家事务、社会公共事务和机关内部事务的管理科学，又不完全等同于以工商企业管理为重点的管理科学。

3. 行政管理学与法学的关系

早期的行政学研究是从法学的角度开始的。法律是国家意志的体现，是实现国家职能的行为准则。行政管理的职能、权限和行为，以法律为依据，受法律约束。所以，行政管理学和法学有密切关系，它们相互渗透、相互促进。但法学主要研究社会现象中的法律关系，同行政管理学又有区别。

4. 行政管理学与经济学的关系

经济学是研究社会经济活动现象及其发展规律的一门科学。管理经济，促进和保证国家经济的发展是现代政府的基本职能。行政管理学和经济学有着极为密切的关系，行政管理的内容、方式和发展水平是受社会经济发展的制约和影响的。经济学的许多内容不仅为行政管理学所必需，经济学的相关研究方法也成为行政管理学重要的研究方法。作为上层建筑，行政管理对社会经济基础具有反作用。

5. 行政管理学与社会学的关系

社会学研究社会生活的矛盾及解决这些矛盾的途径，而行政管理是社会管理的一个组成部分，特别是对社会公共事务的管理更要借助社会学的理论和方法。同时，一切行政行为的作用过程都是在种种社会因素的影响和制约下进行的。因此，社会学和行政管理学的内容有交叉的地方，但又不能彼此融合和互相代替。

除了上述学科外，行政管理学与财政学、统计学、心理学、数学、运筹学等学科也有着密切的联系。作为社会科学，各门学科之间的区别只是相对的，随着社会的发展，一些交叉的边缘学科将不断出现，学科间的渗透与交叉会更加频繁。因此，在现代社会，纯粹的、单一学科的研究难以说明事物发展的全貌。行政管理学的发展必须要借鉴其他相关学科的知识，不断丰富、完善自身。反之，其他学科的发展也会得益于行政管理学的发展而不断前进。

二、行政管理学研究的主要内容

行政管理学的研究内容是什么？这涉及很多理论和实践问题。因为行政实践在发展，对其内容的研究也需要与时俱进。从管理的过程来看，最原始或最简单的环节或要素至少有两个，即决定和执行。随着对行政管理学内容研究的不断深入，出现了许多有代表性的观点，如怀特《行政学导论》中的四部分说、古利克的七要素理论、爱德华·戴明的 PDCA 循环①、张金鉴的 15M 说②等。

笔者根据相关方面的理论和中国行政管理的实际，认为行政管理学就是研究行政管理学的基础理论以及政府管理应该由谁来管、管什么、怎么管、为什么管等问题的学问。为此，可以将行政管理学的研究内容概括为以下五个方面。

（一）行政管理的基础理论

这一部分主要研究行政、行政管理、公共行政的含义；行政管理学的研究对象、内容与方法；行政管理学的产生与发展，等等。这既是学习这门学科的理论前提，也是任何一门学科需要首先研究和回答的问题。

（二）行政管理应该由谁来管

这是指行政管理的主体。包括行政环境、行政职能、行政组织、行政领导者。其中，行政环境是行政管理的前提，特别是政府行政职能确定的依据；行政职能是设置、调整行政组织机构的前提和依据；行政组织是具体进行行政管理的物质载体；行政领导者是行政组织中具体从事行政管理活动的人的因素，其进行的行政领导活动则是保证行政组织正常运转的主动力。

（三）行政管理管什么

这是指行政管理的客体（内容和对象）。包括人事行政管理、财务行政管理、机关行政管理、行政公共关系、公共危机管理等。其中，人事和财务是行政组织赖以生存和发展的两大车轮；机关行政管理是政府进行社会管理和国家管理的前提和基础；行政公共关系是协调政府与企业、公民、社会组织之间关系的重要措施，是政府的一项重要职能内容；现代社会的高度复杂性和高度不确定性导致各种危机事件频发，公共危机管理也是政府的一项重要内容。

（四）行政管理怎么管

这是指行政管理的手段和方式。包括公共政策、行政立法。也指行政管

---

① PDCA 循环也称戴明循环，是指管理的过程包括四个要素，即 P（Planning，计划）、D（Doing，执行或实施）、C（Checking，检查或核验）、A（Acting，行动）。有时 PDCA 循环也称 PDSA 循环，其中 S 是指 Seeing（检查）。

② 我国台湾地区学者张金鉴试图用更细致的分类来描述行政管理学的研究范畴，提出了"15M 说"，即目标（Aim）、规划（Program）、人员（Men）、经费（Money）、物材（Materials）、组织（Machinery）、方法（Method）、领导（Command）、激励（Motivation）、沟通（Communication）、士气（Morale）、协调（Harmony）、及时（Time）、空间（Room）、改进（Improvement）。参见张金鉴：《行政学典范》，台湾行政学会 1983 年版，第 5 页。

理的过程，包括行政决策、行政计划、行政执行和行政监督。其中，公共政策和行政立法是政府进行有效管理的两种主要手段；行政决策是行政管理过程的首要环节和其他各项运行职能的基础；行政计划是实现行政决策目标的具体筹划与步骤、方法；行政执行是将行政计划落到实处、实现行政决策目标的唯一途径；行政监督是保障执行过程和执行结果的重要环节，是依法行政的根本保证。

（五）行政管理为什么要管

这是指行政管理的最终目标，包括行政绩效与行政改革。其中，行政绩效是行政管理学的核心问题，也是行政管理的出发点和归宿；行政改革是当代各国普遍关注的问题，对于促进我国行政管理的科学化和现代化具有重要意义。

以上五个方面内容构成了行政管理学学科的内在逻辑体系。

三、行政管理学的研究方法

（一）理论联系实际的方法

理论联系实际，有的放矢，实事求是，是中国共产党一贯倡导的科学的态度、作风和方法，是科学研究取得成功的基本保证。要使行政管理学的研究保持正确方向和结出丰硕果实，就必须始终一贯地采取这一科学态度、作风和方法。在社会主义建设过程中，新情况、新问题不断出现，行政理论必须紧密联系实践，既要有经验的总结，又要作超前性研究。一方面运用行政管理学的科学理论，指导我国的行政管理实践；另一方面，总结行政管理实践的经验，探讨行政管理的客观规律性，丰富和发展行政管理学的科学理论。行政管理学是一门实践性很强的学科，其学科性质决定了理论联系实际的方法是行政管理的最根本的研究方法。

（二）调查研究法

调查研究是行政管理的基本功和行政管理学的基本研究方法。行政管理活动必须遵循国家的法律和政策，不能各自为政。但同时又必须因时、因地、因人、因事制宜。而欲达此目的，就必须进行系统周密的调查研究。恩格斯在写作《英国工人阶级状况》时用了 21 个月的时间亲身观察和接触，直接研究了英国工人阶级的痛苦和诉求，并告诫青年研究者："一定要在全面了解事实情况的基础上再下结论。"[1] 毛主席讲"没有调查，没有发言权"[2]，这对实

---

[1] 《马克思恩格斯全集》第 2 卷，人民出版社 2005 年版，第 279 页。
[2] 《毛泽东选集》第 1 卷，人民出版社 1991 年版，第 109 页。

践性很强的行政管理学而言，尤为重要。经常、广泛地关注社情民意，及时、准确地了解和掌握当前的国情以及广大人民的利益和要求，是现代行政管理的重要前提和基础，也是研究现代行政管理学的一个基本方法。

（三）案例分析法

案例分析法又称个案研究法、实证行政研究法。通过典型、生动、直观的案例分析，不仅能加深对原理的理解，调动学生的学习积极性，而且可以提高分析问题和解决问题的能力。

（四）历史研究法

历史研究法又称史学研究法，注重行政管理和行政管理学的起源、发展及演变沿革的过程，不同时期的不同特点和历史类型。中国古代社会，特别是封建社会，国家政治统治制度完备，政治管理经验丰富，以马克思主义理论为指导，批判继承这一历史遗产，既是行政管理学研究的任务，又是一个重要的研究方法。它主要从历史上考察行政的起源、行政的历史类型、行政管理方法的历史演变等。

（五）比较研究法

国家无论大小，其政治统治和行政管理的制度、措施等总有优劣、长短和得失。对不同国家的行政组织、行政行为和行政文化等方面的比较，旨在兴利去弊、取长补短、权衡得失、为我所用。比较，必须科学、全面和客观。

除跨国比较外，还有历史比较、跨层次和跨政策比较，在比较中发现普遍的原则和寻求未来的发展趋势。事物发展的客观规律常常就是在正反两方面经验的比较中认识的。毛主席说过："在民主革命时期，经过胜利、失败、再胜利、再失败，两次比较，我们才认识了中国这个客观世界。"①

（六）定量分析法

马克思曾认为，一门科学只有在应用数学方法的时候，才能算一门成熟的科学。行政现象和行政行为有许多数量关系，早在民主革命时期，毛主席就要求领导者做到"心中有数"。现代信息设备和计算机技术的发展，为行政管理学的定量分析法提供了有利的条件。

总之，研究方法是多种多样的。我们不仅要对中外学者已经采取的研究方法权衡比较，灵活运用，而且还要在研究中创造新的、科学的方法。

---

① 《毛泽东文集》第 8 卷，人民出版社 1999 年版，第 299 页。

第三节　行政管理学的创立和发展

一、行政管理学在西方的创立

公共事务管理是与人类社会同步产生和发展起来的。在远古时代，人们已采用了一些原始的管理方式组织分配和生产活动。随着生产力的发展，为了实现一定的公共利益而进行的有组织的管理活动越来越多，范围越来越广，如治水防洪、修路架桥等。在阶级社会里，国家的形成使公共事务管理成为国家管理职能的主要内容和各级政府的重要职责。经过漫长的历史发展，在资本主义社会化大生产和资本主义国家的发展过程中及在"天赋人权""社会契约""三权分立"等政治学说和各种管理理论的影响下，行政管理学作为一门学科在 20 世纪初兴起于美国，至今仅有百年历史。

根据相关资料，1845 年，法国科学家 A. M. 安培最早提出"行政科学"一词。他在《关于科学的哲学论述》一文中建议设立专门研究政府管理的行政科学，有人认为这是行政管理学的萌芽。最早提出"行政学"概念的是德国学者劳伦斯·冯·史坦因，他的行政思想最早见于 1856 年出版的《国家学说体系》，1865 年增改后以《行政学》为名出版。书中涉及许多行政管理问题，但当时的行政学主要研究行政法和理财原则，史坦因也是从行政法的角度来研究行政学的，因此还不是现代意义上的行政学。后来，在欧洲的大陆国家，行政管理学从行政法学中分离出来，成为一门独立的学科。

1887 年，在《彭德尔顿法》通过 4 年后，美国行政学者威尔逊在《政治科学季刊》第二卷上发表《行政学研究》一文。在这篇论文中，他主张行政学从政治学领域中分离出来，这为行政学成为一门独立学科提供了条件，标志着行政学的发端，威尔逊也因此被公认为现代行政管理学的创始人。在《行政学研究》一文中，威尔逊首先批判了当时美国民主政治体制所表现出来的清谈、迟缓、彼此牵制和行为无力等现象，主张重新认识权力和授权，认为如果对权力控制和使用得当，那么集中的权力则能够更好地造福国民，这种权力越大越好。同时他认为，行政管理学不仅要注意如何任命官员等人事问题，把政府官员的任命建立在公正和功绩而不是党派偏见的基础上，而且要注意组织和管理问题，集中研究如何对政府进行管理。事实上，"执行一部宪法比制定一部宪法要困难得多"①。因此他认为，必须改进政府的组织机构，

《行政学研究》节选

---

① 彭和平等编译：《国外公共行政理论精选》，中共中央党校出版社 1997 年版，第 4 页。

使政府专心处理公务减少闲余事务,加强执行,提高行政效率。为了效率,可适当牺牲民主,这也是建立一门行政科学的目的所在,通过它,使民主宪政体制臻于完善。威尔逊认为,国家的权力主要掌握在决定政治的议会和执行政治的行政部门手中,这就从结构上否定了三权分立学说。并提出了政治与行政的两分法,认为一个良好的政府应有两个支柱,即坚强有力的政务官和效能精干的文官。此外,威尔逊还探讨了创造精神、行政责任、文职官员培养等问题。尽管《行政学研究》并未涉及行政学的基本框架,也未规定其基本范畴,但因其拟定了行政学的内涵,因而奠定了行政学的基础。

1900年,另一位美国学者古德诺发表《政治与行政:对政府的研究》一文,摈弃了传统政治学上立法、行政、司法"三分法"(古德诺认为,传统的三权分立的学说不符合民主国家的实际,因为民主国家的主要职能只有政治和行政两种,司法只不过是行政的一小部分而已)而创立政治与行政二分法,从理论上将行政管理从政治的范畴中分离出来,并严格限制在"纯技术"的范畴内,作为一个独立的研究领域,为行政学成为一门独立学科奠定了理论基础。古德诺认为,行政管理学不研究政治问题,那是政治学的任务,也不使用民主或程序的标准,而是研究政府的行政效率、使用方法或技术标准。为了提高行政效率,最好将政党等政治因素排除在行政之外,而将政府文职官员区分为政务官和常务官,并规定常务官在政治上中立。

1926年,美国著名的人事行政专家怀特·伦纳德出版《公共行政学导论》,他采用理论研究的方法将行政管理学的研究范畴归纳为四个部分,即组织原理、人事行政、财务行政、行政法规[1]。并论述了行政管理的重要性、讲求效率的必要性以及进行科学研究的可能性。《公共行政学导论》被认为是美国第一本行政学教科书,同时也成为西方行政学诞生的标志。怀特的观点对早期行政管理学研究的影响很大,目前这四个部分内容仍是行政管理学研究的重要内容。1927年,美国学者威廉·威洛比出版《行政学原理》,论述了政府机构活动中的基本原则,并将重点放在行政管理的财务、预算和物资管理上,注重宪法权力,较为系统地阐述了行政学理论体系,拓宽了行政管理学的研究范围。1930年,美国加州大学教授约翰·费富纳出版《行政学》一书,试图从各种纷纭复杂的行政现象和行政行为中抽象出一些行政原则和行政方法。这三本著作被誉为行政管理学的三大教科书,为行政学学科体系的形成做出了不可磨灭的贡献。

---

[1] See Leonard D. White, *Introduction to the Study of Public Administration*, Macmillan, 1926.

二、行政管理学产生的理论渊源和社会背景

(一) 行政管理学产生的理论渊源

不少学者认为,行政管理学是在四种理论基础上发展起来的。这四种理论是:

(1) 西方近代政治学尤其是国家学说。西方近代国家学说为行政管理学提供了国家权力(行政权)、民权民意、政府结构、政治过程等概念和范畴,还提供了传统的理论和思辨的研究方法。

(2) 君主制时代德、奥两国的官房学。官房学又称"计臣学",主要研究如何有效地为国家(君主)管理财政、经济、行政等问题。官房学以后演变为公共财政学。

(3) 普鲁士的任官制度和英国的文官制度。18 世纪初期,普鲁士在西方首先创立了依据考试任用官吏的制度。1713 年,普鲁士规定必须经过考试竞争才能任用法官,10 年后进一步明确此规定适用其他官吏。英国则在 1805 年设立了常任文官,1854 年正式确立了常任文官制度。文官制度为行政管理学的人事行政研究提供了最主要的范畴和最早的规范,因而对行政管理学的形成具有直接的推动作用。

(4) 西方资产阶级革命时代兴起的行政法学。行政法学与资产阶级革命几乎同期产生,其最初的宗旨是反对封建君主对资产阶级的强权的、粗暴的甚至是肆无忌惮的干涉和掠夺,后来则演变为研究行政法律关系的学问。行政法学开创了"依法行政"的思想源流,建立了"法制行政"的最初的理论规范,而这恰恰是行政管理学的最重要的理论基础之一。

(二) 行政管理学产生的社会背景

1. "行政国家"的出现

"行政国家"即国家的行政部门迅速膨胀,行政权力迅速集中,行政管理活动的范围迅速扩大,政府对社会的直接管理活动迅速增加,对社会事务的介入越来越深。它以在法制基础上行政机关规模的扩大、行政管理人员的增长和公共事务管理职能的发展为标志。如 1791 年美国的政府雇员人数为 4479 人,1820 年大约 8000 人,1831 年达到上万人,1881 年达到 10.7 万人,1900 年上升为 25 万人,1941 年已突破百万,而现在已达到 300 万人。19 世纪末的英国公务员也达 8.1 万人,法国将近 38 万人。① 随着工业经济和科学技术的

行政国家

---

① 参见彭和平编著:《公共行政学》,中国人民大学出版社 2015 年版,第 23 页。

发展，政府的行政管理职能日益扩大，政府由消极放任的"守夜人"变成积极干预社会生活的"行政国家"，管理手段也日益复杂。其管理活动包括干预经济、税收、交通运输、教育、邮政等各个方面，即行政日益"非政治化"。政府行政费用、财政支出、税收负担的日益增长和工业贸易国际竞争的日益加剧，对政府的效率提出了更高的要求。

2. "文官制度"改革运动的发展

18世纪初期，普鲁士在西方首先创立了依据考试任用官吏的制度。1713年，普鲁士规定必须经过考试竞争才能任用法官，10年后进一步明确此规定适用其他官吏。英国则在1805年设立了常任文官，1854年正式确立了常任文官制度。19世纪末，美国国内的文官改革运动直接推动了对行政管理学的研究。这场运动的主要目的是废除政党分赃制，建立"中立的"文官制度和功绩制。1877年，美国纽约成立了第一个文官改革协会，1881年成立文官改革同盟。1883年，美国国会制定了《彭德尔顿法》，开始确立功绩制原则。行政管理人员的考核、培训、廉洁、工作效率等也开始成为重要的研究课题。

3. 多种学科的形成和发展

政治学、经济学、法学（特别是行政法学）、财政学等学科的发展促进了学术界对行政组织、行政管理和行政效益的研究，特别是管理学的产生和发展为行政管理学从政治学分离出来创造了理论条件。19世纪末20世纪初是人类科学史上一个重要的发展时期，对当代社会经济发展具有深刻影响的学科，如管理学、心理学、社会学等都在这一时期产生并迅速发展起来。1911年弗雷德里克·泰勒的《科学管理原理》、1913年雨果·闵斯特伯格的《心理学与工业效率》、1914年莉莲·吉尔布雷斯的《管理心理学》、1916年亨利·法约尔的《工业管理与一般管理》、1922年马克斯·韦伯的《社会组织与经济组织理论》等都对行政管理学的产生和发展有很重要的影响。

4. 专业教育和职业教育的发展

行政改革和公共服务方面的教育之间存在着一种相互促进的关系。19世纪末，美国的一些成功地进行了行政改革的城市需要培训各类人员到政府中任职，刺激了行政管理职业教育和最初的大学行政管理专业教育的发展，使行政管理学成为在职业学校和高等学校课堂中讲授的专门学科。

三、西方行政管理学发展的历程

从威尔逊发表行政学的奠基之作算起，行政管理学已有近一百四十年的历史。为了对这门学科有个总体的把握，不少学者都对其发展阶段进行了划分。有代表性的主要有丹尼尔·A. 雷恩的"行政学发展三时代"（科学管理

丁煌教授的阶段划分

时代、社会人时代、第二次世界大战以后的当前时代）划分法①；杰伊·M.沙夫利兹等人的"行政学发展六阶段"（提出与创立时期、正统时期、转变时期、应用与发展时期、挑战与创新时期、总结与探索时期）划分法；张润书的"三阶段"（传统的 X 理论时期、行为科学的 Y 理论时期、系统理论的 Z 理论时期）划分法；夏书章的"三时期"（形成阶段、成长阶段、科学化阶段）划分法②；陈福今等人的"三时期"（工业化初期的公共行政、工业化完成时期的公共行政、知识经济时代的公共行政）划分法；陈振明的"三个范式"（传统公共行政学、新公共行政学、公共管理学）划分法③；王沪宁的"两阶段"（二次世界大战前的前期阶段，即科学管理阶段；二次世界大战后的后期阶段，即行为科学阶段）划分法④；以及传统的行政管理阶段（1900年以后）、人性的行政管理阶段（1930 年以后）、系统权变的行政管理阶段（1960 年以后）的三阶段划分法⑤等。综合这些看法，本教材将西方行政管理学的演变分为三个阶段：

（一）第一阶段（19 世纪末—20 世纪 30 年代）形成阶段

这一阶段也称科学管理阶段，其主要代表流派有：

1. 以泰勒为代表的科学管理学派

1911 年，美国管理学家弗雷德里克·温斯洛·泰勒发表《科学管理原理》一文，摈弃了传统的手工业式经验管理，开创了科学管理的源流，因而被称为"科学管理之父"。他将提高企业组织的生产效率作为研究的重点，提出了以时间动作分析、工作定额原理、标准化原理、差别计件工资制、计划职能和执行职能分开、精神革命、职能工长制和例外原理等概念为核心的管理理论，因此也被称为管理技术学派。泰勒主张以科学的研究取代旧式的单凭经验的管理方法，注重从技术分析的角度研究工人的工作方式、工作过程和工作协作，试图通过最合理、最有效的组织配合来达到提高工作效率的目的。

"科学管理之父"泰勒

泰勒的理论第一次将科学管理方法引入到管理实践中，创立了科学管理理论。科学管理方法的实施，大大提高了劳动生产率，推动了资本主义经济的发展。1912 年至 1916 年间，泰勒的思想在费城公共工程局得到实践，四年间，仅垃圾清扫成本就降低 100 万美元，公共事业收费下降了 125 万美元。1916 年，威廉·莱芬威尔发表论文，主张将科学管理原则广泛运用到机关办

---

① 参见〔美〕丹尼尔·A. 雷恩：《管理思想的演变》，李柱流、赵睿等译，中国社会科学出版社 1997 年版。
② 参见夏书章：《行政管理学》，山西人民出版社 1985 年版，第 24—27 页。
③ 参见陈振明：《公共管理学》，中国人民大学出版社 2005 年版。
④ 参见王沪宁：《行政生态分析》，复旦大学出版社 1989 年版，第 6 页。
⑤ 参见《哈佛行政管理全集》（上册），中国社会科学出版社 1985 年版，第 252 页。

公室的管理工作之中并取得成功。泰勒的亲密合作者莫里斯·库克也曾成功地将科学管理原理运用到市政管理工作和教育机构中。而怀特则进一步用科学管理理论研究政府行政管理。但是，泰勒将人看作一种工具，主张最大限度地剥削工人，反对工人参与管理；他将人看作追求经济利益的"经济人"，忽视了人的情感需求；强调"心理革命"对劳资双方都有利，实际上掩盖了资本家剥削工人的真相，因此具有很大的局限性。

"现代管理理论之父"
法约尔

2. 以法约尔为代表的行政管理学派

法国管理学家亨利·法约尔被称为"现代管理理论之父"。其主要观点见于1908年的《论一般管理上的原则》和1916年的《工业管理与一般管理》以及《国家的行政管理理论》等。法约尔的研究中心是企业的结构和合理化问题，他认为企业是以盈利为目的的经济实体。其基本观点包括：

（1）任何企业组织都包括六大类基本活动，即技术活动、商业活动、会计活动、安全活动、财务活动、管理活动。其中管理活动处于核心地位。

（2）管理的五项职能是计划、组织、指挥、协调、控制，也称管理的五要素。"计划，就是探索未来，制订行动计划；组织，就是建立企业的物质和社会的双重结构；指挥，就是使其人员发挥作用；协调，就是连接、联合、调和所有的活动及力量；控制，就是注意是否一切都按已制定的规章和下达的命令进行。"① 在这五项职能中，法约尔重点研究的是计划和组织。他认为计划和组织通过预测、制订行动计划、建立组织以及挑选人员而做好一切准备工作；指挥使计划得以执行，使组织开始工作；协调使组织的各个部分协调一致；控制则根据实际执行情况对计划和指示进行检查；当根据过去的执行情况制订新的计划时，管理的循环即重新开始。此外，法约尔还对管理和行政管理作了区分，他认为"前者是指导企业朝着自己目标前进的所有工作，而后者是管理者的工作中'仅对人事有影响'的那一部分"②。

（3）进行有效管理的14条基本原则：分工；权限与责任；纪律；命令的统一性；指挥的统一性；个人利益服从整体利益；报酬；集权；等级链；秩序；公平；保持人员稳定；首创精神；集体精神。其中，命令的统一性和指挥的统一性的区别在于：命令的统一性是指一个组织为了同样目的的所有行动，只能有一个领导、一个计划；指挥的统一性是指组织内的每一个人只能服从一个上级的命令并听从他的指挥。"等级链"也称为"法约尔跳板""法

---

① 〔法〕H. 法约尔：《工业管理与一般管理》，周安华等译，中国社会科学出版社1982年版，第5页。
② 〔美〕丹尼尔·A. 雷恩：《管理思想的演变》，李柱流、赵睿等译，中国社会科学出版社1997年版，第252页。

约尔桥"或跳板原则,是指在严密的行政组织体系中,各平级机构之间缺乏正常的横向沟通与联系。为克服这一障碍,就必须在保证指挥链上下畅通的情况下,在各平行机构之间建立"跳板",以便及时沟通信息,快速解决问题。这14条管理原则在本质上与艾默生的管理12原则无显著差别,这说明在经验管理与科学管理之间,没有明确的理论上的标志可区分。这14条原则不仅适用于工商界,也适用于政府行政,在将其应用于行政管理过程中,收到了较好的效果。

(4)强调了管理教育的重要性和必要性,可以使领导者更好地完成六项活动和五项职能。在管理教育中,要培养所有管理人员具备六种品质和能力,即健康的体魄;理解、学习、判断和适应能力;坚定、忠诚、刚毅的精神条件;全面教育;特别的知识;经验。

法约尔的这些理论不仅适用于企业,而且可以适用于政府机关。法国政府曾根据这些原则对邮电部门和各级政府进行了改革,取得了良好的效果。与泰勒从微观的作业管理入手不同,法约尔从高层管理者经常遇到的宏观的组织经营问题出发,对管理与经营进行了开创性的研究。

3. 以韦伯为代表的科层组织理论学派

"官僚制之父"韦伯

马克斯·韦伯曾任维也纳大学和慕尼黑大学教授,出任过魏玛宪法起草委员会顾问,是一位兴趣广泛的知识分子,是著名的社会学家、政治学家和行政学家,被称为"组织理论之父""官僚制之父""社会学之父"。其代表作是1922年出版的《经济与社会》①。马克斯·韦伯的主要贡献在于提出了"理想的行政组织体系理论",即科层制理论(也称官僚制理论)。他认为,自古以来存在三种合法的权威模型:"卡里斯玛型权威"(超凡魅力型权威)、传统型权威和合法合理型权威(法理型权威)。韦伯把法理型权威看作现代文明的基石,并且以此为基础阐述了他的科层制理论。

科层制是指一种以分部—分层、集权—统一、指挥—服从等为特征的组织形态,是一种层次分明、结构严密、制度严格、权责明确的理想的等级制组织模式。具有行政组织等级化;行政职能专门化;行政权力集中化;行政行为规范化和程式化等基本特征。韦伯认为,从纯技术的观点来看,"科层制能够取得最高的效率,在这个意义上说,它是已知的对人类进行必要的管理的最合理的方法"②。它在精确性、稳定性、纪律性、可靠性和普遍适用性等方面都优于其他组织,能适用于各种管理工作及各种组织,如教会、军队、

---

① 参见〔德〕马克斯·韦伯:《经济与社会》,林荣远译,商务印书馆1997年版。
② 〔美〕弗里蒙特·E. 卡斯特、詹姆斯·E. 罗森茨韦克:《组织与管理——系统方法与权变方法》,李柱流等译,中国社会科学出版社1985年版,第78页。

政府、政党等。美国组织研究学者卡斯特与罗森茨韦克将之称为古典组织思想的"第三根主要支柱"①。但是科层制将人固定于其中,抑制了人的积极性和创造精神,使人成为一种附属品,只会机械地例行公事,会影响行政效率。正如奥斯本、盖布勒在《改革政府》一书中所说:"工业时代发展起来的官僚制,专注于各项规章制度及其层叠的指挥系统,已不能有效运转;它变得机构臃肿、浪费严重、效率低下;它在变化迅速、信息丰富、知识密集的20世纪90年代已不能有效的运转了。"② 即使如此,马克斯·韦伯的科层制理论仍具有非常重大的学术意义和政治意义,它对旧的传统以及对经济发展的政治控制展开抨击,强调通过知识和技能进行管理的必要性,这为资本主义发展道路扫除了障碍。

第一阶段发展的特点是:以"物"为中心的管理。从管理对象来说,只注重对物的管理和对工作的管理,而忽视对人的管理;从管理目的来说,只强调工作的高效率,而忽视对工作者各种需求的满足;从考虑工作者的需求来说,将工作者看成只有经济需求的"经济人",而忽视工作者的社会心理需求。

西方行政管理学第一发展阶段的局限性在于:将研究重点放在对组织管理基本原则的概括和分析上,忽视人的因素,将人当成机器的附属物;强调等级、命令和服从,并且用一种封闭模式的观点来对待组织,忽视了人的因素和环境的作用,因此难以调动工人的积极性。

(二) 第二阶段 (20世纪30—60年代) 成长时期

这一时期也称为行为科学时期,其主要代表有:梅奥的霍桑试验及人群关系理论;西蒙的决策理论;巴纳德的动态平衡理论;马斯洛的需求层次理论以及古利克的一体化行政思想。

1. 梅奥的霍桑试验及人群关系理论

在美国芝加哥西方电器公司霍桑工厂进行的、长达八年的实验研究——霍桑试验,真正揭开了作为组织中的人的行为研究的序幕。霍桑工厂是一个制造电话、电报交换机的工厂,在当时具有较完善的娱乐设施、医疗制度和养老金制度,但工人们仍忿忿不平,生产成绩也不理想。为寻找原因,1924年,美国国家科学院研究委员会组织了专家在该厂进行研究,研究的中心课题是生产率与工作的物质条件之间的相互关系。但研究结果并不理想。

---

① 〔美〕弗里蒙特·E. 卡斯特、詹姆斯·E. 罗森茨韦克:《组织与管理——系统方法与权变方法》,李柱流等译,中国社会科学出版社1985年版,第77页。
② 〔美〕戴维·奥斯本、特德·盖布勒:《改革政府:企业家精神如何改革着公共部门》,上海译文出版社1996年版,第12—13页。

哈佛大学教授梅奥对此试验和结果极感兴趣，于1927年带领哈佛大学的心理研究人员进入霍桑工厂重新进行试验。整个试验共持续了5年，包括四个主要实验，即1924—1927年的"照明试验"、1928—1931年的"福利试验"（也称"继电器装配室试验"）、1931—1932年的"群体试验"、1928—1931年的"谈话试验"。通过试验，得出以下结论：（1）生产条件的变化固然影响劳动者的生产热情，但生产条件与生产效率之间并不存在着直接的因果关系；（2）生产条件并非增加生产的第一要素；（3）改善劳动者的士气（态度）及人与人的关系，使人们心情愉快地工作并对自己的工作感到满足，才是增加生产、提高工效的决定性因素。

1933年梅奥出版了《工业文明中人的问题》一书，全面地总结了霍桑试验的结果，系统地提出了人群关系论的许多重要的管理观念。这些新的理论观念包括：

（1）传统管理遵循"经济人"假设，认为金钱是刺激积极性的唯一动力。霍桑试验认为，工人是"社会人"，而不是单纯追求金钱收入的"经济人"。影响人的积极性的因素，除物质条件以外，还有社会、心理因素。

（2）传统管理认为，生产效率主要取决于工作方法和工作条件。霍桑试验认为，生产率的提高和降低主要取决于职工的"士气"，而士气则取决于家庭和社会生活，以及企业中人与人之间的关系。

（3）传统管理只注意"正式群体"问题，如组织结构、职权划分、规章制度等。而霍桑试验还注意到了"非正式群体"。这种无形的组织有其特殊的规范，影响着群体成员的行为。

（4）霍桑试验还提出了新型领导能力问题。认为领导在了解人们合乎逻辑的行为时，还需了解不合乎逻辑的行为，要善于倾听职工的意见并加强沟通，通过协调正式组织的经济需要与非正式组织的社会需求达到提高劳动生产率和工作效率的目的。新型的领导艺术在于使正式组织满足职工经济需求的功能与非正式组织满足职工的社会心理性需求之间保持平衡。

霍桑试验的结论以及在此基础上所总结出来的人群关系理论，在企业管理领域有着重要的意义与深远的影响。它第一次正式地把社会学、心理学引入到企业管理领域中来，因而有力地冲击了传统的管理理论，使管理者意识到他们的下属都是一些有思想、有情感的活生生的人。人群关系理论的出现，使得西方国家的企业管理开始注重人的因素的研究，人是企业的主体，只有充分发挥人的主动作用，才能充分发挥现代技术的作用。因而使得资本主义企业的管理手段，由原来的只重视机器的作用，逐步改变为更加重视人的作用。

2. 西蒙的决策理论

赫伯特·亚历山大·西蒙对经济学、管理学和行政学的发展均做出了卓越的贡献，将社会科学中的决策概念引入公共行政。在《行政行为——行政组织决策过程的研究》一书中，西蒙认为，如果把所有的理论都考虑进去，那么决策是行政的中心；政治与行政不能截然分开，因为行政行为中也必须从事某些决策活动。《行政行为——行政组织决策过程的研究》是一本在西方行政学的发展史中具有里程碑性质的著作，在管理学中也独树一帜。西蒙的决策理论综合了自然科学的定量分析、社会心理学、人类学、逻辑学、社会学和政治学等各门学科的成果，拓展了行政学的视野，使行政学研究从单一学科框架迈向跨学科交叉研究的道路，并围绕行政决策的研究，构建起新的行政学理论体系。

其主要观点包括：(1) 决策是管理的心脏，决策贯穿于管理的全过程，管理就是决策。(2) 组织是由作为决策者的个人组成的系统，组织的功能在于提供一个有利于作出合理决策的组织结构。(3) 决策过程包括四个阶段：搜集情况阶段；拟订计划阶段；选定计划阶段；评价计划阶段。(4) 在决策标准上，主张用"令人满意"的准则代替"最优化"准则。(5) 决策可以分为程序化决策和非程序化决策，也可分为确定型决策、非确定型决策和风险型决策，它们各有其适用的决策技术。

3. 巴纳德的动态平衡理论

切斯特·欧文·巴纳德是美国著名的管理学家兼企业家，系统组织理论的创始人，曾任美国贝尔电话公司总经理多年，被称为"现代组织理论之父"，于1938年出版《经理的职能》一书，该书被誉为"管理思想的丰碑"。其主要观点包括：

第一，系统研究和论述了正式组织、非正式组织的特性及二者的关系。他认为，利用好的非正式组织能使正式组织更加稳固、健全、高效。

第二，社会各级组织都是一个由相互协作的人组成的系统，每个系统都包括三个要素：协作的意愿、共同的目标、信息的联系。

第三，"权威接受论"。他认为，一切组织的权力都是自上而下的，因此，权力的行使有两条轨迹，上级行政官员可以运用他们的正式权力来影响下级，但在一定条件下，也要下属接受其影响。下属承认这种命令的权威并接受命令，必须具备四个条件：个人理解这个命令；个人认为这个命令同组织的目标是一致的；个人认为这个命令同自己的个人利益是符合的；个人有执行这个命令的能力。

第四，管理者的职能是在组织的需要和雇员的需要之间保持动态平衡，强调了行政协调的重要作用。他认为，组织的延续和发展是组织的最终目的，达到这一目的的关键是使组织成员为实现组织目标做出的贡献与组织向他提供的用以满足个人动机需要的"诱因"相平衡，如果诱因小于贡献，组织就将衰落，乃至消亡。维持组织平衡的诱因很多，主要分经济性和非经济性两类，前者是指工资、奖金等物质性报酬，后者是晋升、荣誉、威信、权力等方面的满足。组织管理不能仅仅强调经济诱因，还要重视非经济诱因。由于现实中破坏组织平衡的诱因很多，巴纳德主张应在运动中维持组织平衡，即通过组织不断发展壮大来增加组织所掌握的诱因。

4. 马斯洛的需要层次理论

亚伯拉罕·哈罗德·马斯洛是美国人本主义心理学创始人。如果说霍桑试验是对传统管理理论的第一次冲击，那么马斯洛的需要层次论则是第二次有影响的冲击。需要层次论在1943年《人类动机的理论》中被首次提出，在1954年《动机与人格》一书中进一步阐述。

需要层次理论

马斯洛认为，人的基本需要从低级到高级可分为生理的需要、安全的需要、归属和爱的需要、尊重的需要和自我实现的需要。（1）五类需要是分层次、由低级向高级发展并依次提高的，并且是不可逆的。（2）一般来说，在一定时间内，有些需要较重要，而另一些需要则不重要，每层需要只要相对满足即可。（3）已满足的需要不再具有激励作用，只有未满足的需要才有激励作用。（4）若优势需要长期得不到满足，则会引起人的一系列无理行为或个性缺陷。如工人刻苦工作，其合理需要得不到满足，他要么跳槽，严重的则会产生消极对抗行为：怠工、请愿、罢工等。

马斯洛的需要层次理论把人的需要看作是多层次的组织系统，反映了人的需要由低级向高级发展的趋势，符合人的需要的多样性的特点。同时他还指出了需要与行为之间的关系，认为每个时期都有一个主导需要，其行动受这个主导需要的调节支配。这些都是符合客观实际的，有很好的现实意义。但是，马斯洛作为人本主义心理学的代表人物，其需要层次理论的理论基础（利己的个人主义）存在缺陷。它否定了人的社会存在对人的成长有决定性的影响，过分强调需要的层次，带有一定的机械主义色彩。过分强调人的需要的自然属性，忽视了社会对人的需要的作用。

5. 古利克的一体化行政思想

美国管理学家卢瑟·古利克的一体化行政思想，通常被称为"七环节"理论。他认为政府的管理职能包括七个方面，七个职能的英文首字母简写为"POSDCRB"，即计划（Planning）、组织（Organizing）、人事（Staffing）、指挥（Directing）、协调（Coordinating）、报告（Reporting）、预算（Budgeting）。比较古利克和法约尔的理论可以看出，两人都是从行政管理活动本身的特点来研究行政职能的，他们的研究成果对行政管理学的发展有着很大的影响。两者的差异主要是：法约尔所讲的是行政管理的一般职能，是企业、政府及各种组织所共有的行政职能，已基本成为管理学界和行政管理学界的共识。而古利克的管理七环节理论既涉及某些行政管理的一般职能，也涉及行政管理的具体的或特殊的职能，如人事、报告和预算，其中预算是政府行政的具体职能或者特殊职能，他的研究为后人的研究提供了丰富发展的出发点。①

西方行政管理学第二发展阶段的特点在于：把研究重点放到人的本身、人的行为、组织的作用及人与组织、环境的关系。局限性在于：过分强调人的感情等社会因素，忽视了理性、法规以及外在环境的作用。

（三）第三阶段（20世纪60年代至今）争鸣和发展时期

这一阶段也叫现代科学管理时期。主要代表理论和观点有：

1. 德鲁克的目标管理理论

德鲁克是美国当代最著名的管理学家，被认为是经验主义的代表人物和现代管理理论的创始人，被誉为"现代管理学之父""大师中的大师"。2002年曾获得美国公民能获得的最高荣誉"总统自由勋章"。其代表作有1954年《管理的实践》、1966年《卓有成效的管理者》、1973年《管理：任务、责任、实践》、1985年《创新与企业家精神》、1999年《21世纪的管理挑战》等。（其目标管理理论在第十四章《行政计划》第三节中详述，此处从略）

2. 彼得的"彼得原理"和帕金森的"帕金森定律"

1969年，美国管理组织学家劳伦斯·丁·彼得与雷蒙德·霍尔合著的《彼得原理》一书出版，对官僚制组织的弊端提出了批评。他认为，在任何等级制度的各个层次都有许多人不能胜任他们目前所担任的工作，"在等级制度中，每一名雇员都趋向于晋升到他所不能胜任的等级上"。同时引出一条推论："每一个岗位最终往往被一个不适合履行其职责的人所占据。"② 揭示了官僚制的弊端，即工作效率低下，领导软弱无力。因此他认为，应建立一门研究等级制度的新学科——等级制度学（亦称层级组织学）。

---

① 参见邓生庆、吴军：《公共行政学》，四川人民出版社2000年版，第53页。
② 〔美〕劳伦斯·彼得、雷蒙德·霍尔：《彼得原理》，陈美容等译，中国文联出版社1996年版，第7—8页。

帕金森定律（亦称"官场病"或"组织麻痹病"）是英国历史学家、政治学家西里尔·诺斯古德·帕金森在实证研究基础上提出的关于组织机构臃肿和低效率的形成原因的定律。帕金森定律指，官员想要增加的是下属而不是对手，它通过扩大下属机构抬高自己的身份，官员们相互之间制造工作，因而行政机构总是呈金字塔型，并按一定速度增长，官员数量和工作数量之间完全没有关系。①"帕金森定律""彼得原理"和"墨菲法则"并称为二十世纪西方文化中最杰出的三大发现。

帕金森定律

3. 新公共行政理论

20世纪六七十年代，欧美国家陷入了低增长、高通胀并存的"滞胀"状态，对公共行政理论提出了挑战。一批美国年轻学者发起了"新公共行政理论"运动，指责作为应用性学科的公共行政离开了时代的主题，逃避了现实中的重大问题，应该进行改革。

1980年，曾任美国公共行政学会主席的乔治·弗雷德里克森出版了《新公共行政学》一书，集中地论述了"新公共行政理论"的基本观点。他认为传统行政理论是以威尔逊、古德诺的政治行政二分法和马克斯·韦伯的科层制为理论基础的公共行政理论，这种理论把注意力集中在效率、效果、预算和科学的管理技术上，基本原则是效率和经济。而新公共行政学赖以建立的基本原则是社会公平。正如弗雷德里克森所说：社会公平强调政府提供服务的公平性；社会公平强调公共管理者在决策和组织推行过程中的责任与义务；社会公平强调公共行政管理的变革；社会公平强调对公众要求做出积极的回应而不是以追求行政自身需要满足为目的；社会公平还强调在公共行政的教学和研究中更注重与其他学科的交叉以实现对解决相关问题的期待。总之，倡导社会公平是要推动政治权利及经济福利转向社会中那些缺乏政治、经济资源支持和处于劣势的人们。

明诺布鲁克会议

"新公共行政学"是相对于"传统公共行政学（古典公共行政学）"而言的，在弗雷德里克森等人看来，传统公共行政学是指自威尔逊、古德诺提出"政治、行政二分法"和马克斯·韦伯提出科层制组织理论以来到20世纪60年代之前的公共行政理论，而新公共行政学则是指20世纪60年代末70年代初产生的运用现象学方法、本土方法论、符号互动论以及解释学和批判理论等新的研究方法并且强调以公共行政的"公共"部分为研究中心的公共行政学理论。

新公共行政学认为，实现以较少的投入换取较大的产出即经济与效率目

---

① 参见〔英〕斯诺古德·帕金森：《官场病——帕金森定律》，陈休征译，生活·读书·新知三联书店1982年版。

标固然是公共行政的价值追求与目标之一，但不应该是其核心价值和唯一的终极价值。而传统公共行政机关在执行立法和提出计划时，常常以牺牲社会公平来强调效率。"实用的或传统的公共行政学找出下列两个问题中的任何一个问题的答案：(1) 我们怎样才能够利用资源提供更多的或更好的服务（效率）？(2) 我们怎样才能够花费更少的资金保持特定的服务水平（经济）？新公共行政学增加了这样一个问题：这种服务是否增强了社会公平？"[1] 这实际上意味着行政管理人员不是价值中立的，他们应该担负起对社会的责任，应该将出色的政府管理与社会公平作为一种新的公共行政的基本原则、应履行的必要职责和应遵循的社会准则，而且社会公平这一社会准则本身又赋予了新的公共行政以新的使命，即它有责任改革那些在制度上、功能上、效果上妨碍社会公平的政策与影响实现社会公平的政府行政管理体制。换言之，新公共行政学的使命是对影响与削弱社会公平、出色管理、经济的和有效率的各种因素和组织结构进行变革。

其理论观点集中体现在以下几个方面：

(1) 主张社会正义和社会公平。传统的行政学注重效率、经济目的和管理行为的协调性或许并没有错，但传统的政府管理过于专注于高层管理和重要职能部门的管理，以至于效率、经济目的和管理行为的协调性经常以社会公平为代价，而实现社会正义和社会公平恰恰是公共行政的根本目的，也是新公共行政学的理论基点以及与传统行政学的最重要的差别。他们认为，"行政管理者不是中性的。应责成他们承担起责任，把出色的管理和社会公平作为社会准则、需要完成的事情或者基本原理"[2]。据此，新公共行政主张放弃表面上的"价值中立"，转向后逻辑实证论，专注于更为人道、更为有效、更为公正的新公共行政的价值观和伦理观。因为仅仅按照"价值中立"对事实作出客观的描述是远远不够的，还必须提出和确定是非判断标准，并作出是非判断，社会平等和正义才是政府行政管理真正的规范基础。

(2) 主张改革的、入世的、与实际过程相关的公共行政学。公共行政学应当将研究的重点转向与社会环境、公众、政策、政府及其官员相关的问题上来，而不应仅关注那些与学术、理论、思辨、研究方法相关的问题。因此，新公共行政学主张：第一，变革。改变那些妨碍实现社会公平的政策和制度结构，"变革是新公共行政学的基础"[3]。第二，关注政策。通过入世的、积极

---

[1] 彭和平等编译：《国外公共行政理论精选》，中共中央党校出版社 1997 年版，第 300 页。
[2] 同上书，第 301 页。
[3] 同上书，第 302 页。

进取的科学方法更为普遍地改进影响所有人生活质量的各项政策。第三，范式革命。即对传统行政学的基本假定、理论框架、价值规范、研究方法等进行一次重大的调整，重视"行动理论"。

(3) 主张构建新型的政府组织形态。传统的科层官僚组织结构已经造就了一种超稳定的能力，政府因此失去了必要的敏感性和同情心，其合法性和公信力受到削弱，正在远离社会公众。这就需要增强灵活性，使变革成为经常的组织形式。与此同时，传统的组织理论只关注公共组织的内部问题，且理论构成过于空洞。这就需要从一种完全不同的角度对行政现象进行分解，通过重新定义分配过程、整合过程、边际交换过程和社会情感过程构建新型的公共组织，进而实现社会公平。①

(4) 主张突出政府行政管理的"公共"性质。"公共"之于政府的重要性意义正在淡化，而公共性质——公共目的、公共利益、公共权力、公共行为等，正是政府公共管理与以产权私有为基础的企业管理的根本性区别。因此，不存在适用一切组织的"全称性管理科学"，为了实现社会公平，必须坚持政府管理的公共性质。在这方面，新公共行政学偏重"公共的"而不是"一般的"。② 公共的实质意义就在于代表公共利益，与此相一致，政府必须坚持公共目的，承担公共义务或公共责任。

(5) 主张"民主行政"，并以此作为新公共行政的"学术识别系统"。民主行政的核心价值观，在于尊重人民主权和意愿，实现社会正义和社会公平，反对滥用权力和行政无能。为此，应当以公众意愿、公众利益为导向，发展以社会公众为中心的政府组织和公共政策，强调政府代表公共利益的职能地位，强调公众参与，强调政府信息和公共政策的公开性，反对政府自利和代表党派利益，反对专业主义。

4. 公共政策分析理论

公共政策分析也称政策科学、系统分析、政策研究、社会工程、系统工程等。有一种观点认为，公共政策分析将成为行政管理研究的主要领域。公共政策分析兴起的背景，在于现代政府政策条件和政策任务的复杂化：现代政府所面临的已不再是个别的、单一的、简单的和基本稳定或一再重复出现的社会矛盾和问题，而是大量相互关联、相互制约的愈来愈具复杂性、尖锐性、普遍性、专业性、变化性和发展性的各种社会矛盾和问题。20世纪60年代至70年代，不少西方国家先后出现了暴力犯罪增加、经济停滞、环境污染、

---

① 参见彭和平等编译：《国外公共行政理论精选》，中共中央党校出版社1997年版，第305—314页。
② 同上书，第304页。

能源短缺、失业扩大,以及住房、卫生、社会保障、公共交通等的社会问题。社会公众因此对政府提出了强烈的转变政策、摆脱困境、实现社会正义和社会公平的诉求。社会公众所关注问题的焦点,不再是抽象的理念或原则问题,而是那些与自身现实切身利益密切相关的特殊的公共政策、公共管理、公共服务问题。这就使一批有一定学术素养,同时具备相当实际经验的学者、科学家和政府官员意识到,应当建立一种能够兼容各相关学科的优势,且能够解决各种现实公共政策问题的全新的学科。由此产生了公共政策分析。与此同时,包括社会科学和自然科学在内的诸多学科的不断发展,为政策科学的形成提供了一定的理论基础和实用技术,现实压力和未来需要则为其提供了有力的发展动力。从一定意义上说,专业性、职业性公共政策分析的兴起和发展有其历史必然性。

一般认为,最初把政策与科学直接联系并赋之以现代意义的是美国政治学学者拉斯韦尔。人们通常把他与其同事于1951年合著的《政策科学:视野与方法的近期发展》一书作为现代政策科学发端的标志。20世纪60年代,美国联邦政府率先吸收和采用了政策科学的研究成果,将其直接应用于联邦政府所面临的若干大型、复杂国策问题的研究和处理,成功地大规模集中和组织了专业力量和生产力量,解决了国防、空间探索、高尖新科技开发等领域里的某些问题,从而引起了各国政府和世界的普遍重视。20世纪70年代,政策科学被普遍接受且得到迅速发展,涌现了大量的有关政策科学的专业性的研究咨询组织和学术刊物,并成为各发达工业国家大学的进修课程。在20世纪70年代,政策科学的理论和技术不但被许多国家的各级政府广泛运用,而且也在私营部门得到了推广。可以认为,政策科学是第二次世界大战以后,尤其是20世纪60年代之后最受关注的学科之一。20世纪80年代以来,政策科学的理论和方法已经成为发达工业国家政府乃至实业团体管理决策的基本方式。

公共政策(科学)并不是一个或几个学科的简单集合、发展或更新,而是一个几乎全新的研究领域。由于它具有明显的跨学科特点并被广泛应用于各行各业、各个领域,它的学科边界线是模糊的,但它的主体理论、主要技术方法以及基本的学科范畴却是清晰可辨的。一般认为,公共政策注重应用人类社会一切可能的知识以及与知识相关联的直觉、判断力、创造力来更好地制定政策。其基本的价值衡量标准是设计出既符合社会大众的利益和政治、经济、文化、伦理观念,即具有社会可行性,又符合政策者的既得利益和意识、目标,即具有组织可行性的政策。与此同时,公共政策十分注重对政策制定系统本身的研究和改进。换言之,公共政策一方面强调对政策适用者或社会对象的分析，另一方面则注重对政策制定者及其所属系统、程序、方法的优化。

尽管公共政策在实践中得到了广泛应用，但关于公共政策的确切含义却一直未能统一起来。其中，最具代表性的观点有：（1）拉斯韦尔和卡普兰认为：公共政策是一项含有目标、价值与策略的大型计划。① （2）政治学学者伊斯顿认为，公共政策就是对全社会的价值做权威的分配。② （3）政策论研究者戴伊认为，公共政策是政府选择作为或不作为的行为。③ （4）决策论研究者安德森认为，公共政策是政府的一个有目的的活动过程，而这些活动是由一个或一批行为者为处理某一问题或事务采取的。④ 以上几种关于公共政策的概念都有一定合理之处。政策科学的逻辑过程至少包含三个要点，即欲达到的目标或目的、为达成目标而作的宣示或拟采取的行动，以及由政策声明所引发的权威者的实际的政策行动。它以现实、合理、有效、可行的政策为追求目标，通过理论与实践、定性与定量、宏观与微观、规律与个别情况、必然与偶然、实际与假设、理念与创造力、想象与可行性、战略与策略等一系列理论和技术方法的选择性应用，并通过政策制定系统的改进，来制定切实可行、行之有效的政策规范，以解决那些直接涉及社会公众生存和人类社会未来的公共政策问题。

5. 公共选择理论

公共选择理论产生于20世纪40年代末，到20世纪60年代末形成一种学术思潮。公共选择理论的创始人、奠基者及主要代表人物是当代美国著名经济学家詹姆斯·麦吉尔·布坎南。他运用经济学方法分析政治决策过程，并对政府的本质尤其是"政府失败"现象进行了深入的探讨。公共选择理论的另一位主要代表人物是丹尼斯·缪勒。他认为，公共选择理论可以定义为非市场决策的研究，或简单地定义为将经济学运用到政治科学的研究。

公共选择理论旨在将市场制度中的人类行为与政治制度中的政府行为纳入同一分析轨道，即"经济人"模式，从而修正传统经济学将政治制度置于经济分析之外的理论缺陷的一种新公共经济理论。"政府的失败"是公共选择理论的研究重点，分析政府行为的效率以及寻找使政府最有效率工作的规则制约体系，是公共选择理论的最高目标。其核心观点是，公共决策和选择无论采取怎样的民主形式都是低效率和无效率的，所以将政府管理最大限度地

---

① See Harold D. Lasswell, *Power and Society: A Framework for Political Inquiry*, Routledge, 2017, p. 70.
② 参见〔美〕伊斯顿：《政治体系：政治学状况研究》，马清槐译，商务印书馆1993年版。
③ 参见托马斯·R. 戴伊：《理解公共政策》，谢明译，中国人民大学出版社2011年版。
④ 参见〔美〕詹姆斯·E. 安德森：《公共决策》，唐亮译，华夏出版社1990年版，第4页。

推向市场化是出路。

公共选择理论不仅是当代西方经济学的一个分支，而且也是现代政治学的一个极为重要的研究领域，它以经济方法分析政治学内容，从对政治过程的经济分析中发现社会经济问题的根源在于现代国家政治制度的缺陷。因此，公共选择理论实际上是经济学研究方法与政治学研究对象的结合。

6. 新公共管理理论

20世纪70年代，西方社会出现了政府失灵的现象，人们开始重新审视政府，美国《时代》周刊甚至提出了"政府死亡了吗"的疑问，西方国家掀起了一股声势浩大的针对政府部门的改革浪潮。这一名为"新公共管理运动"的改革是由英国前首相玛格丽特·撒切尔发起，其主要内容是：反对低效和浪费，实行私有化；以市场取代官僚组织，将企业管理方法引入政府管理；在行政管理中引入竞争机制，在公共服务中坚持顾客导向；等等。

新公共管理运动主要想解决三个方面的问题：第一，重新调整政府与社会、政府与市场的关系，减少政府职能，以求使政府"管得少一些但要管得好一些"；第二，尽可能地实现社会自治，鼓励社会自身的公共管理，也就是利用市场和社会力量来提供公共服务，以弥补政府自身的财力不足；第三，改革政府部门内部的管理体制，尽可能地在一些部门中引进竞争机制，以提高政府部门的工作效率和社会服务质量。从而使政府彻底走出经济上的财政危机、管理上的效率危机和政治上的信任危机这三大困境。虽然不同的国家在改革中选择的路径和采取的措施有所不同，但也有共通之处，如精简机构、削弱政府职能、放松规制、压缩管理、政府业务合同出租、打破政府垄断和推广公共服务社区化等。

实际上，新公共管理运动并不是一个统一的运动，也没有统一的理论，各国的情况不同，它们选择的理论基础也有差别。总的来说，我们可以将公共选择理论、新制度经济学和新保守主义作为其理论基础，公共物品、交易成本、委托代理、学习型组织等新理念对新公共管理运动产生了较大的影响。按照新公共管理理论的观点，政府不应该是一个高高在上的、自我服务的官僚机构，而应该是一个为公众服务的机构。公众作为为政府提供税收的"纳税人"，是政府的顾客，理应享受政府提供的良好服务，公共部门有义务提高服务质量。为了提高公共部门的服务效率，政府有必要引进私营部门的管理方法，因为私营部门具有比公营部门更优越的管理创新能力、管理方式、管理手段、服务理念、服务质量和效率。政府管理应按照顾客的要求，倾听顾客的意见，建立明确的服务标准，提供回应性服务，以实现改善公共服务的目的。政府应是一种企业型政府，像企业那样，尊重顾客，按照顾客的需求提供服务。公共服务不应只考虑投入，而且更应重视产出，重视服务质量。

新公共管理理论的突出代表是"重塑政府理论"，该理论是 1992 年由美国学者戴维·奥斯本和特德·盖布勒在《改革政府——企业家精神如何改革着公共部门》一书中提出的。他们认为，一场全球性的革命已经开始，以知识为基础的经济全球化的时代已经到来，并正在世界各地破坏种种陈旧的现实存在，这个世代创造了各种美妙的机会，同时制造了各种可怕的问题，我们的政府因此问题成堆。解决政府各种问题的唯一正确的价值选择，在于重新定位政府的职能，按照企业家精神重塑一个"企业家政府"。为此，他们在书中勾勒出了一种新的政府形象，即起催化作用的政府，掌舵而不是划桨；社区拥有的政府，授权而不是服务；竞争性政府，将竞争机制注入服务供给中；有使命的政府，改变照章办事的组织；讲究效果的政府，按效果而不是按投入拨款；受顾客驱使的政府，满足顾客的需要，而不是官僚政治的需要；有事业心的政府，有收益而不浪费；有预见的政府，预防而不是治疗；分权的政府，从等级制到参与和协作；以市场为导向的政府，通过市场力量进行变革。这也被称为政府再造的基本内容或十大原则，其目标是建立一个"成本最少、效率最高、回应最快、品质最好"的企业型政府。克林顿根据这一思路进行改革，使美国步入了二战后最辉煌的发展时期，美国财政实现自 1969 年以来的首次盈余，美国的居民储蓄率出现 20 年来的峰值，失业率几乎是历史上的最低点，根据美国《福布斯》杂志的统计分析，克林顿是二战后美国经济成就最好的总统。

政府再造的 5C 策略

7. 新公共服务理论

美国著名行政学者登哈特夫妇《新公共服务：服务而不是掌舵》一书中提出了新公共服务的七大原则，构成了新公共服务理论的基本内容。

（1）政府的职能是服务而非掌舵。这被登哈特认为是七大原则中最突出的原则。公共管理者的重要作用并不体现在对社会的控制或驾驭，而是在于帮助公民表达和实现他们的共同利益，帮助社区和公民认识他们的需要和潜能，整合和表达社区的愿景以及活跃在其他领域的各种组织的愿景。

（2）公共利益是目标而非副产品。公共利益是管理者和公民共同的利益和责任，是目标而不是副产品。建立社会远景目标的过程并不能只委托给民选的政治领袖或被任命的行政官员，政府的作用将更多地体现在将人们聚集到能无拘无束、真诚地进行对话的环境中，共商社会应该选择的发展方向。

（3）战略地思考，民主地行动。符合公共需要的政策和计划，只有通过集体努力和协作的过程，才能够最有效地、最负责任地得到贯彻执行。为了实现集体的远景目标，在具体的计划实施过程中，依然需要公民的积极参与，使各方的力量集中到执行过程中去，从而迈向预期的理想目标。通过参与和推动公民教育计划、培养更多的公民领袖，政府就可以激发公民自豪感和责任感。

(4) 服务于公民而不是顾客。政府与公民之间的关系不同于工商企业与顾客之间的关系。行政官员不仅应关注"顾客"的需要，而且应更关注公民并且在公民之间建立信任和合作关系；不应首先关注"顾客"的短期利益，而应使公民关注自身之外的问题，如社区问题等。

(5) 责任并不简单。新公共服务要求公务员不应当仅仅关注市场，他们也应该关注宪法和法令，关注社会价值、政治行为准则、职业标准和公民利益。新公共服务理论意识到了这些责任的现实性和复杂性。

(6) 重视人而不只是重视生产率。新公共服务理论在探讨管理和组织时十分强调"通过人来进行管理"的重要性，并且更加注重公正、公平、回应、尊重、授权和承诺等价值观。

(7) 公民权和公共服务比企业家精神更重要。行政官员并不是其机构和项目的业务所有者，政府的所有者是公民。行政官员有责任通过扮演公共资源的管理员、公共组织的监督者、公民权利和民主对话的促进者、社区参与的推动者以及基层领导等角色来为公民服务。

8. 治理和善治理论

自 20 世纪 80 年代末政治学家和经济学家赋予治理以新的含义以来，治理一词在各个领域得到了广泛运用，"治理"话语逐步取代了"管理"话语，并出现了"治理理论丛林"或治理群簇。1989 年，世界银行在关于撒哈拉以南非洲发展问题的研究报告——《南撒哈拉非洲：从危机走向可持续增长》中首次提出非洲存在"治理危机"，非洲急切需要的不是资金和技术援助，而是"良好治理"。所谓治理，就是"为了发展而在一个国家的经济与社会资源的管理中运用权力的方式"[①]。此后"治理"一词便被广泛地应用于社会科学研究中。

1995 年，全球治理委员会发表了题为《我们的全球伙伴关系》的研究报告，提出了具有代表性和权威性的关于治理的定义："治理是或公或私的个人和机构经营管理相同事务的诸多方式的总和。它是使相互冲突或不同的利益得以调和并且采取联合行动的持续的过程。它包括有权迫使人们服从的正式机构和规章制度，以及种种非正式安排。"并指出治理具有四个规定性特征："治理不是一套规章条例，也不是一种活动，而是一个过程；治理的建立不以

---

① World Bank, *Governance and Development*, The World Bank, 1992, p. 3.

支配为基础,而以调和为基础;治理同时涉及公、私部门;治理并不意味着一种正式制度,但确实有赖于持续的相互作用。"① 此后,詹姆斯·罗西瑙、罗茨、库伊曼、斯托克、鲍勃·杰索普、让-皮埃尔·戈丹等都从不同角度给治理下了定义。

当今社会是一个"治理的时代"。治理不同于"统治""管制"和"管理",它强调多元主体管理,民主式、参与式、互动式管理,而不是单一主体管理。鉴于上述理解,我们认为,治理是一个上下互动的管理过程,它主要通过多元、合作、协商、伙伴关系、确立认同和共同的目标等方式实施对公共事务的管理,其实质是建立在市场原则、公共利益和认同之上的合作。它所关注的主要问题是,如何在日益多样化的政府组织形式下保护公共利益,如何在有限的财政资源下以灵活的手段回应社会的公共需求。

治理与统治有着本质的不同,二者的区别主要有:第一,管理主体不同。统治的主体是政府,治理的主体是公共行动者,包括政府、企业、社会团体、个人等。第二,管理客体不同。统治的客体是处理公共事务、管理公共资源,而治理还要解决涉及人群较少的集体事务。第三,管理机制不同。统治的机制主要是控制,依靠政府权威,对公共事务进行自上而下、单向度的管理;治理的机制主要是信任,依靠网络权威,由公共行动者在互动中运用非强制力进行协作。第四,管理手段不同。统治主要运用强制方式,如行政手段、法律手段、军事手段等;治理要综合多种管理工具,如合同外包、内部市场、政策社区等。第五,管理重点不同。统治以满足统治阶级的整体利益为出发点,强调国家的作用、官僚组织的能力,而治理则以满足公民需求为出发点,强调国家与社会、政府与市场、私域与公域的合作。

与市场失灵和政府失灵一样,治理失灵现象同样存在。目标的难一致性、权力的分散化、利益的多元化、责任的模糊性、公共管理碎片化顽症的不可治理性,都是治理理论不可回避的先天性弊端。为了避免出现治理失灵的局面,西方学者和国际组织纷纷提出了一些新的理论,其中最有影响的就是善治理论。善治也称为"良治""有效治理""良好的治理""健全的治理",被认为是治理的最高标准。所谓善治,就是使公共利益最大化的社会管理过程,其本质特征是政府与公民对公共事务的合作管理。一般认为,善治的内涵包括:就治理的主体而言,善治是"善者治理",即在公众眼中,公共事务中发挥主导作用的政府始终是一个"善者";就治理的目的而言,善治是"善意治

---

① 〔法〕玛丽-克劳德·斯莫茨:《治理在国际关系中的正确运用》,肖孝毛译,载《国际社会科学杂志(中文版)》1999年第1期。

理",即以社会公共利益和民众公共福利的最大化为政府的本愿来谋求为公众服务的治理;就治理的方式而言,善治是"善于治理",这里的"善"可以理解为"擅长",是指政府放权于社会、市场、企业与公民,在平等契约基础上与其他治理主体的良性互动和合作,而当其他治理主体各司其职时,政府可以适当地放松管制,实行"无为而治";就治理的结果而言,善治是"善态治理",即善治是一种境界,是在公民广泛参与的前提下通过社会治理机制化解社会中出现的各种矛盾冲突,从而在全社会形成对公共事务的多主体、多层次、多方法的治理格局。①

可见,"治理"是对"统治"的否定,"善治"是对"治理"的扬弃,因此,"善治"是对"统治"的否定之否定。善治是与我国的政治制度和政党制度兼容的一种新的民主制度设计,其在最大限度增进公共利益的前提下,实现政府、社会、市场、企业、公民对公共事务的协同治理。

四、西方行政管理学的发展趋势

第二次世界大战后,为适应资本主义国家经济发展和政治统治的新需要,各国政府努力强化行政职能,提高行政效率和管理水平,使行政管理学有了更大的发展,并出现了新特点。

(一)研究领域进一步拓宽和加深

从学科内涵上看,传统的行政管理以提高效率为中心,强调权力结构、规章制度,侧重探讨固定不变的管理原则、严格的等级制度等"硬件"方面的内容。20世纪40—60年代,行政管理学研究已经超越了结构性和技术性的行政过程等传统行政管理的研究领域,转向正式组织和非正式组织、效率和人的行为、决策和公共政策、行政方法和技术、激励手段等研究,这不仅加深了传统行政管理的理论研究,而且拓展了行政管理的研究领域,迈出了跨学科、跨领域的步伐。20世纪七八十年代,公共管理学又突破了传统行政学和行为主义行政学的学科界限,提出并且深入研究了许多拓宽政府管理的新课题,如公共物品、公共服务、社会公平、非政府组织、公共选择、公共危机、政府责任、行政伦理、绩效测定、数字治理等。

从学科的包容面看,早期行政管理学研究主要是对政府行政活动和行政行为的研究。后来逐渐扩展到行政机关以外的其他国家机关、企事业单位乃至私人企业。发展至今,除公共行政、政府行政、综合行政外,还出现了专

---

① 参见陈广胜:《走向善治——中国地方政府的模式创新》,浙江大学出版社2007年版,第109—110页。

业行政、部门行政和企业（包括私营企业）行政等。

从研究的层次看，早期学者多做单层面的研究，如只从理论、制度或法律的层面进行研究。现代则发展为多层次立体研究，既研究理论、原则、规律性，又研究行政管理实践的程序、手段、方法和艺术，还研究行政活动中的技术性问题，如公文制发处理、档案管理、办公自动化、电子政府、数字政府等。从抽象的行政理论到具体的行政技术，行政管理学已成为由多层次内容所构成的逻辑体系。

（二）研究内容和研究方法更结合实际

行政管理学是应用学科，研究内容和研究方法紧密结合现实，是其具有生命力的根本所在。早期学者多注重行政制度、权力结构等静态方面。现代学者则侧重于研究行政过程中的行为、功能、沟通等动态方面。同时，研究方法也从间接分析转向直接分析，即从以事（制度和原则）为中心转向以人为中心。每一阶段新理论和新观点的提出，都是直接或间接地为解决当时的社会经济和行政的迫切问题而提出的，都是行政理论和行政实践相结合的产物。而且随着社会的发展，行政管理研究和政府的行政行为及行政活动的结合，呈现更加紧密的趋势。20世纪七八十年代，西方国家经济"滞胀"，财政赤字日增，政府机构膨胀，政府效率低下，公共政策失灵。于是在西方国家乃至全球掀起了被称为"政府再造""政府重塑"的行政改革浪潮。在这一背景下，公共选择理论、公共政策分析理论、新公共管理理论、治理理论等先后问世，成为当代行政改革的指导理论。

（三）行政学在不同学派的争鸣和交流中得到发展

在行政管理学研究过程中，出现了各具特点的管理理论。如古典管理理论学派的泰勒提出的工作定额管理，开创了科学管理的先河。法约尔将管理活动概括为计划、组织、指挥、协调、控制，古利克又在此基础上提出了著名的管理七职能论。20世纪20年代以来，梅奥等人的霍桑试验以及马斯洛的需要层次论，开创了行为科学管理的新阶段，他们强调非正式组织的作用，强调人际关系和激励因素等。随着科学技术的发展和社会的进步，西方管理理论又产生了许多重要的新观点，如强调决策在管理过程中的作用，认为管理就是决策；强调大企业管理经验的有效性，主张从企业的实际出发；强调企业内外环境的差别，主张随机应变等。

西沃之争

同时，行政管理学也在相互争鸣中得到发展。例如，古利克的管理七职能论具有广泛的影响，而西蒙认为这些原理是含糊不清和相互矛盾的，不适用于行政官员面临的行政场景，因此是无用的。但后来他又认为这些原理是有用的、可能的。① 又如，法约尔认为行政权力来自上级，权力和责任是对等的，而巴纳德则认为一切组织权力均自下而上。

五、行政管理学在中国的发展历程

中国是世界文明古国，行政管理有着悠久的历史。在两千多年的封建社会，形成了一套较为全面的行政管理体制和制度，如中央集权的国家行政体制、官吏选拔制度、监察制度等。也产生了与之相联系的丰富的行政管理思想，如德治思想、法治思想、礼治思想、民本思想、监督思想、用人思想、诚信思想等。这些制度和思想对其他国家的行政管理产生过重大影响，至今仍受国外学者的重视。但严格来说，我国现代意义上的行政管理学是从近代以来引进和翻译西方学者著作开始的。

（一）近代中国行政管理学的提出与初创

19世纪末20世纪初，我国已翻译出版了美国学者创作的《行海要术》《行政纲目》和日本学者创作的《行政学总论》和《行政法撮要》等书。1897年，我国著名学者、维新派主要领导人之一梁启超在上海《时务报》上发表《变法通议》一文，提出"我国公卿要学习行政学"的倡议。近代民主革命的先行者孙中山先生借鉴并发展国外的行政学理论，将国家权力分为政权和治权，即人民权（政权）和政府权（治权）。人民权包括选举、罢免、创制、复决四种权力；政府权包括立法、司法、行政、考试、监察五种权力。提出"四权统一"和"五权分立"。② 20世纪30年代是行政学教育的初始阶段。1933年11月，上海民智书局出版了中国最早的原理性教材——江康黎的《行政学原理》。1934年，南京国民政府在行政院内部设立了行政效率研究会并发行《行政效率》半月刊（后更名为《行政研究》月刊），直属行政院领导。1935年，我国台湾地区学者张金鉴撰写的《行政学之理论与实践》由上海商务印书馆出版，被认为是我国第一部现代行政管理学专著，也代表了当时行政研究的最高成就。1943年和1944年先后成立了两个"中国行政学会"，前者会员多为政府高级行政人员，注重行政实务研究；后者会员限定为大学教授，为纯粹的学术研究团体，共同推动着行政学的发展。

（二）现代中国行政管理学的受挫与停滞

中华人民共和国成立以后，中国共产党和政府从我国国情和不同阶段的

---

① 参见张梦中：《美国公共行政（管理）历史渊源与重要价值趋向——麦克斯韦尔学院副院长梅戈特博士访谈录》，载《中国行政管理》2000年第11期。

② 参见《孙中山全集》第9卷，中华书局1986年版。

不同任务出发，改善了我国的国家行政管理状况，并积累了一定的历史经验。如加强党对国家行政工作的领导；贯彻民主集中制原则，在政府机关中实行集体领导制度；坚持民主管理原则，强调人民当家作主；强调全心全意为人民服务的宗旨；坚持精兵简政，提高组织效能；注重行政组织的作风建设，密切联系群众；等等。但是，作为一门社会科学的行政管理学，在1952年我国高校院系调整时与某些社会科学类学科一起被撤销了，近代中国刚刚有所发展的行政管理学停滞不前。总的来说，这个阶段的受挫与停滞在相当程度上影响了我国行政管理即各级国家行政机关管理科学化的进程，也影响了我国行政管理学的历史积累和发展。

（三）改革开放以来中国行政管理学的恢复与重建

改革开放以来，经济体制改革呼唤行政体制改革，引起政界和学界对行政管理的普遍重视。1979年3月，邓小平在党的理论工作务虚会上指出，"政治学、法学、社会学以及世界政治的研究，我们过去多年忽视了，现在也需要赶快补课。"[1] 1980年，中国政治学会成立，政治学学科也得以恢复。1982年1月29日，《人民日报》发表了夏书章教授的文章《把行政学的研究提上日程是时候了》[2]。同年春，中国政治学会委托复旦大学举办全国政治学讲习班，其中开设行政管理学课程。1983年，劳动人事部和中国社会科学院联合承办了"联合国：文官制度改革国际研讨会"，中国和20多个国家的学者参加了会议。1984年8月，国务院办公厅和劳动人事部在吉林省吉林市主持召开了新中国第一个研究行政管理学的会议——行政科学研讨会，发表了《行政管理学研讨会纲要》，这标志着行政管理学在我国的重建。这次会议专门就行政学研究的必要性，行政学学科体系、内容和主要课题，行政学的发展方向等问题展开了研讨。会议明确，必须发展中国行政科学，并建议成立中国行政学会，筹建国家行政学院。1985年，夏书章教授主编的《行政管理学》一书由山西人民出版社出版，首次对行政学的主要内容和体系进行了比较系统的归纳和阐述，被认为是行政学恢复的学术标志之一。

1986年，武汉大学和郑州大学率先在全国开设四年制行政管理本科专业。此后，在全国范围内掀起一股学习和研究行政学的热潮，一些高等院校开始恢复行政学本科层次的专业课程并创办行政学系、所，同时成立了一批行政管理干部学院，行政学甚至被视为我国党政干部的必修课。1987年，党的十三大正式提出在我国推行公务员制度，极大地推动了行政学的发展。1988年，

---

[1] 《邓小平文选》第2卷，人民出版社1994年版，第180—181页。
[2] 参见夏书章：《把行政学的研究提上日程是时候了》，载《人民日报》1982年1月29日第5版。

中国人民大学率先开始招收行政学硕士研究生。同年 10 月 13 日，中国行政管理学会在北京正式成立，并发行了会刊《中国行政管理》。中国行政管理学会的成立标志着行政学作为独立学科的地位得以确立。1989 年 7 月，在第二十一届国际行政科学学会上，我国正式成为会员国。同年 12 月，又成为亚太地区行政学会会员国，标志着我国行政管理学国际学术交流进入一个新的阶段。1994 年 9 月 21 日，国家行政学院在北京成立，主要培训各级政府司局级以上官员，各级地方行政院校也相继挂牌。1996 年 10 月，在北京召开了第三届国际行政科学大会，该会议首次在亚洲地区举办，有力地加强了我国与世界各国在行政学领域的交流与合作。以上表明，行政管理学在中国重建后，得到了迅速和健康的发展。

1997 年，我国首次在研究生教育中增设公共管理一级学科，原属于政治学的行政管理学，连同社会医学与卫生事业管理、教育经济与管理、社会保障、土地资源管理等，都成为公共管理的二级学科。此后又在本科教育中增设公共事业管理专业。1998 年，中国人民大学、中山大学、复旦大学成为首批具有中国行政管理学博士学位授予权的大学。为了培养适合新时代需要的高素质专业人才，国务院学位委员会于 1999 年 5 月决定在我国开展公共管理硕士（MPA）专业学位教育。2001 年 3 月，第一批 MPA 研究生开始入学，成为我国行政管理学教学研究与国际接轨以及学科建设规范化的新起点。

（四）新世纪以来中国行政管理学的发展与深化

进入新世纪以来，特别是我国加入 WTO 以来，行政管理学在学科建设、理论研究和实践发展方面都取得了长足的进步。

在学科建设方面，本科专业目录几经调整，教育部于 2021 年 12 月公布了最新专业目录，行政管理专业与公共事业管理、劳动与社会保障、土地资源管理、城市管理成为公共管理类的五个专业。在研究生教育中，各高校以行政管理专业为基础，开设了政府绩效管理、公共危机管理、应急管理、公共政策、公务员管理等专业，促使行政管理学的研究向更加深入和专业化的方向发展。截至 2022 年底，具有行政管理专业博士学位授予权的单位已近 60 个。多所高校陆续设置了公共管理博士后流动站，行政管理学人才培养体系逐渐完善。与此同时，公共管理硕士（MPA）专业学位教育也获得了长足的发展，从 2000 年首批 24 所高等院校试点至今，已经有 8 个批次、305 个公共管理专业硕士（MPA）学位点获准建设，并培养了数十万名 MPA 学生。

在理论研究方面，行政管理学研究领域由浅入深、由表及里、由内及外不断拓展，呈现出百花齐放、百家争鸣的态势，公共服务、绩效管理、应急管理、全球治理、新型城镇化、乡村振兴、数字治理等新课题不断涌现。研究范式也从传统的"行政管理"范式向"公共行政"范式和"公共管理"范式转变。与此同时，各种专业性研究团体也相继成立，如中国机构编制管理研究会（2004年）、全国政府绩效管理研究会（2006年）、中国行政体制改革研究会（2010年）、中国应急管理学会（2014年）、中国社会治理研究会（2015年）等。此外，各种专业期刊如《公共管理学报》《公共行政评论》《行政论坛》《公共管理与政策评论》《公共管理评论》《行政管理改革》《治理研究》《地方治理研究》等的蓬勃发展，也增进了行政管理学理论研究的广度与深度。

在实践方面，深入推进行政管理改革，特别是2013年党的十八届三中全会提出"全面深化改革"战略以来，行政管理各方面改革系统、全面、协同推进，取得了历史性成就。主要体现在：

第一，稳步推进机构改革。2003年，国务院拉开了新世纪第一次政府机构改革的序幕，这次改革的目标是进一步转变政府职能，建立与社会主义市场经济相适应，行为规范、运转协调、公正透明、廉洁高效的行政管理体制。2008年、2013年、2018年和2023年又相继进行了四次改革，围绕政府职能进一步转变，推进大部制改革，推进党和国家机构职能优化协同高效。特别是2018年应急管理部的成立，极大提高了各级政府应对突发事件的风险管理能力，推进了我国应急管理体系和能力现代化的建设。

第二，进一步完善公务员制度。2005年4月，《中华人民共和国公务员法》正式颁布，标志着我国公务员制度进入法制化阶段。2018年12月，十三届全国人大常委会第七次会议对公务员法进行了修订，标志着我国公务员管理法治化、规范化、科学化进入新阶段。

第三，反腐倡廉，强化权力运行制约和监督体系。反腐倡廉历来是党和政府重要的执政理念。2003年，中央纪委、中组部组建了专门巡视机构和专职巡视队伍。2005年，中央印发《建立健全教育、制度、监督并重的惩治和预防腐败体系实施纲要》，2008年印发《建立健全惩治和预防腐败体系2008—2012年工作规划》，2010年印发《中国共产党党员领导干部廉洁从政若干准则》和《关于实行党风廉政建设责任制的规定》等一系列文件。2012年12月，中央政治局审议通过关于"改进工作作风，密切联系群众"的八项规定，此后，声势浩大的"老虎、苍蝇一起打"的反腐败斗争持续开展至今。

第四，改革行政审批制度。2001年10月，《关于行政审批制度改革工作的实施意见》颁布，国务院各部门和各省市相继清理若干行政审批项目。2003年8月，《中华人民共和国行政许可法》通过，我国行政审批走上法制化轨道。2011年6月,《中华人民共和国行政强制法》通过,进一步规范和监督行政机关依法履行职责。

第五,推动国家信息化,加强电子政务建设。2002年8月,国家信息化领导小组发布《关于我国电子政务建设的指导意见》,部署了覆盖全国,跨党委、人大、政府、政协等大系统的整体方案,提出了电子政务建设的重大方略。2007年1月,国务院常务会议通过《中华人民共和国政府信息公开条例》,加速推动国家信息化和电子政务建设。2014年2月,中央网络安全和信息化领导小组成立,全面推动国家网络安全和信息化法治建设。

第六,扎实推进法治政府建设。2004年颁布的《全面推进依法行政实施纲要》首次提出建设法治政府的目标;2010年出台的《国务院关于加强法治政府建设的意见》全面规定了依法行政和法治政府建设;2012年党的十八大将法治政府基本建成确立为到2020年全面建成小康社会的重要目标之一;2014年十八届四中全会明确了法治政府建设的原则、目标和具体任务,要求各级政府在党的领导下,在法治轨道上开展工作,加快建成法治政府;2015年12月国务院印发《法治政府建设实施纲要(2015—2020年)》,明确了法治政府建设的总体要求、主要任务、具体措施、组织保障和落实机制等;2022年党的二十大报告进一步强调"法治政府建设是全面依法治国的重点任务和主体工程",要"坚持法治国家、法治政府、法治社会一体建设",在法治轨道上全面建设社会主义现代化国家。

参考答案

> **思考题**
>
> 1. 简述马克思主义关于政治与行政关系的观点?
> 2. 西方学术界对行政概念的解释有哪几种?
> 3. 如何理解行政管理学的研究对象?
> 4. 行政管理学有哪些主要的研究方法?
> 5. 西方行政学的发展经历了科学管理阶段、行为科学时期和现代科学管理时期三个阶段,试简述科学管理阶段的三个代表理论以及该阶段发展的特点和局限性?
> 6. 新公共行政的理论观点主要有哪些?
> 7. 简答戴维·奥斯本等人提出的"政府再造的十项原则"?
> 8. 新公共服务理论的主要观点有哪些?
> 9. 西方行政管理学在发展过程中呈现哪些趋势?

讨论题

1. 党的十八届三中全会审议通过了《中共中央关于全面深化改革若干重大问题的决定》。纵览全文一个特别的亮点是用"治理"替代了过去常用的"管理",指出全面深化改革的总目标是"推进国家治理体系和治理能力现代化"。从"管理"到"治理"一字之差却体现了治国理念的新跨越。试讨论你对治国从"管理"到"治理"的认识。

2. 在一次有关行政管理的讨论中,小周认为当前要抓好行政法规建设,因为行政法规就是依法行政,而依法行政即现代行政管理。所以抓好行政法规的建设与执行就等于抓好了行政管理。据此,他还提出了"行政法规=现代行政"的公式。小张则认为现代行政的要旨在于擅长于用人之道和保持和谐的组织环境,谁能适时地提拔和启用一批精英人才,能积极发挥工作人员的主动精神,谁就能走上成功的行政之途,他也据此提出了"善于用人=现代行政"的公式。对这两个公式该如何认识?我们该如何理解行政管理和行政管理学?

推荐阅读文献

1. 夏书章主编:《行政管理学》(第三版),高等教育出版社2003年版。
2. 夏书章主编:《行政管理学》(第六版),高等教育出版社2018年版。
3. 彭和平编著:《公共行政学》(第五版),中国人民大学出版社2015年版。
4. 张康之、李传军编著:《公共行政学》,北京大学出版社2007年版。
5. 徐理明、徐颂陶主编:《走向卓越的中国公共行政》,中国人事出版社1996年版。
6. 应松年、马庆钰主编:《公共行政学》,中国方正出版社2004年版。
7. 邓生庆、吴军主编:《公共行政学》,四川人民出版社2000年版。
8. 曲福田、盛邦跃主编:《行政管理学》,南京大学出版社2003年版。
9. 丁煌:《西方行政学说史》(第三版),武汉大学出版社2017年版。
10. 杨文士等编著:《管理学原理》(第二版),中国人民大学出版社2004年版。

11. 张国庆主编：《公共行政学》（第四版），北京大学出版社 2017 年版。

12. 彭和平等编译：《国外公共行政理论精选》，中共中央党校出版社 1997 年版。

13. 黄达强、刘怡昌主编：《行政学》，中国人民大学出版社 1988 年版。

14. 唐兴霖编著：《公共行政学：历史与思想》，中山大学出版社 2000 年版。

15. 张康之等编著：《公共行政学》（第三版），经济科学出版社 2017 年版。

16. 孙学玉：《企业型政府论》，社会科学文献出版社 2013 年版。

17. 〔澳〕欧文·E. 休斯：《公共管理导论》（第四版），张成福等译，中国人民大学出版社 2015 年版。

18. 〔美〕戴维·H. 罗森布鲁姆等：《公共行政学：管理、政治和法律的途径》（第七版），张成福等译校，中国人民大学出版社 2013 年版。

19. 〔美〕弗兰克·J. 古德诺：《政治与行政：一个对政府的研究》，王元译，复旦大学出版社 2011 年版。

20. 〔美〕戴维·奥斯本、特德·盖布勒：《改革政府：企业家精神如何改革着公共部门》，周敦仁等译，上海译文出版社 2006 年版。

21. 〔美〕珍妮特·V. 登哈特，罗伯特·B. 登哈特：《新公共服务：服务，而不是掌舵》（第三版），丁煌译，中国人民大学出版社 2016 年版。

22. 〔美〕丹尼尔·A. 雷恩：《管理思想的演变》，赵睿等译，中国社会科学出版社 2000 年版。

第二章　行政环境

> **导读**
>
> 行政环境是行政管理的前提、依据和实施影响的对象。行政环境和行政管理的有机统一，是行政生态学的基本要求，是党的实事求是思想路线在行政管理领域的贯彻和实行。因此，研究行政环境对行政系统的影响，对于正确理解行政系统的建立原则、结构特点、运行方式、功能范围、发展规律与历史命运，掌握优化行政环境的途径和方法，提高行政管理水平，深化行政管理改革，都有重要意义。

第一节　行政环境概述

任何一项行政活动都是在一定的环境中展开的，没有脱离一定社会环境的行政活动存在。领导者或管理者是在经济、政治、社会、技术力量变动的开放系统中进行决策和经营的，"环境力"可被视为环境影响行政活动的生动写照。

一、行政环境问题的提出

"生态"一词是由古希腊语"oikos"派生出来的，意为"房子或家"，引申为"生存之地"，19世纪的植物学家和动物学家广泛地运用这一概念来描述生物体如何生存和适应它们的环境。20世纪50年代以后，人口剧增、环境恶化、食物短缺、能源紧张、资源破坏等环境问题凸显，唤起了人们对生态环境问题的普遍关注和高度重视，行政生态学作为一门专门研究政府行政环境的学科在这一背景下兴起和发展。

(一)高斯首先提出行政生态问题

1921年,美国人查尔斯·A.比尔德①出版《政治的经济基础》一书,认为政治制度的形态、性质与功能都受着经济环境的影响与支配。这是关于政府管理与环境关系的早期探索。

最早将生态学概念引入行政学的是美国哈佛大学教授约翰·高斯,他用生态学观点将行政管理比拟为生物有机体,将行政环境看作是生态环境来研究行政现象,为行政管理学的研究开辟了新的研究方向。1936年,高斯发表《美国社会与公共行政》一文,第一次提出行政管理与行政环境之间的关系问题。在文中,高斯具体指出了一些影响政府职能消长情况的因素,如人民、土壤、气候、地理位置、科学技术、社会技术、人的年龄和知识、他们的希望和理想以及灾祸和人的性格等。他认为这些因素可以说明公共政策和行政的某些起因,自觉认识生态上的这些因素,有助于对行政过程和公共政策的制定进行具体分析,也有助于行政官员更明智地对待政府所面临的外部环境的需要和挑战。1945年,他在亚拉巴马大学的一系列著名的讲座中又详尽地阐述了如何运用生态学的方法研究行政的问题,并于1947年发表《政府生态学》一文,再次强调外部环境因素对政府行政的作用,首次正式将生态学一词引入行政管理领域。这些内容于1947年以《公共行政学之我见》为题结集出版。② 高斯说:"生态学是各种有机体同它们的环境之间的多种关系的集合。"他认为这种关系不仅同闭门研究行政过程的一般理论的行政学学者有关,而且也同从事第一线行政活动的实践者有关。

里格斯生平与著述

(二)里格斯的行政生态模式

1957年,哈佛大学里格斯教授发表《比较公共行政模式》一文,用生态比较法对行政环境作了进一步研究。1961年出版了《公共行政生态学》一书,其后又连续发表了相关论著。在这些论著中,里格斯运用"结构功能分析法"和"物理学光谱分析"的概念,将行政现象和行政行为与行政的社会背景、文化背景、意识形态背景等联系起来考察,并从行政的经济环境方面将行政管理分为三种模式:

---

① 查尔斯·A.比尔德(Charles Austin Beard,1874—1948)是20世纪上半叶美国最著名和最重要的宪法学家和历史学家,曾被誉为"二十世纪复杂社会中松了绑的伏尔泰",由于倡导"美国宪法的经济解释"(同名著作中译本由商务印书馆于1984年出版)而被称作"进步史学运动的代表"。在所谓宪法的"原旨解释"兴起之前,比尔德的范式在美国宪法的解释中占据重要地位。即使在今天,比尔德这种深受马克思唯物史观影响的冲突史观仍然有重大的借鉴意义。

② 参见〔美〕R.J.斯蒂尔曼:《公共行政学》(上册),李方、潘世强等译,中国社会科学出版社1988年版,第173页。

1. 融合型农业社会的行政模式（fused model）

里格斯认为，就像自然光一样，传统农业社会的社会结构是混沌未开的，与之相适应，其行政行为与立法、司法、军事、宗教乃至社会经济活动等其他社会行为是混杂在一起的，根本就没有出现过专业化的行政机构。由于缺乏专业化分工，这种模式下的行政效率极为低下。其基本特征是：经济基础是农业生产力；土地的分配和管理是政府的重要事务；政治与行政不分，处于混沌与交杂状态；权力来源于君主，实行世卿世禄制度；行政官吏在政治和经济上自成特殊的阶级；政府与民众较少沟通，官僚职位重于政府政策；行政风范带有浓重的亲族主义色彩；行政的主要问题是维持行政的一致和统一。

2. 棱柱型过渡社会的行政模式（prismatic model）

棱柱型的行政模式既具有农业社会行政形态的一些特征，又具有工业社会行政形态的一些特征。表现为传统与现代并存，异质性和异种性并存，法治与人治并存，新价值与旧价值并存，新制度与旧制度并存，"有普通平房也有高楼大厦""有西装也有长袍马褂""过阳历年又过阴历年"。① 其特征是：第一，异质性。即传统与现代并存，多种制度、行为、观念融为一个社会之中。既有农业社会的特征也有工业社会的特征，既有传统思想也有现代新的科学思想。用里格斯的话来说，就是牛车与汽车、茅屋与高楼并存。第二，形式主义。表现为理论与实际脱节，法规与执行相背离，政府的制度、法规不能实际起到约束和规范作用，人情关系仍占相当大的比重。第三，重叠性。即机构重叠存在、重复设置。表现为若干机构职能相同，法定职能机构不能或不去履行职责，而其他组织机构大行其道。其原因在于传统组织向现代组织过渡的不彻底性所导致的权责交叉、重叠。

3. 衍射型工业社会的行政模式（diffracted model）

里格斯认为，就像自然光线经过光学三棱镜折射过后所形成的单色光谱一样，工业社会各种环境因素的结构与功能实现了高度的分工与专业化（见图 2-1），相应地，其行政系统也在结构与功能上形成了专业化分工体系。行政系统由有着高度分工的不同行政机构所组成，它们各自执行不同的专业化职能，分工明确，各司其职，以科学性与效率为追求目标。其基本特征是：经济基础是美国式的自由经济或苏联式的管制经济；管理分工明确，行政成为一个专门化、科学化、理性化的专业；民众有影响政府决策的渠道，政府与民众的关系密切，沟通渠道发达；行政风范体现平等主义、成就导向和对

---

① 傅肃良：《行政管理学》，三民书局1983年版，第92页。

事不对人原则（如职位分类）；行政的主要问题是谋求专业化基础上的协调和统一。

里格斯的观点确立了行政生态学的基本思想，开创了行政管理学研究的新途径，标志着以生态学研究方法研究行政学的新的学科体系——行政生态学正式创立。

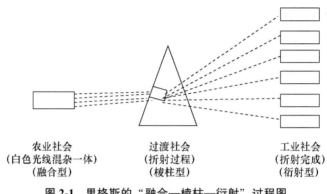

农业社会　　　　过渡社会　　　　工业社会
（白色光线混杂一体）（折射过程）　　（折射完成）
（融合型）　　　　（棱柱型）　　　　（衍射型）

图 2-1　里格斯的"融合—棱柱—衍射"过程图

（三）帕森斯的模式变项理论①

塔尔科特·帕森斯是美国以生态比较法研究行政环境的代表人物之一，他研究的特点是将各国的行政系统放在本国的社会生活中进行对比，对比的重点是行政生态环境，通过对比建立起不同的生态模式，并据此寻求引起各国行政差异的社会生态原因。

帕森斯的模式变项理论首先把世界上的各种社会形态分为传统社会和现代社会两种模式，然后在此基础上找出反映两种模式特征的巨大模式变项，并进而区分不同模式的社会性质，揭示影响行政系统的主要生态原因。帕森斯的五大模式变项是：第一，从功能普化到功能专化。传统社会中的组织往往承担多种职能，充当多种角色；近代社会以后，即现代社会中组织的功能日趋专业化、专门化。第二，从归属倾向到成就倾向。传统社会强调宿命论，寻求归属感；现代社会则强调通过个人努力奋斗取得成就。第三，从特殊关系到普遍关系。传统社会重视以情感为中心的特殊人际关系；现代社会则重视个人自主发展，自由参加各种社会组织，发展普遍的社会关系。第四，从重视情感到情感中立。传统社会的人际关系往往受个人情感的影响；现代社会则以情感中立为人际交往的基础。第五，从个人利益到团体利益。传统社会人们的社会行为多以个人利益为中心；现代社会则趋于以团体利益为中心，

---

① 参见〔美〕塔尔科特·帕森斯：《社会行动的结构》，张明德等译，译林出版社 2003 年版。

即把个人利益与团体利益结合在一起,通过团体利益的争取与维护来实现个人利益。

(四)罗伯特·达尔对行政环境问题的论述

1947年,美国著名学者罗伯特·A.达尔在《公共行政学评论》杂志上发表《公共行政科学:三个问题》一文,集中探讨了如何才能创建一门公共行政科学的问题,分析了创建公共行政科学存在的三个困难,着重强调了研究人的行为和社会环境对发展行政科学的重要性,并倡导更多地研究比较行政学。他认为,传统的行政管理学的范围狭窄、局部化,缺乏对行政管理的社会背景的了解,忽视了"公共行政与它的社会环境的关系"。达尔在文中指出:"我们没有理由作出这样一种设想,公共行政学的原则在任何民族国家中会同样有效,或者在某个国家中取得成功的公共行政措施在不同的社会、经济和政治的环境中必然证明也会取得成功。"① 这就是说,不同的国家或地区所面临的行政环境是不一样的,几乎不存在古利克、厄威克等人试图寻找的行政学的普遍原则。但是通过比较研究,有可能发现某些超出国界和特殊历史经验的原则和一般原理。

(五)张金鉴的"生态行政学"

我国台湾地区学者张金鉴并不认同"行政生态学"这一概念,他提出了"生态行政学"概念。他认为:行政组织是一个有机体,组成部分各有分工、各司其职却又和谐统一;行政组织是集合内部若干小系统而成的大系统,这一大系统又是外界更大系统的次级系统,他们环节相依,层级扣合,成为一个整体;不仅行政组织内部的成员和各个单位相互依存,而且组织整体对外界环境也不可分离;行政组织是一个开放的系统,从外界环境输入资源、支持、意见、要求等,然后转化成公共管理和公共服务的输出;行政组织需要不断适应,才能够维持自己的存续和发展,即优胜劣汰,适者生存;环境是变动不居的,行政组织必须适应变化,与时俱进,才能维持动态平衡;行政组织是一个生命体,必须保持新陈代谢才能生生不息。

生态行政学

二、行政环境的含义和分类

(一)行政环境的含义

环境从最初的含义上说,主要是指空间意义上的范围大小,它具有明确的空间边界,即环绕而成的区域。随着社会的发展,行政环境被赋予了社会

---

① 转引自彭和平等编译:《国外公共行政理论精选》,中共中央党校出版社1997年版,第160页。

和人文意义。

行政环境是行政系统赖以存在和发展的外部条件的总和，也就是直接或间接地制约和影响行政活动的各种外部因素的总和，这些条件或外部因素有物质的、精神的，有有形的、无形的，有自然的、社会的，有国内的、国际的，等等。总之，凡是作用于行政系统，并为行政系统反作用所影响的条件和因素，都属于行政环境的范围。

（二）行政环境的分类

行政环境是复杂的。人们常常从不同的角度，根据不同的标准，将其分成不同类型。

美国学者理查德·赫尔认为，行政环境可以分为一般环境和特定环境两种。那些对所有的行政组织均发生影响力的是一般环境，包括文化、工艺技术、教育、政治、法制、自然资源、人口、社会、经济等九个方面；而只对特定行政组织发生直接影响的是特定环境，包括顾客、供应者、竞争者、社会与政治、技术五个方面。

从规模和层次的角度来说，可以把行政环境分为宏观、中观和微观三类。宏观行政环境对行政活动的影响范围最广、规模最大、层次最高，以直接或间接的方式制约和影响着行政管理的总体活动和方向。对我国政府而言，基本的外交政策以及经济和社会发展战略等都是宏观行政环境。中观行政环境是指行政管理的组织结构和运行情况，包括行政组织的结构是否合理、职权划分是否明确、沟通是否畅通等，也是影响行政管理的重要环境因素。微观行政环境是指一个具体的行政组织所处的工作环境，如单位内部的人际关系、办公设备、工作作风、制度建设等。

从作用和影响上来看，行政环境可以分为良性行政环境和恶性行政环境。所谓良性行政环境，指的是对行政系统的生存和发展起积极作用的行政环境；对行政系统的生存和发展起消极作用的环境因素，则被称为恶性行政环境。当然，这种分类是相对的，良性行政环境与恶性行政环境也可能相互转化。

从影响区域和环境内容上来看，行政环境可分为国内行政环境和国际行政环境两类，国内行政环境和国际行政环境又可以从社会环境和自然环境两个方面来考察。

1. 国内行政环境

国内行政环境是指一个国家自身的社会与自然环境，也就是通常所说的国情。由于世界各国的历史发展、文化传统以及地理位置等的不同，世界各国的国内环境差异很大。国内行政环境包括自然和社会两大领域。

(1) 行政自然环境

行政自然环境主要指作用于行政系统的、一个国家的地理位置、自然条件和自然资源。包括地域环境、资源环境和气候环境三大因素。自然环境是人类生存的基础和创造文明的自然前提，是人类社会生活的有机组成部分。人类社会同其所处的自然环境相互影响，相互作用，构成一个不可分割的有机统一体。一般来说，自然环境对行政管理的作用没有社会环境那样直接和深刻，但在一定条件下也能起重要作用。

18世纪，法国启蒙思想家孟德斯鸠提出了"地理因素说"，引起了很大反响。在《论法的精神》中，他告诉我们，在热带尤其是靠近赤道的国家，法律上时常会出现早婚和一夫多妻的规定，地处温带的国家，其法律则时常会出现晚婚和一夫一妻的规定。为什么会这样呢？因为在气候炎热的地方，人就像热带植物一样长得特别快，尤其是妇女发育速度惊人，可她们身体的发育速度与智力的发展难以平衡。换句话讲，12岁的姑娘有成年妇女的身体却没有成年妇女的头脑，而当她们具有成年人头脑时容颜尽改。这样，法律就当然让她们早点结婚，与此同时，又让她们处于男人的从属地位，几个人围着一个丈夫。而在温带，妇女发育相当迟缓，到了可以结婚的年龄，她们已具有相当的智力，因此法律自然会让她们晚婚，让她们与男人处在平等的地位。可见，地理位置特别是气候条件对一个国家的政治制度产生了深远的影响。

自然环境不仅为社会发展提供了各种可能性，同时也为政府决策制定提供了可能性。从经济角度看，澳大利亚拥有辽阔富饶的草原，所以政府一直大力发展畜牧业；加拿大拥有茂密广大的森林资源，所以木材的采伐和加工始终在经济结构中占有突出位置；中东的沙特、科威特等国地处沙漠，虽然发展不了农业，但丰富的石油资源使石油开采与炼制成为国民经济的主要支柱。从军事角度而言，英国是一个岛国，有着优良的港湾条件和海洋所形成的天然屏障，因此，政府一直致力于发展海军力量，制定了进攻型的国防战略，海军部门在国防系统内始终居于主导地位；瑞士位于欧洲内陆，地处强国之间，地理环境缺乏天然屏障，于是政府一直将陆军力量作为国防主体，制定了中立性的防御型国防战略，在军事部门中陆军占据支配地位；美国的地理环境以两大洋为屏障，自身安全易于保障，促进了其称霸世界的进攻型战略的形成。从国家领土的地理形状来看，紧凑型国家、方块型国家和圆形领土的国家，其国内交通路线最短，经济发展最易平衡，民族最易团结，最有利于政府行政系统的稳定性和权威性；破碎型领土的国家大多是海岛国家，中央行政系统控制地方行政系统的难度较大；狭长型领土的国家则不利于经济平衡，行政系统的稳定性和权威性也难以保障。

(2) 行政社会环境

行政社会环境主要指经济环境、政治环境、文化环境以及人口、民族、历史传统等因素。毫无疑问，行政社会环境是与行政系统的产生与发展过程关系最为密切、影响最为直接的行政环境类别。

经济环境包括作用于行政系统的经济制度和生产力水平。具体有以下几方面：① 经济体制决定了政府的基本职能和行为方式；② 经济利益决定了行政行为的目标；③ 经济实力为政府提供了权力能量；④ 物质技术水平的高低以及拥有量的多少直接影响行政管理活动的效率和水平。

所有的行政系统都在不同程度上受政治环境的影响。政治环境的基本要素包括政治体制、国家结构形式、政党制度、政治形势、立法制度、公共政策等。政治体制确立了政府在社会生活中的地位和作用；国家结构形式决定了行政管理的活动范围；政党制度决定着行政活动的政治方向、政治目标和行政的地位；政治形势决定了行政管理当前的主要任务；立法制度规定了行政管理的手段方式和基本原则；公共政策是行政管理的重要手段，也是行政管理活动的结果，影响着行政管理目标的实现。政治环境对政府行政管理起到直接的制约作用。

文化环境的基本要素包括知识、价值、意识形态、行为规范、道德传统等方面。对行政系统的影响主要表现为：① 知识水平决定了政府工作人员处理问题的方式和技巧；② 价值左右着行政组织对待社会事务的态度；③ 意识形态使行政组织的政治和经济利益目标更加鲜明；④ 行为规范决定了政府如何与其他社会组织以及公民个人打交道；⑤ 道德传统使行政组织能够不依靠强制力而自愿扮演既定社会角色，发挥角色功能。

人口问题与社会的各个领域存在着相互依赖、相互制约的密切关系。人口因素包括人口数量和素质两方面，人口数量下降或人口剧增都会给行政带来难以估量的影响；人口素质过低则会给行政执行带来很多困难，影响行政目标的实现。

民族问题也是一个不可忽视的因素。它要求政府必须正确处理民族矛盾，尤其需要谨慎处理民族语言、风俗习惯、宗教信仰等敏感问题。充分考虑各民族心理素质的特点和表现，考虑各民族地区的特点和发展趋向，是实现行政管理科学化的必要条件。

历史作为社会环境的一种因素，对行政管理也起着一定的作用。由于各国历史发展有着不同的特点，形成不同的传统，给各国的行政体制、观念、方式带来不同的影响。美国历史上无君主专制的传统，开国初便确立了共和制，因而民主精神深入人心。中国长期的封建社会历史，对中国的行政有很大的影响。中国行政管理中的家长制弊病，就与小生产基础上形成的社会文化和社会心理有关。

2. 国际行政环境

国际行政环境是指一个国家与世界各国家、地区之间的政治、经济、文化、自然地理等方面的关系以及国与国之间的相互关系。良好的国际行政环境需要各国政府相互协作，采取共同措施，促进和谐与可持续发展的国际环境的形成。具体来说，国际行政环境包括国际自然环境和国际社会环境两方面。国际自然环境如大气、河流、粉尘、虫害、病菌等会直接影响国内的自然条件，因而也会制约行政管理。国际社会环境则会影响国内社会人们的政治、文化、消费、生产等行为。

（1）国际自然环境

由于科学技术的发展，先进的机器设备代替了手工劳动，机器大生产成为一种潮流，其结果是：一方面提高了社会生产力，改善了人们的生活；另一方面对生态环境造成了严重的破坏，对人类自身的生存构成了威胁。工业污染和生活污染成为现代社会两大污染源，并扩展到世界范围。例如，大面积砍伐森林，过度抽取地下水，野蛮开发矿产资源，毫无顾忌地向空中排放工业废气、生活废气等，致使空气、土壤、水、阳光等人类生存必需的自然资源受到根本性破坏，水灾、火灾、地震等自然灾害频繁发生。这些问题难以依靠一国力量解决，需要各国政府协同配合，有效地保护环境。

（2）国际社会环境

从政治方面来看，和平与发展作为当今时代的主题，仍然是当代国际环境的基本趋势和主要特点，要和平、求合作、促发展，仍是世界各国人民的共同愿望。但是，当今世界仍不太平，主要表现在：两极格局解体后，世界向多极化方向发展，但国际政治新秩序的形成仍是长期的、复杂的过程；贫困、冲突和战争依然在世界部分地区蔓延；因民族、宗教、领土等因素而引发的局部冲突时有发生；"新干涉主义"的霸权主义和强权政治依然是威胁世界和平与发展的主要根源；恐怖主义对当今世界的和平与安全构成严重威胁。

从经济方面来看，目前国际行政环境的特点主要表现在：首先，世界经济的全球化趋势加速发展，已成为当今国际经济竞争的显著特点。但是，世界经济全球化是在市场经济的基础上发展起来的，无疑发达国家可以从中获得极大的好处，而发展中国家明显处于不利的地位。其次，以科技为先导、以经济为中心的综合国力竞争不断加剧。受经济全球化的影响，凡是未被战争和动乱困扰的国家，尤其是各大国都把精力集中于发展经济、提高综合国力的竞争上。再次，以高科技为核心的新技术革命，正以巨大的社会创造力和影响力改变着旧有的国际秩序，加速公正、合理的国际新秩序的形成。最后，国际经济发展的不平衡性进一步加剧，广大发展中国家并未充分享受到经济全球化和科技进步带来的好处。国际政治、经济旧秩序的存在依然是阻碍发展中国家发展的一个最大障碍，而且，不合理的国际经济秩序造成富国愈富、穷国愈穷的现象，已成为阻碍国际经济发展的严重障碍。

从文化方面来看，国际行政环境的特点是文化融合与文化冲突共存。由于各国历史背景和意识形态不同，形成各具特色的文化内容和形式。国际上各友好国家之间的文化交流与合作是文化环境的一个重要特点，与此同时，文化全球化的趋势也日趋明显，这主要表现为信息的全球共享、科学技术的全球化、语言的全球化、体育运动的全球化以及旅游的全球化等。但也有一些国家和地区提出保持本土化文化的要求，不同文化之间的冲突时常发生。

三、行政环境的特征

(一) 广泛性

行政环境是一个复杂的开放系统，环境因素具有多样性。可以说，凡是作用于行政系统的外部条件和要素，都属于行政环境的范畴。从地形地貌、山川河流到气候特征、自然资源，从人口数量、民族状况到阶级状况、历史传统，从文化教育、科学技术到社会制度、经济状况，乃至人际关系、思想观念、道德水准、办公条件等，都是行政环境的组成部分。

(二) 复杂性

行政环境是一个复杂的开放系统，它对行政管理的影响与作用不仅广泛，而且复杂。行政环境的各种条件和要素本身，以及这些条件和要素之间构成纵横交错的复杂关系。例如，单就科学技术这一要素讲，它同人口素质、文化教育、社会制度、生活方式、价值观念等要素之间的关系以及与其他要素之间的关系都是非常复杂的。

(三) 差异性

对行政主体而言，各个行政环境的构成条件和要素都是不同的。各个国家各个地区行政环境具有很大差异，既有自然条件的差别，也有社会环境的不同。这种差异性是人类文明发展多样性和社会发展不平衡性的表现形式，各种不同的行政管理体制、管理模式的形成与发展也是这种差异性的具体体现。

(四) 变异性

世界永动，无物常驻。行政环境是一个开放的系统，其中的条件和要素是不断变化的。社会不断变迁,体制不断变革,观念在不断嬗变,行政环境因素的变异,直接或间接地影响着行政系统的变化与变革。

第二节 行政环境的理论依据

一、系统理论

从系统论的观点来看,任何一个管理系统都是在一定的环境中运行的。行政系统是整个社会大系统中的一个子系统,必然要受到行政环境的制约,适应行政环境的变化,不能离开社会大系统而独立存在。构成行政环境的各种条件和要素与行政管理活动之间呈互动状态,即行政环境影响、制约行政管理,行政管理反过来影响、改造行政环境。具体表现为:

(1)行政组织和行政人员都是生活在一定的社会环境之中,他们是在与环境不断相互作用,在进行物质、能量和信息的交换中得到发展的,其行为必然是主观与环境交互作用的反映。人要受外部环境因素的影响,行政组织要适应环境的变化而调整其内在结构、外在形式和组织行为。

(2)行政目标是整个社会大系统的目标之下的一个子目标,要服从于整个社会系统的大目标。制定和实施行政目标,要适应社会环境向行政系统提出的各种要求和提供的各种条件。行政组织只有在制定行政目标时注重环境因素的影响,才能制定出切合实际的目标。

二、马克思主义关于人和环境的关系理论

马克思主义关于人和环境的理论表明:环境是人的一切活动的基础,环境的改变引起人的改变;反之,环境又是人类活动的对象,它总是由人的活动来改变;只能被看作是并合理地理解为变革的实践。[①] 根据这一理论,行政系统和行政环境的关系可以概括为:

(1)行政环境是行政系统赖以存在和发展的基础。行政系统必须并且只能在一定行政环境中运行和发挥作用。行政环境改变了,行政系统的存在和活动方式也必须随之改变。

(2)行政环境是行政系统施加影响的对象,行政环境的改变是行政系统功能有效发挥的结果。

---

① 参见马克思:《关于费尔巴哈的提纲》,参见《马克思恩格斯选集》第1卷,人民出版社2012年版,第138页。

（3）行政系统的活动和行政环境的改变，只能在实践中取得一致。离开实践，行政系统的运作就陷于空谈而不能产生实际成果，行政环境也得不到自觉改造。

三、经济基础对政治上层建筑的制约作用理论

经济基础决定上层建筑，上层建筑要适应经济基础的性质和发展，这是社会发展的基本规律。马克思主义认为，政治、法律、哲学、宗教、文学、艺术等的发展是以经济发展为基础的，但是，它们又都互相影响并对经济基础发生影响。①

行政管理制度属于政治上层建筑。作为社会的总代表，它具有凌驾于社会之上的权力，但它不能脱离社会经济基础起作用，而是受到以经济基础为核心的经济环境的支配和制约。主要表现是：经济环境决定行政系统的产生，是行政系统的根源；经济环境决定行政系统的性质、目的和历史使命；经济环境决定行政系统的变化和发展方向，行政管理不能也不可能超出经济环境所提供的条件来运行、发展和变革。

四、上层建筑其他方面对行政系统的作用

上层建筑是一个复杂的体系，它包括政治制度、法律制度和军队、法院、监狱等物质设施，还包括政治、法律、宗教、艺术、哲学等各种观念形态。

行政系统是国家权力结构中的一个组成部分，属于政治上层建筑的核心部分。一方面，它以国家权力为后盾，执行国家意志，积极地影响着人们的思想、观念和行政文化环境；另一方面，它又在一定阶段的政治、法律观念的指导下和在一定行政文化环境的影响下建立和运转。而它一旦成为社会的独立力量，又积极地影响着人们的思想、观念和行政文化环境。政治制度决定行政制度；政党制度决定执政党在行政管理中的地位和执政方式；阶级状况决定行政职能重心；法律制度完善与否决定行政管理的法治程度；等等。西方国家的两党制、多党制，党派之间的长期斗争，使各个国家建立了事务官这种在政治上中立的现代人事行政制度。我国实行中国共产党领导的多党合作制，国家公务员不仅不需要远离政治，而且要在政治上和党中央保持一致。

---

① 参见恩格斯：《致瓦尔特·博尔吉乌斯》，参见《马克思恩格斯选集》第 4 卷，人民出版社 2012 年版，第 649 页。

第三节　行政管理与行政环境的互动

总的来说，构成行政环境的各种条件和因素与行政环境之间呈互动关系，即行政环境影响、制约行政管理，行政管理反过来影响、改革行政环境。具体表现在：

一、行政管理在行政环境中产生和发展

如前所述，行政环境是行政管理赖以产生和发展的客观条件，表现在：

第一，从行政管理的起源上说，行政管理活动不是从来就有的，而是人类特定历史阶段的产物。随着生产力的发展，出现了剩余产品，产生了阶级，当阶级矛盾发展到不可调和的程度时才有了国家，于是产生行政管理活动。

第二，从行政管理活动的发展来看，每一阶段行政管理的变化，都必然会受到特定的政治、经济、文化、历史传统的影响和制约。如人口问题和生态环境问题直到20世纪中期才被人们所重视，并设立相应的机构来研究和管理。

二、行政环境影响和制约行政管理

(一) 行政环境影响行政性质和行政体制

政治环境对一国的行政性质和行政体制影响最大，因为它们同属上层建筑的组成部分，关系密切。政治制度、政党制度、政治体制等环境因素，对行政管理的根本性质、行政体制具有直接的作用。如我国实行的是人民代表大会制度，行政机构由它决定并作为它的执行机关。但由于我国政党制度的特点，决定了共产党对政府管理工作具有关键影响作用。

(二) 行政环境影响行政职能的内容及其实现程度

行政环境决定一国政府的具体职责和任务、管理对象，行政环境的变化必然会对政府提出新的条件和要求，行政职能必然要随之变化。行政职能的实现，也必须适应行政环境的支持条件及当时的价值观系统。如果行政环境对行政职能提出的新要求，政府意识不到，或者虽然实施新的职能，但仍不能适应环境要求，因而得不到环境的承认，政府的生存和发展就可能受到阻碍。

（三）行政环境影响行政组织的建设

行政管理要建立什么样的组织结构，需要什么样素质的工作人员，都取决于客观行政环境提出的职能要求和实际可能条件。行政环境和行政职能的变化，是建设行政组织和人员队伍最根本的依据。

（四）行政环境决定行政管理的过程和管理方法

行政环境可以影响行政管理的运行，表现为加快运行、延缓运行或使管理活动完全终止。行政环境对行政管理过程的影响主要是对决策和执行两项活动的影响。行政决策必须充分考虑环境因素，才可能有正确的决策目标和方案，有条件实现决策目标和方案。行政执行活动是否顺利，也要受到行政环境对执行活动的支持、参与程度的影响。不同的行政环境，采用的行政管理方式、方法、手段也不同。

三、行政管理必须与行政环境相适应

（一）行政管理要与行政环境的基本性质相适应

适应行政环境的性质首先就是要适应一国的政治和社会制度，建立与之相适应的行政管理体制和管理思想。奴隶制社会是建立在奴隶主完全占有奴隶和生产资料的经济基础之上的一种剥削制度，与之相适应的国家行政管理，则是奴隶主残酷镇压奴隶、维护奴隶主利益的专制独裁行政。封建制是建立在地主占有土地，残酷剥削农民的经济基础和严格等级特权之上的社会制度，其行政管理就是地主阶级镇压、剥削农民的等级特权行政。资本主义是建立在资本家占有生产资料、工人靠出卖劳动力为生的经济基础之上的社会制度，其行政管理就是资产阶级统治广大劳动人民的金钱特权行政。社会主义是建立在生产资料公有制和人民享有广泛民主权利基础之上的新型的社会制度，它的行政管理就必然是人民当家做主并参加管理的民主行政。不难看出，行政管理都是适应一个国家及其不同历史时期的行政环境性质的产物。

（二）行政管理要与行政环境的现状和发展水平相适应

行政环境包括政治、经济、文化、教育、科技、社会、自然资源、技术手段等各种要素。这些要素在不同的国家和地区，其发展水平存在着很大的差异。行政管理本身没有严格的好坏之分，唯有适应一国的发展水平才是最理想的，这是行政生态平衡的基本要求之一。

（三）行政管理要与行政环境的发展方向相适应

行政环境不是一成不变的，而是始终处于不断变化的动态过程之中。行

失败的超前决策

政管理对其适应的过程实质上又是不断变化的过程。因为，适应和平衡往往只是相对的、暂时的。平衡预示着新的不平衡、不适应，不平衡、不适应又预示着新的平衡、适应。社会变迁影响着社会的各个方面，它会迫使政府管理作出一系列变革。因此，政府管理要有对行政环境科学预测的能力，要能在此基础上确定长期战略和短期规划，使政府成为前瞻性政府，而不是"头痛医头，脚痛医脚"的"近视"政府。

四、行政管理必须满足行政环境的需要

行政管理和行政环境之间的相互作用是围绕着需要提出和需要满足以及二者的循环往复而展开的，行政环境的需要是确定行政管理基本任务的客观依据。一般来说，行政管理满足的需要包括：

(一) 关乎国家、民族和人民根本利益的需要

这类需要如振兴中华、实现社会主义现代化、完成祖国统一、维护世界和平与促进共同发展、在中国特色社会主义道路上实现中华民族的伟大复兴等，都是全国各族人民和各阶层人民的共同需要，而不与社会的整体需要相联系，不影响社会的整体利益，一般不应成为行政管理必须满足的需要。

(二) 持久的、引起伟大历史变迁的需要

任何需要从产生到满足都需要一定时间。有些是短暂的、转瞬即逝的；有些是持久的、长时期的。一般来说，行政管理应当满足那些持久的、引起伟大历史变迁的需要，如建立国际新秩序、控制环境污染、控制人口等。但这些持久的、引起伟大历史变迁的需要并不是行政管理必须要满足的决定性条件，因为有些突发性的需要，虽然是短暂的，也是行政管理必须要去满足的。如突发的严重自然灾害、事故，行政管理部门就必须启动应急处理机制，采取紧急措施。

(三) 人民群众要求得到解决的需要

这类需要如就业问题、改善居住环境问题等。有些需要原不属于行政管理的范围，但因其发展影响社会全局，人民群众反响强烈，也可以成为行政管理的需要。如老百姓的生儿育女问题，在相当长时间里，被看作是个人或家庭的行为，国家行政机关不予干预。但现阶段，人口问题已成为影响经济发展和人民生活提高的重大问题，大多数国家政府都会制定相关干预政策。

(四) 可持续发展的需要

现代行政管理必须致力于满足当代人的需要，但同时又必须为社会的持续发展创造条件，不能对后代人满足其需要的能力构成危害。所以，在谋求

经济和社会发展的同时，必须正确处理经济发展和人口、资源、环境的关系，改革生态环境，实现可持续发展。

五、行政管理能动地利用和改造行政环境

行政环境决定和制约行政管理，行政管理必须适应行政环境。但这绝不意味着行政管理主体只能消极地适应环境，做行政环境的奴隶。而是可以有组织地控制、利用和改造行政环境。恩格斯指出，"如果政治权力在经济上是无能为力的，那么我们又为什么要为无产阶级的政治专政而斗争呢"[①]？这对于我们理解行政管理对行政环境的利用和改造作用同样具有启发作用。

（1）行政管理利用行政环境所提供的政治、经济、文化、技术、心理等条件，针对相关问题制定相应的决策、制度和办法，并有效实施。这是沿着行政环境的同一方向所发挥的积极作用。行政管理主体，面对行政系统外部各种环境要素，能够进行准确的价值权衡，充分利用现有的政治条件、物质条件和精神文化条件，选择正确的行政目标，制定科学的决策方案，采取切实有效的措施，实施各项行政规划和行政战略，并以此达到改善行政环境的目的。

（2）行政管理可以通过对行政环境的再认识、再思考、再总结，主动自觉地纠正不符合行政环境要求的管理行为、管理法规和管理方式。由于信息条件、认识能力、思想觉悟、思维模式等不利因素的限制，行政管理主体所制定的政策、措施，选择的行政目标，往往不可避免地会产生一些问题。对此，行政管理主体通过行政环境提供的积极因素，审时度势，不断地修正偏差，使之不断完善，更好地适应生态环境的要求。

（3）行政管理对行政环境的能动作用，还表现在消极的方面，即沿着行政环境的相反方向，起阻碍和破坏作用。恩格斯曾经指出："政治权力可以阻碍经济发展沿着某些方向走，而推动它沿着另一种方向走……政治权力能给经济发展造成巨大的损害，并能引起大量的人力和物力的浪费。"[②] 这里恩格斯不是专就行政权力和行政环境而讲的，但行政权力是政治权力的重要组成部分，其道理是相通的。我们实行市场经济，要求政府必须下放、分离资源配置权，遏制行政管理主体利用政治权力谋取经济利益的行政行为。如果一部分既得利益者不按照这一环境要求逐步实现自我革命，而是变本加厉地控制某些不应有的权力，全面进行寻租活动，那么，以权谋私、权钱交易、贪污

---

① 恩格斯：《致康拉德·施米特》，参见《马克思恩格斯选集》第4卷，人民出版社2012年版，第613页。
② 同上书，第610页。

腐化之风就会日益盛行，经济发展就会受到极大的损害，行政生态环境就会日趋恶化。

> **思考题**
>
> 1. 简述里格斯的行政生态模式。
> 2. 简述行政环境的定义及其分类。
> 3. 简述行政环境的理论依据。
> 4. 简述行政环境和行政管理之间的辩证关系。

参考答案

> **讨论题**
>
> 1. 如何理解罗伯特·A. 达尔所说的"没有理由设想公共行政学的每一个原理在每一个民族国家中具有同样的效用，或公共行政实践在一国的成功必然在另一个社会、经济和政治环境不同的国家中也能获得成功"这句话？
> 2. 运用你所学的知识，谈谈现阶段我国行政环境的主要特点。

> **推荐阅读文献**
>
> 1. 娄成武、杜宝贵编著：《行政管理学》，高等教育出版社2010年版。
> 2. 江超庸、黄丽华主编：《行政管理学案例教程》（第二版），中山大学出版社2006年版。
> 3. 刘建军编著：《领导学原理——科学与艺术》（第三版），复旦大学出版社2007年版。
> 4. 王惠岩主编：《行政管理学》，高等教育出版社2011年版。
> 5. 郑志龙、高卫星主编：《行政管理学》（第二版），高等教育出版社2021年版。
> 6. 徐晓林、田穗生编著：《行政学原理》（第二版），华中科技大学出版社2004年版。
> 7. 王沪宁：《行政生态分析》，复旦大学出版社1989年版。
> 8. 〔美〕斯蒂尔曼：《公共行政学》（上册），李方等译，中国社会科学出版社1988年版。

第三章 行政职能

> **导读**
>
> 行政职能反映行政管理活动的内容、实质与方向，表明政府在国家、社会生活中所扮演的角色和发挥的作用，是行政组织设置和改革的依据、行政决策和行政执行的基础。在研究政府组织、政府人员及其他问题之前，必须首先确定政府为什么存在、有没有必要存在等问题，"因为政府整个来说只是一个手段，手段的适当性必须依赖于它的合目的性"[①]。所以，行政职能在政府行政管理中具有十分重要的地位，是行政管理学研究的逻辑起点和永恒主题。

第一节 行政职能概述

一、行政职能的含义和特点

虽然行政职能是行政管理学中的一个重要且常见的概念，但是学术界对于什么是行政职能却没有一个统一的认识。在《中国大百科全书·政治学卷》中，行政职能被称为"行政功能"，行政功能就是"国家行政机关依法管理国家社会生活诸领域的职能作用"[②]。该定义高度概括了行政职能实现的主体、客体及发挥作用的方式。综合各方研究，本书认为，行政职能是指国家行政机关在行政管理活动中的基本职责和功能作用，主要涉及政府管什么、怎么管、发挥什么作用等问题。行政职能是国家职能的具体执行和体现，与公共权力、公共责任密切相关，它在本质上是国家权力的执行。

---

① 〔英〕J. S. 密尔：《代议制政府》，汪瑄译，商务印书馆1982年版，第13页。
② 黄达强、刘怡昌：《行政功能》，参见《中国大百科全书·政治学》，中国大百科全书出版社1992年版，第404页。

值得注意的是，政府能力是近年来日益引起重视的重要问题，它与行政职能密切相关。政府能力指政府实际能够履行职责和功能的程度，它要解决的是政府如何做、何时做、怎么做的问题。政府能力的提高有两种途径：一是政府在现有行政体制资源支持下自我完善；二是通过有选择地借鉴、吸收国外政府的管理体制、管理模式来弥补自身体制的缺陷。政府能力及其提升，对于提高政府的行政管理水平，有效地履行其职能，进而推动经济社会的发展而言，具有突出的现实意义。

行政职能具有如下特点：

（一）执行性

从行政与立法的关系看，行政职能是一种执行性职能。我国各级政府必须贯彻执行中国共产党的路线、方针和政策，必须执行立法机关制定的法律法规和上级人民政府发布的决定和决议。由于政府行政职能具有执行性特征，从而使得政府行政职能与社会变化直接相联系，它对于持续的社会变迁与复杂化极为敏感，往往会以各种灵活的方式渗透到社会生活中去。

（二）多样性

行政管理的范围涉及国家和社会生活的各个方面（政治、经济、文化等），因此，行政管理的职能是多样的。从性质上可分为政治统治职能和社会管理职能；从范围上可分为对外职能和对内职能，具体包括国民经济、文化教育、国防交通、公安司法、民政外交等；从具体领域上可分为政治、经济、文化、社会、生态等基本职能；从运行过程上可分为决策、计划、组织、人事、指导、协调、预算、监督、控制等职能；从管理层次上可分为高、中、低层次的行政职能，处于不同层次的行政机关，其行使职能的范围、内容和方法不尽相同。

（三）动态性

"政府职能是一种社会历史现象，它随着社会历史的发展而不断改变其配置方式，转变其运动方向。"① 这就是说，行政职能不是静止不变的，而是变化发展的。社会变迁是行政职能发展和转变的根本原因，随着国家社会生活及行政环境的变化，行政职能的范围、内容、主次关系、作用、对象等也必然发生变化。适应变化和发展的需要，及时调整和转变行政职能，是搞好行政管理的重要前提和基础。行政职能的动态性主要表现为以下情况②：第一，国家性质发生变化，必然引起行政职能的相应变化；第二，社会形势任务发

---

① 谢庆奎等：《中国政府体制分析》，中国广播电视出版社1995年版，第126页。
② 参见金太军等：《政府职能的梳理与重构》，广东人民出版社2002年版，第11页。

生变化，行政职能的主次地位也应发生相应转换；第三，随着社会环境和各种体制的改变，行政职能的某些具体功能会发生根本性变革；第四，随着科学技术的发展，人类社会生活日益丰富多彩，行政职能也会增加新的内容、方法和手段。

二、研究行政职能的意义

正确地确定行政职能，对于正确发挥政府管理的作用、建立合理的行政组织系统、实现行政管理的科学化，有着十分重要的意义。具体表现在：

（一）行政职能是行政组织设置的根本依据

行政组织不是任意设立的，其赖以确立的根本依据就是行政职能。一方面，只有以行政职能为基础来认识行政机构，才能科学地确定行政机构的地位、作用及规模大小，才能合理地建立一个功能齐全、结构完备、运转协调的行政组织体系。另一方面，由于社会环境的变化，政府行政职能也会发生变化，行政组织机构也应进行相应的调整。因此可以说，行政职能的状况在很大程度上决定了行政组织的设置、规模、层次、数量以及运行方式。

（二）行政职能是改革行政组织系统的依据和关键

行政组织的变革必须紧紧围绕行政职能这个中心。在行政职能没有转变的情况下，采取精简人员、撤并机构的措施，只能治标不能治本，容易陷入"精简—膨胀—再精简—再膨胀"的循环怪圈。只有以职能为基础设置、改革行政机构，才能科学地认识哪些机构是应该加强健全的，哪些机构是应该合并、撤销或调整的。只有这样，才能科学合理地改革机构，建立结构合理、功能齐全的行政组织体系。

（三）行政职能是实现行政管理科学化的重要基础

行政管理的过程，是决策、组织、协调、控制诸职能有序运行的过程，每项职能都是不可或缺的环节。对其中任何环节的疏忽，将会直接影响整个管理系统，导致行政功能紊乱。只有科学地认识和把握行政管理职能及其相互关系，充分发挥其作用，才能保证整个管理系统高效地运行。

（四）行政职能是提高行政效率的重要保障

在某种程度上说，行政效能的高低取决于行政职能的发挥和实现情况。行政职能能否充分发挥和完全实现，既受国家性质和政治制度的制约，又受行政权限划分、组织机构设置、人员素质、活动原则、经费收支等因素的影响，尤其受到行政决策是否科学、执行是否有力、协调是否顺畅、监督控制是否到位的制约。因此，行政职能实施情况，是检验行政管理各方面情况的一个重要依据，也是检验管理结果的重要依据。研究行政职能，对于理顺职能关系，充分发挥行政管理各项职能的作用，促进行政管理的效率和效能的提高有着重要意义。

三、行政管理的职能体系

（一）行政管理的基本职能

政府的层级职能

二百多年前，市场经济之父亚当·斯密（Adam Smith）在其经典名著——《国民财富的性质和原因的研究》一书中提出，经济自由是天赋的自由权。在他看来，市场经济中的政府应有三种职能：一是"保护本国社会的安全，使之不受其他独立社会的暴行和侵略。而此种义务的完成，又只有借助于兵力"①；二是"尽可能保护社会上各个人，使不受社会上其他人的侵害和压迫，这就是说，要设立严正的司法"②；三是"建立并维持某些公共机关和公共工程"③。在这里，政府基本上是一个"守夜人"的角色。

在市场经济条件下，政府究竟应该做什么、不应该做什么，已成为世界范围内政府变革的焦点问题。布坎南（James M. Buchanan）认为，政府的职能可以分为三个层次："第一，执行现行法律的那些行动。这是'最低限度国家'和'守夜人国家'，这里的任务是裁判员的任务，指定他来执行规则，督促比赛的进行。第二，包括现行法律范围内的集体行动的那些活动……这套活动包括提供资金，供给和提供'公众所需的商品和服务'。个人和私人团体在现行法律范围内的活动可能不足以充分供应那些商品和服务。第三，包括改变法律本身和现行成套法律规定的那些活动……用体育比赛作比喻，这里所说的活动是指改变过去和现在实行的比赛规则的那些活动。"④ 世界银行在《1997年世界发展报告》中指出，"政府的核心使命"包括五项最基本的责任，即：（1）确定法律基础；（2）保持一个未被破坏的政策环境，包括保持宏观经济的稳定；（3）投资于基本的社会服务和社会基础设施；（4）保护社会弱势群体；（5）保护环境。⑤ 美国经济学家安德森（James E. Anderson）提出了"七职能说"：（1）提供经济基础；（2）提供各种公共商品和服务；（3）协调

---

① 〔英〕亚当·斯密：《国民财富的性质和原因的研究》，郭大力、王亚南译，商务印书馆1994年版，第254页。

② 同上书，第272页。

③ 同上书，第284页。

④ 〔美〕詹姆斯·M. 布坎南：《自由、市场和国家——80年代的政治经济学》，平新乔、莫扶民译，上海三联书店1989年版，第244页。

⑤ 参见世界银行：《1997年世界发展报告：变革世界中的政府》，中国财政经济出版社1997年版，第62页。

与解决团体冲突；(4) 维护竞争；(5) 保护自然资源；(6) 确保商品和服务的可及性；(7) 保持经济稳定。①

我国台湾地区学者张金鉴教授认为，行政职能大体上可以分为六种：(1) 维护职能，即维护国家法典和制度的职能。主要通过制定得到社会公众较为普遍认同的国家典章法令，建立、确定和巩固国家的政治意识形态、国家的基本社会制度、国家的基本价值范畴、国家的法统。(2) 保卫职能，即保卫国家和民族独立，保卫公民生命、财产和公民权利，维护社会秩序的职能。(3) 扶助职能，即扶助各界公民、公民团体、工商组织均衡发展，扶助弱者生存的职能。(4) 管制职能，即管制社会行为主体与国家公共权力主体的社会行为的职能。(5) 服务职能，即通过兴办各类公共事业，直接造福于国民的职能。(6) 发展职能，即运用各种可能的方式启发、诱导创新的意图和积极性，促动、推进社会发展和进步的行为的职能。②

当代各国政府都在努力寻求政府职能的恰当定位，既避免"市场至上"带来的市场垄断和市场失灵，也避免"政府至上"带来的政府垄断和政府失灵。国家的基本职能是政治统治和社会管理，而"政治统治到处都是以执行某种社会职能为基础，而且政治统治只有在它执行了它的这种社会职能时才能持续下去"③。因此，国家职能是政治统治职能和社会管理职能的统一。现代市场经济条件下，政府的职能定位主要是：弥补市场不足，促进社会公平。根据这一定义，政府职能又可从政治、经济、文化、社会、生态等方面进行分类，即政治职能、经济职能、文化职能、社会职能、生态职能五项。这些职能集中体现了政府在国家社会生活中的整体作用以及行政管理的基本内容和范围。

1. 政治职能

政治职能是维护国家统治的一项基本职能，其核心在于维护和巩固国家政权。政治职能具有鲜明的阶级性，它包括防御外来敌对势力的颠覆和侵略，维护国家的独立和主权，镇压国内敌对阶级的反抗，维护社会秩序，增进法制和民主等。具体来说，可以把政治职能分为以下几种：

(1) 保卫职能。政府通过征兵、加强武装力量建设、军事科研、国防工程建设等，提高抵御外来侵略和颠覆的能力，维护国家的独立和主权的完整，保卫国家的安全。另外，政府还可以通过外交外事活动，联合国际上一切反

---

① 参见〔澳〕欧文·E. 休斯：《公共管理导论》，张成福等译，中国人民大学出版社2015年版，第18页。
② 参见张金鉴：《行政学典范》，台北："中国行政学会"1992年版，第103—104页。
③ 恩格斯：《反杜林论》，参见《马克思恩格斯选集》第3卷，人民出版社2012年版，第560页。

对霸权主义的力量、支持各国人民的正义斗争,加深本国人民与世界各国人民的友谊,维护世界和平。从方向上来看,政府的保卫职能是对外的,目的是要保护国家的利益不受外来侵犯,为国家的现代化建设创造一个良好的外部环境。

(2) 专政职能。政府要从维护广大人民群众的根本利益出发,镇压叛国、分裂国家和颠覆政府的活动,惩办和改造各种违法犯罪分子,制裁危害社会治安、破坏社会经济秩序的各种行为。从方向上来看,专政职能主要是对内的,其目的是要维护国家的政治经济制度,维护安定团结的政治局面,为社会经济生活的正常运转提供良好的内部环境和秩序。

(3) 民主职能。作为国家制度的民主是指哪个阶级掌握国家政权,享有民主,这是民主的本质。社会主义民主的本质和核心是人民当家作主,真正享有各项公民权利,享有管理国家和社会的权利。我国政府的民主职能,主要是提高行政活动的公开性和透明度,做到重大政情让人民知晓、重大决策让人民讨论;疏通和不断拓展公民参政议政的渠道,完善公民监督检查行政活动的机制。切实强化行政改革的民主职能,是我国政治体制改革的重要内容,它的目的是调节公民间的关系,促进人民内部的协调,增强人民群众对国家和社会的责任感,调动人民群众建设社会主义的积极性。

2. 经济职能

经济是一个国家的立国之本,也是一个国家发展壮大的动力和源泉,它不仅是国家实力的反映,而且对提高国民的生活水平和维护社会的稳定具有重要的意义。经济职能是行政管理的一项基本职能,是政府根据一定时期社会经济发展的需要,对经济生活进行管理的全部活动。其目的在于维护特定的经济基础,促进经济繁荣。长期以来,学术界对于行政管理的经济职能一直存在分歧,这些分歧涉及政府的经济职能如何发挥、发挥到多大程度、为什么要发挥等问题,但归根结底是政府与市场的关系问题。虽然现代市场机制在国家经济生活中日益突出,然而政府在经济生活中的调控作用同样不可小视。美国经济学家保罗·萨缪尔森(Paul A. Samuelson)从"市场失灵"的概念出发,将政府的经济职能归纳为确立法律框架、改善经济效率、促进收入公平以及支持宏观经济稳定等四个方面。[①]

根据我国的具体国情,现阶段政府的职能主要是统筹规划、掌握政策、信息引导、组织协调、提供服务和检查监督。概括起来包括:保持社会总需

---

① 参见〔美〕萨缪尔森、诺德豪斯:《经济学》,高鸿业译,北京经济学院出版社1996年版,第552页。

求与总供给的动态平衡，确保经济稳定、协调发展；制订中长期经济发展计划，实现国家和地方经济发展目标；制定各种法规和规章，并就执行情况进行监督检查；制定产业政策和重大投资政策，优化生产力布局和产业结构；实施有效的税收政策，调节行业之间、企业之间、个人之间的收入；建立健全全国统一的市场，搞好各种协调工作；直接控制必须由国家经营的某些行业企业，保证国民经济的有效运转；提供信息引导，推进市场的完善和发展。

具体来说，这些经济职能包括：培育和健全市场机制；国有经济的战略性调整和国有企业的改革；发展和培育社会中介组织；保证适度就业；缩小地区经济发展的差距；进行经济结构的调整与优化，提高国民经济的整体素质和效益；对若干重要的短缺资源继续实行垄断控制；国有资产管理；集中若干资源于一些大型或特大型项目上；保持宏观经济环境的稳定，避免或减少经济周期的波动，保证市场主体正常运作；制定和执行产业政策，弥补外部性和规模经济造成的市场失灵；弥补信息不完全或信息不对称造成的市场失灵；制定和实施市场规则，保障公平竞争；提供公共物品和公共服务；进行收入和财富的分配与再分配，防止两极分化，保障社会公正，推动实现共同富裕。

3. 文化职能

文化职能是指国家行政机关对全民的思想道德建设以及教育、科技、文化、卫生、体育、新闻出版、广播影视、文学艺术等方面的管理。这是建设高度发达的社会主义精神文明所必需的。在现代社会，文化越来越成为民族凝聚力和创造力的重要源泉，越来越成为综合国力竞争的重要因素，丰富精神文化生活越来越成为我国人民的热切愿望。从总的发展趋势来看，文化管理职能正日益得到加强，其对社会发展所起的作用和影响也越来越直接，越来越明显。文化职能的具体内容是：制定教育、科学文化事业的发展战略和规划，并负责具体实施；颁布教育、科学文化事业发展的政策、法令和规定；指导、监督、协调各地区各部门与教育、科学文化事业发展的关系；有秩序地逐步开展教育、科学文化体制的改革；采取切实措施提高全民的思想道德水平，促进政治文明建设；激发全民族文化创造活力，提高国家文化软实力，更好地保障人民基本文化权益。

4. 社会职能

政府的社会职能是指政府所具有的管理社会生活领域中公共事务的职能。它通过专门机构对社会福利、社会救济、社会保险等事业进行管理，保障和改善公民的社会生活。政府的社会职能内容异常丰富，一般来说，凡是致力于改善和保障人民物质文化生活的事业和措施，都属于社会职能的范畴。

具体来说，社会职能的内容包括：（1）制定各种社会福利的法律、法规，建立完善的社会福利和社会保障体系；（2）建立健全社会福利管理体制，加强对社会福利工作的指导、规划和协调；（3）筹集社会保障基金，奠定社会福利事业的物质保证基础；（4）创办各种社会服务事业，解决涉及百姓日常生活的各项设施和问题；（5）保护和合理利用各种自然资源，努力开展对环境污染的综合治理，加强生态环境的保护。它是我国行政管理为人民服务的根本宗旨的体现，也是我国政府当前亟待加强的职能。

5. 生态职能

政府的生态职能是一种正在成长中的职能，是指政府所承担的保护环境和维系既有的生态结构的职能。实际上，生态职能是社会职能中的一项重要内容。党的十八大报告第一次将生态文明建设放在"五位一体"的高度来阐述，并提出建设"美丽中国"的目标，由此，生态职能成为一项独立的政府职能。

随着人类社会进入工业社会的发达阶段，出现了生态危机，威胁着人类的生存，这就要求政府必须承担起解决环境和生态问题的职能。与环境和生态问题直接相关联的还有粮食问题和人口问题。粮食危机和人口剧增已经成为威胁人类生存安全的重大问题，需要政府切实履行生态职能。政府生态职能的实现，在很大程度上取决于世界各国政府的合作水平。但是，由于经济全球化与政治全球化的发展不是同步的，一些国家为了维护自身的短期利益而在生态环境保护、资源开采和人口控制方面采取较为消极的态度。

（二）行政管理的运行职能

上述行政管理的基本职能，必须通过各个管理环节才能实现，从行政管理过程来看，行政职能又包括一系列的运行职能。对此，国内外学者从不同角度作了概括和表述。法国管理学家法约尔（Henri Fayol）提出了"计划、组织、指挥、协调、控制"的五职能论；美国管理学家古利克（Luther Halsey Gulick）与英国管理学家厄威克（Lyndall Fournes Urwick）则在《行政管理科学论文集》中提出"计划、组织、人事、指挥、协调、报告、预算"的七职能说；法国行政学者夏尔·德巴什（Charles Debbasch）按照行政的流程将行政职能划分为"收集信息""准备决策""预测""决策""执行"和"监督"六个步骤。[①] 本书将行政管理的运行职能概括为四个方面：

---

① 参见〔法〕夏尔·德巴什：《行政科学》，葛智强、施雪华译，上海译文出版社2000年版，第15页。

1. 决策职能

西蒙指出,"管理就是决策"①,决策贯穿于管理过程的始终。无论是计划、组织、领导还是控制,都离不开决策。决策职能是行政管理过程的首要职能。行政机关进行管理活动,首先必须根据客观实际情况,确定行政目标和任务,设计出实现目标的具体方案、步骤和方法,并需要在两个以上可供选择的方案中进行抉择,这是计划工作中的决策问题;组织结构的设置、部门划分方式的选择、集权分权关系的处理,以及人员安排等,都是组织工作中的决策问题;在控制过程中,控制标准的制定、活动执行情况的检查以及纠正措施的选择等,也都需要决策。因此,决策职能的发挥程度,直接关系行政管理的整体效能。

2. 组织职能

为了有效地实现既定的行政管理目标和任务,通过建立行政组织机构,确定职位、职责和职权,协调相互关系,从而将组织内部的各个要素联结成一个有机整体,使人、财、物得到最合理的使用,这就是组织职能。任何管理目标和任务都要通过组织结构和指挥活动才能完成,所以组织是重要的运行职能。它具体表现为:对机构的设置、调整和有效运用,搞好编制管理;对组织内部的职权划分和人员选拔、调配、培训和考核;对具体行政工作的指挥、监督等。

3. 协调职能

协调活动是行政管理过程的重要环节。因为行政管理归根到底就是设计和保持良好的行政环境,使人们能在组织内协调地开展工作,有效地完成行政目标。协调职能就是用各种方法与手段加强组织系统内部各个机构、环节和各类人员之间的沟通、联系和合作,以保证组织活动的一致性和完整性。协调职能具体表现为:协调行政组织之间、组织与个人之间、人员之间的关系;协调各项行政管理间的关系;协调行政组织与其他组织以及人民群众之间的关系。通过协调,理顺、沟通各方面的关系,减少、消除不必要的冲突和能量损耗,以建立和谐的分工合作、相互促进的联系,实现行政管理目标。因此,必须重视公共关系的构建与协调功能的发挥。

4. 控制职能

行政管理的控制职能是依据行政计划标准,来衡量计划完成情况并纠正计划执行中的偏差,以确保行政目标和计划目标实现的管理活动。控制职能

---

① 〔美〕赫伯特·A. 西蒙:《管理决策新科学》,李柱流等译,中国社会科学出版社1982年版,第33页。

的发挥，离不开以下几个相互关联着的环节，即确立控制标准、获取偏差信息、采取纠正措施和实行有效监督等。控制职能在具体表现形式上可分为前馈控制、现场控制和反馈控制。因此，要实现控制职能，基本前提就是要有计划和标准，要有健全的组织机构和得力的控制手段。控制职能贯穿于行政管理活动的全过程，为了有效地发挥控制职能，必须进一步建立健全监督控制的组织系统，采取配套的、有效的控制手段，以保证行政管理目标和任务的顺利完成。

上述基本职能和运行职能相互渗透、相互交叉、相互作用，在联系与制约中发挥作用。只有以系统的观点看待行政职能体系，正确认识和把握有机联系，充分发挥各环节及各职能部门的作用，行政管理活动才能更加有效。

第二节　西方国家行政职能的演变

一、前资本主义时期的行政职能

前资本主义时期包括奴隶社会和封建社会时期。奴隶制时期，国家行政职能的重点在于政治统治职能，通过强化政治职能，采取残暴的统治方式来维护奴隶主阶级政权的生存和发展，经济职能十分微弱，社会管理职能也很少。这与奴隶制国家的性质是分不开的，奴隶制国家是奴隶主统治奴隶的专政工具，处于社会生产力极其落后的自然经济时期，因而社会公共事务极为简单。

封建制国家经济职能的内容有所增加。国家为巩固封建主统治，增加国家税收，往往由国家出面管理一些有利于经济发展的事务，承担一定的社会管理职能，进行某些社会公共事业的建设。当然，封建制国家行政职能的重点仍在政治统治，通过强化政治职能维护封建地主的阶级统治，社会管理职能仍很微弱。

前资本主义时期的行政职能体现出两方面的特点：一是政治统治职能的极端强化；二是社会管理职能相对微弱。这是由奴隶社会和封建社会条件下的自然经济及其经济基础所决定的。

二、自由资本主义时期的行政职能

自由资本主义时期是资本主义发展的上升阶段。这一时期，英国古典政治经济学家亚当·斯密等人以"理性经济人"假设为基础，极力推崇市场机制这只"看不见的手"，反对政府干预经济生活，认为最好的政府就是最廉价

自由主义

的政府。斯密认为，把资本用来支持产业的人，通常既不打算促进公共利益，也不是知道自己能在什么程度上促进这种利益，他所盘算的只是自己的利益，而在这场合，"像在其他许多场合一样，他受一只看不见的手的指导，去尽力达到一个并非他本意想要达到的目的"，"利己的润滑油将使经济齿轮以奇迹般的方式来运转，不需要计划，不需要国家元首的统治，市场会解决一切问题"①。

因此，自由资本主义时期政府采取自由主义的统治管理方法，以保障资产阶级的自由、平等、民主权利为目的，通过政治统治职能对新生的资产阶级政权的巩固和发展起着"守夜人"的作用，奉行"政府管得越少越好"的信条，完全依靠市场这只"无形的手"来调节和引导社会经济及其他各方面事业的发展。

三、垄断资本主义时期的行政职能

凯恩斯主义

进入垄断资本主义时期后，资本主义所固有的矛盾日益尖锐，自由主义的统治方式已不适应这个时期的统治要求。1929—1933 年席卷资本主义世界的经济大危机，将整个资本主义世界推到了崩溃的边缘。以美国为例，经济危机时期社会经济持续衰退，金融体系接近崩溃，生产相对过剩，失业剧增，饥饿寒冷与财产的大幅贬值使美国处于深刻的社会危机之中。在这种背景下，英国著名经济学家凯恩斯（John M. Keynes）提出要全面加强国家和政府的作用，并提出了一整套政策主张：（1）国家调节和干预经济生活，实现国家公共经济活动与私人资本运作的合作，指导社会消费倾向；（2）实行积极的财政和金融政策，通过财政收支、货币供应、利率调节等活动，影响有效需求和社会总体就业水平；（3）举债支出，即政府举债投资公共事业和弥补预算赤字，借此提高有效需求，增加就业量。②凯恩斯指出，政府不仅是社会秩序的消极守护者，还应该是社会秩序和经济生活的积极干预者，特别是要熟练和有效地利用政府财政职能影响经济发展。

凯恩斯干预主义理论在西方产生了很大的影响，由此形成了干预主义的政府职能论。这一理念认为，市场并不是万能的，如果没有国家的宏观管理，市场经济就会成为万恶之源。当时的美国总统富兰克林·德拉诺·罗斯福（Franklin D. Roosevelt）全面推行了以凯恩斯理论为基础的国家干预理念，通过了《紧急银行法案》《节约法案》《啤酒法案》《农业法案》《失业救济法

---

① 〔英〕亚当·斯密：《国民财富的性质和原因的研究》（下卷），郭大力、王亚南译，商务印书馆 1974 年版，第 252 页。
② 参见张国庆主编：《公共行政学》（第四版），北京大学出版社 2017 年版，第 66—67 页。

案》《工业复兴法案》《以工代赈法案》《社会保障法案》《税制改革法案》等一系列改革法案,加强政府对银行、金融货币、信用的控制,并对农产品生产和销售实施补贴,使美国度过了严重的经济大危机。

罗斯福新政

这一时期,资本主义国家充分地运用和强化了政府的政治统治职能,行政权力扩大,专政镇压职能大大加强,民主职能有所削弱。在经济领域,强调政府对社会经济的调节和干预,垄断代替了自由竞争,垄断资本和国家政权紧密结合,政府的经济职能和社会职能也得以扩大和加强。如政府通过行政手段和法律手段来保证市场秩序,在收入及分配领域采取一系列福利措施等。罗斯福明确指出:政府必须"像一支训练有素、忠贞不渝、愿为公共纪律的利益而作出牺牲的军队一样"① 行动。为了保证"行动"的有效性,罗斯福"使现代总统职位恢复了生气"②,大大强化了政府的职能,他曾宣称:"我不会逃避那时我所面临的明显的职责。我将向国会要求对付危机的最后手段,这就是对紧急状态作战的广泛的行政权力,像我们真正遭受外敌侵略时所赋予我的权力一样大。"③

四、当代资本主义的行政职能

当代西方学者既不赞成政府只承担"守夜人"职责的自由主义,也不同意政府全面干预经济的干预主义,而主张有选择性地干预"市场失败"。他们认为,"政府不是喂养于天国、产奶于地上的母牛"④,政府同市场一样也会失灵。政府失灵包括行政效率低下、行政费用高昂、计划执行不当、官员特权横行、机构的自我扩张、财政赤字大增、行政官员腐败、官僚主义猖獗等。如果以"失灵的政府"去干预"失败的市场",必然是败上加败。

政府失灵

因此,当代西方学者认为,市场失败(或缺陷)并非将问题转交给政府处理的充分条件,政府干预经济只能限制在一定的范围内,这个范围就是市场长久失败的地方以及政府去干预并不会带来"政府失败"的方面。概括而言就是:(1)市场有失败,政府也有失败,政府失败既表现为政府对经济干预过度造成市场的进一步失灵,又表现为对经济干预不足使市场无法正常运作;(2)政府只能干预市场根本性失败,不能干预非根本性失败;(3)政府要利用市场去干预经济。

---

① 〔美〕威廉·爱·洛克腾堡:《罗斯福与新政——1932—1940年》,朱鸿恩等译,商务印书馆1993年版,第50—51页。
② 同上书,第372页。
③ 转引自张国庆主编:《公共行政学》(第四版),北京大学出版社2017年版,第54页。
④ 路德维格·艾哈德(联邦德国经济部长,1957年)语。

这一时期，当代资本主义国家在生产关系和上层建筑领域进行了一系列的改革和调整后，行政职能逐渐扩大，政治统治中的暴力职能相对减弱，经济职能、宏观调控职能和综合协调职能进一步加强，社会职能也进一步扩大。政府奉行"尽可能——市场，必要时——国家"的原则，在充分发挥"无形的手"调节社会经济发展的前提下，也强调利用"有形的手"来弥补市场机制的不足，为资本主义社会经济生活的运行创造条件和提供相对稳定的社会环境。为确保行政管理活动顺利进行和经济活动相对稳定发展，当代资本主义国家在行政改革中将加强政府宏观调控和综合协调职能放在优先地位。同时，推行大规模民营化计划，把原来由政府管理的企业和公共服务事业推向市场与社会，以缩小政府规模，减轻财政负担。此外，近年来，西方国家社会中介组织广泛兴起，是社会管理职能社会化趋势的重要反映。如美国现有行业协会达 20 多万个。在日本、德国、意大利等国，90%以上的企业都加入了行业协会。政府通过宏观协调，将一部分职能交还给社会，由社会组织替代政府直接管理，实现社会职能社会化，这是政府职能发展的新特点、新趋势。

西方社会六大权力中心

资本主义国家行政管理职能扩大的结果是行政部门权力、财政支出、机构、人员的扩张。德国著名经济学家阿道夫·瓦格纳（Adolf Wagner）考察了当时的欧洲国家、日本和美国的公共支出记录后指出，为满足较高的社会发展，政府活动也必然随之增加。随着经济的工业化和城市化的发展，正在扩张的市场与市场中当事人之间的关系更加复杂，这种相互关系对商业法与契约关系产生了需求，后者又要求建立司法与行政制度。他的论断被称为"国家活动不断增加的法则"（或称"公共支出不断增长法则""政府活动扩张法则""瓦格纳法则"），不断为各国发展历程所证实。

在机构方面，1789 年美国联邦政府内阁仅有 2 个部门（国务院和财政部），到 1989 年则增长到 14 个。在人员数量方面，1816 年联邦政府雇员总数仅为 4837 人，1988 年达 311 万人。1976 年，地方政府雇员总数为 1500 多万人，加上非正式雇员，政府人员数量高达 2200 多万，平均每 6 个工作的美国人中就有 1 个受雇于政府。从政府作用的领域来看，政府介入社会生活的方方面面，像一张巨大的网包容了人们"从摇篮到坟墓"的各个生活环节。经济学家约瑟夫·斯蒂格利茨（Joseph Eugene Stiglitz）写道："我们一出生，我们当中90%的人就读于公立学校；青年要应政府招募服兵役；我们所有的人都会在生命旅程的某个时候接受政府的金钱资助；我们每年都要向政府上税；我们都是公共服务的受益者，乘公共交通工具；饮用公营供水公司的自来水；与我们生活相关的废物、垃圾、污水、空气都由政府部门监控和处理；最后死在公立医院葬在公墓里。"①

第三节 转轨时期我国政府行政职能的转变

一、行政职能转变的含义

所谓行政职能转变,是指政府为适应客观环境的变化需要,而对行政职能进行的调整、重组和优化,是对政府的行为方式及职能结构体系的调整,主要涉及职能范围、职能重心、职能方式和职能关系等的调整、重组和优化。一般说来,行政职能是政府在一定历史时期内根据社会经济发展的需要而负有的职责。因此,行政职能不是一成不变的,它会随着政治、经济、社会、文化、科学技术的发展而发展,根据不同时期形势和任务的变化而变化。

历史唯物主义认为,行政职能作为一种上层建筑,在经济基础发生重大变化的情况下,必然会随之变化。凡是在方向和形式上适应经济基础的行政职能,就能存在和巩固下去;凡是在方向和形式上不适应经济基础的行政职能就会与经济基础发生矛盾,并迟早会发生变革。从历史发展的总体情况来看,随着社会的进步和生产力水平的提高,不论是在内容上,还是在结构上,行政职能的发展都是不可阻挡的。改革开放以来,我国各级政府职能转变主要是为适应经济体制改革的需要,以及为适应因经济体制改革而导致的其他社会环境的变化的需要,使行政职能更好地适应社会发展的要求,发挥应有的作用。行政职能转变作为行政职能发展的必然趋势和普遍规律,是社会进步的必然要求,对于处在社会转型期的国家来说,如何在经济和社会都不发达的情况下适时转变政府的行政职能,对于维护社会的稳定和发展具有重要的现实意义。

二、我国行政职能转变的必然性和必要性

(一) 行政职能的转变是经济体制改革和社会主义市场经济发展的必然要求

我国原有行政职能的配置是在计划经济体制下逐步形成的,政府管了很多不该管、管不好、管不了的事,出现"越位、错位和缺位"的"三位"现象。本来应该由企业、市场、社会团体与中介组织管的事,我们却长期依靠行政手段,通过政府机构来管理,把过多的社会责任和矛盾都集中在政府身上。正如温家宝同志所指出的:"多年来,我们在转变政府职能方面做了大量

《党和国家领导制度的改革》(节选)

---

① 转引自朱穆唐等编著:《西方城市经济学》,中国财政经济出版社1988年版,第153页。

工作,取得了明显成效。但是,目前的问题还很多:政府及其部门仍然管了许多不该管、管不了也管不好的事,行政许可和审批事项仍然过多,政企不分的问题比较突出,一些地方政府和部门还在直接干预企业的微观经济活动,甚至包办代替企业的招商引资和投资决策,经济管理方式方法亟待改变;一些政府部门权责脱节、有权无责,出了问题无人负责,有的部门之间职责不清、推诿扯皮,办事效率不高;一些该由政府管的事没有管或者没有管好,市场监管和社会管理体系不健全,公共服务比较薄弱。这些问题影响了市场配置资源基础性作用的充分发挥,也影响了政府职能的正常发挥。"① 随着社会主义市场经济的建立和发展,宏观调控体系逐步建立,行政职能的转变提上了议事日程。

(二)行政职能的转变是实现行政职能体系合理配置的根本途径

我国在计划经济体制下形成的行政职能体系,是以高度集中统一为特征的,其主要特点是强调阶级斗争、强调专政职能而忽视民主职能;对社会经济管理实行高度集中的经济体制;社会服务职能相对薄弱;重视行政职能而忽视法律手段和经济手段。这种模式在社会主义建设初期发挥过积极作用。但是,随着社会主义市场经济的确立和发展,这一模式逐渐暴露出其固有的弊端,主要表现在:政治统治职能过强,社会管理职能太弱;微观管理功能过强,宏观管理功能太弱;政企不分,政事不分,政社不分,职能内容庞杂,运行紊乱;内部职能分解过细,职能交叉重复,相互推诿扯皮。因此,只有切实转变政府职能,理顺政府与企业的关系、政府与市场的关系、政府与社会的关系,才可能实现政府职能体系的合理配置,才能明确划分各管理主体的职责权限。

(三)行政职能的转变是机构改革的重要前提和基础

行政职能是政府机构设置和机构改革的重要依据。政府机构改革包括:科学分解、确定政府各机构职能,合理划分各机构权限,调整、设置政府机构,合理配置和使用人员,转变机构运行方式,改革机构办事手段,完善机构运行机制,精简机构和人员,等等。因此,政府机构改革并不是简单的撤减、合并,而是要转变政府行政职能,在转变职能的基础上,该撤减合并的就撤减合并,该增设加强的就增设加强。否则,就会出现机构和人员数量增减的"精简—膨胀—再精简—再膨胀"、机构重组和分合的"合并—分开—再合并—再分开"以及政府行政权力的"上收—下放—再上收—再下放"的

---

① 温家宝:《加强政府建设,推进管理创新——在加强政府自身建设推进政府管理创新电视电话会议上的讲话》,http://www.gov.cn/ldhd/2006-09/07/content_ 381124.htm,2023年5月1日访问。

"循环圈"。过去我们常把机构改革仅看成是机构的撤销、合并、改组等，似乎机构、人员数量减少了，机构改革的目标就达到了，因而往往追求"精简机构""缩减编制"的表层目标，忽视了以转变职能为基础的深层目标。由于没有转变职能，政府还是在管那些管不好、管不了、不该管的事，使得精简下来的人员又重新回到政府机关，撤并了的机构又重新恢复，削弱了改革的成效，导致机构改革周而复始地恶性膨胀。

三、我国行政职能转变存在的问题

(一) 政府行政职能的"越位"

1. 政府职能与市场功能不分

我国政府的一些部门和一些管理者仍然习惯代替市场去配置与私人产品相关的资源，不合理和过多过滥的行政审批就是政府取代市场的典型表现。过多过滥的行政审批不仅妨碍了市场机制的有效运转、降低了社会发展效率，而且在一定程度上还成为行政职权寻租和腐败的前提。

2. 政府与企业不分

表现为政府变相经营企业、经营公司，承担应当属于企业的经营管理责任。政府不仅为一些企业制定决策、筹集投资、掌管人事，而且还负担亏损，使这些企业长期处于政府的管束与庇护之下，无法成为自主经营、自负盈亏的法人，影响了我国公司制改革和完善法人治理结构的进程。

3. 政府与社会中介组织不分

表现为政府组织通过主管、指导等方式直接介入各种协会、社团、居民自治组织和村民自治组织的内部管理与事务运作，使它们直接或间接地成为政府组织的附庸，难以真正依照自我管理、自我约束、自我发展的原则成长发育。

4. 政府与事业组织不分

我国政府组织与事业组织难以区分，既有使用事业编制的行政机关，又有使用行政编制的事业机构。有的事业单位实际上是行政部门的延伸，承担着一定的行政职能。

(二) 政府行政职能的"错位"

政府行政职能的"错位"主要是指在政府职能的分工定位上存在交叉和混淆的情况。职能交叉主要指不同层级的政府与政府不同部门在职能定位上的交叉与冲突。如中央政府职能对地方政府职能的挤占，上级政府职能对下级政府职能的侵蚀，同级政府不同部门之间因为缺乏统一协调的责任隶属关系机制而形成管理冲突与矛盾，从而出现争权夺利、摩擦扯皮、推卸责任等情形。职能混淆主要指政府角色与企业角色、政府不同职能之间的相互混淆。如将政府国有资产管理职能混同于直接进行企业管理，政府直接插手干预企业人、财、物的组织安排和经营管理；将市场监管职能混淆为企业主管职能，歪曲了政府中介裁判的应有角色，不同程度地造成"裁判员"和"运动员"一身二任的现象；将政府服务职能混淆为管制行为，导致政府管理者反仆为主和公共服务质量下降，改变了行政管理的性质。

（三）政府行政职能的"缺位"

政府行政职能的"缺位"主要指本来应当由政府生产和提供的公共产品和服务，政府却没有充分尽职尽责，甚至在某些公共领域出现了"真空"。应由政府提供的水利设施、生态环境保护和其他必要基础设施的建设仍然不完善；医疗、养老、失业、救济以及其他社会保障服务的公共供给仍然不足；市场经济秩序不健全，竞争规则不完备，信用体系尚不健全；应由各级政府提供的公共教育服务、公共卫生服务、城市公用事业服务等，仍然不能满足社会公共需要。

四、我国行政职能转变的基本内容

服务型政府

在社会主义市场经济条件下，政府职能主要是经济调节、市场监管、社会管理和公共服务。经济调节就是调节经济运行、推进经济发展，主要是运用经济手段、法律手段，并辅之以必要的行政手段调节经济活动。如调整银行准备金率和财政金融政策，等等。市场监管就是推进公平准入，规范市场执法，加强对涉及人民生命财产安全领域的监管。如打击制假售假违法犯罪活动、食品药品安全监管等。社会管理就是强化政府促进就业和调节收入分配的职能，完善社会保障体系，健全基层社会管理体制，维护社会稳定。如保护环境，维护治安和加强社会保障等。公共服务主要是着力促进教育、卫生、文化等社会事业健康发展，建立公平公正、惠及全民、水平适度、可持续发展的公共服务体系，推进基本公共服务均等化。通过加强和完善政府的职能，逐步实现政府从全能政府向有限政府转变，从单一的经济建设型政府向公共治理型政府转变，从管制型政府向服务型政府转变，从主要靠手工作业的政府向信息网络主导的信息化政府转变，从资源浪费型政府向节约型政府转变，从回应型政府向前瞻型政府转变，可以看成是我国政府职能转变的六大目标。当前，我国政府职能转变的基本内容主要表现在：

（一）职能重心的转变

新中国成立初期，我国一直重政治统治职能，轻社会管理职能；重阶级斗争，轻经济建设。

1978年底，党的十一届三中全会明确提出把党和国家工作的重点转移到社会主义现代化建设上来。此后，各级人民政府紧紧围绕经济建设这个中心，实现政府职能重心的根本转变，开创了我国行政管理的新局面。

当前，中国特色社会主义进入新时代，社会主要矛盾已经转变为人民日益增长的美好生活需要和不平衡不充分的发展之间的矛盾。围绕这个社会主要矛盾，党和政府提出要切实把政府的职能重心转到社会管理和公共服务上来，以更好地满足人民日益增长的美好生活需要。

（二）职能关系的理顺

职能关系是指不同的管理职能该由谁来行使以及管理主体之间职责权限如何划分。邓小平曾指出，我国存在的"机构臃肿、人浮于事、办事拖拉、不讲效率、不负责任、不守信用、互相推诿"①等官僚主义现象，都与政府职能关系不清，"管了很多不该管、管不好、管不了的事"②和没有管好该管的事分不开。因此，分清职能、理顺关系、合理划分不同管理主体之间的职责权限，这是实现政府职能转变的关键环节。在我国，政府职能关系主要表现为：中央与地方、上级与下级政府之间的职能关系；政企关系；政府与市场的关系；政府与社会的关系；政府内部各职能部门之间的关系。理顺职能关系，就是要理顺上述这些关系。

加快转变政府职能
需处理好六个关系

1. 理顺中央与地方、上级与下级政府之间的职能关系

如何正确处理好中央和地方、上级与下级政府间的关系，是我国政府管理中的重要问题。过去，权力过分集中于中央、上级，形成了头重脚轻的职能框架，难以调动地方和基层的积极性。同时，中央既管宏观又管微观；既管行业又管企业，整个国民经济的宏观调控职能和微观调控职能交叉混合，造成了"一管就死，一放就乱"的局面。

中央与地方的关系，实质上是权力配置关系、利益关系，也是一种法律关系。理顺中央与地方的关系，必须在合理划分事权、财权的基础上，明确中央与地方的职能关系，并用法律的形式明确下来。中央政府代表国家整体和全局利益，承担整个国家的宏观管理职能，提供全国性的公共物品，同时承担着对地方政府的监督职能和服务职能。地方政府一方面是国家利益在地方的代表，另一方面又是地方局部利益的代表，承担着中央宏观政策执行职能和对本地区的公共事务管理职能，提供地区性的公共物品。

---

① 《邓小平文选》第2卷，人民出版社1994年版，第327页。
② 同上书，第328页。

理顺中央与地方、上级与下级政府间的职能关系，具体内容就是指各级政府之间的合理分权，把过去集中于上级政府的权力下放给下级政府，做到权、责、利相一致；在指导原则上，就是既要维护国家政令的统一，发挥中央政府的宏观调控职能，又要保证地方、基层能够因地制宜，充分调动地方和基层的积极性。

2. 理顺政府内部各职能部门的关系

一是对政府各部门进行职能分解和职能分析，明确分工，划清职责；二是加强制度建设，明确各部门的地位、作用及与相关部门之间的联系协调方式，使各部门的工作有章可行，完善行政运行机制；三是完善协调机制，由于现实中各部门管理对象的复杂性，即使最明确合理的职责分工，也不可能完全避免职责交叉，为此需建立部门间工作协调机制，解决矛盾和纠纷。通过多次机构改革，我国政府初步形成了"经济调节、市场监管、社会管理和公共服务"的职能体系。

3. 理顺政企关系

现代市场经济国家的经济运行内在地要求所有权和经营权的相对分离。两权分离的要旨在于从所有权中严格地区分出经营权，即让国有企业掌握经营权，同时政府掌握所有权，实现政府职能转变。因而，理顺政企关系的基本原则是权力下放，政企分开。

（1）将所有权和经营权分开，即通过承包制、股份制、生产经营责任制等方式，调整所有制形式，使所有权和经营权分离，把生产经营权还给企业，调动企业的积极性。

（2）将政府的国有资产所有者职能和行政管理职能分开，理顺产权关系。

（3）实行国有资产分级管理制，最终建立起政府以经济、法律、行政等综合手段管理市场，市场引导企业的宏观调控体系。

调整理顺后的政企关系是：政府按投入企业的资本享有所有者权益，对企业债务负有限责任；向企业派出稽查特派员，监督企业资产营运和盈亏情况，负责企业主要领导干部的考核、任免，不直接干预企业的经营活动，取消政府对企业的行政隶属关系；企业依法自主经营、自负盈亏，照章纳税，对国有资本负有保值增值的责任，不损害所有者的权益。

4. 理顺政府与市场的关系

市场经济运行不能无政府干预，也不能无市场调节。在市场经济体制下，政府与市场关系的总原则是：市场机制能够解决的，就让市场去解决，政府只管市场做不好和做不了的事，将市场对社会经济运行和资源配置的决定性作用与政府宏观调控的指导性作用有机地结合起来。政府引导市场，市场调节企业。

一方面，市场机制的正常运转需要一系列的基本条件，包括以价格为核心的各种市场信号能够随市场供求关系的变化而相应发生变动；形成完整的市场体系；企业作为商品生产者的实际独立主体地位得到确认；形成公平竞争的市场秩序和市场规则；形成总供给与总需求大致均衡的市场状态，平衡供求双方的实际竞争地位，使市场机制充分发挥作用；等等。我国目前尚不具备或不完全具备这些市场机制正常运转所需的基本条件，而发展市场经济的客观形势又不允许我们仅仅依靠市场的力量去自发形成这些条件。因此政府对市场经济的运行进行宏观指导和调控，不仅是必要的，而且也是必然的。

另一方面，承认政府对市场的宏观调控对市场经济正常运转具有不可或缺的指导作用，并不否定市场机制在社会资源配置中的决定性调节作用。实际上，政府宏观调控的性质和地位在于弥补市场调节的不足，对市场机制作用的方向和后果进行必要的干预和引导，而不是取代或取消市场机制本身在经济生活中的决定性作用。这就是说，政府对市场经济的宏观调控是以市场为基础的，主要用来弥补市场调节的不足，矫正市场的失灵，而不是超越、取代市场。政府的主要职能包括：打破地区、部门分割和封锁，建立完善平等竞争、规范健全的全国统一市场；搞好国民经济发展总体规划和布局，统筹规划，协调和建立生产资料市场、金融市场、技术市场、信息市场和企业产权转让市场等，促进市场体制的发育和完善；发布市场信息，制止违法经营和不正当竞争；等等。

5. 理顺政府与社会的关系

在计划经济体制下，我国各级政府自上而下地对口设立了一系列管理部门，采取行政命令的管理方法，通过强制性的指令性计划，全面地对社会进行管理。这一管理模式在特定的历史条件下曾发挥过一定的积极作用，但难以适应日益变化的社会要求，其弊端越来越突出。一方面，致使政府的社会管理职能越来越重，政府机构和人员编制恶性膨胀，管理成本高昂，管理效率低下。另一方面，社会管理权力高度集中于政府的管理体制，使社会自治能力、自律水平得不到锻炼与提高，抑制了社会自我管理、自我发展的能力，最终影响了社会的健康协调发展。

改革开放之后，我国政府与社会的关系发生了较大的变化。社会主义市场经济体制的确立对政府与社会的关系提出了新的要求，政府必须改变管理范围、管理模式和管理方法，切实实现政社分开。在市场经济条件下，政府在社会管理方面的基本职能就是组织"公共物品"的供给，管理好社会公共事务，改变计划经济体制下由政府包办一切的状况。为此，政府的社会管理要实现三大转变，即在管理范围上，改变原来由政府包办一切社会事务的做法，加强对"公共物品"供给的管理，向社会提供公共服务；在管理模式上，从"大政府、小社会"向"小政府、大社会"转变，把社会事务大部分还给社会，实行政社分开，政府对社会的干预以市场运行的需要为前提，"小政府"只是对过去政府机构超常行为的校正，而不是剥夺政府权力；在管理方法上，从以行政方法为主转变为以法律方法为主，市场经济要求维护政府社会管理的合法性，建立法治政府，即政府行为是受法律约束和限制的，反对专横的自由裁量权。

（三）职能方式的转变

随着政府职能重心的转变，政府职能方式也应进行转变。这种转变主要体现在：

（1）由运用行政手段为主转变为运用经济手段为主，经济手段、法律手段和必要的行政手段相结合。经济手段主要是指政府按照客观经济规律的要求，运用价格、税收、财政、信贷、工资、利润等经济杠杆来组织、调节和影响经济活动，实现经济管理的任务。经济手段的特点在于间接性和诱导性。实践证明，运用经济手段，可以增强企业的经营自主权，使其主动地发掘潜力，最有效地使用人力、物力和财力，从而加速国民经济的市场化进程，推动我国经济体制的转轨和过渡。随着我国社会主义市场经济体制的建立，经济手段已成为政府管理经济的主要手段。同时，政府也重视法律手段的运用，加强法制建设，积极推进依法行政。

（2）由以微观管理、直接管理为主转向以宏观管理、间接管理为主。由微观管理向宏观管理的转变，就是把本来属于企业而被政府占有的权力，毫无保留地归还给企业，强化企业的经营权，使企业摆脱政府附属物的地位，走上自主经营、自负盈亏、自我发展的道路。同时，政府把宏观管住管好，弱化直接干预经济的微观管理职能，强化行政系统的宏观管理职能，精简和削弱专业部门，强化监督和宏观调控部门。由直接管理向间接管理的转变，就是要综合运用经济、法律和必要的行政手段实施管理，推动"政府调节市场，市场引导企业"的经济运行新格局的形成。因而，政府的经济职能主要是宏观调控、提供服务和检查监督。

参考答案

> **思考题**
>
> 1. 简述行政职能的含义和特点。
> 2. 简述研究行政职能的意义。

3. 论述行政管理的基本职能。
4. 简述行政管理的运行职能。
5. 简述西方国家行政职能的演变。
6. 分析我国行政职能转变的必然性和必要性。
7. 论述我国行政职能转变过程中存在的问题。
8. 论述我国行政职能转变的基本内容。
9. 论述我国行政职能转变过程中需要理顺的职能关系。

▶ 讨论题

1. 运用所学的知识，联系实际谈谈你对我国建设服务型政府的认识。
2. 运用所学的知识，分析讨论行政职能的转变与当前我国政府机构改革的关系。

▶ 推荐阅读文献

1. 宋德福主编：《中国政府管理与改革》，中国法制出版社2001年版。
2. 徐滇庆、李瑞：《政府在经济发展中的作用》，上海人民出版社1999年版。
3. 周定财：《基层社会治理中的协同困境与对策研究》，中国社会科学出版社2021年版。
4. 〔德〕马克斯·韦伯：《新教伦理与资本主义精神》，康乐、简惠美译，上海三联书店2019年版。
5. 〔英〕亚当·斯密：《国民财富的性质和原因的研究》，郭大力、王亚南译，商务印书馆2017年版。
6. 〔美〕詹姆斯·M. 布坎南：《自由、市场与国家——80年代的政治经济学》，平新乔、莫扶民译，上海三联书店1989年版。
7. 〔美〕约瑟夫·E. 斯蒂格利茨：《政府为什么干预经济：政府在市场经济中的角色》，郑秉文译，中国物资出版社1998年版。
8. 〔德〕哈贝马斯：《公共领域的结构转型》，曹卫东等译，学林出版社1999年版。

第四章 行 政 组 织

> **导 读**
>
> 行政组织作为行政管理的主体因素，是行政管理学研究的基本问题之一。因为行政组织是国家推行政务实现人民意志的工具，行政管理活动都是通过行政组织来推行的。行政组织的结构形态和运行机制是否合理与高效，是影响行政职能和行政目标能否实现以及行政效率高低的重要因素。因此，行政组织历来是行政管理学研究的重要内容。

第一节 行政组织概述

一、行政组织的含义和特征

（一）行政组织的定义

行政组织是动态组织活动和静态组织结构过程的统一。从动态上讲，行政组织是指为完成行政管理任务而进行的组织活动和运行过程。从静态上讲，行政组织有广义和狭义之分。广义的行政组织，泛指一切具有计划、组织、指挥、协调、控制等功能的组织机构，既包括国家行政部门的组织，也包括国家立法、司法等部门中履行行政职能的组织，同时还包括政府部门以外的企业、事业及社会团体中管理行政事务的机构。狭义的行政组织则专指为实现一定的行政目标，依据宪法和法律组建的国家行政机关体系，是国家机构的组成部分。因此，行政组织在性质上属于政治性社会组织。

本节着重研究静态的、狭义的行政组织，即政府行政组织。我国政府行政组织包括国务院（即中央人民政府）和地方各级人民政府。前者为国家权力机关的执行机关，是我国最高国家行政机关，其任务是组织和管理全国政治、经济、文化和社会服务等方面的行政事务；后者即地方各级国家行政机

地方各级政府

关，任务是在中央人民政府的领导下，组织和管理辖区内的各种行政事务。

（二）行政组织的特征

行政组织是社会组织中规模最大、结构最严密的机关体系。与一般的社会组织相比，行政组织具有政治统治性、社会管理性、公共服务性、法治性、动态性、权威性的特点。

第一，政治统治性。行政组织是国家组织的重要组成部分，代表国家行使国家行政权力，体现国家意志。

第二，社会管理性。为了维护统治，稳定社会秩序，行政组织必须管理社会公共事务。在现代社会，各国政府都设置了大量行政组织干预和管理经济、科技、文化、教育、社会保障、环境保护等社会公共事务。

第三，公共服务性。行政组织要适应和服务于社会经济的稳定与发展，为社会公众的利益服务。

第四，法治性。行政组织是国家权力的执行机关，其拥有的权力和承担的责任是由宪法和法律明确规定的，其设立也必须具有法律的依据，否则就失去了存在的基础。

第五，动态性。行政组织系统不是一成不变的，它受不同时期政治制度、经济条件、科技水平等因素的影响，随社会发展和环境变化而变化。

第六，权威性。行政组织是代表国家行使行政管理职权，而行政权力的内容和范围是由宪法和法律规定的，宪法和法律以国家武力为后盾，自然具有权威性。

（三）行政组织与其他各类组织的区别

为了更好地把握行政组织的内涵和特性，有必要理顺行政组织与其他社会组织的关系，这里着重探讨其区别。

1. 行政组织与中国共产党的区别

中国共产党是我国的执政党，在国家政治生活中，中国共产党居于领导地位，是领导社会主义革命、改革和建设的核心力量。各级行政组织必须坚持共产党的领导，任何排斥、否认共产党领导的做法都是极其错误的。但党组织和行政组织的性质不同、职能各异。党是政治组织，党的领导主要是政治、思想和组织领导。因此，坚持党的领导，并非由党组织直接行使行政组织的职权，凡属政府职权范围内的工作应由各级行政组织讨论决定。

2. 行政机关与权力机关的区别

《中华人民共和国宪法》（以下简称《宪法》）第 2 条规定："中华人民共和国的一切权力属于人民，人民行使国家权力的机关是全国人民代表大会和地方各级人民代表大会，人民依照法律规定，通过各种途径和形式，管理国家事务，管理经济和文化事业，管理社会事务。"《宪法》第3条第3款规定："国家行政机关、监察机关、审判机关、检察机关都由人民代表大会产生，对它负责，受它监督。"可见，我国的权力机关是在国家机构中居最高地位的全国人民代表大会和地方各级人民代表大会，而国务院是最高国家权力机关的执行机关，地方各级行政机关是地方各级权力机关的执行机关。因此，行政机关和权力机关之间是一种从属而不是平行的关系。

3. 行政机关与司法机关的区别

我国司法机关包括人民法院和人民检察院。我国《宪法》第128条规定，"中华人民共和国人民法院是国家的审判机关"。《宪法》第131条规定，"人民法院依照法律规定独立行使审判权，不受行政机关、社会团体和个人的干涉"。《宪法》第134条规定，"中华人民共和国人民检察院是国家的法律监督机关"。《宪法》第136条规定，"人民检察院依照法律规定独立行使检察权，不受行政机关、社会团体和个人的干涉"。

4. 行政组织与民间组织的区别[①]

行政组织按宪法和法律程序组建，以国家强制力为后盾，行使国家行政权。而民间组织没有国家权力的属性，是"自愿组成，为实现共同意愿、按照章程开展活动的非营利性社会组织"[②]，民间组织必须到政府部门申请登记，经核准后方可进行活动。民间组织的章程、规定等，不得与宪法和法律相抵触，且仅对其成员有约束力。

民间组织是联结政府与社会、政府与民众之间的桥梁和纽带，在社会管理和社会建设[③]中发挥"调节器""缓冲器"的作用。它通过提供咨询、信息沟通、发表意见、协商对话等途径和方式反映民意，影响政府政策的制定，协调社会各利益主体的关系，以促进社会和谐发展。尤其在社会管理民主化、公共服务社会化的发展趋势下，社会公共物品的提供已由过去单一的政府主体逐渐向多元主体转变，民间组织承接了许多政府分离出来的社会性、公益性事务，在消除贫困、农村发展、教育、卫生保健、妇女儿童保健、赈济救灾、生态环境保护、人口控制以及人道主义援助等方面扮演了不可或缺的角

---

① 1998年6月，民政部已正式将原先主管社会团体的"社团管理司"更名为"民间组织管理司"。"民间组织"这个提法与国际上通用的"非政府组织"（NGO）、"非营利组织"（NPO）是相一致的。
② 参阅1989年10月25日国务院颁布的《社会团体登记管理条例》。
③ 关于"社会建设"的提法和内容可参阅胡锦涛同志在中国共产党第十七次全国代表大会上的报告。

色,发挥着"第三只手"① 的作用。

因此,行政组织必须充分发挥民间组织的功能作用,调动社会各阶层的积极性,形成公共管理与公共服务的整体合力。一方面,要重视对民间组织的培育和引导,通过相应的政策扶持其发展,促进其壮大,赋予其自立性、自主性和自为性,提升其社会自治能力。另一方面,理顺民间组织的管理体制,完善有关法律法规建设,为民间组织的发展提供良好的法制环境,使民间组织的管理和日常活动有法可依、有章可循,形成一整套自我约束、自我管理的运行机制。

5. 行政组织与非正式组织的区别

行政组织是法定的正式组织。而非正式组织是指正式组织中的若干成员由于生活接触、感情交流、情趣相近等产生的交互行为和共同意识,并由此形成自然的人际关系。这种关系既无法定位,也缺乏固定形式和特定目的,对正式组织的目标达成有促进、限制和阻碍作用。

在当代西方行政组织理论中,对非正式组织的研究起源于梅奥的霍桑试验。它表明,正式组织中总存在一些非正式组织,并对人的感情、情绪、地位、行为、爱好产生极大影响。霍桑试验奠定了非正式组织理论的基础,但首次明确提出非正式组织理论的是美国学者巴纳德。他在《经理的职能》(1938)一书中指出,非正式组织应是在正式组织中,由于个人之间的相互接触、相互影响而形成的自由结合体,它不具有特定的目的,而是具有偶发性或自然形成的。②

非正式组织有如下特点:在满足组织成员个人的心理和感情需要上比正式组织更有优越性;形式灵活,稳定性差,覆盖面广,几乎所有的正式组织的成员都是某种类型的非正式组织成员;散布小道消息。散布小道消息,有积极的一面,也有消极的一面。其积极作用表现为:第一,如果小道消息属实或接近事实,有辅助正式组织信息传递的作用;第二,对组织领导者来说,某些小道消息也可能是成员对组织或领导的反馈信息,从中可以了解成员的愿望、抱怨,减少冲突,缓和矛盾。其消极作用表现为:散布小道消息可能扰乱组织正常交流秩序,掩盖正式组织沟通的可信度,造成组织成员之间、上下级之间的猜疑,甚至会影响成员的士气和组织的工作效率。为此,组织应及时公开必要的信息,健全正式组织交流渠道,营造民主平等的交流氛围,

---

① 在现代管理中,政府被称为"有形之手",市场被称为"无形之手",民间组织则被称为"第三只手"。
② 参见〔美〕切斯特·I. 巴纳德:《经理的职能》,杜子建译,北京理工大学出版社 2014 年版,第 85—86 页。

使每个组织成员都能了解情况，参与决策和管理，尽可能遏制恶性小道消息的传播，降低其消极影响。

非正式组织的积极作用是：可以弥补正式组织的不足，使正式组织富有弹性，增加其行政能量；可以传递不方便由正式渠道发布的信息和意见，使成员了解行政组织各项措施的意图；可以承担正式组织首长的职责，分解正式组织的任务，减轻行政首长的负担；可以改善组织气候，有利于组织目标的实现；可以给组织人员以社会满足感，满足个人自我实现和社交的需要，激发其积极性和创造性。非正式组织的消极作用是：第一，反对变革。这是组织推行新制度的主要障碍。非正式组织要求成员行为一致，可能会对组织成员的个人发展产生压力，这种压力形成组织创新的惰性，影响正式组织的变革。第二，目标冲突。非正式组织目标往往与正式组织的目标不一致。第三，传播谣言。第四，如果非正式组织林立，彼此不能协调，就会影响组织目标的实现。

因此，应有效发挥非正式组织的积极作用，并克服消极作用。正式组织要经常进行意见沟通，不给非正式组织传递不良信息的机会，并及时澄清流言蜚语；扩大决策范围，调动广大成员对行政活动的热情，转移他们对非正式组织的兴趣；正式组织的行政首长要尽可能联络非正式组织的核心成员进行合作，必要时可吸纳非正式组织的某些成员；协调正式组织与非正式组织之间的利益，使两者不发生重大冲突；正式组织也要促进人员的互动，通过自身的力量来扩展人际关系。

二、行政组织的构成要素

行政组织是按照一定的规则和形式建立起来的，由若干要素组成的有机整体，主要具有以下八个要素：

（一）组织目标

组织都是为了实现一定的目标而建立起来的，它决定着组织行为的方式和组织发展的方向，是组织成员认为可以追求并达到的某种未实现的状态或条件。组织目标是组织赖以存在和发展的出发点和前提。世界上既不存在无目标的管理，也不可能实现无管理的目标。组织目标可以按时间划分为长期目标、中期目标和短期目标；按职责关系划分为整体目标、部门目标、单位目标和个人目标；按目标分解划分为总目标和分目标。总体上说，行政组织的目标是依法、有效地管理国家事务、社会公共事务和行政组织内部事务。

（二）职能范围

它是组织目标的具体体现。职能范围是根据组织目标对行政组织所要完成的工作任务、职责及其作用的总体规定。它确定了行政组织行使职权的活动和作用范围,是决定赋予行政组织何种权力、如何设置机构和职位、如何进行管理的主要因素和依据。行政组织的职能范围只能是国家事务、社会公共事务和行政组织内部事务的管理。

(三) 机构设置

这是根据组织目标、职能范围在行政组织内部按单位进行分工的结果。组织内部的分工首先表现为机构设置,其次表现为岗位设置。政府机构是行政组织的实体,也是行使权力的载体。行政组织通过一系列机构来体现,行政机构设置是行政组织的核心,是决定行政效率的关键。

机构设置与工作效率

(四) 职位设置

职位设置是在机构设置的基础上进一步按个人职责明确分工的结果。它是组织内部分工的重要表现。职位设置保证了组织权力的流动和组织资源的整合与分配。现代组织的一个基本要求是,职位不是为人而设的,而是为事而设的,组织成员一旦占据某一职位,他就应受到职位规范的约束。

(五) 权责关系

即权力和责任的分配关系,它是组织内部权力分配、权责关系、指挥系统、运行程序、沟通渠道及各种机构、各个岗位在组织中的地位、作用及其内在联系的具体体现。为了实施科学管理,必须合理划分行政组织权力和职责,寻找行政组织集权和分权的临界点,做到权责分明。权责关系的确定是与机构设置和岗位设置一起进行的。

(六) 规章制度

规章制度是用正式文件或书面规定的形式明确组织目标、职能、内部分工、权责关系及其活动的一种手段,它对组织机构和成员具有一定的强制约束力,要求其共同遵守和执行。行政组织规章制度的完善程度与行政组织的健全程度紧密相关,因此,建立健全行政组织法、编制法、中央与地方关系法、公务员法以及组织内部的各项具体法规、制度,是行政组织建设十分重要的内容。

(七) 物质因素

物质因素包括经费、办公设备、办公场所、物资和用品等,是行政组织进行行政管理活动所必不可少的条件和资源。其中,经费是物质因素的核心,主要包括工作人员的薪金和福利开支、机关办公费用、公务费用(会议费、差旅费)等。物质因素是行政组织完成各种工作任务、实现各种目标的保证。

(八) 人员构成

任何组织都是以人为核心的,人是组织的生命和灵魂。组织首先不是物质关系的体现,而是人际关系的体现,行政组织也不例外。行政组织由行政人员组成,行政人员是行政组织的主体。行政人员的素质及其组合结构直接影响行政组织的效能,因此,人员构成是行政组织的一个重要的因素。

以上八种要素的有机组合是行政组织良性运行的基本前提。

三、行政组织设置的依据和原则

(一) 行政组织设置的依据

1. 依法设置

行政组织要根据法律的原则和程序设置,主要包括宪法和主要法律。《中华人民共和国国务院组织法》《国务院行政机构设置和编制管理条例》《中华人民共和国地方人民代表大会和地方各级人民政府组织法》等对行政机构设置的宗旨、性质、职位、职权、人员编制等作出原则性的规定,同时,这些法律法规对政府工作部门的设立、合并、增加、减少等也作了相关规定。

2. 根据政府的职能需要设置

任何国家的政府组织机构都必须与政府的职能相适应,而政府职能必须根据社会经济、政治和文化发展要求进行调整。现代各国政府职能对行政组织机构变化的影响主要表现在:

(1) 职能内容的变化。这是引起政府机构变化的根本原因,主要有三种情况:一是新的社会问题的出现。随着社会经济的发展,国土治理、社会保障、环境保护、住房问题、人口控制、应急事务、退役军人安置保障等已成为社会大众普遍关心的社会问题,政府就需要建立相应机构进行管理。如设立国土资源部、人力资源和社会保障部、生态环境部、住房与城乡建设部、应急管理部、退役军人事务部等。二是新的产业部门的出现,需要政府参与管理协调。由于科学技术的发展,出现许多新的产业部门,如化工、电子、核能、航空、航天等,在一定时期需要政府扶持,需要建立相应部门进行管理。如设立工业和信息化部、商务部等。三是需要解决临时的特定管理任务,也需要设置相应的临时性或长期机构,如抗震救灾指挥部等。

(2) 职能方式的变化。当政府履行职能的管理方式发生变化时,也会引起行政组织机构的调整。我国从计划经济向市场经济转变,管理方式由微观转向宏观,由直接转向间接,因此需要裁减合并微观管理部门,设置宏观调控部门。

(3) 职能权限的变化。由于社会分工或利益格局的变化，政府行政管理权限需要集中或分散、上收和下放，这也会影响行政组织机构的变化。如我国推进政企分开、权力下放，这就需要减少政府专业管理机构，适当加强基层机构设置。

（二）行政组织设置的原则

行政组织原则是行政机构设置、调整、废止、建设和管理的理论依据，是行政机构改革的理论指南。具体来说，当前我国行政组织发展的指导原则主要有5个：

厄威克八项组织原则

1. 精简原则

精简原则是我国行政组织设置的根本原则。我国《宪法》第27条第1款规定："一切国家机关实行精简的原则，实行工作责任制，实行工作人员的培训和考核制度，不断提高工作质量和工作效率，反对官僚主义。"精简原则的主要内容有：（1）机构设置要精简。要求机构设置的数量应以客观需要为依据，反对"因人而设"。（2）工作人员要精干。第一，要求领导班子要精干，副职不宜过多，虚职不应过多设立。第二，要求工作人员数量和质量两方面要精练。（3）层次划分要科学。每增加一个层次，机构和人员也会随之成倍增加，这样一来，势必造成机构臃肿，管理环节增加，使得行政组织的运转失灵。因此，要科学地划分管理层次，坚决撤销那些大事管不了、小事又不愿意管的中间层次。（4）办事程序要简化。办事程序复杂、手续烦琐的现象是与精简原则相违背的，简化办事程序，不仅可以精简机构，而且可以精简办事人员。

2. 统一原则

统一原则包括三个方面的内容：（1）指挥统一。我国《宪法》第110条第2款规定："地方各级人民政府对上一级国家行政机关负责并报告工作。全国地方各级人民政府都是国务院统一领导下的国家行政机关，都服从于国务院。"在行政组织内部，要建立强有力的指挥系统，由上级机关对下级实施统一领导、统一管理、统一指挥，以防止出现"政出多门、多头指挥"的现象。(2) 目标统一。应按照目标分类的原则，将同类行政目标的活动都归于一个行政机关来管理。(3) 权责统一。即职权和职责统一相称，以避免职务虚设、人浮于事、相互推诿现象的出现。

3. 效能原则

国家行政管理效能包括行政效率和社会效益两个方面。这就要求我们在设置行政组织机构的过程中，应尽可能做到少花钱、多办事、办好事，以少量支出获得最大的社会效益。为此,必须科学设置机构、合理使用人才、搞好分工协作。效能不仅有助于提高行政效率,而且有助于减少行政开支。

4. 服务原则

这是我国国家行政组织的最高原则。违背了这一原则,也就背离了社会主义方向。我国《宪法》第 27 条第 2 款规定:"一切国家机关和国家工作人员必须依靠人民的支持,经常保持同人民的密切联系,倾听人民的意见和建议,接受人民的监督,为人民服务。"这就是说,我国各级行政机关及行政机关工作人员都是人民的勤务员,都是为人民服务的。这也是政府活动根本宗旨的体现。

5. 首长制原则

我国各级人民政府实行行政首长负责制。在行政组织机构设置时也要坚持首长制原则,这既是做到指挥统一、目标统一、权责统一的保证,也是贯彻效能原则和服务原则的保证。

第二节 行政组织的结构和特性

在美国流传着这样一个故事:民主党人士认为一个优秀的人无论在多么混乱的组织中都能把工作做得很好;但共和党的人士却认为只要将组织结构系统设计得完美无缺,再平庸的人也能完成好工作。事实上,这两种说法都不完全正确,因为有些出色的管理人员的确在任何组织中都能脱颖而出,而一些能力匮乏的管理人员即使在结构完善的组织中也能出色地完成工作。[①] 这就涉及组织中的管理层次与管理幅度、组织的结构类型以及权责关系、上下级关系等问题。

一、管理层次和管理幅度

管理幅度与管理层次是组织结构的基本范畴。管理幅度与管理层次是影响组织结构的两个决定性因素。管理幅度构成组织的横向结构,管理层次构成组织的纵向结构,二者相结合构成组织的整体结构。

(一)管理层次和管理幅度的含义

管理层次是指纵向结构的等级数目,即行政组织中设置的层级数目。从理论上讲,任何组织都可在其内部划分为高层、中层、基层三个层次。高层

---

① See Frederick S. Lane: *Current Issues in Public Administration*, St. Martin's Press, 1988, p. 203.

是决策层，负责制定整个组织的目标、计划和政策，决定组织的大政方针，是整个组织系统的神经中枢。中层是管理层，它在高层的领导下，制订所辖范围内的活动计划，将组织的总体任务和整体目标分解成具体方案和任务，在组织中起着承上启下的作用。基层是执行层，负责执行和落实各项计划和方案，基层执行人员的士气、情绪、能力和工作状况直接影响组织效率和组织目标的实现程度。在组织中，这三个层次只有协调一致、相互配合，才能促进组织目标的实现。

管理幅度，也称管理跨度、管理宽度、行政幅度等，是指一级行政机关或一名上级管理者直接领导和指挥的下级单位或下级工作人员的数目。管理幅度过大或过小，都将影响管理的效能。管理幅度主要受以下两个因素的影响：一是主观因素，包括管理者与被管理者的性格、知识、才干、精力、能力、经验、习惯、年龄、动机、作风等；二是客观因素，包括组织系统的性质、技术、条件、工作特点、人际关系、权力的集中程度等。

管理幅度计算公式

（二）管理层次和管理幅度的关系

在同一组织内部，管理层次和管理幅度存在一种反比例关系。加大管理幅度，层次就相应减少；相反，缩小管理幅度，则层次相应增多。因此，管理幅度与层次是影响行政机构形态的决定性因素，两者必须同时兼顾，做到幅度适当，层次少而精。

管理层次和管理幅度的这种反比例关系使组织表现为两种结构：

（1）管理层次多，则管理幅度就小，行政组织呈高耸结构（尖型结构）。高耸结构是一种集权结构，有利于强有力的行政控制，但不利于激发下级的积极性和创造性。

（2）管理层次少，则管理幅度就大，行政组织呈扁平结构。扁平结构是一种分权结构，其优点是有利于调动下级的积极性，但可能导致较弱的行政控制。

二、几种典型的组织结构形式①

行政组织的结构是指行政组织中各要素的配合和排列组合的方式，它包括行政组织成员、单位、部门和层级之间的分工协作以及联系和沟通方式。构成要素相似，组合方式不同，会形成不同性质的行政组织。

组织结构涉及组织内部各构成部分和人员的具体分工和职能划分问题，它决定着组织系统的整体性，各种机构和人员之间纵横交错的权责关系，工

---

① 参见彭和平：《公共行政学》，中国人民大学出版社2015年版，第54—57页。

作分工和指挥、协调、沟通的具体方法。

组织结构主要有以下几种类型：

(一) 直线结构形式

直线结构形式是一种垂直领导的结构形式。纯粹的直线结构形式如图 4-1 所示，各级机构或人员沿一条垂直直线分属于不同的层次上，每一个机构或人员都只有一个直接上司，他们之间是指挥和服从、命令和执行的关系，同一层次之间的机构或人员之间不发生任何领导关系，上级人员在其管辖的范围内全权处理各种事务，有关信息沿着垂直线上下传递。

直线结构形式的特点是单一领导，结构简单，上下级的权责关系易于确定，指挥与命令统一，领导效率高，便于控制。但是，这种结构要求下级的一切问题只向一名上级人员请示汇报，上级人员工作繁重、精力分散，易于陷入日常行政事务中，并且上级人员个人也难以做到事事精通，特别是在专业化、分工复杂的组织中，上级人员很难具有各方面的知识和技能，容易顾此失彼。

直线结构形式适用于规模较小、管理问题和工作业务清晰、工作过程简单、工作程序固定、各种规章制度明确以及各级管理者训练有素的组织系统中。因此，在组织规模较大、内部协调任务较复杂、分工较细时，就应采取其他的组织结构形式。

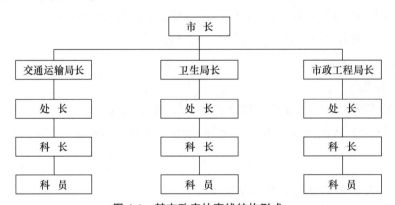

图 4-1 某市政府的直线结构形式

(二) 职能结构形式

职能结构形式是一种水平领导的形式。各部门或机构在水平方向按不同职能进行分工，分别指挥和监督下级部门和人员的工作。纯粹的职能结构形式如图 4-2 所示，各职能部门沿一条水平线处于同一层次上，他们分别具有计划、人事、财务等方面的职权，并在其职能范围内对其他机构负有指挥、协调、监督的权力，但是，这种指挥和服从、命令和执行的权力是有限的，在其职能范围之外，他们对其他市政机构不存在领导关系，有关信息按职能范围内的权责关系传递。

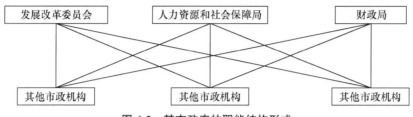

图 4-2　某市政府的职能结构形式

职能结构形式的特点是多头领导或多重领导，各级管理者分工明确，具有专业知识和专业技能，精力集中，能够处理较复杂的问题，有一定的决策效率和组织效率。但是，这种结构形式要求下级机构受上级领导，事权分散，下级机构的自主性较低。职能机构或人员容易缺乏整体观念，由于许多组织和管理问题是综合性的，在实际处理过程中，其职能界限并不明确，容易出现政出多门、指示冲突或互相推诿、扯皮的现象。同时由于缺乏统一指挥，容易割裂管理过程，增加了协调的任务和困难。纯粹的职能结构形式在实践中很少采用。

（三）直线—职能结构形式

它是一种垂直领导和水平领导有机结合的结构形式，最早由法约尔提出。如图 4-3 所示，各级机构既有纵向（实线表示）的垂直领导隶属关系和权责关系，又有横向（虚线表示）的水平领导隶属关系和权责关系。

在直线—职能结构形式中，直线结构形式是基础，直线管理者各有其单一的直接领导者，但在决策、监督等方面受到其他职能机构的限制。职能结构形式起一种辅助性作用，职能部门设在较高的领导层次上，和直线机构或人员之间没有直接的领导关系，它们虽无指挥权，但在其职能范围内有一定

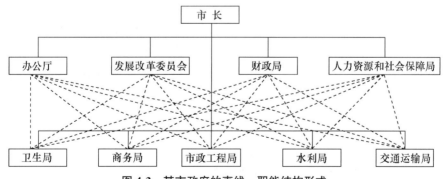

图 4-3　某市政府的直线—职能结构形式

的决策权和监督权。它们和直线机构或人员之间通过共同的上级产生间接的领导关系。它们向最高管理者提出各种决策方案和行动计划，经过最高管理者批准后下达给直线管理者具体执行。有关信息按直线—职能机构的权责关系在组织中上下传递。

（四）矩阵结构形式

它是在直线—职能结构形式的基础上发展出来的一种新的结构形式，矩阵结构有时也称为方格结构。如图 4-4 所示，矩阵结构形式把按职能划分的职能机构和按产品或项目划分的直线机构结合起来组成一个矩阵，其成员同时受到双重领导，既接受项目组负责人的领导，又接受职能机构的指挥。项目组负责人制订该项目的工作计划，决定应当做什么、怎样去做、什么时候完成等。职能机构的负责人制订该项目的技术方案，决定用什么方法完成任务，负责批准有关建议等。这样，项目组成员和其他成员构成一个整体，在项目组负责人领导下相互协作，并且和各职能部门保持组织和业务上的联系，发挥各自的专业特长，有利于共同目标的实现。

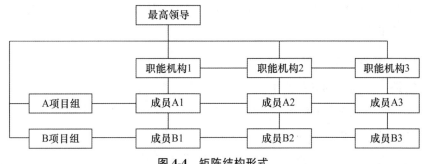

图 4-4　矩阵结构形式

它与直线—职能结构形式的主要区别在于，它是一种垂直领导和水平领导并重，而不是虚实结合、有主有次的结构形式。它加强了管理活动的纵向联系和横向联系的整体性，不仅能充分发挥直线管理者的作用，保证具体工作的统一指挥，而且使职能机构直接参与具体的管理过程和管理活动，不再像直线—职能结构那样必须经过最高领导者批准才能发挥作用。但是，由于它在隶属关系上是双重领导，在实际工作中往往会产生指挥和协调方面的问题。这种结构形式多用于大型生产部门和大型科研项目上。

三、行政组织的编制管理

在深化机构改革的同时，必须严格机构的编制管理，加快推进机构编制管理的法制化进程。狭义的编制是指一个法定社会组织内人员的数额及职位

"三定"方案

的配置。广义的编制则指一个法定社会组织的职能范围、机构设置、隶属关系、规格级别、人员数额、人员结构和职位配置。行政组织编制管理，就是按法律规定的制度和程序，对行政组织的职能范围、机构设置和人员配备等进行的管理。它包括职能管理、机构管理、人员编制管理三方面。从实际运作来看，编制管理的具体内容包括以下六个方面：制订编制方案；确定各部门的职能范围，进行科学的职能配置；审批机构与人员；监督编制执行情况；做好编制统计；制定有关的编制法规。

(一) 编制管理的重要意义

1. 编制管理是建立精干高效的行政组织体系的重要前提

一定的机构和人员编制是进行行政管理活动的基本条件，而建立高效合理的行政机构，配备精干的工作人员，使整个行政组织体系高效协调地运转，必须依靠科学的编制管理。编制管理在行政管理体系中居于较高层次，有人称之为"母管理"。

2. 编制管理是防止官僚主义，密切政府与群众关系的重要手段

官僚主义表现形式多样，产生的原因很复杂。实践证明，机构臃肿、层次繁多，必然导致政府运转不畅、反应迟钝。人浮于事、职责不清，也必然导致互相推诿、拖拉扯皮、办事缓慢等官僚主义作风的产生。科学的编制管理，就是要依靠法律手段，严格按照编制设置机构和人员，以有效地克服上述弊端，为改进机关作风，密切政府与群众的联系，防止和铲除官僚主义创造良好的条件。

3. 编制管理有助于节省国家财政开支

行政机构的经费开支由国家财政拨款。机构和人员过多，势必增加国家财政支出，减少用于经济建设和人民消费的资金。而科学的编制管理，可以做到对机构设置和人员配备进行严格的控制。近年来，我国把机构设置、人员编制与行政经费挂钩，超编者财政不予拨款，这对节省国家财政收到了较好的效果。2008 年以来实行的大部制改革实际上将原来部门与部门之间的关系转变为部门内部的关系，从而降低了行政协调的成本。

(二) 编制管理的原则

编制管理直接涉及政府部门设置和人员配备，政策性强，影响深远。为了切实搞好编制管理，应遵循以下基本原则：

1. 精简原则

精简原则包括合理定编定员，精简机构、精减人员、减少层次、简化办事程序等方面。这一原则要求严格根据行政管理职能、管辖范围，通过必要

的程序合理确定机构人员数额、设置机构和层次。凡是职能重叠和可有可无的机构,应予以撤销或合并;凡多余或不称职者,要调离现岗位并作妥善安排。

2. 统一原则

统一原则强调行政组织设置的完整统一性,也就是说一个国家的政府各层级各部门是一个上下贯通、左右协调的统一整体。主要包括三个方面的内容:(1)统一领导,政府要严格按照国家的统一规定、统一制度、统一程序进行行政管理活动,不得制定与国家政策和法规相违背的"土政策""土制度""土办法",擅自建立工作部门,任意扩大编制。(2)统一职能目标,明确划分各行政机构的职责权限,保证同类行政事务由相同行政机构负责,防止机构重叠、政出多门。(3)机构设置要统一完整,既要做到每个行政机构各自形成有机的整体,也要做到任何行政机构都是全国政府机构的一部分,从而形成既有最高指挥,又有逐级指挥与服从;既有分工,又有合作的上下衔接配套、左右功能齐全的组织体系;机构的名称、级别也要大致统一,不得自立称号,随意升格。

3. 编制立法原则

编制立法是指有关行政组织内部机构设置及其职责权限、结构比例和人员定额的法律规范的总和。编制立法与行政组织法相比,是从更加具体、更加细微的角度去规制政府行政组织。其目的是做到设编必须有法定条件、扩编必须有法定程序、超编必须有法律制裁,用法律的形式将机构设置及其职责权限、结构比例和人员定额固定下来,使编制管理有法可依。通常所说的"编制就是法律"[①],指的就是这个意思。

(三)编制管理的基本方法

1. 行政方法

指编制管理部门依靠行政组织的权力,按照组织系统对编制进行直接管理的方法。这是编制管理中的基本管理方法,包括制订编制方案、核定编制总额、审批编制、进行编制监督等。

2. 经济方法

指按照物质利益原则,运用经济手段对编制进行调控的方法。包括经费预算管理、编制与工资基金结合管理、编制包干、经济奖罚等。

3. 法律方法

指运用法律规范,对机构和人员编制进行调控管理的方法。这是有效控

---

① 《邓小平文选》第2卷,人民出版社1994年版,第20页。

制编制的方法，但我国编制立法工作比较薄弱，行政机关组织法规有待完善。为使我国编制管理尽快纳入法制的轨道，必须抓紧推进编制立法工作，制定编制管理、机构设置、人员编制、审批程序等方面的法律规范。

第三节 行政组织的类型

一、行政组织领导体制类型

根据进行行政决策和担负行政责任的人数来分类，可以将行政组织的领导体制分为首长制、委员会制和混合制。

(一) 首长制

首长制也称首长负责制、独任制、一长制，是指行政组织的最高行政决策权力和责任赋予首长一人承担的行政体制。在首长制条件下，行政组织中的其他领导人只是首长的幕僚，只有建议权，最后决定权在首长一人。其典型代表是美国的总统制，总统对联邦行政事务有最后决定权并对其承担全部责任。其优点是：事权集中，责任明确，指挥有力，行动迅速，因此行政活动扯皮较少，效率较高。其缺点在于：可能导致独断专行，而且首长的能力和时间、精力都是有限的，容易影响行政效能。

(二) 委员会制

委员会制亦称委员制、合议制，是指行政机关中法定最高行政决策权力和责任赋予委员会议集体承担的行政体制。其典型代表是瑞士的联邦政府，瑞士联邦政府实行委员会制有其特殊条件，就是小国寡民的环境，历史上有实行直接选举的传统。瑞士于1815年经维也纳会议被确认为永久中立国。1845年制定的《瑞士联邦宪法》加强了中央政府的权力。至19世纪晚期，瑞士的委员会制才最终确定下来。瑞士联邦委员会由联邦议会两院选举产生，委员会由7人组成，从中再选出主席、副主席各一人，主席任期一年，由副主席继任，再选出副主席一人，主席、副主席不得连选连任。主席、副主席和其他几名委员之间地位、权力平等，实行集体领导，少数服从多数，多数通过决定。委员任期四年，分别担任各部部长，部长也实行集体领导，以委员会的名义执行。

委员会制的优点在于：可集思广益，代表多方面的意见；分工合作，能有效发挥各自长处；互相监督，可防止独断专行。其缺点有：责任分散，有功相争，有过相推；行动迟缓，议而不决，决而不行；反应迟钝，争执不休，贻误战机。

首长制和委员会制的区别在于：首长制是多数服从行政首长，行政首长可以不采纳多数人的意见；而委员会制是少数服从多数，行政首长必须采纳多数人的意见。当代行政组织多偏重于首长制。一般认为，执行与指挥事务多采用首长制；立法和决策事务多采用委员会制。

(三) 混合制

混合制，也叫委员首长并立制，是指行政组织中，一部分行政管理工作由委员会决策，另一部分行政管理工作由首长本人决策的领导体制。其基本特征是设有合议制的委员会，又设有专门的行政首长。一般来说，重大行政事务的决策权由委员会行使，具体行政事务的决策权由首长个人行使。

二、行政组织权力体制类型

根据上下级权限的大小来分类，可以将行政组织的权力体制类型分为集权制和分权制两种。

(一) 集权制

集权制是指行政权力集中于上级机构，下级机构没有或很少有自主权，所有重大决策均由上级机构决定，下级必须依照上级机构的法令或指示办事的行政体制。法国是典型的集权制国家。集权制的优点在于：政令统一，标准一致，无分歧互异之弊；力量集中，能统筹兼顾；层层节制，命令易于贯彻执行。其缺点是：下级往往消极待命，唯命是从，不能及时果断地处理内部事务；上级决策中枢事必躬亲，负荷过重，力不从心，往往事与愿违；容易导致独裁，滋生官僚主义。

(二) 分权制

分权制是指下级机构在其管辖范围内有自主决定权，上级机构对下级机构在其权限内决定的事项不予干涉的行政体制。在联邦制国家中，分权制的行政组织体制最为普遍。分权制的优点有：分权分工，分级治事，分层负责，使行政体制富有弹性，应变能力强，符合充分授权的原则。其缺点在于：权力过于分散，有可能破坏行政统一，使得宏观的行政体系的功能紊乱，甚至导致失控，形成地方势力。

合理的行政组织体制，就是结合集权制与分权制优势的体制，不能太偏于集权制，也不能太偏于分权制。孙中山先生曾指出："凡事务有全国一致之性质者，划归中央；有因地制宜之性质者，划归地方；不偏于中央集权制或

郑永年：集权与
分权的统一

地方分权制。"①

三、行政组织结构体制类型

根据构成单位的功能与性质的不同，可以将行政组织的结构体制类型划分为层级制和功能制。

层级制是指行政组织体系纵向分为若干层级，各个层级业务性质相同，各对其上层负责，但业务范围由上至下逐级缩小的行政体制。层级制是组织的纵向分工。

功能制是指行政组织平行划分为若干部门，每个部门所管业务性质不同，但行政范围大致相同的行政体制。功能制是组织的横向分工。

层级—功能制是当今行政体制的唯一体制。我国实行的是层级制与功能制并用的双行体制。从国务院到省、市、县、乡人民政府共分为五个层级，在国务院内部又分设若干部、委、办、署等部门。

四、行政组织机构类型

根据行政组织的性质、功能和作用的不同，行政组织机构可划分为如下类型：

（一）领导机构

领导机构是各级政府领导统辖全局的决策核心，其职能是对辖区内的重大行政管理问题进行决策，并指挥督导决策的实施。领导机构是行政组织的中枢，是各级政府决策和执行的指挥机关，其职权具有全局性和综合性。我国的国务院和地方各级人民政府都是领导机关。

国务院的机构类型

（二）执行机构

执行机构即职能机构，也叫业务机构，指各级政府中负责组织和管理某一专业方面行政事务的执行机关，其工作具有执行性、局部性和专业（门）性。如国务院的执行机构是各部、委、审计署等，这些机构分管独立的产业部门或社会事务，接受行政首长的指挥领导。

（三）监督机构

它是对各种行政机构及其管理活动进行监督检查的执法性机构，如各级政府中的审计机构。它是建立健全行政组织制衡机制的重要组成部分，是促使行政机构及其工作人员依法行政、忠于职守的重要保障。

---

① 《孙中山全集》第九卷，中华书局1986年版，第123页。

(四) 咨询机构

咨询机构即参谋机构、智囊机构，指由具有权威的专家学者和富有实际经验的政府官员组成，专为政府出谋划策、提供咨询意见和决策方案的机构。其职能是调查预测、参谋咨询、协调政策、辅助决策。它们在现代政府决策中发挥着越来越重要的作用。美国的兰德公司、斯坦福国际咨询研究所，英国的伦敦国际战略研究所，日本的野村综合研究所、三菱综合研究所等都是比较著名的咨询机构。咨询机构既不是执行机构，也不同于秘书班子，具有相对独立的地位。

(五) 信息机构

信息机构是专门负责信息搜集、加工、传递、贮存，为领导机构和有关部门提供各种行政信息、沟通情况的情报服务机构。如统计局、信息中心、情报室、档案室、资料室等。信息机构也是现代行政决策体制的重要组成部分，是行政组织科学化、现代化的重要保障。

(六) 辅助机构

辅助机构也称幕僚机构，指为行政首长或职能机构顺利开展工作，在机关内部承担服务性和辅助性工作任务的机构。它对各专业部门无直接指挥和监督权力，但经授权可代表行政首长行使相关权力。可分为综合性的 (如国务院和省级政府的办公厅、地县级政府的办公室等) 和专业性的 (如机关的人事和财务部门)；政务性的 (如政策研究室) 和事务性的 (如机关事务管理局、国务院侨务办公室、港澳事务办公室等)。

(七) 派出机构

指上级领导部门按管辖地区划分的授权委派的代表机构。在管理区域比较松散、不便于领导机关统一指挥的条件下，设立派出机构。其主要职能是承上启下实行管理，既督促检查辖区贯彻执行上级行政机关的指示、决议、决定的情况，也向委派机关报告辖区内行政机关的情况、意见等。派出机构不构成一级政府行政机关，没有独立的法律地位，其权力只是委派机关的延伸，因而以委派机关授权的性质、程度和范围为转移。我国省人民政府的派出机构是地区行政公署，县、自治县人民政府的派出机构是区公所，县级市、市辖区人民政府的派出机构是街道办事处，经济技术开发区的派出机构是开发区管委会。部门的派出机构有公安局的派出所，工商局的工商所，税务局的税务所等。

思考题

1. 简述行政组织的含义与特征。
2. 简述行政组织与民间组织的关系。
3. 简述非正式组织的积极功能和消极功能。
4. 简述行政组织的基本构成要素。
5. 简述行政组织设置的依据和原则。
6. 简述管理层次与管理幅度的关系。
7. 简述直线组织结构的特点和不足。
8. 简述职能组织结构的特点和不足。
9. 简述行政组织编制管理的定义和意义。
10. 简述行政组织编制管理的原则和方法。
11. 简述首长制和委员会制组织体制的优缺点。
12. 比较集权制与分权制组织体制的优缺点。
13. 简述行政组织的机构类型。

参考答案

讨论题

1. 随着信息技术的发展以及资源跨区域、跨国界流动,有学者声称官僚制组织将要被摒弃,请联系官僚制的政治社会功能论述官僚制组织是否还具有生命力。
2. 结合实际,讨论处理政府间关系及政府部门间关系的难点及对策。

推荐阅读文献

1. 王沪宁、竺乾威主编:《行政学导论》,上海三联书店1988年版。
2. 孙彤编著:《组织行为学》,中国物资出版社1986年版。
3. 孙耀君:《西方管理思想史》,山西人民出版社1987年版。
4. 龙朝双、李晓玉主编:《行政组织学》,湖北人民出版社2007年版。
5. 尹钢、梁丽芝主编:《行政组织学》,北京大学出版社2005年版。

6. 傅明贤主编：《行政组织理论》，高等教育出版社2000年版。

7. 朱国云：《公共组织理论》，南京大学出版社2003年版。

8. 〔德〕马克斯·韦伯：《经济与社会》（第二卷），阎克文译，上海人民出版社2020年版。

9. 〔美〕罗伯特·B. 登哈特：《公共组织理论》（第五版），扶松茂、丁力译，中国人民大学出版社2011年版。

10. 〔美〕理查德·L. 达夫特：《组织理论与设计精要》，李维安等译，机械工业出版社2002年版。

第五章　行政领导者

> **导　读**
>
> 行政领导者是行政组织中具体从事行政领导和战略管理的人的因素，是任何行政组织存续和发展的关键性因素之一。正如沃伦·本尼斯（Warren G. Bennis）所言："为了不被21世纪淘汰，我们就需要新一代的领导者，而不是管理者……领导者能够战胜周围复杂、无常、动荡、含糊所带来的……各种困难。"① 行政领导者所进行的行政领导活动在行政管理过程中处于主导地位，因此，研究行政领导者及其领导活动是行政管理学一个很重要的课题。本章先介绍行政领导，再介绍行政领导者。

第一节　行政领导概述

一、领导与行政领导

（一）领导的含义与分类

1. 领导的含义

在分析行政领导之前，首先应该明确领导的含义是什么。当代美国学者斯道格迪尔（R. M. Stogdill）和巴纳德（Chester I. Barnard）在《领导学手册》一书中提出了关于领导的十一种定义：领导意味着群体过程的中心；领导意味着人格及其影响；领导意味着劝导服从的艺术；领导意味着影响力的运用；领导意味着一种行动或行为；领导意味着一种说服的形式；领导意味着一种权力关系；领导意味着一种互动中逐渐形成的效果；领导意味着一种

---

① 〔美〕沃伦·本尼斯：《21世纪的领导》，参见〔美〕肯·谢尔顿：《领导是什么——美国各界精英对21世纪领导的卓见》，王伯言译，上海人民出版社2000年版，第4—5页。

分化出来的角色；领导意味着结构的创始；领导意味着一种实现目标的手段。①

由以上观之，西方学术界至少是从四个不同的角度去界定领导这一概念的。第一，领导者中心说。即领导就是领导者依靠权力影响力去指导下属实现符合领导者意图的目标。第二，互动说。即任何领导活动都是在领导者和被领导者之间的互动过程中实现符合双方追求的目标。第三，结构说。即领导是在一定组织结构或人际关系结构中展开的一种特殊活动。这一结构要么是由权力、规章所构成的正式结构，要么是由人际关系、感情纽带所构成的非正式结构。第四，目标说。即领导活动的焦点在于实现一个符合群体需要的公共目标，领导的实质是为实现目标而令其成员努力进步的动力。

在中国人的理解中，领导有时是指领导者这一角色，有时是指领导职位，有时是指领导者的行为，有时是指一种特殊的社会现象。显然，这些认知混淆了"lead""leader""leadership""head""headship"等概念。我们认为，领导是指领导者在一定的环境中，为实现既定目标，对被领导者进行统御和指引的行为过程。

2. 领导的分类

领导是一种多层次、多领域的立体现象，可以从不同的角度进行分类。按领导的权威基础分：正式领导和非正式领导；按领导活动的层级分：高层领导、中层领导和基层领导；按领导活动的领域分：政治领导、业务领导和行政领导。他们的工作对象、工作方式、工作范围和思维方式都有所区别。

领导的特点

（二）行政领导的概念

行政作为围绕社会公共权威而开展的活动和关系，是在人类社会发展到一定阶段才产生的社会现象。因此，行政领导也是随着社会发展逐渐从日常的管理领域中分化出来的，即"决策工作专门化"直接导致了领导这一特殊现象的产生。

随着管理理论的发展，产生了以下三种对行政领导的不同理解。第一，从权力运用、规章制度的执行、与正式组织结构相吻合的角度去观察行政领导。认为行政领导就是通过命令、指挥，使整个组织活动达到其目标的行为过程。第二，从人际关系、感情因素的角度去观察行政领导。认为行政领导是对组织内成员施加影响的活动过程，是一门促使下属充满信心、满怀热情来完成任务的艺术。第三，从行政组织所处的环境这一角度去观察行政领导。认为行政领导是使行政组织有效适应外在环境以维持其存在和发展的活动。

---

① 参见刘建军：《领导学原理——科学与艺术》，复旦大学出版社2001年版，第7—8页。

以上三种视角为我们科学界定行政领导这一概念提供了极大的启发。综合前人的研究，我们将行政领导定义为：行政领导是指在行政组织中，经选举或任命而享有法定权威的领导者，依法行使行政权力，为实现一定的行政目标所进行的组织、决策、指挥、控制等的社会活动。

二、行政领导在行政管理中的地位和作用

（一）行政领导的地位

一个行政组织有了好的领导，可以使组织正常协调地运转，达到"1+1>2"的效果。行政领导本身不是生产力，但可以通过有效的组织和管理，提高行政效能。行政领导在行政管理系统中处于主导地位，它贯穿于整个行政管理活动的全过程，它是国家行政管理系统中的关键环节，是"维持与推动国家机器正常运转的主动力"。

领袖论

（二）行政领导在行政管理中的作用

俗话说："人无头不走，鸟无头不飞""三军易得，一将难求""一将无能，累死三军"，这些俗语都说明了领导工作的重要性。具体而言，行政领导在行政管理过程中具有重要的作用，主要表现为：

1. 行政领导是行政管理协调统一的保证

行政管理本身是一个复杂的社会系统。为了保证系统内行政活动的协调统一，就需要行政领导的统一意志和统一指挥。马克思在论述资本主义生产管理二重性时指出，"一个单独的提琴手是自己指挥自己，一个乐队就需要有一个指挥"①。为保证行政活动的协调和统一，"只有使成百成千人的意志服从于一个人的意志"②。

2. 行政领导贯穿于行政管理的全过程

行政管理的各个环节，如建立行政组织、选才用人、收集信息、确立目标、制订计划、组织实施、检查监督等，实质上是一个不断制定和执行政策的过程。而这些都需要通过行政领导活动来完成。

3. 行政领导是行政管理成败的关键

行政效能是由行政决策的效率决定的。要保证行政决策的高效能，不仅要提高效率，更要保证行政决策的正确导向。因此，担负行政决策责任的行政领导成为整个行政管理活动的关键。行政效能＝目标方向×行政效率。方向

---

① 马克思：《资本论》第 1 卷（节选），参见《马克思恩格斯选集》第 2 卷，人民出版社 2012 年版，第 208 页。

② 《列宁选集》第 3 卷，人民出版社 2012 年版，第 500 页。

错了,效率越高,损失越大。

三、行政领导的权力

行政领导的权力包括职位权力和个人权力两个部分。

(一) 职位权力

1. 法定权

又称合法权、职位权、行政权。这种权力来源于组织机构正式授予领导者在组织机构中的地位,它是居于合法地位的领导者所享有的指挥他人促使他人服从的权力。在合法的组织中服从合法权力,乃是公认的价值观念,正如西蒙所说:机关职员总觉得应该服从其首长。因此,合法地位乃是层级节制权力的重要来源。法定权是一个领导者职权大小的标志,是其他各种权力运用的基础。"职位权是保障行政活动得以推行的底线"。因此,行政领导必须善于使用组织所赋予的法定权力,既不能超越,也不应放弃。

2. 奖赏权

又称奖励权。奖赏是一种重要的管理手段。奖赏属于正刺激,是领导者为了肯定和鼓励某一行为而给予的物质奖励或荣誉称号。以使被管理者得到心理、精神以及物质等方面的满足,从而最大限度地发挥被管理者的主观能动性。奖赏权会使下属意识到,服从领导的意愿、积极执行领导的指令会得到表扬或奖赏,从而使自己的社会地位和尊严得到提升,随之增强了服从领导的意愿。

3. 强制权

又称惩罚权,是奖赏权的对立物。强制权的基础是行政组织所拥有的威胁和惩罚手段。恩格斯说,"文明国家的一个最微不足道的警察,都拥有比氏族社会的全部机构加在一起还要大的'权威'"①。这一方面强调了法律的意义,另一方面也说明了强制权的威力。行政领导行使奖赏权是为了使被领导者知道"应该怎样做",而行使强制权是让被领导者知道"什么不能做"。但强制权不可滥用,否则会造成严重后果。国外一些行政学者认为,各种惩罚措施,最好让它成为"挂在墙上的鞭子","警钟长鸣",备而不用。

(二) 个人权力

1. 专长权

又称专家权,指行政领导者因具有某种专门知识和特殊技能而赢得同事和下级的尊敬和服从。

---

① 恩格斯:《家庭、私有制和国家的起源》,参见《马克思恩格斯选集》第4卷,人民出版社2012年版,第188页。

领导者在使用专长权时应顺其自然，在领导活动过程中尊重下属的意见和看法。同时，领导者也应不断学习。

2. 影响权

又称参照权，指领导者因具有好的思想品质、好的作风、高尚的道德情操以及表率作用等而受到下级发自内心的尊敬和爱戴，并自觉地接受其领导。这种影响权是由领导者本身的素质，如品格、知识、才能和气质决定的，建立在下级自发的基础上，不受任何法规的约束。因此，它对人们的影响大，持续时间长。

职位权力主要来自行政领导在组织中的地位，是一种领导权，西方国家将仅仅依靠职位权力推行的领导活动称为"headship"。个人权力由个人的品德和才能所决定，是一种统御权。现代领导科学特别重视统御权力的研究，认为统御权是取得领导权力的真正基础，也是加强领导权的重要条件。西方国家将运用统御权的领导活动称为"leadership"，它涵盖了headship、leader和heads所运用的领导途径和领导权力。

两大权力系统比较

第二节　行政领导制度

行政领导制度从整体上说可以划分为三个层次：一是从根本性上制约行政活动的制度安排，即根本的行政领导制度；二是足以保障领导者个人可以与组织协调行动的制度，以使领导者个人的能量与组织的能量得到最大限度的发挥，即基本的行政领导制度；三是足以保证日常行政领导活动顺畅开展的制度性措施，主要指具体的行政领导制度。

一、根本的行政领导制度：民主集中制

民主集中制是民主制和集中制有机结合的一种制度。就民主制而言，是指在国家生活中，人民群众当家作主，有权以不同方式积极参加对国家大政方针、重大决策和法律的讨论，参加对国家事务、经济和文化事务及社会事务的管理，充分体现人民参政议政的民主权利；一切国家机关及其工作人员必须对人民负责，受人民监督，这是我国社会主义本质的体现。就集中制而言，坚持在高度民主基础上实行高度集中的决策机制，少数服从多数、个人服从组织、下级服从上级、全党服从中央，这是维护全党和全国的正常秩序，实现集中统一和行动一致的基本保证。民主和集中是相辅相成、互相制约、不可分割的有机统一体。

民主集中制是我国根本的行政领导制度。我国宪法将民主集中制作为人民民主专政国家政权的组织原则和国家的根本领导制度确立下来。具体表现为：

（1）全国人民代表大会和地方各级人民代表大会的代表都由民主选举产生，对人民负责，受人民监督；

（2）国家行政机关、监察机关、司法机关都由人民代表大会产生，对它负责，受它监督；

（3）中央和地方国家机构职权的划分遵循在中央统一领导下，充分发挥地方的主动性、积极性的原则。

民主集中制的领导制度贯穿于各级行政领导的全部实践活动中，是社会主义根本制度的直接体现，它决定和影响着其他行政领导制度，其他行政领导制度是民主集中制领导制度的具体化，是由其决定和衍生出来的；其他具体的行政领导制度离开了民主集中制，就难以发挥作用。

二、基本的行政领导制度：行政首长负责制

（一）集体领导

集体领导是集体决策、共同负责的制度，即对重大问题，由领导集团全体成员讨论，作出决策和决定，一经决定，必须共同遵守。实行集体领导，对重大问题表决时，应坚持少数服从多数的原则，不能由个人或少数人说了算，不同意见可以保留，但必须服从多数人的意见和集体决定。在集体领导中，行政首长必须正确地使用最终的决定权和否定权，应当在集体意见的基础上决定或否定，而不以个人意志为转移。行政领导集团内各个成员要分清职责，根据各自职责和工作任务，分工合作，不能互相推诿。

（二）个人分工负责制

个人分工负责制就是行政领导集团内各成员为执行集体领导的意志而密切配合，各司其职，各尽其责。这是保证集体领导实现的一个重要措施。若无明确分工，各个成员无具体职责，就会出现相互扯皮、推诿的现象。个人分工负责的工作，是集体领导工作的组成部分，分工不分家，既要分工，又要配合，实行权责统一。

集体领导和个人分工负责具有辩证统一关系。集体领导是个人负责的前提，个人分工负责是集体领导的基础。集体领导的决策是个人分工负责的方向、目标，个人分工负责是集体领导意志实现的途径。因此，要反对个人说了算和个人不敢负责的两种官僚主义倾向。

(三) 行政首长负责制

在我国，集体领导与个人分工负责制在不同组织中有不同的具体形式。如党的委员会制、学校的党委领导下的校长负责制、政府和企事业单位的行政首长负责制、军队的党委领导下的军政首长负责制等，这些具体形式所依据的基本原则相同。这里仅简述行政首长负责制。

1. 行政首长负责制的含义

我国《宪法》第 86 条和第 105 条对行政首长负责制作了专门规定。它是指重大事务在集体讨论的基础上由行政首长定夺，具体的日常行政事务由行政首长决定，行政首长独立承担行政责任的一种行政领导制度。实行行政首长负责制能够克服在委员会制下出现的议而不决、决而不行、相互推诿、无人负责等弊端。

2. 我国行政首长负责制中"首长"的范围

我国行政首长负责制的"首长"包含两大类，即法定的"首长"和推定的"首长"。

法定的"首长"由相关法律规定。主要有：国务院总理、国务院各部部长、各委员会主任、省长、自治区主席、市长、州长、县长、区长、乡长、镇长。

推定的"首长"虽没有法律的明文规定，但他们在其所在机关或系统内，负责领导和管理全国或地方的某一方面的行政事务，可以以自己的名义在其权限内规定行政措施、发布全国或区域遵照执行的规范性文件。主要有：(1) 国务院全体会议的有关组成人员，如国务院秘书长、中国人民银行行长、审计署审计长；(2) 国务院直属机构的正职领导；(3) 县级以上地方各级人民政府组成部门的正职领导；(4) 地方人民政府根据地区行政管理需要设立的与中央政府不完全对口的部门机构和其他行政机构的正职领导；(5) 地方行政区域内国务院有关部门的分支机构或垂直领导机构或派出机构的正职领导；(6) 其他具有全国或地方行政管理权限、职能的行政机构的正职领导。

3. 行政首长负责制的特点

我国的行政首长负责制既不同于单纯的首长制，也不同于资本主义国家实行的一长制，它具有中国特色。我国的行政首长负责制既体现了党的政治领导，又反映了人民民主管理；既体现了首长制的优点，又反映了委员会制的优越性。主要有以下四个特点：

第一，我国的政府首长是在中国共产党领导的人民民主选举的基础上产生的。我国的国务院总理由党中央按法定程序予以推荐，国家主席提名，经全国人民代表大会的全体代表过半数通过决定,再由国家主席任命。其他中央政府组成人员均由党中央推荐,总理提名,由全国人民代表大会全体代表过半数通过决定,国家主席任命。我国的行政首长负责制对党负政治责任,对国家权力机关负执行责任,对司法机关负法律责任,对人民是公仆,而且要接受党、权力机关、司法机关和人民群众的监督。

第二,我国的行政首长负责制建立在合议制的基础上,体现了合议制的优点。首长虽然有最后决定权,但不是行政首长个人独裁制,它要求重大问题必须通过集体讨论来决定,并且这种集体讨论不是简单地采取少数服从多数的原则,而是行政首长根据大家的意见作出最后的决定。

第三,行政首长在他的任期内对他领导的行政机关法定权限内的工作绩效负有完全责任。我国行政首长负责制中的行政首长都是由法定的民主程序选举或决定产生的,行政首长对党负政治责任,对国家权力机关负执行责任,对司法机关负法律责任,对人民是公仆,而且要接受党、权力机关、司法机关和人民群众的监督。若行政首长违反人民的意志,或者工作任务未能实现或造成失误,行政首长要承担政治的、行政的、法律的或社会的责任,并受到相应的制裁,包括罢免其行政职务。

第四,集体领导和个人分工负责相结合。现代政府机关一般由若干成员组成领导班子,如我国中央政府的组成人员包括总理、副总理、国务委员和各部部长、各委员会主任、审计长和秘书长等。集体领导和个人分工负责相结合的制度,是我国正确处理行政领导班子内部各成员间关系的科学机制。重大问题经集体讨论,由行政首长根据大家的讨论,集中正确意见,作出最终决定,并迅速执行。全体领导成员根据各自的职责和任务,分工合作,各负其责。最高行政首长主持工作,负主要责任。

三、日常的具体行政领导制度

(一) 处理行政领导者与行政活动参与者关系的制度

这种制度是行政领导的民主原则最直接的要求和体现。行政领导者在这种制度安排中处于权力掌握者、政策决定者的地位,因此,他们应当主动加强与行政活动参与者的联系,想方设法收集群众的意见、建议,了解群众的愿望、要求,以求最广泛地征集行政活动的社会反应,从而获得最有力的社会心理支持,以保证行政活动的参与者以高昂的热情始终活跃于行政活动的过程之中。加强与群众联系的方法有很多,如接待日制度、对话制度、咨询制度、信访制度、通报制度、评议制度等。需要特别强调的是,这些具体制度必须有助于解决具体问题，是常设而不是临时应急性的，否则，只能取得暂时性的效果。

（二）上下级行政领导者之间的联系制度

要使行政活动有序、有效地开展，既需要各种客观条件，更需要各级行政领导者的有效配合。在上者，能够发出正确的行政指令或行政禁令；在下者，能够令行禁止。只有上下相互配合，共同支持，才能优化行政行为。而最有利于提高行政效果的上下级联系制度的原则是统一意志、统一指挥、统一步调、统一行动。

（三）协调行政领导班子内部关系的制度

行政领导班子内部关系的协调状况如何，对整个行政管理活动及其结果有很大影响。这种内部关系协调的制度包括以下三个方面：

（1）行政领导班子要有搞好行政管理的共识。

（2）行政领导班子应主要依靠公开的、合理的制度安排来协调内部关系。

（3）行政领导班子应以工作实绩和客观效率来衡量自身的行政工作效果、评估各自的工作绩效，并以此作为协调行政领导班子成员的客观准则。

第三节　行政领导的方法、方式和艺术

一、根本的行政领导方法

行政领导方法是指行政领导者在行政活动过程中，为实现行政领导目标而采取的各种手段、方法和程序的总和。根本的行政领导方法有：

（一）实事求是的方法

实事求是既是我们党的思想路线，也是我国行政领导的最基本的思想方法、工作方法。坚持和运用实事求是的方法，必须做到以下几点：

（1）一切从实际出发，反对主观主义。客观实际是行政领导者发现问题、分析问题、作出决策和制订计划的基本依据。只有真正认识客观事物的本来面目，才能从中引出正确的方针、政策、方法。

（2）发挥主观能动性。行政领导者必须勤于思索，对丰富的感性材料去粗取精、去伪存真，从中找出事物内部的规律性。

（3）坚持用实践检验和发展真理。通过实践检验，判定从"实事"出发求得的"是"，循着实践、认识、再实践、再认识的规律逐步提高、完善，在实践的基础上不断实现主观与客观的具体的、历史的统一。

(二) 群众路线的方法

一切为了群众,一切依靠群众,从群众中来,到群众中去的群众路线,是实现党的思想路线、政治路线、组织路线的根本工作路线。群众路线科学地解决了领导和群众的关系,是行政领导者的根本领导方法。坚持和运用这个方法,必须做到:

(1) 虚心向群众学习,有事和群众商量,把群众的智慧、经验和意见集中起来,从而实施正确的行政领导。

(2) 领导骨干与广大群众相结合。行政领导者任何时候都必须深入群众,依靠群众,善于发现、培养和使用领导骨干,并依靠他们团结中间群众,热情帮助少数后进群众。

(3) 一般号召与个别指导相结合。行政领导者必须善于宣传群众、组织群众,向群众指明奋斗目标。同时,进行蹲点试验,获取经验以指导全局。

美国著名领导学专家汤姆·彼得斯(Tom Peters)十分赞成走动式的领导方法。他认为:"砍掉办公椅,到基层去,到处走一走,并不是容易,这是一种艺术,而真正能够发挥这种艺术,无疑将有助于领导者的成功。"①

(三) 矛盾分析的方法

学会分析矛盾,养成分析矛盾的习惯,是做好行政领导工作的重要保证。矛盾分析的方法主要包括以下几方面:

(1) 要具体问题具体分析。具体问题具体分析是马克思主义活的灵魂。行政领导者必须坚持对事物的主要矛盾与矛盾的主要方面、矛盾的不同性质以及解决矛盾的不同方法进行具体分析,凡事从实际出发,因地、因时制宜,防止和反对"一刀切""一风吹""一个模式"等简单化的做法。

(2) 要全面地看问题,学会"弹钢琴"和抓关键。事物内部的各要素及事物之间,都处于相互关联、相互制约、相互作用的发展状态。行政领导者必须全面、系统和发展地思考问题,处理矛盾,防止和反对片面性。

(3) 要创造条件,做好矛盾的转化工作。行政领导者必须善于从各方面创造有利条件,使矛盾朝着正确的方向转化。

二、行政领导方式的含义和种类

(一) 行政领导方式的含义

行政领导方式是领导过程中领导者、被领导者及其作用对象相结合的形

---

① 〔美〕汤姆·彼得斯、罗伯特·沃特曼:《追求卓越》,胡玮珊译,中信出版社2009年版,第238—239页。

式，也被称为领导风格。如陈云同志所说："领导方式的中心问题是正确处理上下级关系。"①

(二) 几种主要的行政领导方式

1. 从行政领导工作的侧重点来分，可分为重人式、重事式和人事并重式

重人式领导方式强调以人为本、尊重下属的意见和人格，重视下属的感情和需要，注重激励措施的运用，致力于建立和谐的人际关系和宽松的工作环境，以人为中心进行行政领导活动。

重事式领导方式注重行政组织的目标、任务的完成和效率的提高，以事（即工作数量和质量）为中心进行行政领导活动。

人事并重式领导方式既关心人，又注重工作，做到关心人与关心事有机结合。关心人，可以调动人的积极性；关心工作，可以使每个人都有明确的责任和奋斗目标。

2. 按行政领导者作用于行政人员的方式分，可分为强制式、说服式（疏导式）、激励式、示范式四种

（1）强制式。为了能使本组织的意志统一、行动一致、效率提高，行政领导者需要发出行政指令来约束或引导行政人员的言行。而行政指令具有明显的强制色彩，必须有相应的制度、法律以及奖惩措施作为保障。这种领导方式效率较高，但下属的积极性不易发挥。这种方式若运用得好，可以使下属喜欢你而又"怕"你。它一般用于军事等特殊领域或紧急状态。

（2）说服式。强制总是有限度的，"向来只是转瞬即逝的成功因素"②，而且会引起下属的逆反心理。行政领导经常使用的行政领导方式应该是说服式的。说服又叫疏导教育方式，是指行政领导者通过劝告、诱导、启发、劝谕、商量、建议等说服教育工作，使被领导者心悦诚服地接受并贯彻自己的意图。美国学者罗伯特·塔克（Robert C. Tucker）在《政治领导论》一书中提出，强迫手段能带来的只是对命令的被动服从而已，只有当人民真正被说服了，认识到政策的正确性，他们才会积极主动地、全力以赴地支持。③

说服是一种艺术，要做到从只说不服到不说即服，并不是一件易事。说服要达到目的，有两个要求：一是要将自己的某些提议与看法同组织的目标联系起来，以表示即将采取的行动是正当的、理性的；二是要尽可能地把即将采取的行动同组织成员的个人利益联系起来。

（3）激励式。这是一种最直接服务于提高领导效能的领导方式。它是行政

---

① 《陈云文选》第 1 卷，人民出版社 1996 年版，第 221 页。
② 〔法〕托克维尔：《论美国的民主》（上卷），董果良译，商务印书馆 1988 年版，第 313 页。
③ 参见〔美〕罗伯特·塔克：《政治领导论》，丛郁等译，南京大学出版社 1988 年版，第 61 页。

小学教师的示范效应

领导者使用物质的或精神的手段激发下属的工作积极性,以实现领导意图、完成工作任务的推进型领导方式。这种方式有利于提高下属的工作积极性和工作效率。

(4)示范式。领导者自身的精神面貌、行为方式、工作作风、价值观念等,会对下属产生潜移默化的影响。因此,最有利于塑造良好领导形象的方式,莫过于身体力行,身先士卒。

3. 根据领导者的不同领导行为分,可分为专断式、放任式、参与式三种

(1)专断式,也称集权式,采用这一领导方式的领导者注重正式组织的结构、组织的规章制度,以及组织内正式的沟通程序。他以大权独揽的方式对下级进行领导,将决策权高度集中在自己手中,下属完全处于被动的地位。此外,他还避免同下级建立比较亲密的关系,下级通常对他敬而远之。这种领导方式的优点在于领导者行事效率较高,缺点在于下级通常被动地听从命令和指挥,主动性积极性不易发挥。可见这一领导方式更多接近于"head-ship",而不是真正意义上的"leadership"。

(2)放任式,也称分权式,采用这一领导方式的领导者通常不把持决策权,对下属采取自由放任的态度,这是一种富有弹性的领导方式。其优点是下级对上级的"满意程度"较高,但是容易导致实际工作中出现无人领导、混乱和无秩序状态,工作效率低下。

(3)参与式,也称民主式,采用这一领导方式的领导者既重视正式组织结构和规章制度的作用,又不完全大权独揽,总是设法使下级参与一些管理和决策,善于在决策过程中发挥下属的作用,有利于下级积极性的发挥。

三、行政领导艺术的含义和类型

(一)行政领导艺术的含义和特征

何为领导艺术?毛泽东曾经指出:"领导人员依照每一具体地区的历史条件和环境条件,统筹全局,正确地决定每一时期的工作重心和工作秩序,并把这种决定坚持地贯彻下去,务必得到一定的结果,这是一种领导艺术。"① "善于把党的政策变为群众的行动,善于使我们的每一个运动,每一个斗争,不但领导干部懂得,而且广大的群众都能懂得,都能掌握,这是一项马克思列宁主义的领导艺术。"② 钱学森、王寿云在《系统思想和系统工程》一文中指出:"领导艺术是一种离开数学领域的才能,它能从大量事物的复杂关系中

---

① 《毛泽东选集》第3卷,人民出版社1991年版,第901页。
② 《毛泽东选集》第4卷,人民出版社1991年版,第1319页。

判断出最重要最有决定意义的东西。"① 由此可见，领导艺术是领导者在复杂多变的各种环境和因素中善于抓住主要矛盾，推动各项工作发展的一种技巧；是善于动员群众、组织群众，有效地促进各项任务完成的一种手段；是领导者的科学知识、实践经验、聪明才智、创造才能、胆略气质等多种因素综合形成的一种高超的特殊领导方法。

行政领导艺术是行政领导者在其知识、经验、才能等因素的基础上，确立行政工作的方针、策略、方法的技能和技巧。行政领导艺术是行政领导者领导方法的个性化、艺术化，是领导者在工作中结合普遍经验和个体体会而形成的。行政领导艺术对行政绩效的影响是通过它本身所具有的超规范和非模式化途径达到的，是通过行政领导对偶发性的特殊情况的艺术化处理而获得的，是将个人经验与科学规则有机结合为领导方法而达成的。

行政领导艺术主要具有以下几个特点：

(1) 创造性。行政领导者在行政领导的实践中，当然需要有基本的领导原则和科学的方法为指导，但由于行政管理实践活动的丰富性和复杂性，许多矛盾的解决仅仅照套照搬这些原则和常规性的领导方法是不行的，需要行政领导者创造性地运用这些原则和方法，达到"运用之妙，存乎一心"的境界，以表现出高超的领导艺术。

(2) 非规范性。对于行政领导者来说，其工作大体可分为处理常规性事件和非常规性事件。非常规性事件往往是在特殊情况下出现的，这就难以按规范的方法和规定的程序去解决，而要依靠领导者的经验、才能、智慧，通过对问题的准确分析，采取非常规的特殊方法和特殊程序去解决，以达到解决问题的目的。能否恰当而正确地处理好这类非常规性问题，取决于领导者的领导艺术水平。

(3) 灵活性。行政领导艺术没有固定的模式，它生动活泼、随机应变。它必须依据主观和客观情势的种种变化，灵活巧妙地随之作出相应的变换或变通。对于不同的时间、地点和不断发展的行政现象，特别是那些突发问题或随机事件，行政领导者就要具体问题具体分析，审势而行，因机而变，主动灵活地运用行政领导理论的原理、原则和方法。当然，灵活性不是放弃原则的随意性，它是包含着原则性、以原则性为指导的灵活性。

(二) 领导艺术的类型

从范围影响上区分，有总体性、局部性、专业性的领导类型。把握好总

---

① 钱学森、王寿云：《系统思想和系统工程》，https://www.sohu.com/a/120634660_556637，2023年5月30日访问。

体性领导艺术,即善于洞察形势,抓住有利时机,利用良好机遇,是行政领导有效工作的基本要求。掌握好局部性的领导艺术,则可以在正确处理整体与局部关系的基础上,提高工作效率。专业性的领导艺术需要各级各类行政领导结合自己的工作实际加以把握和运用。

从领导事务的类别上区分,有权力运用的艺术、授权艺术、用人艺术、运时艺术、处事艺术、开会艺术等。下面分别论述。

四、几种主要的行政领导艺术

(一) 权力运用的艺术

1. 权力的双重性

英国著名哲学家伯特兰·罗素(Bertrand Russell)说过:"人类最大的、最主要的是权力欲和荣誉欲。"① 那么,权力的真正奥秘何在呢?就在于权力可以产生威力,权力可以带来威势。正因为如此,权力既可以发挥积极作用,维持组织稳定,推动组织发展,又可以破坏组织稳定,瓦解组织;既可以服务于人,为大家谋利益,又可以腐蚀人,给人带来灾难。可见权力具有很强的双重性。"行政管理的生命线就是权力。权力的获得、保持、增长、削弱和丧失是实践工作者和研究者所不能忽视的。忽视了这点,其后果几乎肯定就会是丧失现实性和导致失败。"② 美国学者丹尼斯·朗(Dennis H. Wrong)在论及权力的用途时也指出:"权力是最通用的手段,甚至比金钱还要通用,因为权力可以支配金钱……获得权力是防止被他人掠夺的最可靠的方法……权力声望是个人最有效的保险单。"③ 作为领导者,应当理智地认识到这一点,树立正确的权力观,同时也应当懂得权力运用的艺术,避免走入权力误区,为权力所伤。

2. 权力运用的一般原则

(1) 谨慎用权。诚然,领导者大权在握,但一定要谨慎使用,权力宁可备而不用,也不可滥用。谋私利、徇私情、意气用事、滥用职权,会损害领导者的形象,削弱领导者的威信,最终导致事业的失败。

(2) 注重贡献。领导者运用权力,希望树立威信,一定要掌握好权力发挥效用的最好时机,同时要善于使用影响力,做出自己的贡献。高明的领导者

施密特和张良

---

① 〔英〕伯特兰·罗素:《权力:一种新的社会分析》,吴友三译,商务印书馆1988年版,第2页。
② 〔美〕诺顿·E. 朗:《权力和行政管理》,见斯蒂尔曼:《公共行政学》(上册),李方等译,中国社会科学出版社1988年版,第211页。
③ 〔美〕丹尼斯·朗:《权力论》,陆震纶、郑明哲译,中国社会科学出版社2001年版,第262—263页。

是十分善于利用影响力进行工作的。

（3）讲求信用。领导者应具有广阔的心胸，言必信，行必果。可以说，领导者的信用是一种强大的无形力量，也是一种无形的财富。

（4）学会奖励和称赞下属。作为一个领导者，要意识到任何一个人都有优点和缺点，应当学会恰当地称赞和鼓励下属的进取心和创造精神，使下属意识到，如果能够服从领导的意愿并做出相应的贡献，就会受到奖励和称赞。无数事实证明，当一个人被称赞时，必定会心生感激而发奋图强的。

（5）以德服人。一个领导者能使人感念的往往不是威势，而是他的德行与恩泽。只会发号施令的领导者实际上并不会得到下级的认可，反而会扼杀下级的进取心和创造精神。身为领导者要不断地修养自己的道德，以德服人。

（6）注意权力分配。领导者的权力分配艺术，是融用权、用人等艺术于一体的艺术。可以说领导活动的成败，往往不在于领导人本身的才能高低，而在于他是否善于分配权力。因此，如果领导者善于发现人才，对其进行恰当的权力分配，使他们各司其职，各尽其责，就会成就事业。

（二）授权的艺术

1. 授权问题的提出

辩证唯物主义主要矛盾的原理告诉我们，任何事物在其发展的各个时期都存在着主要矛盾或主要环节，抓住了它就能解决其他矛盾，带动其他环节。列宁认为："……全部政治生活就是由一串无穷无尽的环节组成的一条无穷无尽的链条。政治家的全部艺术就在于找到并且牢牢抓住那个最不容易从手中被打掉的环节，那个当前最重要而且最能保障掌握它的人去掌握整个链条的环节。"[①] 由此，作为领导者，要抓紧抓好大事，不必事必躬亲，将小事琐事交给下属去做。

在我国行政管理的历史上，有许多忽视授权而导致的惨痛教训。诸葛亮被后人誉为智慧和聪明的化身，但他"政事无巨细，皆决于亮"，以致"寝不安席，食不甘味""夙夜忧叹"，终于积劳成疾，只活了54岁。连他的对手司马懿也曾预料道："食少事烦，其能久乎？"后人在推崇他"鞠躬尽瘁，死而后已"的忘我精神和运筹帷幄的超人才华之余，又对他事必躬亲的作风不胜惋惜。当代因不懂授权、不善授权或忽视授权而遭致失败者，也不乏其例。因此，领导者要懂得授权艺术，学会"弹钢琴"。

---

① 《列宁选集》第1卷，人民出版社2012年版，第441页。

2. 授权的含义

授权是参与管理的一种主要形式，由领导者授予下属一定的权力，使其在领导者的指导和监督下，自主地对本职范围内的工作进行决断和处理。它能在某种程度上满足下级的自我归属感，激发他们的工作热情和积极性，也可以使领导者的能力在无形中得到延伸。

3. 授权的类型

（1）刚性授权。即对所授权力、责任、完成任务的要求、时间等，均有明确规定与交代，被授权人必须严格遵守，不得逾越。对一些重大事项宜采用这种授权类型。

（2）柔性授权。指领导者不对被授权者作具体的工作指派，只指示一个大纲或轮廓，让被授权人有较大的自由开展工作。它宜用在事情复杂多变、领导者对情况不甚了解、被授权人又精明强干的任务上。

（3）惰性授权。即领导者将自己不愿处理的繁杂事务交由下属处理，其中包括领导者本人也不知道如何处理的事务。

（4）模糊授权。它与柔性授权有些相似，即领导者在必须达到的目标方向上有明确的要求，但被授权者在实现目标的手段方面有很大的发挥余地。

4. 授权的基本原则

（1）因事择人，视能授权。即将权力授予何人，必须有所选择和权衡。择人的标准必须是他的能力与任务相匹配。领导者只有在对被授权人的能力、性格及其影响力进行综合判断的基础上，才能使授权获得令人满意的效果。同时，注意培养被授权者的工作责任感，做到授而不疑，"授权就意味着信任"①。

（2）明确权责，适度授权。所谓明确权责，就是领导者必须向被授权者讲清所授予的权力大小和责任范围，讲清执行该任务要达到的具体目标。这样，他们才能在规定的范围内有充分的自主决策权和临时处理权。适度授权主要包括四个方面：授权不是将自己的权力全部授给某人，而是将有关事项适当分授予若干适合被授权的人；不能把同一权力授予两个人；授权不能超出范围授权，不属于自己权力范围内的事，不能授权；授权一般是一事一授，有关任务完成了就及时收回权力，处理好"放"与"收"的关系。

（3）授权留责，监督控制。即领导者下授权力，但不下授责任。这样，可以充分发挥被授权人的积极性，但行动的后果必须由领导者承担。领导者授

---

① 〔英〕罗恩·约翰逊、大卫·雷德蒙：《授权的艺术》，天津编译中心译，国际文化出版公司 2000 年版，第 4 页。

权留责并不意味着领导者处于一种被动的局面，领导者不能干涉被授权人的工作也不等于放任自流。领导者应对被授权人进行必要的监督控制，以避免出现偏离组织目标或权力滥用等问题。

（4）逐级授权。即授权时应按照组织的层级节制原则逐级进行，对其所属的直接下级授权，切不可越级授权。越级授权，会造成中间领导层工作上的被动，扼杀他们的负责精神，久而久之，会形成"中间板结"。

（5）防止反向授权。所谓反向授权，就是下属将本应自己解决的问题上交，使上级授权主体反又成为授权的客体。这属于授权的负面效应。[①] 因此，领导者在承担责任的同时，也要防止下级什么事情都往领导者头上推。这种反向授权已经违背了授权艺术的主旨，是组织结构不健全、授权艺术失败的必然结果。

（三）运时艺术

身为领导者，自然是日理万机，但时常会有这样的感受，感觉自己一天有许多事情还没有完成，常常会为自己的计划无法完成而懊恼不已，同时自责自己忘记了某些事情，虽不太重要，但终为憾事。

领导者要注意管理自己的时间，掌握运用时间的艺术。其基本原则是：（1）树立时间就是生命的观念，避免低效或无效。（2）按轻重缓急安排自己的工作。（3）善于授权，将自己的某些权力授予下属去做。（4）敏捷地阅读，掌握阅读的方法和技巧。（5）避免会议，开会时提高开会效率。

（四）开会的艺术

会议是各级领导者实施领导的一种重要方法，它是一种有组织有目的地把众人聚集起来一起商讨问题的社会活动方式。开会是一个组织必不可少的活动，"是一种领导方法，是必需的"[②]。通过会议，可以有效沟通信息、协调关系；可以统一意志；可以为领导者发现人才提供机会。但是开会要讲究艺术。

运用开会艺术要注意把握两个基本原则：第一是节约时间的原则，第二是效率原则。为此，要做好以下工作：（1）会前的准备工作。准备工作包括会议文件准备、思想意见准备、后勤方面的准备、会议通知等。（2）主持好会议。主持者要做到以下几点：一是抓住开会的重点，把握会议方向；二是掌握会议进程；三是营造一个自由发表意见的民主氛围；四是善于调节会议气

---

① See Robert B. Denhardt, *Public Administration*: *An Action Orientation*, Brooks/Cole Publishing Company, 1991, p. 369.

② 《邓小平文选》第 1 卷，人民出版社 1994 年版，第 145 页。

氛,特别是善于调和不同意见。(3) 取消不必要的会议,没有明确议题的会坚决不开;议题太多的会不开;没有充分准备的会不开;可开可不开的会不开;重复性的会不开;可以用其他方式代替的会不开;游山玩水的会不开;炫耀自己的会不开;时间过长的会不开;不请无关的人参加会议。

(五) 处事艺术

行政领导者有条不紊地办事是一种艺术。行政领导的工作包括决策、用人、指挥、协调、激励和监督等,但是不表示全部都应该由部门的最高行政领导者来完成,而应该分清主次先后、轻重缓急,分别授权给下属各级领导去做,让每一级领导者管理好本职范围内的事情。部门的最高行政领导应该只抓重中之重、急中之急,按照"例外原则"办事,即已经授权给下属去做的工作,领导者就要克制自己,不再随意插手,只需要管理那些没有授权的例外的非日常事务。领导者如果太看重自己的地位和作用,不分巨细,事必躬亲,结果不仅浪费自己的时间和精力,还会挫伤下属的积极性和责任感。

另外,行政领导处事时还应该当机立断。当机立断就是要抓住事情发展的关键时刻、最佳时期,作出正确的决定,该办能办的事情立即就办,不该办不能办的事情应该采取措施立即停办。领导者的处事艺术,就要讲求在纷繁复杂的行政事务中,特别在决断重大事情时,不能光凭老经验办事。要把理事与施权、授权、用人有机地结合起来,并随着客观情况变化而适时调整,要掌握敢于和善于打破平衡的理事技巧。总之,行政领导应该学会弹钢琴,在千头万绪中抓住中心工作,统筹兼顾,带动其他工作,协调平衡,不顾此失彼,只有这样才能保证工作顺利完成。

(六) 用人艺术

领导者只有依靠用人才能有效地促成组织目标的达成。领导者首先要建立"人人可用"的理念,不凭主观臆断将若干人排除在用人体系之外,唐太宗李世民所说的"智者取其谋,愚者取其力,勇者取其威,怯者取其慎"就是这个道理。邓小平同志也说:"善于发现人才,团结人才,使用人才,是领导者成熟的主要标志之一。"[①] 美国钢铁大王安德鲁·卡内基 (Andrew Carnegie) 在他的墓碑上镌刻着的墓志铭——"一个知道选用比自己更强的人来为他工作的人安息于此",揭示了领导者用人的所有奥秘。

作为领导者,一要有宽广的胸襟,不埋没人才,用人不求全责备;二是

[①] 《邓小平文选》第 3 卷,人民出版社 1993 年版,第 109 页。

要善于用人之长，使下属能充分发挥自己的优势和长处。此外，领导者用人还要坚持以下基本原则：

1. 注重激励，讲究宽容

用人者要有容才之量，能容纳则能招之、用之，不能容纳则流向他方，此处不容人，自有容人处。韩信因出身寒微不为项羽所容，就跑到刘邦那边。应该看到，领导者手下的人才超过自己的越多，越说明领导者会使用人、能容纳人。"能容"既反映了一个人的道德心理，而且也是一个人成就事业所必需的。领导者要成就一番事业，就必须要有容人之过、容人之长、容人之才、容人之能的气度，同时注意激励手段的运用。

案例分享

2. 用人不疑，疑人不用

这是用人的一条重要准则。宋代欧阳修在《为君难论上》一文中提出："夫用人之术，任之必专，信之必笃，然后能尽其材而可共成事。"强调的就是领导者在用人时不能三心二意，而应给予充分信任。

3. 用人如器，扬长避短

清代思想家魏源认为："不知人之短，不知人之长，不知人长中之短，不知人短中之长，则不可以用人。"[①] 人都有优点和缺点，在用人时必须坚持扬长避短的原则，用人所长，以便做到人尽其才，才尽其用。

4. 适时表扬鼓励

领导者应该适时对自己的下属进行表扬以激励下属更好地工作，但是表扬一定要适度，尤其是针对公开评判而言，这一点是极为重要的。

5. 于无声处听惊雷——批评到位

（1）先表扬，后批评。心理学研究表明，影响批评接受程度的主要障碍是人们担心批评会伤害自己的面子，损害自己的利益。为此，管理者如果能够在批评之前，先打消下属怕丢面子的顾虑，下属会更容易接受你的批评。而打消顾虑的比较好的方法就是先表扬，后批评，也就是在肯定下属成绩的基础上再对他进行适当的批评。

（2）让下属自己面对错误或失误。我们知道，最打动人的往往是自己感受到的，而不是别人告诉他的。特别是对于下属所犯的错误，可能很难用语言描述，此时最好的办法是让犯错误的下属直面错误，因为大多数人都有认识自身错误的能力。

（3）让下属保全面子。领导者如何在批评的过程中让下属保全面子，使其不受严重的心理伤害，是领导者进行批评时应该坚持的一个原则。因为严厉

---

① 参见魏源：《默觚·治篇七》。

的批评虽然可以显示领导者的威严，但却不一定能赢得下属的尊重。领导者对下属的伤害对于领导者来说是无关痛痒的，但对于下属来说却是难以忘记的。所以，领导者在批评的时候，要尽可能地保全下属的面子，使批评能够真正起到激励的作用。

（4）一句话批评。领导者不可滥用批评这一资源，更不可长时间地批评某人，否则很容易招致下属的反感。因此，领导学提出了"一句话批评"的规则。即领导者用非常精彩、到位且足够引发下属反省的一句话，达到对下属的约束功能。

第四节　行政领导者及其三重规定性

行政领导者是指在行政系统中有正式权威和正式职位，在行政活动中承担行政领导职能的集体或个人。没有正式权威和正式职位的领导者不能称为行政领导者，没有行使权力的合法性。行政领导者不仅包括政府的各级行政领导部门和职能部门的领导者，也包括政府各种其他部门的行政首长或负责人。他们是行政领导活动的发起者、指挥者、协调者和监督者，也是行政责任的承担者。

一、行政领导者的产生与特征

（一）行政领导者的产生

行政领导者作为逐渐从人群中分化出来的一种角色，是社会发展的客观结果。那么什么因素决定了一个人会成为优秀的行政领导者呢？从西方领导科学的研究来看，对这一问题的看法大致经历了三个阶段。

第一，伟人论阶段。其基本假设是领导者是天生的，领导者有其不可比拟的天赋和个人品质，如思维敏捷、能言善辩、英俊潇洒等。亚里士多德认为，领导者的特性是与生俱来的。类似的看法在中国也存在过很长一段时间，如相貌、出身、音质等均是一个人成为领导的先决条件。这一观点显然带有很强的传统主义和神秘主义色彩。

第二，行为论阶段。它主要研究领导者的哪些行为会有助于他进行有效的领导。行为理论认为，只有那些行为上表现为既关心生产（工作）又关心个人（下属）的领导者才是最有效的。换言之，那些天资绝顶的人不一定会成为领导者，真正决定一个人成为领导者的因素是他的行为。

第三，权变论阶段。这一理论认为，无论领导者的人格特质或行为风格如何，只有当领导者的个人特点与领导情景因素相"匹配"时，他才能成为一个优秀的领导者。这一观点在强调环境因素的同时，忽视了领导者本人所具有的某些素质。

(二) 行政领导者的特征

那么，行政领导者必须具有哪些特征呢？我们认为，至少有三种因素是不可忽视的。

第一，经过自身修炼而具有的气质，经过学习所建立起来的完整的知识结构，以及通过实践积累起来的经验，是决定一个人成为领导者的首要因素。即使对于那些天分很高的人来说，如果没有后天的学习和修炼，也不可能成为一个优秀的领导者。从这个角度来说，领导实际上是一门"修炼之学"。

第二，敢于承担责任和敢于开拓创新是一个人成为领导者的又一决定性因素。那些不敢承担责任和墨守成规的人注定成不了被人赞誉的领导者。从这个角度来说，领导又是一门"责任之学"。

第三，具有较强的组织和协调能力是一个人成为领导者的必要的条件。如何发动下属，如何鼓动和激励下属，如何有效地配置和组合资源，如何处理突发性事件，如何进行非程序化决策，决定了行政领导是有效组织下属以实现目标的一门艺术。从这个角度来说，领导是一门"艺术之学"。

二、行政领导者的产生方式

(一) 选任制

即由民主选举产生行政领导者的制度。这种选举方式分为直接选举、间接选举；等额选举、差额选举等。这是一种在古希腊、古罗马就曾经实行过的选拔人才的方式，一直沿革到今天，只不过时代不同，方式、方法及其本质都存在一定的差别。

一般来说，选任制能代表民意，充分发扬民主，选举的结果具有较大的权威性和公正性。因此比较适用于选拔各级领导职务的行政人员。选任制通常是定期举行的，且一般都有任期规定，因此有利于克服官僚主义和领导职务"终身制"的弊端。选举的程序一般是：提出候选人——确定正式候选人——投票——宣布选举结果。其缺点主要在于：选举人易注重局部利益和眼前利益；选举人有时会注重人际关系而忽视实际能力；由于选举人不熟悉被选举人的情况，选举具有盲目性。

(二) 委任制

委任制也称任命制，即由行政首长或主管部门经过考察了解，依法直接任命所需人员以某种领导职务的制度。委任制是一种历史悠久的官员选拔方式，在封建社会表现为"恩赐官职制"。

委任制适用于同行政首长紧密合作的行政人员和对行政首长直接负责的副职、助手、秘书等。其优点是：行政首长直接任命下属，有利于他们之间的亲密合作。其缺点是：易在客观上为行政首长任人唯亲提供可乘之机，也易形成行政人员只对首长负责而不对人民负责的不良风气。

（三）考任制

即通过公开考试，以考试成绩为依据，择优录用行政领导者的制度。考任制源于我国古代科举制，现已被世界各国采用。

考任制具有明确统一的评价标准，并遵循平等的竞争原则，因此它应用得最为广泛，也是一种富有生命力的任用形式。考试的方式很多，有笔试、口试、面试、模拟考试、心理测试、技术操作考试（会计、文员）等。考试的程序一般为：发布公告即宣传报考简章——公开报名——审查资格条件——考试——严格考核——公布合格者——任用行政人员。

实行考任制，可通过考试，将真正优秀的人才选拔到行政岗位上来，克服了封闭式的用人状况，拓宽了选拔人才的途径。但其缺点也很明显，就是对应试者的某些素质（如思想品德和政治素质）单凭考试难以衡量，因此还必须辅之以其他的方法。此外，实行考任制还要注意以下几点：(1)要把考任制中的考试与一般大、中专院校的入学考试区分开，考试范围要适当扩大，不仅要考书本知识，还要考查专业知识和实际工作能力。(2)考试要有法定的机关主持，公开进行。(3)最后选拔行政领导者要根据考试的实际结果而定。

考任制已成为当代许多国家最主要的行政人员任用方式。如美国90.3%的现任政府工作人员都是经过考试录用的，其中报考外交人员考试与录用的比例是50∶1，而录取人员经过训练还要淘汰一半，最终录取者只占报考人数的百分之一。这种严格的考任制度充分保证了被录用人员的素质。当前，世界各国在考试方法上已趋向科学化和专门化，以考试的科目、方法和种类为主要内容的考试本身已经成为一种专门技术。如在考试科目的设置上，英国重视传统和通才，因此考试科目涉及母语、古文或外语、数学、历史和地理、科学、政治与经济等，主要考核应考者的文化知识和一般能力。美国的考试科目以语文能力、数理能力、思维能力和行政裁量能力为主，同时还考历史等科目。日本的考试科目最广泛，包括政治、经济、法律、时事、历史、地理、哲学、文学、外语、语文、数理化知识等，技术官员还要进行专业知识考试、实验考试和著作发明审查，一般采用笔试和口试相结合的方法。笔试主要考察应试者的各种知识水平、理论水平、写作能力、阅读能力等，口试则主要考察应考者的语言表达能力、应变能力、解决实际问题的能力，以及性格、态度、气质等。

（四）聘任制

聘任制是指根据工作需要，通过签合同或发聘书的形式选用外部人员在一定的任期内担任行政领导职务的制度，适用于聘用社会上有名望的专家、学者或业务性较强的技术人员，一般担任非常设性行政领导职务或学术型行政领导职务。因为这些人一般拥有社会公认的成就，所以不需要经过考试的环节。

公务员聘任制代表了一种淡化职业化、强调专业化的发展趋向。其主要有三种考虑：一是与部分政府工作的阶段性与周期性相适应，增加政府部门对人力资源的弹性管理；二是增加公务员的危机感和责任感，激活公务员队伍；三是通过市场化的价格而不是普通公务员的福利待遇来吸引专业性较强的专门人才，如国际金融管理、信息技术管理、外经外贸管理等领域的专门人才。实行聘任制便于吸收外来人才，给本部门带来先进的管理经验、方法和手段，使本部门的领导层能及时更新，同时有利于人才的合理流动。其缺点也很明显，就是用人单位往往对被聘者的约束不够，易出现短期行为，同时容易忽视使用本部门人才的情况，产生"外来的和尚会念经"的错误用人观念。

以上几种任用方式各有其优点和不足。因此，在改革实践中，人们在此基础上取长补短，探索出几种新的"选才"方式。例如，把考任制与聘任制结合，形成了考聘任用方式；把考任制与委任制相结合，形成了考试委任方式；把考任制和选任制相结合，形成了考选任用方式；等等。2003年12月19日中央人才工作会议中进一步明确指出，要"完善选任制，改进委任制、规范考任制、推进聘任制。"

三、行政领导者的三重规定性

（一）行政领导者的职位

领导者作为一种社会角色有其基本的角色规定性，领导者角色的基本规定性有三点：领导者的职位、职权和职责。这三者成正比例关系。

1. 行政领导者职位的含义

行政领导者的职位是指国家权力机关或国家人事行政部门根据法律与行政规程，按规范化程序选择或任命行政领导者担任的职务和赋予其应履行的责任。职务和责任是构成行政领导者职位的两个不可或缺的要素。职位是一个领导者有效工作的首要条件,领导者只有担任了某一职务,才负有相应行政部门的工作指挥与统御权,该领导者就负有对该组织的领导责任。

2. 行政领导者职位的特点

(1) 职位是以"事"为中心确定下来的。这一特点决定行政人员,尤其是行政领导者必须围绕轻、重、缓、急程度不同的行政事务开展工作,以高效率、高效益和高效能为标准推动工作任务的完成。

(2) 职位的设置有一定的数量规定性。职位的设置要遵循最低数量的原则。因此,职位设置,一要避免因人设事,官职重复;二要避免职权划分不当,权限不明,交叉管理。

(3) 职位本身具有相对的稳定性。按法律规定的职位,既不能随意增设,也不能随意废除。一旦确立,就具有相对稳定性。

(4) 人与职位本身相分离,即领导者的实际担当人与形式构成性相分离,并且形式构成性具有优先性。某一职位上的领导者对职位本身不构成影响,如果领导者不足以担任这一职位,他就应当辞职,而不是废除领导职务本身。

(二) 行政领导者的职权

1. 行政领导者职权的含义

行政领导者的职权是指经由一定的正式程序所赋予的与某项职位相当的行政权力。行政领导者的职权是其行使指挥与统御过程的支配性影响的实质条件,如果一个领导者有职无权,那么再简单的工作任务也难以完成,只能心有余而力不足。但另一方面,如果一个领导者有权无职,那么即使他能够发挥一个领导者的作用,但却未能获得法律的认可或上级部门的授权,也会影响工作的正常开展。

职权对于行政领导者来说,既是他们的权利,又是他们的义务,职权是权利和义务的共同表现。

2. 职权的特点

(1) 职权是由职位派生出来的,职位的性质决定职权的性质。行政领导的职位有工作任务、指标、绩效的要求,职权和职位与个人因素无关。

(2) 职权与职位有对称关系。职权的大小与职位的高低、责任的轻重、任务的繁简均需适应。任意扩大职权,即为滥用权力;任意失职失权,即为渎职行为。

(3) 职权是法律认可与确证的权力。它一方面要约束行政领导者的思想和行为,另一方面又要确保这种权力的稳定性,使其不能以任何形式进行转让和买卖,搞"权钱交易"。任何行政领导者都应以最少的投入、最大的产出来保证自己行使权力的正当性、合理性与有效性。

3. 行政领导者的职权范围

行政职权是有限度的权力,是国家权力机关考虑到公共管理分工的不同而进行的功能性划分,并由国家权力和领导机构授予,被授予者需对权力有明确认识,从而掌好权、用好权。行政领导者的职权范围包括:

(1) 人事权,即对下级的任免与奖惩、对下级的授权等。

(2) 物权,即对各种物质资源的配置与使用权。

(3) 财权,即对行政活动所需的财政支持条件支配的权力。

(4) 组织权,即对其负责的行政组织的目标、实现途径等关键问题的决策权,对本组织各项活动的指挥、统御与协调的权力,对上下级组织建议的审查决定权。

(三) 行政领导者的责任

1. 行政领导者责任的含义

行政领导者责任是指行政领导者违反其法定的义务所引起的必须承担的法律后果。毛泽东把领导者的责任概括为"出主意、用干部两件事"。他说:"领导者的责任,归结起来,主要是出主意、用干部两件事。一切计划、决议、命令、指示等等,属于'出主意'一类。使一切主意都见之实行,必须团结干部,推动他们去做,属于'用干部'一类。"[①] 任何一个行政领导者担任一定的职位,同时也承担了由这个职位所连带的责任。作为领导者,责任是第一位的,权力是第二位的,权力是尽责的手段,责任才是行政领导的真正属性。列宁指出:"管理的基本原则是,一定的人对所管的一定的工作完全负责。"[②] 所以,领导者首先要对自己的本职工作负责,忠于自己的职责,否则就不是一个称职的行政领导者。

2. 行政领导者的责任的内容

(1) 政治责任,即领导责任,是指行政领导者依照权力机构或授权者的要求进行工作,在完成工作过程中所必须负有的保其成避其败的责任。

(2) 工作责任,即行政领导者自己的岗位责任,指的是领导者担任某一职务所应承担的义务,以及对成败的个人担当。

(3) 法律责任,指行政领导者担任某项职务,运用某种权力,而对法律所应作出的承诺。这种承诺,一方面是对法律予以行政领导的规定所做出的

---

① 《毛泽东选集》第 2 卷,人民出版社 1991 年版,第 527 页。
② 《列宁全集》第 50 卷,人民出版社 2017 年版,第 37 页。

回应，另一方面则是对工作的社会影响的一种负面规定所做出的反馈。也就是说，如果一个领导者只注重投入而不问产出，只美化动机而不重视效果，那么，法律就会对之惩戒。从这个意义上说，领导效率内嵌于领导者责任之中。

第五节 行政领导者的素质结构

一、行政领导者个人素质结构

领导者个人素质对领导工作十分重要，一般来说，领导者个人素质包括政治素质、知识素质、能力素质、心理素质和身体素质五个方面。

（一）政治素质

不同的历史时期不同的阶级对行政领导者的政治素质的要求不尽相同，但都要求忠于国家、忠于政府、忠于职守。我国特别强调行政领导者的政治素质，具体内容包括：

（1）要有坚定正确的政治方向，保证各项工作不偏离党的基本路线。这是领导干部"革命化"的基本要求。

（2）要有全心全意为人民服务的思想境界，为人民掌好权、用好权。在社会主义社会，各级行政领导者都是人民的公仆，要自觉地贯彻执行党的群众路线，倾听群众呼声，关心群众疾苦，尽心竭力地为群众排忧解难。

（3）要有廉洁奉公的政治道德，坚持高度的社会责任感和原则。行政领导者握有权力，行政领导者必须充分认识到自己的责任和义务，加强自身的修养，弘扬正气，抵制各种诱惑。

（二）知识素质

合理优化的知识结构，是行政领导干部必备的基本条件，也是提高行政领导水平的重要环节。现代行政领导者既要具有较宽的知识面，懂得和运用马克思主义基本理论、一般基础科学文化知识、社会主义市场经济理论知识、现代科学技术知识和法律知识，同时也要具有从事本职工作所必需的业务知识和现代领导与管理知识，成为掌握业务知识与领导知识的"双内行"，从而适应整个知识系统既高度分化又高度综合的发展趋势及其客观要求，做到博与专的统一。在国外，有些学者认为现代领导者的知识应该是长×宽。其中"长"指专长特长方面的知识；"宽"指与本职工作密切相关的宽广的社会科学和自然科学以及行政管理与行政领导方面的知识。还有些学者提出领导者素质结构的"二八律":即横向知识应占总量的80%,纵向知识则应占总量的20%。

(三)能力素质

能力是知识的发挥和运用。行政领导者的能力素质主要包括创新能力和综合能力。

1. 创新能力

行政领导者多从事非常规性的面向未来的工作,创新能力是最基本的能力素质要求。其基本内容包括:

(1)洞察力,即通过现象看本质的能力。这是一种敏锐、迅速、准确地抓住问题要害的直觉能力。领导者要有"洞若观火"的慧眼,敏锐地识别问题。勤于实践和思考,有助于锻炼这种能力。

(2)预见力,即超前地把握事态发展趋势的能力,它以对事物发展的正确认识和对现实性与可能性关系的辩证分析为基础。

木桶原理

(3)决断力,即形成解决问题的方案并迅速作出抉择的能力,决不可优柔寡断,瞻前顾后。

(4)推动力,即善于激励下级推动整个组织行动起来实现组织目标的能力。这种推动能力也是一种用人能力、协调能力、思想工作能力和交往能力,具体表现为领导者的感染力、吸引力、凝聚力、号召力、影响力及个人魅力。一个好的行政领导者,应该具有识才之能、爱才之德、护才之心、容才之度、用财之道、育才之法。

(5)应变力,即根据客观情况的变化,及时调整工作重点,改变工作策略,掌握工作主动权的能力。这是一种在事物发展的偶然性面前善于随机处置的快速反应能力,是创新能力的一个重要表现。

周恩来的应变力

2. 综合能力

综合能力是行政领导者的又一基本能力要素。因为领导工作是一种"统领各方"的工作。"各方"既包括各组织、机构、系统,各种利益和力量,也包括各种知识、信息、情况等。综合能力有以下一些内容:

(1)信息获取能力,即领导者应具备广泛获取信息并对其进行综合加工的能力。在"信息社会"中,信息占有量的多少,成为领导行为成败的决定性因素之一。领导者必须充分掌握有关信息,才能作出正确的决策。

(2)知识综合能力,即综合运用各学科的知识解决实际问题的能力。从科学发展来看,现代科学的一个重要发展趋势是学科的高度分化和高度综合。行政领导者不仅应掌握多学科的知识,而且要对各门学科的相互联系有所认识,这样才能管理好高度专业化的各种组织机构及其活动。

(3) 利益整合能力,即领导者应具有将分散的甚至是有冲突的利益要求整合为利益共识,并以此制定政策的能力。随着经济社会的发展,利益分化成为普遍趋势。行政领导者要把分散的甚至有冲突的利益要求整合为利益共识,并据此制定政策。

(4) 组织协调能力,即调动组织内的各种要素(人、财、物)实现组织目标的能力。领导者的重要工作是要保证系统内的各要素处于良好的配合状态,这就要求领导者具备一定的组织协调能力,它在本质上是一种将各种分散的积极性综合在一起的能力。

(5) 战略思维能力。战略思维能力就是要求领导者能够总揽全局、驾驭全局、争取全局工作的主动与胜利,这是做好一切领导工作的必备条件。行政领导者若整天忙于具体事务,忙于各种场面和应酬,不静下心来考虑一些全局、长远的问题,不善于把具体问题提高到原则性的高度去解决,是难以做好工作、难以担当历史重任的。

(四) 心理素质

从个体心理品质角度来看,心理素质主要包括气质、性格、意志等几个主要方面。因此,作为一个行政领导者,更应具备这些心理素质。具体表现为:

(1) 敢于决断的气质。任何决策都是有时效性要求的,在对客观事物充分调查的基础上,行政领导者应有勇敢果断地处置问题的热情与气魄。

(2) 竞争开放型的性格。竞争在某种意义上说就是奋力争先。领导者应有敢为天下先、善于争先的品格。领导者要与各种人打交道,要随时处理各种矛盾。这决定了行政领导者要有开放的心态,宽阔的胸襟,公道正派的作风,团结众人一起去不懈地竞争。

(3) 坚忍不拔的意志。开拓创新,难免遭受挫折、失败。只有具备不怕挫折与失败而百折不挠的毅力,才能经得起各种风浪的考验。因此,意志坚强是行政领导者必备的条件之一。

一个缺乏主见的人

(五) 身体素质

现代社会的行政领导者,面对的是庞大、复杂的管理系统,要承担艰巨的领导任务,要适应快速的工作节奏,这对行政领导者提出了更高的身体素质的要求。行政领导者不仅需要能连续坚持工作的体力,还要表现出充沛的精力和生命活力。领导者应是这样的人:"一群有决断能力的人才,在一次聚会中经过激烈的论战之后,人人都感到疲乏不堪,可是那个主要的组织者却若无其事,他又能赶到另一个同样严峻的会场中去,经受又一次激战的考验。"[1] 上述的话是基辛格(Henry A. Kissinger)对周恩来总理恰如其分的评价。邓小平同志也指出:"不管你的见解多么高明,如果没有精力,要做好工作是很困难的。"[2]

二、行政领导班子素质结构优化

组织发展到一定的规模,便要有一个由多人组成的领导机构来负担整个组织的领导任务,即通常所说的领导班子。作为领导,在选拔助手时,不仅要考虑每个人的能力,而且应按照群体优化组合的要求进行合理搭配,使自己身边形成一个"全才型"的领导群体,发挥其整体的功效。

一般来讲,领导班子结构是由年龄结构、知识结构、气质结构、智能结构和性别结构等五个方面组成的。

(一)菱形的年龄结构

最理想的年龄结构应该是菱形的,而不是平面的。从一般情况来看,老年人经验丰富,阅历深,稳重,善于处理复杂问题应付复杂局面,不足之处是趋于保守,精力体力不足。青年人朝气蓬勃,精力旺盛,创造力强,接受新事物快,其不足之处是易于急躁,情绪不稳定。中年人精力充沛,稳健,兼有老年人和青年人的长处,起着承前启后的作用,其不足之处是易于过分谨慎,而且大多面临着来自家庭和社会的压力。所以,一般来说,一个科学合理有效的领导集体中老、中、青人员的比例为1∶2∶1。或者说,中年领导成员数应占50%—60%,老年和青年领导成员数各占20%—25%为宜。这样,既有利于发挥整体效能,又能够避免同步老化。

(二)合理的知识结构

即做到知识互补,做到专才与通才的结合。英国著名作家乔治·萧伯纳(George Bernard Shaw)做过这样一个比喻:你有一个苹果,我有一个苹果,我们交换一下,结果每个人手中还是一个苹果。但如果你有一个观点,我也有一个观点,我们交流一下,结果我们每个人都有两种观点,这就是物质与知识在交换中的不同效用。知识贵在交流,知识在交流中增殖。鉴于此,配备行政领导班子应将具有不同知识背景和专业特长的人有机地结合,以形成既有较宽的知识面,又有精深专门知识的立体知识结构。

---

[1] 〔美〕亨利·基辛格:《白宫岁月:基辛格回忆录全集》,陈瑶华等译,世界知识出版社2003年版,第957页。

[2] 《邓小平文选》第2卷,人民出版社1994年版,第222页。

(三)协调的气质结构

所谓气质,是指个体对外界事物的一种惯性的心理反应,即人们通常所说的个性,如活泼、沉静、直爽、内向、外向等。行政领导集体气质结构如何,直接影响整个行政组织的工作作风和行政目标的实现。如果行政领导集体都由一种性格的人组成,即使工作态度无可挑剔,在整体上也难以形成高效能的领导集体。

(四)互补的智能结构

智能是运用知识的能力,即分析问题、处理问题的能力。一个合理的领导集体应该是领导成员各种不同能力的组合搭配、互补,使领导集体具有全面高效的领导能力。一个合理的领导集体中,既要有负有远见卓识、善于分析问题、有决断魄力的主要领导者,又要有足智多谋、深思熟虑、善于谋划的智囊人物;既要有善于识才、爱才、用才的领导人才,又要有兢兢业业、埋头苦干的实干家。只有这样,才能组成一个多功能、高效率的行政领导群体结构。

(五)适当的性别结构

即领导班子中男女性别成员比例适当匹配。因此,要适当提高女干部的比例。对此,原国务院副总理吴仪提出两点措施:一是向来由男性做的工作的一部分交由女性来做,二是想出适合于女性的新工作由她们来负责。

参考答案

> **思考题**
>
> 1. 简述行政领导在行政管理中的地位和作用。
> 2. 简述行政领导的权力。
> 3. 简述行政首长负责制的含义和特点。
> 4. 简述行政领导方法。
> 5. 简述行政领导艺术的含义和特点。
> 6. 如何理解权力的双重性?领导者运用权力要掌握哪些原则?
> 7. 简述授权的含义及其基本原则。
> 8. 行政领导者用人要坚持哪些基本原则?
> 9. 简述行政领导者的产生方式。
> 10. 简述行政领导者角色的三重规定性。
> 11. 简述行政领导者的个人素质结构。

讨论题

1. 联系实际，讨论分析领导和管理有哪些联系和区别。

2. 授权是一种很好的领导方式，有助于领导者分身有术、事半功倍。但实际领导过程中的授权行为却不经常发生。试分析阻碍领导者授权的障碍因素及克服途径。

3. 联系实际，讨论分析新时期领导权力腐败的特点与发展趋势。

推荐阅读文献

1. 仵凤清、胡阿芹等编著：《领导学：方法与艺术》，机械工业出版社2009年版。

2. 王惠岩主编：《政治学原理》（第二版），高等教育出版社2006年版。

3. 王乐夫编著：《领导学：理论、实践与方法》，中山大学出版社2002年版。

4. 赵桂香编著：《领导者心理咨询手册》，华文出版社2002年版。

5. 竺乾威主编：《公共行政学》，复旦大学出版社2000年版。

6. 朱立言主编：《行政领导学》，中国人民大学出版社2004年版。

7. 邱霈恩：《领导学》（第三版），中国人民大学出版社2011年版。

8. 〔美〕詹姆斯·麦格雷戈·伯恩斯：《领袖论》，刘李胜等译，中国社会科学出版社1996年版。

9. 〔美〕理查德·尼克松：《领导者》，尤勰等译，世界知识出版社1997年版。

10. 〔英〕罗恩·约翰逊、大卫·雷德蒙：《授权的艺术》，向萍等译，国际文化出版公司2000年版。

11. 〔美〕亨利·明茨伯格等：《领导》，思铭译，中国人民大学出版社2000年版。

12. 〔美〕罗伯特·H.罗森、保罗·B.布朗：《领导的艺术》，张国敬等译，国际文化出版公司2000年版。

13. 〔美〕艾瑞克·布朗：《领导的艺术：如何像世界上最伟大的高科技巨人一样思考》，吕亮译，机械工业出版社2001年版。

第六章　人事行政管理

> **导　读**
>
> 国家行政机关工作人员常被称为行政人员或政府工作人员，实行公务员制度后又被称为公务员，是行政管理的重要因素。对他们的管理就是人事行政，是国家行政管理的核心和关键。人事行政中的一个典型制度是公务员制度，它代表传统行政管理的重要价值。随着经济社会的发展，人的因素在行政管理工作中发挥着越来越重要的作用，传统公务员制度越来越多地被注入现代人力资源管理的理念和方法，推动公共行政管理的转型和变革。

第一节　人事行政和人事管理

人事行政是国家行政管理的核心和关键，是从组织上保证国家机器乃至整个社会生活得以正常运转的重要条件。得人用人治事是国家为政的首要任务，是政府行政管理最重要的环节之一。因此，当代各国政府极其重视人事行政的研究。"从广义上说，一切行政活动都是人事行政，因为行政所要研究的问题就是人的关系及行为"①。人事行政研究的不单纯是对人的管理问题，它还研究合理处理人与事的关系问题。

一、人事管理中的人和事

人事管理是指组织运用一定的手段和方法，有效地把人的因素和物的因素合理地组合在一起，从而发挥他们各自的作用，实现组织管理目标。人事管理学所讲的人事，包括人和事以及两者的联结，人和事是构成人事管理的

人力资源管理

---

① 转引自张德信、李兆光：《现代行政学》，红旗出版社1993年版，第195页。

两个基本要素。

（一）人事管理中的人

人事管理中的人是指在社会劳动过程中，以业缘关系为纽带联结起来的管理主体和管理客体的物质承担者。这就是说：（1）尚未社会化、不参与或不曾参与社会劳动过程的人不属于人事管理的对象，如野人、婴儿等。（2）只有以业缘关系为主要内容的管理关系才属于人事管理的范围，其他如血缘关系、亲缘关系、地缘关系等都属于非人事关系，不是人事管理的研究范围。（3）人事管理是一种组织活动，必须通过一定方式确定了管理关系才发生管理效力，形成管理过程，产生管理效果。

（二）人事管理中的事

"事"的含义非常广泛，包括事情、工作、职务、职位等。人事管理中的"事"主要是社会劳动过程的工作对象或任务，是指代表工作对象或任务的职位系列以及与此相关的职位分类、录用、职务任免升降、考核、奖惩、培训、交流、工资福利等事宜。

（三）人事管理研究把人和事联结起来的手段和方式

人事管理通过职位分类、录用、考核、奖惩、培训、交流、回避、职务任免升降、工资福利、退休等特定的手段和方式促使和保证人和事的最佳联结，促使人适其事，事得其人，人尽其才，事竟其功。

人事管理中的人和事以及人和事的结合方式是一个动态的历史过程，其内涵将随着生产力的发展和管理水平的提高而不断变化。

二、人事行政的含义

人事行政有广义和狭义之分。广义的人事行政是指国家人事行政机关依法对国家机关、企事业单位的人事工作所进行的综合性管理活动，即对各类行政人员、专业技术人员以及机构编制工作进行管理；而狭义的人事行政即公共人事行政的范围仅限于政府系统内部，指各级政府的人事部门通过一系列的法规、制度和措施对政府公务员所实施的管理活动，它包括对公务员的录用、考核、培训、交流、回避、工资、福利、保险等事项的管理。

可以从以下几个方面来理解人事行政的含义：

第一，人事行政的管理对象（范围）主要是行政机关的工作人员，不包括党的机关工作人员。

第二，人事行政的管理主体是国家人事机关。属于政府权限范围的人事立法、人事政策、人事安排和人事活动，必须由政府依法统一管理。在我国，国家人事机关主要是指国务院人力资源和社会保障部,以及各级地方政府中的厅、局、处、室。

第三,人事行政的管理原则以国家权力为后盾,以法律法规为依据。行政机构的设置、人员编制的确定、公务员的选拔、任用、考核、培训、职务升降、工资、福利、退休等均需依法办理。从这个意义上说,人事行政是一种法制化的管理。

三、人事行政和人事管理

我国的人事管理通常包括国家行政机关的人事管理和企事业单位的人事管理。前者称为人事行政,后者称为企事业单位人事管理。人事行政是以国家行政人员或公务员为主要对象的一系列管理理论、法规、制度、政策、措施的总和,是国家行政机关对其工作人员依法实施管理的一系列活动。它同企事业单位人事管理一样,需要遵循人事管理的基本规律和准则,但二者又各具特点。它们的主要区别有:

(一)管理对象(范围)不同

在我国,人事管理的管理对象是党政机关、社会团体的领导人员和工作人员、企事业单位的管理人员。而人事行政以国家公务员为主要管理对象,是一种特殊的人事管理工作,其范围小于人事管理。因此,有的学者将人事行政定义为:"人事行政就是国家行政机关的人事管理工作。"①

(二)管理权不同

人事行政代表国家行政机关对国家行政人员实施管理,其管理权来自国家行政机关的授予,是国家行政权的一个方面。而企业的人事管理权来源于企业资产的产权和经营权。这种产权和经营权视经济成分的不同而不同。两者管理权的区别具体表现为:

第一,人际关系不同。在国家行政管理系统中,公务员之间虽有上级和下级、领导和被领导的区别,但都具有国家公务员的平等身份。而在企业中,特别是私营企业、股份制企业、外资企业中,厂长、经理、董事长等领导层和工人之间除了存在上级和下级、领导与被领导的关系外,还存在雇主与雇员、老板与工人之间的关系,它们之间的权利和义务是不相同的。

第二,行为性质不同。人事行政中的录用、考核、奖惩、职务任免升降、辞退、退休、工资福利等均属于政府行为,而企业中的这些人事行为则是企

---

① 黄达强、刘怡昌:《行政学》,中国人民大学出版社1988年版,第271页。

业行为。

（三）法律规范不同

人事行政是法制化管理，国家制定并不断完善有关国家公务员的法规体系，为人事行政提供法律依据，人事行政必须依法管理。但企业单位在不违背国家有关法规的条件下，对本单位的人事行为有较大的自主权，可以根据本单位的具体情况制定相应的人事规定和采取较为灵活的人事措施，有些人事行为还带有领导者个人的风格和色彩。

（四）性质不同

企业人事管理以营利为主要宗旨，人事行为遵循市场规律；人事行政则以服务国家和社会大众为根本宗旨，而不以营利为目的。企业人事管理的目的是通过调动员工的积极性、提高其技能水平，使他们更好地完成工作任务，最终实现企业的利益和自身的发展，因此，带有明显的"经济人"性质。而人事行政带有明显的公益性，其目的是为社会提供更多更好的公共产品和公共服务，公共部门的公益性特点要求政府工作人员在其职业生涯发展过程中，必须秉持有公共精神，即为人民服务的精神，实现个人利益和集体利益的统一。

（五）履行的职能不同

人事行政要履行一系列的人事管理职能，但它主要偏重于组织、计划、指挥等一般的人事管理职能，而人事管理则偏重于录用、晋升、考核、工资等特殊的或技术性的人事管理职能。人事行政偏重于人事政策、人事制度等决策层次较高的问题，其细节的展开和具体操作则属于人事管理的内容。因此，可以说人事行政是高层次的人事管理。

人事行政的这些主要特点使它区别于一般的人事管理而成为一个相对独立的管理领域，形成相对独立的学科。

四、人事行政模式

人事行政的发展历史悠久，总的来说，人事行政主要有以下三种模式：

（一）以"恩赐官职制"为主要内容的人事行政模式

这种人事行政模式的主要特点是：专制统治者（国王和皇帝）集立法、司法、行政、军事大权于一身，掌握了所有官吏的生杀予夺大权。官吏之间存在着层级依附关系，官员依靠专制统治者的恩赐而取得官职，这种专制集权制度必然导致行政人员依附人格的出现。恩赐官职制（亦称封建委任制）的典型特征是宗法主义的世袭制，血缘关系是任职的重要条件之一。我国古代的世袭制虽然在各个朝代略有差异，但大都遵循嫡长子继承的原则。官制上沿袭嫡长子世袭制，也称作世卿制。

（二）以"政党分肥制"为主要内容的行政模式

1688年，英国资产阶级革命取得胜利后，确立了资产阶级君主立宪制，议会成了最高权力机关，资产阶级地位迅速提高。19世纪初，在议会制度进一步发展的同时，现代意义上的资产阶级两党制也得以产生。两党通过竞选轮流执政的政治制度也反映到人事行政上来。虽然大多数资本主义国家的法律都规定"人人皆有在政府中任职的平等权利"，但在实际的人事行政过程中，却盛行着"政党分肥制"（亦称"政党分赃制"），即在竞选中获胜的政党，可以在组织政府的过程中独占主要政府职位，凡是对竞选有功或与党派领袖有个人关系者，均可参与政府官员的"分赃"，获得一官半职。

政党分肥制

（三）以"功绩制"为主要内容的人事行政模式

现代"功绩制"也就是以"公开考试，择优录用"为基本手段的现代文官制度最早从英国开始实施。"功绩制"文官制度以政府职位向社会开放为特征，政府中的绝大多数官员均需经过公开竞争考试而得以择优录用。英国文官制度建立伊始，文官的晋升主要考虑年资，即随着工龄的增长一律升职加薪，结果导致冗员、效率低下等问题严重。此后，英国建立了重表现看才能的官员考核制度，这种"论功行赏"的晋升方式就是"功绩制"。其后，美国借鉴英国经验建立了文官制度，也比较重视考核，强调各级公职人员的任用、留任、加薪和晋级，均应以工作考核为依据。

五、人事行政在国家政权和行政管理中的地位

人事行政在国家政权建设和行政管理中居于核心地位，它对社会和经济发展具有巨大的推动作用，关系着国家的长治久安和事业的成败。主要表现为：

（一）人事行政是巩固国家政权的重要保障

人事行政居于国家政权建设的核心地位。任何统治阶级要维持其政治统治，除了依靠国家机器，通过专政的手段来维护本阶级的利益，还必须建立和完善适合本阶级统治需要的国家机器，同时还需要选用一批能贯彻统治阶级意志的、专门管理这些机构的人员。人事行政就是保证把忠于统治阶级利益和意志的贤能之人选任到国家行政机关，以确保国家机器的正常运转和国家职能的实现。无数的历史告诉我们，用人以治事是国家为政的首要任务，"为政之道，唯在得人"（《贞观政要·崇儒学》），"明政无大小，以得人为

中国古代的选官制度

本"(《后汉书·章帝纪》),"善为政者,务在择人而已"(《群书治要·体论》)等即为例证。

(二)人事行政是提高行政效率的关键步骤

提高行政效率,是政府一切管理行为追求的目标,现代国家政府都十分注重行政效率的研究,着力寻找提高行政效率的方法和途径,而人事行政的实质就是选人用人问题。从某种意义上说,人事行政就是对人才进行管理,其目的就在于培养人才、使用人才、开发人才、促进人才成长,即选好才、育好才、用好才。要使行政管理能有效运行,并实现各种行政职能,除了需要政治、经济、文化等方面的条件和保证外,还必须有人的条件和保证。因此毛泽东同志说:"政治路线确定之后,干部就是决定的因素。"[①] 这就需要公共人事行政围绕"因事择人、因人任用、事得其人、人尽其才"这一中心,实现行政管理中的人、财、物、信息等资源的最佳组合和充分利用,从而提高行政管理的效率。

(三)人事行政是加强人才队伍建设的重要途径

当今世界各国之间的竞争主要表现为综合国力的竞争,而综合国力竞争的实质就是人才的竞争。人才建设是当前我国现代化建设中亟须解决的大问题,从某种意义上说,公共人事行政的实质就是选人、用人的问题。具体来看,人事行政通过科学合理的考录制度发现人才,确保大批优秀人才进入公务员队伍;通过认真严格的考核制度评价人才,优化公务员结构;通过系统合理的培训制度培养人才,加强公务员队伍的建设;等等。与此同时,公共人事行政还通过国家宏观调控的方式,按照公开、平等、竞争、择优的原则对人力资源进行充分开发利用,以实现社会人力资源的优化配置。

第二节 职位分类和品位分类

科学的人事分类是现代人事管理的起点和基础。世界各国的人事分类制度大致有两种,即职位分类和品位分类。职位分类侧重于"因事择人",品位分类侧重于"因人设事"。因为职位分类较易明确人与事的主次关系和建立科学管理的程序及标准,所以以职位分类为核心的分类制度日益为许多国家接受和运用。

[①] 《毛泽东选集》第 2 卷,人民出版社 1991 年版,第 526 页。

一、职位分类

(一) 职位分类的含义与特点

职位分类是用职位形式规定工作任务与责任,利用科学分类方法按各种职位的工作性质、责任轻重、难易程度和所需资格条件等建立的职位体系,作为考试、录用、考核、培训、晋升等各项人事管理制度的基础和依据。

职位分类起源于美国。1908年,美国芝加哥市首先引入公务员职位分类,1923年,美国联邦政府颁布第一个《职位分类法》,以职位分类管理政府公务职位,并成立了人事分类委员会。职位分类制度以后逐步扩展到加拿大、日本等国家。职位分类的关键是"职位",按照美国人事管理局的解释,职位是"由主管当局指派一个人应完成的任务和责任的集合体","职位正像其是组织结构中的最小要素一样是基本的分类单位"①。日本的《职阶法》规定,职位"是分派于一职员之任务与职责"。在此意义上,可将职位理解为根据工作性质、工作内容设置的,具有一定任务、责任和相应任职条件要求的工作岗位。

职位分类通常具有下列特点:(1)职位是以"事"或以工作为中心确定的。职位分类以事设职,因事择人,视事给酬,使工作、报酬和资格条件三者之间形成一种正比例关系。(2)职位与"事"或工作相联系而与任职者相分离,其存在与任职者的去留无关。(3)职位的数量受"事"或实际工作任务的制约,因而是有限的。(4)职位增减分合的基本依据是其工作性质和工作内容的变化,或者说是依据工作的需要而变化。(5)由于"事"或实际工作的整体性、系统性,职位可按不同标准划分成一套完整的体系。(6)职位是人与事结合的中介,有多少职位就有多少工作人员,二者数量相等。

(二) 职位分类的工作步骤

职位分类是一项复杂而艰巨的工作,其主要工作步骤包括:

(1)职位调查。即采用访问、观察、填表等方法广泛收集现有职位的资料和数据,以此作为职位品律归级的依据。主要搜集两类信息:一类是职位本身的信息,包括工作任务和责任、完成工作的方式方法、完成工作的动机、适用的原材料、工具和设备、工作的原则、规律、程序、工作环境等;另一类是职位所需资格的信息,包括熟练完成工作所需的知识水平、技术和能力。一般把这些信息概括为"7W":who(何人)、what(何事)、why(为何)、when(何时)、where(何地)、how(何法)、whom(为何人)。

---

① 转引自彭和平编著:《公共行政学》,中国人民大学出版社2015年版,第197页。

(2) 职位归类。也称职位横向分类，即根据各种职位业务工作性质的异同在不同层次上由高到低划分出不同职门、职组和职系，并将业务工作性质相同或相似的职位归为同一职类。其中职门是将所有职位第一次分为几个大类的结果，职组是在每个职门下面进一步分为若干中类的结果，职系则是在每个职组下面再次分为若干小类的结果。

(3) 职位归级。也称职位纵向分类，即根据工作性质、难易程度、责任大小和所需资格条件等因素将各个职位进行排列（即职位排列），在此基础上将每个职系内的职位各自划分出若干职级，不同职系划分出的职级数量是不同的（即划分职级），最后在各职系划分职级的基础上，划分出适用于各个职系的统一职等（即职级列等）。职级即工作性质相同，工作的繁简难易程度、责任轻重、所需人员条件相似的职位群。同一职系内，工作性质相同的职位分属于不同的职级，其特点是工作性质相同而其他因素不同。职等是业务工作性质虽然不同，但业务工作的繁简、难易程度、责任轻重及所需人员资格条件相似的职级群（或职位群）。其特点是工作性质不同而其他因素相同，不同职系内的职级可以列入同一职等，便于不同职系之间的职位进行比较。

(4) 制定职位说明书或职位规范。以书面形式确定每个职位的职责和任职资格条件，其内容一般包括职位名称、职位编号、工作项目、工作描述、工作任务与职责、工作所需知识和能力、升迁范围、工作标准等。

(三) 职位分类的优缺点

美国行政学者怀特说："现今人事管理建立在两柱石之上，一为选贤举能，一为职位分类，两者缺一不可。"[①] 职位分类的主要优点在于：(1) 职位分类按职位要求择人，有利于建立科学的考试录用、考核、培训、工资、晋升制度，从而进行科学有效的人事管理。(2) 有利于获得职位的最佳人选和公务员专业化发展，提高行政效率。(3) 有利于预算管理和编制管理。(4) 有利于改进整体结构。

缺点在于：(1) 职位分类重事不重人，因此严格限制了每个职位的工作数量、质量、责任，严格规定了人员的升迁调转途径，不利于人才流动和全面发展。(2) 职位分类在考核方面过于注重量化指标，使人感到烦琐、死板、不易推行。(3) 在适用范围上，职位分类适用于专业性较强的工作和职位，对于高级行政职位、秘密性职位、临时性和通用性较强的职位不太适用。

---

① 转引自俞可平等：《政府创新的理论与实践》，浙江人民出版社2005年版，第217页。

二、品位分类

(一) 品位分类的含义及特点

品位分类是一种以行政人员的学历为主要依据并与现代文官制度相联系的一种分类方法,其特点是将行政人员划分为不同的等级,然后再进一步划分为不同的职务类别,而其划分等级的主要依据是个人学历、资历、官阶等。我国魏晋时期的"九品中正制"就是典型的品位分类制度。西方品位分类制度起源于英国,以英国、法国、德国为主要代表。1968年以前,英国的政府机构人员按照受教育的水平、工作能力和年资分为6个等级,即行政级、行政执行级、科学及专业技术级、办事级、文书级和勤杂级。

品位分类制度有以下特点:(1)职责划分简单。(2)建立的是以"人"为中心的分类体系,重视公务人员的个人资格条件,重人不重事,以官阶来激励行政人员。(3)强调公职人员的综合管理能力,品位分类注重公职人员具备的德才、贡献、能力水平、任职年限等通用的资格条件,强调的是"通才"而非特殊知识或技能。(4)官与职相分离,既可以有官无职、有职无官,也可以官大职小、官小职大。(5)"官随人走",即若没有重大过失,一个人可以在人事等级结构上只升不降,或不升不降,直至退休。

(二) 品位分类的优缺点

品位分类制度具有公开考试、择优录用、职务常任、功绩晋升、政治中立、依法管理等各种公务员制度的基本特征,其与职位分类的主要区别在于它不是以职位作为分类的唯一依据和基础,而是同时考虑学历等个人条件和职位划分问题,另一个主要区别是职等与职位相分离。其主要优点在于:(1)分类工作简便易行。(2)强调了公务员的受教育水平,有利于选拔高素质的优秀人才。(3)有利于公务员队伍的稳定。(4)公务员的职位调动不会影响其地位待遇,给公务员带来安全感。(5)注重公职人员的综合管理能力,实行"官随人走"的品位分类,有利于公职人员的正常流动。

其缺点包括:(1)分类不系统,不利于严格的科学管理和公务员的专业化发展,影响工作效率。(2)过分强调个人资格条件,导致轻视专业人才,从而限制了学历较低但能力较强者的晋升机会。(3)不利于实行按劳分配和同工同酬原则。(4)强调人在事先、因人设岗,因此形成的行政组织机构较为松散,容易造成机构臃肿、人浮于事的局面。

事实上,无论是职位分类还是品位分类都经历了一个比较漫长的演化过程,在演化过程中,原有的一些特点渐趋模糊,两者出现了相互借鉴、相互融合的发展趋势。如以美国、加拿大为代表的职位分类制度正在简化职位分类，加强个性化的职位管理。以英国为代表的品位分类在改革的过程中增加了更多的专业化发展内涵。英国文官队伍中，76%的文官在执行机构工作，24%的文官在内阁部的核心司局工作。在执行机构工作的公务员大多被划入执行类，在内阁部核心司工作的公务员大多被划入决策类。[①]

我国的职位分类制度是在吸收和借鉴职位分类和品位分类优点的基础上，根据我国的国情制定的具有中国特色的人事分类制度。在职位设置、职位调查、职位评价以及编制职位说明书等方面，主要采取职位分类的原则和方法；在列等归级方面则主要采取品位分类的原则和方法。

第三节　公务员和公务员制度

一、公务员和公务员制度的含义

（一）公务员的含义

公务员也称"政府雇员""文官"。各个国家对其基本含义和特定范围都有严格规定，例如，法国和日本几乎将所有公职人员都称为公务员，而英国文官则只限于中央政府系统中的事务官。总的来说，西方国家的公务员是指通过非选举程序（主要是通过竞争性考试）而被任命担任政府公职的国家工作人员。西方国家的公务员作为西方各国政治与行政系统中特定的一个群体，构成了在西方各国社会生活中占据着特殊的地位、发挥着特有的功能的社会团体。

我国自1993年10月1日起正式实行国家公务员制度。2005年4月27日，第十届全国人民代表大会常务委员会第十五次会议通过了《中华人民共和国公务员法》（以下简称《公务员法》），标志着我国公务员制度进入法制化阶段。在我国，公务员必须符合三个条件：一是依法履行公职。即从事公务活动的人员，不是为自己工作，也不是为某个私人的企业或者组织工作或者服务。二是纳入国家行政编制。三是由国家财政负担工资福利。即由国家为他们提供工资、退休和福利等保障。

（二）公务员的范围与分类

关于公务员的范围，世界各国由于政治体制和习惯不同，对公务员的范

[①] 参见顾平安：《政府发展论》，中国社会科学出版社2005年版，第200页。

围划分也都有所差异。大体有四类：一是英国及一些英联邦国家的文职人员或文官，是指中央政府机关中常务次官以下的工作人员，不包括首相、国务大臣、政务次官等由选举产生或政治任命的政务官员，也不包括法官和企业事业单位的文职人员以及军人。二是美国、加拿大等国的公务员，也称政府雇员，是指所有由政府雇用的文职人员，包括公共事业单位的人员和政府所经营的企业单位的管理人员，但不包括选举产生和政治任命的官员以及以官员个人名义雇用的人员。三是日本、韩国等国家的公务员，是指在国家行政机关、国会、法院等国家机关和企事业单位工作的所有人员。法国公务员分为国家公务员、地方公务员和医护公务员，范围非常宽泛。四是东欧部分国家在 20 世纪下半叶将领取国家工资的公职人员统称为"干部"或"国家工作人员"，其范围一般包括各级国家行政机关、立法机关和司法机关内的行政人员。

各国公务员都是一个庞大的职业群体，要有效地进行管理，首先必须进行分类。公务员分类涉及公务员的结构和制度框架，是实行管理科学化的基础。从世界范围看，根据分类的标准不同，公务员分类也有多种情况。按任用原则和政治要求分，可分为政务类公务员和业务类公务员；按任用主体和隶属关系分，可分为国家公务员和地方公务员；按国家机关性质分，可分为行政机关公务员、立法机关公务员和司法机关公务员；按任用方式分，可分为委任制公务员和聘任制公务员；按任期长短分，可分为常任制公务员和任期制公务员；按工作岗位的业务性质分，可分为不同职类或职系的公务员等。

一般而言，广义的公务员分类主要有两种：一种是管辖分类，如政务类与业务类公务员的划分、中央与地方公务员的划分、一般职公务员与特殊职公务员的划分等。另一种是非管辖分类，是指将业务类公务员职位按照一定标准进行横向和纵向划分，为人事管理提供科学的依据。从各国公务员分类制度的发展来看，后者主要有两种代表性分类制度：以英国为代表的品位分类制度和以美国为代表的职位分类制度。

(三) 公务员制度的含义

公务员制度是人事行政制度化管理较为完备的形式，体现了人事行政发展的一般趋势，它以"功绩制"为主要内容，通过制定法律和规章对公务员进行依法管理。正如美国学者盖伊·彼得斯（B. Guy Peters）所言："支撑传统公共行政的第四个基本假定，是指应该建立一个制度化的公务员制度，并把它当作一个法人团体来进行管理。"①

二、西方国家公务员制度概述

(一) 西方国家公务员制度的起源和发展

公务员制度是现代官僚制赖以存在的人事基础。现代公务员制度是与工业化大生产和市场经济发展要求相适应的人事行政制度，它源于中国古代的科举制度。它的确立和发展存在两种类型：一是英美类型，主要是在同恩赐官职制和政党分赃制的斗争过程中确立的；二是德、法、日等国，主要在原有的帝国官僚制和封建制的基础上演变而来。

就世界范围而言，现代意义上的国家公务员制度在英国首先确立。"光荣革命"之后，议会与国王分庭抗礼，议会设立了若干专门委员会，雇用专职人员管理政府事务，从此出现了一批为国家服务的职业管理人员，这是国家公务员即英国文官制度的萌芽。1700 年，议会通过了《吏治澄清法》，规定"凡接受皇家薪资及年金的官吏，除各部部长和委员外，均不得为议会的下议员"。尽管这一法令于 1705 年被废除，议行相对分离的精神却得以延续。随着两党政治的发展，议会控制权被政党交替掌握。每一次执政党的改变，都会造成文官的大规模更换，导致政策不稳定。为此，财政部于 1805 年设立常务次官，该制度也逐步推广到其他部门。19 世纪早期，英国许多政治性报刊开始经常撰文介绍中国录用官员的程序和方法，主张英国实行中国式的考试。1833 年，英国政府各部开始实行官职的考试补缺制度，迈出了人事制度改革的重大一步。1854 年，斯坦福·诺斯科特（Stanfford Northcote）爵士和查尔斯·屈威廉（Charles Trevelyan）爵士开始全面调查英国的政府人事制度，并提出了《关于建立英国常任文官制度的报告》，即《诺斯科特-屈威廉报告》。报告建议：第一，公共服务应由一批经过认真挑选的年轻人来执行，庇护制应予取消，代之以公开公平的竞争性考试制度，文官通过此途径择优录用；第二，确立公务员考试和管理的统一标准，建立统一的文官制度；第三，以工作成绩和勤奋程度作为擢升文官的依据；第四，将政府文官分为高级和低级两类，实行分途而治的原则。这些建议全面奠定了现代文官制度的基础，标志着以功绩制为基础的非人格化任命制度的登台。1855 年，英国政府颁布了《关于录用王国政府文官的枢密院令》，决定成立文官委员会，办理低级文官的考试录用工作。文官委员会是现代意义上第一个独立的、职能化的人事

---

① 〔美〕B. 盖伊·彼得斯：《政府未来的治理模式》，吴爱明等译，中国人民大学出版社 2001 年版，第 11 页。

行政机关。1870年，英国政府颁布第二个枢密院令，英国现代文官制度正式确立，标志着世界上第一个现代常任文官制度的建立。实施了公开考试、择优录用和业务官与政务官分途而治，业务官实行常任制的措施。1966年，英国威尔逊政府委托富尔顿委员会从事文官制度改革的全面调查，1968年，富尔顿委员会出具了包括158项具体建议的富尔顿报告，主张改变重通才、轻专才的传统。报告指出，英国以往的文官制度是建立在"通才"基础上的，缺乏现代管理知识和技能，建议成立文官学院，专门培训公务员。

19世纪70年代后期，美国开始逐步废除政党分肥制，实施公务员制度。1883年1月，美国国会通过了《调整与改革美国文官制度法》（即著名的《彭德尔顿法》），标志着美国公务员制度正式建立。《彭德尔顿法》取消了"政党分肥制"，确立了公务员制度的"功绩制"原则，它主张：第一，所有公务员个人求职者，不论其种族、肤色、宗教、性别、身份、年龄或身体缺陷，都应在人事使用的各个方面受到公平合理的对待。文职人员的任用必须向全体人员公布，进行公开的竞争性考试，选用成绩优秀者。任何一级职位都对符合报考条件的人开放。第二，凡通过文官考试录用的官员，不得因政党关系等政治原因被革除职务。文官职员在政治上必须保持"中立"态度，禁止参加竞选等政治活动，禁止收受金钱。第三，公务员的评价着重于实际的工作能力和贡献，公务员管理机构对文职官员进行定期考查。第四，实行政务官和业务官的分途而治。1978年10月，卡特政府通过了著名的《文官制度改革法》，第一次以法律的形式确立了联邦政府人事管理制度应遵循的九条功绩制原则。

日本人事院劝告制度

与英美公务员制度的渐进发展方式不同，德国、法国和日本直接由国家颁布法律，确立公务员制度。1946年，法国颁布统一的公务员法，开始实施公务员制度。1947年，日本通过《国家公务员法》，开始实施国家公务员制度。1949年，联邦德国制定和通过《德意志联邦共和国基本法》，对官吏制度进行一系列改革，确立"考试用人""机会均等"等原则。1950年又颁布《德意志联邦共和国公务员法》，制定相应的公务员管理文件，形成了一套比较完善的现代公务员制度。

（二）西方公务员制度的共同特点

西方国家的公务员制度被称为"历史上最伟大的公务革新之一"[①]，它不仅推动了资产阶级民主化的进程，而且能够保持政府行政工作的连续性、稳定性，优化政府公职人员的素质，提高行政工作效率。西方公务员制度脱胎

---

① 中国英国史研究会：《英国史论文集》，生活·读书·新知三联书店1982年版，第220页。

于个人赡徇制与政党分肥制。其共同特点包括：

（1）建立了科学的分类管理制度。分类管理是公务员各个环节管理的依据和基础。西方各国为了进行科学管理，都对公务员进行了人事分类，要么实行职位分类，要么实行品位分类。但实际上，每个国家的公务员也并不完全按照一种形式进行分类，而是以一种分类形式为主，同时兼顾另一种分类形式的优点。

（2）确立了以能力和业绩取向为本的功绩制原则。功绩制坚持将官职向全社会开放，从社会中公开选拔优秀人才，任人唯贤。建立了优胜劣汰的竞争机制，为有成就的公务员开放成长发展的道路，从而使得公务员制度富有竞争性和活力。

（3）坚持"政治中立"原则。这一原则是西方公务员制度的核心理念，在政府工作的事务类公务员，在执行公务的过程中不受利益团体的影响，不介入派系或政治纷争，不参加党派竞选，不参与政治活动，专心执行本职工作，不得以党派偏见影响决策，保证公务员以客观公正的、不偏不倚的态度处理行政事务和保持政府工作的稳定性。

（4）政务官和事务官分途而治。政务官通过竞选获胜的执政党组阁而获得政治任命，主要包括政府首脑和政府各部门的行政首长，而事务官则通过公开考试，择优录用，选入公职系统；政务官实行任期制，而事务官实行常任制，一般通过正常退休离开公职系统；政务官与执政党共进退，而事务官则不受党派轮流坐庄的影响，并采取功绩制的晋升原则；政务官主要由国家有关的政治制度（如选举制度）来管理，而事务官主要由公务员制度来管理。此外，事务类公务员还有自己的工会组织，具有相对的独立性。实践证明，公务员职务常任有利于政局的稳定和行政管理的连续性，有利于政府工作效率的提高和行政管理专家队伍的成长。

（5）公开考试，择优录用。事务类公务员都需要通过社会公开招考录用按考试成绩由高到低的顺序排列，择优录用，排除过去"政党分肥"以党派倾向作为录用依据的弊端，保证录用的公正，克服用人中的不正之风。

三、西方国家公务员的管理机构

公务员的管理机构是实施和维护公务员管理制度的组织形式。各国的公务员管理体制各不相同。一般而言，可以根据人事机构与行政系统的关系将西方国家的公务员人事管理体制分为部内制、部外制和折衷制三种类型。

（一）部内制

部内制又称德法制，以法国、德国、瑞士等国家为代表。其特征是政府在行政系统内设立负责宏观管理的人事行政机构,各行政部门自行负责各项人事管理权。部内制的优点在于:(1)人事行政机构设在行政系统内部,其人事行政对策多能符合时需、切中时弊;(2)人事与行政合为一体,实现事权统一,"职权无冲突,工作免重复",因而人事行政工作效率较高;(3)工作程序简单,无须往返推移商榷,因而工作节奏较快,决策时间较短。其缺点在于:(1)这种组织体制下的机构会因人力、财力不足而只能例行公事,事实上无法进行变革与发展的研究,更无力主持系统的变革过程;(2)行政首长时常凭借其职权和影响干预具体的人事行政活动,妨碍客观、公正、平等、竞争地选拔人才;(3)各机关维护自身的习惯和制度,政出多门,容易破坏机关人事管理的统一性和管理经济的原则。

(二)部外制

部外制又称独立制,其特征是在国家行政系统之外,设立独立的人事行政机构(如美国的文官委员会、日本的人事院),全权掌握各种人事管理大权。部外制的优点在于:(1)独立行使职权,因而立场超然、态度公正,容易防止和避免政党斗争的影响;(2)由于综合掌握全部人事行政事项,所以能够对人事行政事项作详细考虑和长期规划,避免零打碎敲,顾此失彼;(3)实行公开竞争的考试方式,有助于反对和克服政府内部的派系之争、门户之见,同时有利于招收专门人才。其缺点在于:(1)由于与立法、行政机关合作欠佳而可能受到牵制,致使无法充分发挥其应有的功能;(2)独立于行政部门之外,对实际的人事行政的情况和需要缺乏深入、细致的了解,因而导致人事决策失误;(3)硬性分出人事行政的某些职权,客观上削弱了行政首长的领导地位和人事监督权,破坏了行政责任的完整性。

部外制以美国、日本为代表。美国的联邦官员管理机构包括:人事管理总署、功绩制保护委员会和联邦劳工关系局。人事管理总署是联邦政府管理行政人员的中心机构,直接对总统负责,主要职责是制定有关行政人员的管理政策并制订和实施人事计划,办理联邦行政人员的任用、考核、培训、晋升、退休等事务,其主要功能是决策和管理。功绩制保护委员会是向总统和国会报告行政人员工作的独立机构,主要任务是受理政府各部门和行政人员的诉讼,审查有关行政人员的规章制度是否符合法律和功绩制原则,并有权作出裁决,其主要功能在于监督和仲裁。联邦劳工关系局的职责主要是负责联邦集体谈判法的执行,解决雇员同政府的争议,其主要功能表现为协调和咨询。日本的人事主管机构是人事院,相对独立,其职责除制定并执行相关政策外,还兼负监督和仲裁的职责。

（三）折衷制

折衷制又称混合制或英国制，其特征是将中央人事权一分为二，于国家行政系统之外设置独立、超然的全国文官委员会，专管文官资格的审定权和考试录用权，其他人事行政事务则划归内阁首相兼任首长的文官部，并在各行政机关设立人事分处，负责公务员任职以后的各项管理工作。折衷制的优点在于：(1) 考试权独立行使，避免党派之争，杜绝长官意志，实现公平合理与唯才是举的功绩制原则，保障"法律面前人人平等"的法治精神；(2) 人事机关行使除考试以外的人事行政权限，有利于配合行政机关的实际需要，与政府行政管理的整体进程相一致，并保持行政责任的完整性，加强行政首长的职权地位，实现行政管理过程的一体化领导。

四、我国公务员制度的主要特点

（一）有别于西方公务员制度的特点

1. 坚持党的基本路线和党管干部的原则

坚持党的基本路线是我国国家公务员制度的根本指导原则。国家公务员必须执行党的路线、方针和政策，其中的共产党员必须参加党的组织生活，执行党的决议，遵守党的纪律，发挥党员的模范带头作用。西方国家公务员制度则强调"政治中立"，要求公务员不得以公务员身份参加党派活动，在公务活动中不得带有党派的政治倾向性等。

《中华人民共和国公务员法》总则

我国的公务员制度是党的干部制度的一个组成部分，各项具体管理制度是按党的干部路线、方针、政策制定的。各级政府组成人员由各级党委管理，他们的任免由党委组织部门考查，党委讨论决定，依法由各级人大及其常委会选举任命产生或由政府任命。西方国家公务员制度则强调公务员管理是独立于党派之外的管理系统，不受政党干预，政党不得直接管理公务员。

2. 坚持为人民服务的宗旨

我国公务员要"忠于人民，全心全意为人民服务"，要廉洁奉公，作风正派，不贪污受贿，不谋私利，并接受群众监督。而西方公务员则是一个单独的利益集团，他们同政府的关系是雇员与雇主的关系，公务员工会为了公务员的利益经常同政府谈判，甚至形成对抗关系，要挟和架空政务官。

国家公务员的义务

3. 坚持德才兼备的用人标准

在用人标准上，我国强调德才兼备。"德"主要是指干部的政治思想、道德品质等。"才"主要是指干部的工作能力和业务水平。选拔和任用干部要注意德才兼备，做到"革命化、年轻化、知识化、专业化"，坚持任人唯贤，反

德才兼备

对任人唯亲。具体来说，对新进行政机关担任主任科员以下非领导职务的国家公务员的录用，实行公开考试，严格考核，择优录用，并把考核政治思想和道德品质的结果作为是否录用的重要条件；在职务晋升上，坚持德才兼备的标准，注重贯彻执行党的基本路线的表现和工作实绩；在考核时，强调对国家公务员的德、能、勤、绩进行全面考核，重点考核工作实绩。而西方国家公务员在用人标准上，只强调"专才"或"通才"。

4. 坚持公开、平等、竞争、择优的原则

公开、平等、竞争、择优是相互联系的、统一的管理过程。公开是将必须和能够公开的人事决定按照法定的原则和程序向社会及公众公开，使尽可能多的人获得知情权、参与权和监督权，增加人事工作的透明度，使公务员制度健康发展。平等是指被考核者人人平等，不因性别、种族、出身、居住地、政治立场、宗教信仰、婚姻状况等的不同而受到歧视，也不因拥有或缺乏某种特权而受到偏袒。坚持公平、平等就能促进和保证人才竞争的健康发展。而人才在思想道德、文化知识、专门技能、创新能力等方面的差别性在竞争、比较中显现，这就为择优提供了客观根据和现实可能。所以，公开、平等是竞争、择优的前提，而择优则是公开、平等条件下通过竞争而达到的目标和结果，是整个人事管理过程的出发点和归宿点。

5. 我国国家公务员不存在"政务官"与"事务官"的划分

我国不搞多党制和所谓"政治中立"，要求所有国家公务员在政治上都与党中央保持高度一致，因此，我国公务员没有政务官与事务官的区分。而西方公务员制度则实行"两官分途"，政务官和事务官是相互分离的两个体系。同时，强调政务官"政治化"，事务官"职业化"。

(二) 有别于传统人事制度的特点

《中华人民共和国公务员法》（以下简称《公务员法》）是我国公务员制度的总法规，对公务员进入政府机关、从事行政管理工作以及退出政府机关的各个管理环节都作了明确规定。与原来的干部人事制度相比，具有以下六个特点：

1. 体现了分类管理的特点

实行公务员制度是我国干部队伍分类管理的结果，《公务员法》又对公务员进行分类，将公务员分为领导职务系列与非领导职务系列两部分，综合管理类、专业技术类和行政执法类三个类别，选任制、委任制和聘任制三种不同的任用方式，同时又实行统一的领导。所有公务员不管职务高低，在哪个部门工作，其工作性质都一样，都是人民公仆，必须全心全意为人民服务，

传统的干部管理

对人民负责，接受人民的监督；所有公务员都是国家干部队伍的组成部分，都必须接受党的领导，按党制定的干部管理原则和方法接受管理；各类公务员间可以通过调任和转任等方式实现有序流动。

2. 具有合理的能力（智力）开发机制

我国国家公务员制度的重要目标是造就和培养一支优化、廉洁、精干、高效的国家公务员队伍，为全面建设小康社会，加快推进社会主义现代化提供重要的人力保证。这就决定了它必须具有强大的智力开发机制。国家公务员是社会各类人才中素质较高、能量较大的一个群体，其能否执政为民、依法行政，关系着党和政府的形象和威望。我国的公务员智力开发机制坚持干部队伍"四化"方针和德才兼备原则，按照廉洁、勤政、务实、高效的要求，重点加强公务员队伍的作风建设和能力建设。

3. 具有科学的激励竞争机制

在公务员"进口"上，国家公务员制度改革了过去那种"统分统配"、凭组织或个人介绍进机关的做法，实行了公开考试、严格考察、平等竞争、择优录用的办法。公务员的晋升需要听取群众意见，经过严格考核，特别强调工作实绩，这样，就能保证按照德才兼备的标准选拔优秀人才。

4. 具有正常的新陈代谢机制

国家公务员制度在健全退休制度的同时，增加了"出口"渠道。如对部分职务实行聘任制；对不同职务规定最高任职年龄后，如果不能继续晋升的，可以改任非领导职务，或者到企事业单位去工作；对年度考核连续两年不称职的，给予辞退；公务员可以按照法定年龄辞职；实行各种形式的交流制度等。这些措施和办法，有利于公务员能上能下、能进能出，增强了行政机关的生机和活力。

5. 具有勤政廉政的保障机制

《公务员法》在公务员的义务、权利、录用、考核、奖励、纪律、职务任免升降以及回避、交流等方面突出勤政廉政的要求，把反腐败寓于公务员各个管理环节之中，使反腐败斗争获得法律和制度上的保障。

6. 具有健全的法律法规体系

我国国家公务员制度除了有《公务员法》这一总法规外，还有各个单项法规及其实施细则，这就形成了一套健全的法规体系，使国家公务员的管理有法可依，这样就能有效地提升我国公务员管理的规范化、法制化水平。

五、我国公务员的管理制度

《公务员法》共十八章一百一十三条，它们构成了我国公务员制度的主要内容，具体可分为三个管理环节：

（一）"入口"环节

"入口"环节主要包括以下三种制度：

1. 职位分类制度

公务员的职务、职级与级别

职位分类制度主要有两方面：一是划分职位类别，二是职位设置。职务与级别设置，一般也可归入职位分类制度的范畴。《公务员法》规定，职位类别按照公务员职位的性质、特点和管理需要，划分为综合管理、专业技术和行政执法等类别。

（1）综合管理类职位，指履行综合管理以及内部管理等职责的职位，即从事规划、咨询、决策、组织、指挥、协调、监督和机关内部管理工作的职位。

（2）专业技术类职位，是指那些从事专业技术工作，履行专业技术职责，为实施公共管理提供专业技术支持和技术手段保障的职位，如公安部门的法医鉴定、外交部门的高级翻译等。

（3）行政执法类职位，指直接履行监管、处罚、稽查等现场执法职责的职位，主要集中于公安、税务、工商、质检、环保、食品药品监督管理等政府部门的基层单位。

我国实行公务员职务与职级并行制度，根据公务员职位类别和职责设置公务员领导职务、职级序列。领导职务层次分为：国家级正职、国家级副职、省部级正职、省部级副职、厅局级正职、厅局级副职、县处级正职、县处级副职、乡科级正职、乡科级副职。公务员的级别根据所任领导职务、职级及其德才表现、工作实绩和资历确定。公务员在同一领导职务、职级上，可以按照国家规定晋升级别。公务员的领导职务、职级与级别是确定公务员工资以及其他待遇的依据。

2. 录用制度

公务员的录用

公务员录用指国家有关机关按标准，通过法定方法和程序，从社会录用担任主任科员以下及其他相当职务层次的非领导职务公务员，并与其建立公务员权利和义务关系的行为。公务员录用采取公开考试，严格考察、平等竞争、择优录取的办法。公务员应当具备下列条件：具有中华人民共和国国籍；年满18周岁；拥护中华人民共和国宪法，拥护中国共产党领导和社会主义制度；具有良好的政治素质和道德品行；有正常履行职责的身体条件和心理素质；具有符合职位要求的文化程度和工作能力；法律规定的其他条件。因犯罪受过刑事处罚的；被开除中国共产党党籍的；被开除公职的；被依法列为失信联合惩戒对象的；有法律规定不得录用为公务员的其他情形的人员不得录用为公务员。

录用制度是人事行政制度的核心内容。公务员的录用是指机关按照有关法律和法规的规定,遵循一定的标准和程序,通过考试、考核或其他办法,吸收符合条件的人员为公务员的一种人事制度。录用公务员,应当发布招考公告。招考公告应当载明招考的职位、名额、报考资格条件、报考需要提交的申请材料以及其他报考须知事项。报名后由招录机关根据报考资格条件对报考申请进行审查。报考者提交的申请材料应当真实、准确。新录用的公务员试用期为一年。试用期满合格的,予以任职;不合格的,取消录用。

3. 聘任制度

聘任制度是行政机关通过合同选拔、任用公务员的一种人事管理制度。聘任制产生的公务员又称聘用合同制公务员。《公务员法》第100条规定:"机关根据工作需要,经省级以上公务员主管部门批准,可以对专业性较强的职位和辅助性职位实行聘任制。前款所列职位涉及国家秘密的,不实行聘任制。"《公务员法》第101条规定:"机关聘任公务员可以参照公务员考试录用的程序进行公开招聘,也可以从符合条件的人员中直接选聘。机关聘任公务员应当在规定的编制限额和工资经费限额内进行。"《公务员法》第102条规定:"机关聘任公务员,应当按照平等自愿、协商一致的原则,签订书面的聘任合同,确定机关与所聘公务员双方的权利、义务。聘任合同经双方协商一致可以变更或者解除。聘任合同的签订、变更或者解除,应当报同级公务员主管部门备案。"《公务员法》第103条规定:"聘任合同应当具备合同期限、职位及其职责要求,工资、福利、保险待遇,违约责任等条款。聘任合同期限为一年至五年。聘任合同可以约定试用期,试用期为一个月至十二个月。聘任制公务员实行协议工资制,具体办法由中央公务员主管部门规定。"

(二)"内部管理"环节

"内部管理"环节主要包括以下几种制度:

1. 考核制度

考核是指根据一定的原则和标准,对公务员各方面的表现进行考察和评价。也称为"考绩"或"工作评价"。公务员的考核应当按照管理权限,全面考核公务员的德、能、勤、绩、廉,重点考核政治素质和工作实绩。考核指标根据不同职位类别、不同层级机关分别设置。德,包括政治品德、职业道德、社会公德和个人品德;能,指业务知识和工作能力;勤,指事业心、工作态度、工作作风和勤奋精神;绩,指工作实绩;廉,指廉洁自律的情况。

公务员的考核分为平时考核、专项考核和定期考核等方式。定期考核以

公务员的考核

平时考核、专项考核为基础。非领导成员公务员的定期考核采取年度考核的方式。先由个人按照职位职责和有关要求进行总结，主管领导在听取群众意见后，提出考核等次建议，由本机关负责人或者授权的考核委员会确定考核等次。领导成员的考核由主管机关按照有关规定办理。定期考核的结果分为优秀、称职、基本称职和不称职四个等次。定期考核的结果应当以书面形式通知公务员本人，结果作为调整公务员职位、职务、职级、级别、工资以及公务员奖励、培训、辞退的依据。

2. 职务、职级任免制度

公务员领导职务实行选任制、委任制和聘任制。公务员职级实行委任制和聘任制。领导成员职务按照国家规定实行任期制。

选任制公务员在选举结果生效时即任当选职务；任期届满不再连任或者任期内辞职、被罢免、被撤职的，其所任职务即终止。委任制公务员试用期满考核合格，职务、职级发生变化，以及其他情形需要任免职务、职级的，应当按照管理权限和规定的程序任免。公务员任职应当在规定的编制限额和职数内进行，并有相应的职位空缺。公务员因工作需要在机关外兼职，应当经有关机关批准，并不得领取兼职报酬。

公务员的免职是指依法享有任免权的行政机关或部门，根据有关法律和条例的规定，通过一定的法定程序与手续，免除公务员所担任的职务。公务员的免职包括程序性免职和单纯性免职。前者是指委任或聘任在职公务员担任新职务之前免去其原来所担任的职务。后者是指以免除现任职务为目的的免职，如退休、长期离职学习，或者因机构精简、职位撤销等原因而发生的免职。免职不同于行政处分中的降级、撤职、开除等，免职是由于公务员转换职位、职务升降、离职学习、身体健康不能坚持正常工作、退休以及其他职务变化而自然发生的，而降级、撤职、开除等则属于惩戒措施。

3. 职务、职级升降制度

公务员晋升领导职务，应当具备拟任职务所要求的政治素质、工作能力、文化程度和任职经历等方面的条件和资格。公务员领导职务应当逐级晋升，特别优秀的或者工作特殊需要的，可以按照规定破格或者越级晋升。

公务员晋升领导职务，按照下列程序办理：动议；民主推荐；确定考察对象，组织考察；按照管理权限讨论决定；履行任职手续。《公务员法》第47条规定："厅局级正职以下领导职务出现空缺且本机关没有合适人选的，可以通过适当方式面向社会选拔任职人选。"《公务员法》第48条规定："公务员晋升领导职务的，应当按照有关规定实行任职前公示制度和任职试用期制度。"《公务员法》第49条规定："公务员职级应当逐级晋升，根据个人德才表现、工作实绩和任职资历，参考民主推荐或者民主测评结果确定人选，经公示后，按照管理权限审批。"

降职是指公务员所任职务的下降，它一般意味着公务员在职位结构中所处位置的降低、职权和责任范围的缩小以及工资、福利方面待遇的相应降低。公务员的降职体现为公务员职位的下降，但降职并不是一种处分，而是让由于各种原因而不胜任职务的公务员改任一种较低的职务的管理措施。《公务员法》第 50 条规定："公务员的职务、职级实行能上能下。对不适宜或者不胜任现任职务、职级的，应当进行调整。公务员在年度考核中被确定为不称职的，按照规定程序降低一个职务或者职级层次任职。"

4. 奖励制度

《公务员法》第 51 条规定："对工作表现突出，有显著成绩和贡献，或者有其他突出事迹的公务员或者公务员集体，给予奖励。奖励坚持定期奖励与及时奖励相结合，精神奖励与物质奖励相结合、以精神奖励为主的原则。公务员集体的奖励适用于按照编制序列设置的机构或者为完成专项任务组成的工作集体。"

公务员的奖励

奖励分为嘉奖、记三等功、记二等功、记一等功、授予称号。公务员或者公务员集体有下列情形之一的，给予奖励：忠于职守，积极工作，勇于担当，工作实绩显著的；遵纪守法，廉洁奉公，作风正派，办事公道，模范作用突出的；在工作中有发明创造或者提出合理化建议，取得显著经济效益或者社会效益的；为增进民族团结，维护社会稳定做出突出贡献的；爱护公共财产，节约国家资财有突出成绩的；防止或者消除事故有功，使国家和人民群众利益免受或者减少损失的；在抢险、救灾等特定环境中做出突出贡献的；同违纪违法行为作斗争有功绩的；在对外交往中为国家争得荣誉和利益的；有其他突出功绩的。对受奖励的公务员或者公务员集体予以表彰，并对受奖励的个人给予一次性奖金或者其他待遇。按照国家规定，可以向参与特定时期、特定领域重大工作的公务员颁发纪念证书或者纪念章。①

5. 监督与惩戒制度

《公务员法》第 57 条规定："机关应当对公务员的思想政治、履行职责、作风表现、遵纪守法等情况进行监督，开展勤政廉政教育，建立日常管理监督制度。对公务员监督发现问题的，应当区分不同情况，予以谈话提醒、批评教育、责令检查、诫勉、组织调整、处分。对公务员涉嫌职务违法和职务犯罪的，应当依法移送监察机关处理。"

"公务员执行公务时，认为上级的决定或者命令有错误的，可以向上级提

---

① 参见《公务员法》第 52 条、第 53 条、第 55 条。

出改正或者撤销该决定或者命令的意见；上级不改变该决定或者命令，或者要求立即执行的，公务员应当执行该决定或者命令，执行的后果由上级负责，公务员不承担责任；但是，公务员执行明显违法的决定或者命令的，应当依法承担相应的责任。""公务员因违纪违法应当承担纪律责任的，依照本法给予处分或者由监察机关依法给予政务处分；违纪违法行为情节轻微，经批评教育后改正的，可以免予处分。对同一违纪违法行为，监察机关已经作出政务处分决定的，公务员所在机关不再给予处分。""处分分为：警告、记过、记大过、降级、撤职、开除。"①

解除处分后，晋升工资档次、级别和职务、职级不再受原处分的影响。但是，解除降级、撤职处分的，不视为恢复原级别、原职务、原职级。

6. 培训制度

培训是指为了使行政人员能胜任现职工作或适应未来发展的需要，对行政人员进行政治思想和业务知识的培养和训练。我国《公务员法》第66条规定："机关根据公务员工作职责的要求和提高公务员素质的需要，对公务员进行分类分级培训。国家建立专门的公务员培训机构。机关根据需要也可以委托其他培训机构承担公务员培训任务。"

7. 交流制度

我国《公务员法》第69条规定："国家实行公务员交流制度。公务员可以在公务员和参照本法管理的工作人员队伍内部交流，也可以与国有企业和不参照本法管理的事业单位中从事公务的人员交流。交流的方式包括调任、转任。"

8. 回避制度

在我国实行回避制度，不仅有助于维护公务员的形象和政府声誉，也有助于形成良好的社会风气。公务员之间有夫妻关系、直系血亲关系、三代以内旁系血亲关系以及近姻亲关系的，不得在同一机关担任双方直接隶属于同一领导人员的职务或有直接上下级领导关系的职务，也不得在其中一方担任领导职务的机关从事组织、人事、纪检、监察、审计和财务工作。公务员不得在其配偶、子女及其配偶经营的企业、营利性组织的行业监管或者主管部门担任领导成员。

因地域或者工作性质特殊，需要变通执行任职回避的，由省级以上公务员主管部门确定。公务员担任乡级机关、县级机关、设区的市级机关及其有关部门主要领导职务的，应当按照有关规定实行地域回避。

公务员执行公务时，有下列情形之一的，应当回避：涉及本人利害关系

---

① 参见《公务员法》第60条、第61条、第62条。

的；涉及与本人有相关亲属关系人员的利害关系的；其他可能影响公正执行公务的。机关根据公务员本人或者利害关系人的申请，经审查后作出是否回避的决定，也可以不经申请直接作出回避决定。

9. 工资、福利、保险制度

公务员的工资是指国家以货币形式支付给公务员的劳动报酬。建立科学合理的公务员工资制度，有利于贯彻按劳分配原则，增强竞争激励机制，从而调动广大公务员的工作积极性。同时，公务员的工资制度作为整个公务员制度的一个组成部分，对公务员制度中的考核、奖惩、晋升、辞职、辞退、退休等管理环节的有效运转都具有非常重要的作用。《公务员法》第79条规定："公务员实行国家统一规定的工资制度。公务员工资制度贯彻按劳分配的原则，体现工作职责、工作能力、工作实绩、资历等因素，保持不同领导职务、职级、级别之间的合理工资差距。国家建立公务员工资的正常增长机制。""公务员工资包括基本工资、津贴、补贴和奖金。公务员按照国家规定享受地区附加津贴、艰苦边远地区津贴、岗位津贴等津贴。公务员按照国家规定享受住房、医疗等补贴、补助。公务员在定期考核中被确定为优秀、称职的，按照国家规定享受年终奖金。公务员工资应当按时足额发放。""公务员的工资水平应当与国民经济发展相协调、与社会进步相适应。国家实行工资调查制度，定期进行公务员和企业相当人员工资水平的调查比较，并将工资调查比较结果作为调整公务员工资水平的依据。"①

公务员福利制度是公务员社会保障制度的重要组成部分。建立公务员福利制度，有利于改善公务员的工作生活条件、减轻经济负担和促进身心健康，从而有利于稳定公务员队伍，调动他们的工作积极性，提高工作效率。《公务员法》第82条规定："公务员按照国家规定享受福利待遇。国家根据经济社会发展水平提高公务员的福利待遇。公务员执行国家规定的工时制度，按照国家规定享受休假。公务员在法定工作日之外加班的，应当给予相应的补休，不能补休的按照国家规定给予补助。"《公务员法》第83条规定："公务员依法参加社会保险，按照国家规定享受保险待遇。公务员因公牺牲或者病故的，其亲属享受国家规定的抚恤和优待。"

10. 申诉控告制度

公务员的申诉是指公务员对机关作出的涉及本人权益的人事处理决定不服，依法向法定机关提出重新处理意见和要求的行为。《公务员法》第95条规定："公务员对涉及本人的下列人事处理不服的，可以自知道该人事处理之日起三十日内向原处理机关申请复核；对复核结果不服的，可以自接到复核

公务员的申诉与控告

---

① 参见《公务员法》第80条、第81条。

决定之日起十五日内,按照规定向同级公务员主管部门或者作出该人事处理的机关的上一级机关提出申诉;也可以不经复核,自知道该人事处理之日起三十日内直接提出申诉:(一)处分;(二)辞退或者取消录用;(三)降职;(四)定期考核定为不称职;(五)免职;(六)申请辞职、提前退休未予批准;(七)不按照规定确定或者扣减工资、福利、保险待遇;(八)法律、法规规定可以申诉的其他情形。对省级以下机关作出的申诉处理决定不服的,可以向作出处理决定的上一级机关提出再申诉。受理公务员申诉的机关应当组成公务员申诉公正委员会,负责受理和审理公务员的申诉案件。公务员对监察机关作出的涉及本人的处理决定不服向监察机关申请复审、复核的,按照有关规定办理。"

公务员的控告是指公务员认为机关及其领导人员侵犯其合法权益的,可以依法向上级机关或者监察机关提出控告。受理控告的机关应当按照规定及时处理。公务员提出申诉、控告,应当尊重事实,不得捏造事实、诬告、陷害他人。对捏造事实、诬告、陷害他人的,依法追究法律责任。①

(三)"出口"环节

"出口"环节主要包括以下三种制度:

1. 辞职制度

公务员的辞职

公务员的辞职是指公务员根据本人意愿,按照法定程序,解除与行政机关职务关系的法律行为和法律事实的制度。《公务员法》第 85 条规定:"公务员辞去公职,应当向任免机关提出书面申请。任免机关应当自接到申请之日起三十日内予以审批,其中对领导成员辞去公职的申请,应当自接到申请之日起九十日内予以审批。"《公务员法》第 87 条规定:"担任领导职务的公务员,因工作变动依照法律规定需要辞去现任职务的,应当履行辞职手续。担任领导职务的公务员,因个人或者其他原因,可以自愿提出辞去领导职务。领导成员因工作严重失误、失职造成重大损失或者恶劣社会影响的,或者对重大事故负有领导责任的,应当引咎辞去领导职务。领导成员因其他原因不再适合担任现任领导职务的,或者应当引咎辞职本人不提出辞职的,应当责令其辞去领导职务。"

2. 辞退制度

公务员的辞退是指机关依据有关法律规定,通过法定程序,在法定管理权限内解除公务员与其机关工作关系的制度。《公务员法》对辞退公务员的条

---

① 参见《公务员法》第 98 条、第 99 条。

件有十分明确而严格的规定。《公务员法》第 88 条规定:"公务员有下列情形之一的,予以辞退:(一)在年度考核中,连续两年被确定为不称职的;(二)不胜任现职工作,又不接受其他安排的;(三)因所在机关调整、撤销、合并或者缩减编制员额需要调整工作,本人拒绝合理安排的;(四)不履行公务员义务,不遵守法律和公务员纪律,经教育仍无转变,不适合继续在机关工作,又不宜给予开除处分的;(五)旷工或者因公外出、请假期满无正当理由逾期不归连续超过十五天,或者一年内累计超过三十天的。"《公务员法》第 89 条规定:"对有下列情形之一的公务员,不得辞退:(一)因公致残,被确认丧失或者部分丧失工作能力的;(二)患病或者负伤,在规定的医疗期内的;(三)女性公务员在孕期、产假、哺乳期内的;(四)法律、行政法规规定的其他不得辞退的情形。"

3. 退休制度

退休不仅是公务员的一种权利,也是一种义务。《公务员法》规定:"公务员达到国家规定的退休年龄或者完全丧失工作能力的,应当退休。""公务员符合下列条件之一的,本人自愿提出申请,经任免机关批准,可以提前退休:工作年限满三十年的;距国家规定的退休年龄不足五年,且工作年限满二十年的;符合国家规定的可以提前退休的其他情形的。""公务员退休后,享受国家规定的养老金和其他待遇,国家为其生活和健康提供必要的服务和帮助,鼓励发挥个人专长,参与社会发展。"①

> **思考题**
> 1. 简述人事行政的含义。
> 2. 人事行政与人事管理有哪些区别?
> 3. 简述人事行政在国家政权和行政管理中的地位。
> 4. 简述职位分类和品位分类的优缺点。
> 5. 简述西方国家公务员制度的共同特点。
> 6. 简述西方国家文官与政务官的区别。
> 7. 简述西方国家的公务员人事管理体制。
> 8. 简述我国公务员制度的主要特点。
> 9. 简述我国公务员的管理制度。
> 10. 我国公务员辞退所必须具备的条件有哪些?

参考答案

---

① 参见《公务员法》第 92 条、第 93 条、第 94 条。

讨论题

1. 联系我国公务员制度建设的历程,分析我国人事行政的改革有哪些发展趋势。
2. 试讨论分析我国公务员制度建设中存在的问题及完善对策。

推荐阅读文献

1. 孙柏瑛、祁光华编著:《公共部门人力资源管理》,中国人民大学出版社2010年版。
2. 李德志主编:《人事行政学》,高等教育出版社2001年版。
3. 舒放、王克良主编:《国家公务员制度》,中国人民大学出版社2014年版。
4. 方振邦主编:《公共部门人力资源管理概论》,中国人民大学出版社2019年版。
5. 石庆环:《20世纪美国文官制度与官僚政治》,东北师范大学出版社2003年版。
6. 刘俊生:《公共人事制度》,河南人民出版社2003年版。
7. 〔美〕唐纳德·E.克林纳、约翰·纳尔班迪:《公共部门人力资源管理:系统与战略》(第五版),孙柏瑛等译,中国人民大学出版社2010年版。
8. 〔美〕B.盖伊·彼得斯:《政府未来的治理模式》,吴爱明、夏宏图译,中国人民大学出版社2013年版。
9. 〔美〕西奥多·W.舒尔茨:《论人力资本投资》,吴珠华等译,北京经济学院出版社1990年版。

第七章　财务行政管理

> **导　读**
>
> 财政是庶政之母。财务行政管理简称财政管理,是行政管理的物质基础,为政府实施其职能提供必要的物质保证,为国家行政管理的正常运行提供物质保障。邓小平曾在1954年召开的全国财政厅局长会议上强调:"财政工作是关系到全国人民的政治工作,是国家最大的政治工作之一。"这充分说明了财政工作在国家行政管理中的重要地位和作用。一般来说,财务行政管理包括财政收入管理、财政支出管理、政府预算、政府审计等内容。

第一节　财务行政管理概述

一、财务行政管理的概念

任何政府为履行其政治统治和社会管理职能都需要依靠国家权力参与社会产品的分配和再分配,并通过财力的集中与分配为行政管理提供物质保证。财务行政管理是政府对国家财政收支分配活动的组织、实施和监督管理活动的总称,它包括与财政活动有关的管理体制、管理制度,以及各项具体的管理方法和程序。从狭义上理解,财务行政管理是国家行政机关为行使其职能对行政经费进行合理的组织、调节、监督等管理活动。

财务行政管理的概念包括三方面含义:

其一,财务行政管理的主体是代表国家的政府和政府有关机构。政府的财政收支活动与其履行行政职能的各种活动密切相关,无论是财政收入还是财政支出,政府都是主体角色。公共预算是公共资源在政府各部门中的配置过程。

其二，财务行政管理是国家借助货币的特殊职能实现社会产品价值分配的过程。社会产品从价值形态上分为：生产资料耗费的补偿价值（C）、劳动力再生产价值（V）、剩余产品价值（M）。财务行政管理集中分配的对象主要是剩余产品价值，国家行政组织借助预算、税收、信贷、价格、利润分配、补贴等不同的宏观调控手段实现剩余产品价值的分配，有效地控制国民收入乃至整个社会产品的分配。

其三，财务行政管理的目的是满足社会公共需要。在现代国家中，国家行政组织的各种行政职能与社会公共需要密切相关，国家行政组织必须从社会产品中占有一部分资金满足各种社会公共需要。而公众又需要通过一定的政治程序和立法程序表达其对社会公共需要的意见，并且监督检查政府解决此类问题的财政计划和执行活动。由此可见，满足社会公共需要不仅是财政问题，而且是政治问题。

二、财务行政管理的职能

美国经济学家、财政学家理查德·A. 马斯格雷夫（Richard Abel Musgrave）在《公共财政》一书中将公共财政活动可以履行的基本经济职能归结为三种：资源再配置职能、收入再分配职能以及经济稳定职能。这一结论已成为财政学界的基本共识。

（一）资源再配置职能

经济运行中，由于外部性、规模经济、风险和不确定性等因素，资源配置领域常发生"市场失灵"，即资源配置无法达到最优状态，财政作为弥补市场缺陷的主要手段，可以起到引导作用，弥补"市场失灵"。政府通过税收等财政收入手段将一部分社会资源集中起来，然后以各种财政支出形式进行分配活动，引导社会资金的流向，保证全社会的人力、物力和财力资源都得到最佳的配置状态。资源再配置职能主要围绕以下方面展开：资源在政府部门和非政府部门之间的配置、资源在政府内部之间的配置、资源在地区之间的配置、资源在产业之间的配置、资源在消费和投资之间的配置。资源在政府部门和非政府部门之间的配置主要是调整财政收入在国内生产总值中所占的比重，这个比重虽然会随着经济发展、国家职能和活动范围的变化而变化，但是资源配置总的原则是不变的，就是要使政府部门可支配使用的资源与其承担的责任相适应，达到优化资源配置的要求。资源在政府内部之间的配置主要是通过各级政府的预算及执行工作实现对自身支出结构的调整，将财政资金分别用于满足各种社会公共需要，以适应不同时期政府职能的变化要求。

资源在地区之间的配置主要是基于中国地区发展不平衡的客观现实，通过税收、财政补贴、政府间转移支付等手段，实现资源在各个不同地区的合理配置，以助力国家经济的长期稳定发展。资源在产业之间的配置直接关系到产业结构的合理化程度，通常用两种手段实现财政对资源在产业部门之间的配置和调节，一是通过调整国家预算支出中的投资结构，达到合理配置资源的目的，二是通过调整财政税收政策和投资政策来引导和协调社会资源流动与分配，进而达到调节现行资源配置结构的目的。资源在消费和投资之间的配置主要通过财政支出结构的调整安排以及税收、财政补贴手段的引导调节，影响总需求和总供给，实现宏观经济资源的优化配置。

(二) 收入再分配职能

在市场经济的分配体系中，由于个人能力、受教育机会、财产的继承等原因，收入分配不公平现象难以消除，同时，市场机制也不可能解决诸如失业、养老、医疗保健、扶贫等社会性问题。只有通过政府的收入再分配政策和社会保障制度来协助解决这些问题。收入再分配就是政府通过财政收支活动对各个社会成员的收入在社会财富中所占的份额施加影响，以实现国民收入和财富分配公平合理的目标。财政的收入再分配职能的内容主要有以下几个方面：一是通过财税政策营造公平的市场竞争环境，调节企业利润水平，通过调节使企业在条件大体相同的情况下获得大体相同的利润；二是强化税收调节作用，通过优化税制有效地缩小高收入者与低收入者之间的收入差距；三是通过社会保障体系调节居民个人收入水平，在坚持现行分配制度的条件下，防止两极分化，逐步实现共同富裕。

(三) 促进经济稳定发展职能

市场机制的自发调节确实有利于实现资源的优化配置，解决微观经济问题。但市场经济运行有时出现严重的通货膨胀，有时又出现经济衰退和大量失业现象。无法预测未来经济的发展变化，也就无法解决经济的长期可持续发展问题，这会对经济社会发展带来不利的影响。通过制定经济的长期发展战略、措施和产业发展政策来刺激和引导经济增长，保持经济的长期、健康和可持续发展成为政府保持经济增长的重要任务。因此，促进经济稳定发展的职能就是通过财政政策的制定、实施与调整，使整个社会保持较高的就业率，以达到充分就业、物价稳定、经济稳定增长以及国际收支平衡等政策目标。

一般而言，经济稳定的职能要通过反向调节手段以抑制或对冲宏观经济运行周期带来的经济波动，实现社会总需求与社会总供给的大体均衡。如果社会总需求大于社会总供给，宏观经济处于扩张阶段，则可采取紧缩性的财政政策，即缩减政府开支，增加税收以抑制火热的投资行为，控制总体价格上涨，稳定经济运行；如果社会总需求小于社会总供给，即有效需求不足，宏观经济处于衰退阶段，则要采取积极的财政政策，即通过增加政府支出，减少税收以增加投资和消费，促进总需求增长。

第二节　财政收入管理

一、财政收入的概述

（一）财政收入的含义

财政收入是政府为了履行公共管理、公共服务以及国民经济的市场化管理等职能，满足财政支出的需要，从企业、家庭等社会目标群体中取得的一切货币收入的总和。财政收入的水平通常用政府部门在一定时期内（一般为一个财政年度）所取得的货币收入来衡量，是一国政府财力的重要指标，与政府在社会经济活动中提供公共物品和服务的范围和数量直接相关。财政收入的规模在很大程度上决定着财政支出的规模，从而决定着政府活动的范围，进而影响一个国家的经济增长和社会发展。因此，各国政府都十分重视对财政收入的管理。

（二）财政收入的分类

财政收入的形式主要包括税收收入和非税收入两种类型。税收是政府为了履行其职能，凭借政治权力，按照法律预先规定的标准，强制地、无偿地获得财政收入的一种形式。在现代市场经济条件下，税收既是政府提供公共物品和公共服务的物质基础，又是政府调节宏观经济运行的重要政策工具。非税收入包括公债收入、行政事业性收费收入、政府性基金收入、罚没收入、国有资源有偿使用收入、国有资本收益、特许经营收入、以政府名义接受的捐赠收入等。

二、财政收入的原则

（一）公平原则

公平原则是财政收入的首要原则。公平不仅仅是一个经济目标，更是一个社会目标，既是维持财务行政制度的保证，又是矫正收入分配、维护社会稳定的前提。

公平原则包含两个子原则：受益原则和支付能力原则。

受益原则指的是政府所提供的公共物品的成本费用的分配要与社会成员从政府所提供的公共物品中所获得的效益相联系。即每个纳税人根据自己从公共服务中获得的收益水平来纳税，遵循支出收益相等的原则。受益原则的主要优点在于政府所提供物品和服务的单位成本可以与这些物品和服务的边际效益挂钩。如果所有的社会成员都依据这一原则来缴纳相应的税额，则公共物品将不存在"搭便车"的问题。

支付能力原则指的是政府所提供的物品和服务的成本费用的分配要与社会成员的支付能力相联系。换言之，收入能力较强的人应当比收入能力较弱的人负担更多的税额。按照这个原则，政府所提供物品或服务的成本费用的分配与社会成员所获得的边际收益的大小无关，而只依据社会成员的支付能力进行分配。支付能力原则的主要优点在于可以使社会成员的境况达到一种相对公平的状态，促进国民收入分配状况的改善。

(二) 效率原则

效率原则是指公共收入的获得方式和获得过程要有利于提高社会资源配置的效率。从经济效率来看，公共收入的获得过程和获得方式要有利于市场机制的有效运行，尽量减少因干扰私人经济部门的选择而造成的超额负担；从行政效率的角度讲，公共收入的获得过程和获得方式应该尽量降低获得的直接成本或行政成本。

三、财政收入的来源

(一) 税收收入

英国的《新大英百科全书》给税收下了如下定义："在现代经济中，税收是国家公共收入最重要的来源。税收是强制的和固定的征收，它通常被认为是对政府公共收入的捐献，用以满足政府开支的需要，而并不表明是为了某一特定的目的。税收是无偿的，它不是通过交换来取得，这一点与政府的其他收入大不相同，如出售公共财产或发行公债等。税收总是为了全体纳税人的福利而征收，每一纳税人在不受任何利益支配的情况下承担了纳税义务。"①可见，税收是集强制性、固定性和无偿性于一体的财政收入形式，而且税收并无特定的用途。这种收入形式是满足全体公众的公共需要而广泛征收的，它在很大程度上维持了政府的存在。"捐税体现着表现在经济上的国家存在。官吏和僧侣、士兵和舞蹈女演员、教师和警察、希腊式的博物馆和哥特式的

中国的分税制

---

① 转引自张晓农：《现代企业税收管理——面向企业 面向决策》，南开大学出版社 2010 年版，第 2 页。

尖塔、王室费用和官阶表这一切童话般的存在物于胚胎时期就已安睡在一个共同的种子——捐税之中了。"①

(二) 公债收入

公债就是政府凭借信用向个人、企业和社会事业单位以及他国政府借款而发行的债券。公债具有三大特点：一是自愿性。公债的认购原则上以购买者自愿承受为前提，购买者是否愿意购买以及愿意购买多少都由购买者自愿决定，但有时也带有一定的强制性；二是有偿性。政府按期还本付息，还本的资金来源在很多情况下是举借新债，付息的资金来源一般是征税；三是灵活性。政府根据财政状况灵活确定是否发行公债，发行短期公债还是中长期公债，以及发行多少。

(三) 国有资产收益

国有资产收益，也称经营性国有资产收入。主要是指国有资产管理部门以国有资产所有者代表的身份以上缴利润、租金、股息、红利和权益转让等形式所得的收益。国有资产收益形式主要取决于国家对国有资产的经营方式。这部分国有资产收益具体包括：国有企业缴纳所得税后应上缴国家的利润；股份有限公司中国家股应分得的股利；有限责任公司中国家作为出资者按照出资比例应分取的红利；各级政府授权的投资部门或机构以国有资产投资形成的收益应上缴国家的部分；国有企业产权转让收入；股份有限公司国家股股权转让收入；有限责任公司国家出资转让的收入；其他非国有企业占用国有资产应上缴的收益；其他按规定应上缴的国有资产收益。

(四) 政府收费

政府的主要收费形式有行政性收费和事业性收费。行政性收费是指国家机关、具有行政管理职能的企业、主管部门和政府委托的其他机构在履行或代行政府职能过程中，依照法律、法规并经有关部门批准，向单位和个人收取的费用。事业性收费是指事业单位向社会提供特定服务，依照国家法律、法规并经有关部门批准，向服务对象收取的补偿性费用。收费这种形式可以称为使用费，使用费是政府对特定服务或特许权收取的价格，用于支付提供这些服务的全部或部分成本。使用费的优点在于：政府提供的物品或服务通过价格机制来配置，有助于实现资源的最优配置。

(五) 其他收入

除了上述四种收入形式外，政府还会有一些杂项收入，如罚没收入和捐

---

① 马克思：《道德化的批评和批评化的道德》，参见《马克思恩格斯全集》第4卷，人民出版社2002年版，第342页。

赠收入等。此外,还有经济学意义上的"通货膨胀税"。罚没收入是行政机关在执法和执行行政公务过程中,对违法或违章者处以的罚款,所获得的收入收归社会所有,以补偿社会损失。捐赠收入是政府获得的来自国内外个人或社会组织的捐赠。通货膨胀税是通过物价上涨将私人部门的一部分财富转移至政府部门的方式,是一种较为隐蔽的收入获得形式。

第三节　财政支出管理

一、财政支出概述

(一) 财政支出的含义

财政支出就是政府为履行其职能而支出的一切费用的总和。既包括政府提供公共产品和准公共产品的成本,也包括为实现收入分配而进行的转移支付的成本。政府的职能变化直接影响财政支出的数量和结构,所以财政支出可以反映一个政府的政策选择以及执行这些政策所必须付出的成本。

(二) 财政支出的特点

(1) 财政支出资金的公共性。财政支出资金来源于财政收入,包括税收、公债、政府收费、国有资产收益等,其中,税收具有强制性、固定性和无偿性,是财政收入的主要来源。财政收入的公共性也决定了财政支出必须用于公共需要而非私人需要。

(2) 财政支出的目的是满足公共需要。财政支出的一切活动都是围绕如何满足公共需要来展开的。虽然社会上个人的需要千差万别,个人的消费偏好也大不相同,但是作为生活在一定社会条件下的个体,在某一时期内都有着共同的需要,如国家安全、政治稳定、环境清洁等都是每个社会成员生存和发展所必需的,同时也是社会正常运转和发展的需求。这些社会共同需要单靠市场机制难以实现,因而需要由政府组织实施。

(3) 财政支出的主体是政府。公共产品的特征决定了公共产品主要由政府提供,因此政府也就成了财政支出最主要的主体。另外,与政府有关的机构、事业单位、行业协会、学校等也具有准公共机构的性质,在一定的历史时期,其支出也来源于国家财政,与公共部门一起构成了财政支出主体。

(4) 财政支出具有非营利性。在市场经济条件下,私人的经济活动往往受到"看不见的手"驱使,追求自身利益最大化,以盈利为目的。而作为社会组织者和管理者的政府,追求的是最大限度地满足公共需要。因而,政府组织和实施的各项活动都不是以盈利为目的，不要求获得额外的收入。

（5）财政支出有一定的生产性。财政支出的主体只是一个非物质生产性社会管理机构，并不能创造社会财富。但严格来说，不同体制下的国家财政都具有一定的物质生产性，如关系到国家安全的物品生产、国有化的能源等行业大都具有物质生产性，当政府对这些企业进行补贴时，所发生的财政支出就是一种生产性支出。

（三）财政支出的分类

根据不同的标准，财政支出有不同的分类：

（1）按是否有直接补偿，财政支出可以分为购买性支出和转移性支出。购买性支出又称为消耗性支出，直接表现为政府购买各种商品和劳务的财政资金支出，包括购买日常政务活动所需的支出以及用于国家投资的物品和劳务支出。它体现出各级政府对经济资源的占有，直接影响全社会的产品和劳务的供求关系。转移性支出直接表现为资金的单方面、无偿的转移，指政府根据一定的经济和社会政策，通过特定的方式向企业部门和家庭部门单方面转移的财政资金。

（2）按财政支出的项目，可以分为基本建设支出、流动资金支出、支农支出、文教科学卫生事业支出、国防支出、行政管理支出及价格补贴支出等。我国现行国家预算支出科目中的类级科目采用的就是这种分类方法。

（3）按国家职能分类，财政支出可以分为经济建设费、社会文教费、国防费、行政管理费和其他支出五大类。

（4）按财政支出与再生产的关系，可以分为补偿性支出、积累性支出和消费性支出。

（5）按财政支出的目的，可以分为预防性支出和创造性支出。

二、财政支出的原则

公共财政的基本职能表现在三个方面，即实现有效配置资源、调节收入公平分配、促进社会经济稳定均衡地发展。与这三个基本职能相对应，公共财政支出应该坚持效益原则、公平原则和稳定与发展的原则。

（一）效益原则

财政支出效益原则以市场机制发挥基础性作用为基点，依据市场效率准则来安排财政支出，优化资源配置，以最小的社会成本取得最大的社会效益。这个原则包括宏观和微观两层含义。从宏观上看，要实现社会均衡，达到这一均衡的标准是政府支出给社会带来的利益应大于由政府课税或用其他方式取得收入所付出的代价。从微观上看，要进行成本—效益分析。

（1）财政支出的宏观效益。财政支出的宏观效益主要包括三个方面，即确定社会公共需求的基本内容、确定财政支出占 GDP 的比例、优化财政支出结构。

第一，确定社会公共需求的基本内容。社会公共需求是指政府向社会提供安全、秩序、公民基本权利和经济发展的社会条件等方面的需要。社会公共需求区别于私人需求，有非加总性、无差异性（集中性）、代价的非对称性、外部效应、社会剩余产品性、整体性和强制性等特征。只有把握好社会公共需求的内容，财政支出才能有的放矢，使有限的财政资源配置到社会需要的地方，提升公共资源的使用效率和公民的满意度。

第二，确定财政支出占 GDP 的比例。GDP 是衡量一个国家国民经济核算的核心指标，是衡量一个国家或地区总体经济状况的重要指标。财政支出占 GDP 的比重一定程度上可以说明经济发展满足大众需求的情况。

第三，优化财政支出结构。财政支出结构是指财政支出总额中各类支出的组合以及各类支出在支出总额中所占的比重，也称财政支出构成。只有不断优化财政支出结构，才能与不同时期社会公共需求的变化相适应。

（2）财政支出的微观效益。财政收支过程就是将资源集中到政府手中并由政府支配使用。由于资源是有限的，国家在集中资源时，应当考虑将有限的资源集中由政府支配或交给微观经济主体支配时，哪种方式更能促进经济的发展和社会财富的增加，这就产生了一个效益评价问题。提高财政支出的使用效益的常用方法有：成本—效益分析法、最低费用选择法和公共服务收费法或公共定价法。

（二）公平原则

财政支出坚持公平分配原则，就是通过再分配纠正市场机制导致的财富分配不公平状况，实现社会分配公平，缩小贫富差距。具体来看，财政支出的公平原则包括纵向公平和横向公平。财政支出纵向公平指的是：财政支出公平既包括起点和过程的公平，也包括结果的公平。起点的公平主要是指机会的均等，包括参与财政支出决定的机会均等和法律适用的平等。过程的公平主要是指财政支出行政和财政支出执法的公平。结果的公平则是指财政支出分配结果的合理和公正。财政支出的横向公平指的是：财政支出公平不仅仅指经济上的公平，还包括社会公平的含义。经济公平是指要素投入与要素收入相对称，是在平等竞争的市场经济环境中通过等价交换实现的。这既是效率原则，又是公平原则。社会公平是指财政支出将收入差距维持在社会各阶层都能接受的合理范围之内。

(三) 稳定与发展原则

财政支出的稳定与发展原则是指通过财政支出杠杆对生产、消费、投资和储蓄等施加影响，达到稳定和发展经济的目的。主要包括实现充分就业、促进经济增长、稳定物价水平和维持国际收支平衡。财政支出的稳定与发展原则主要通过以下作用机制来呈现。

第一，调节总需求与总供给的平衡。通过财政支出手段来调节总需求与总供给的平衡，其实质就是通过有目的、有计划的政府集中支出活动来矫正众多微观经济主体的分散性投资活动所形成的种种弊端。由于财政支出是将一部分社会产品集中于国家后再分配出去形成的社会需求，国家预算支出规模必然会直接或间接地影响国民经济产出水平和社会总需求与社会总供给的平衡关系，财政支出活动是维持总供求大体平衡的重要手段，在总需求超出总供给时，可以减少支出来压缩总需求；当总需求小于总供给时，可以增加支出来扩大总需求。

第二，运用财政支出手段促进经济稳定和发展。通过政府投资、财政补贴等手段消除经济增长中的瓶颈，加快产业结构转型，政府投资具有规模大、政策性强等特点，可以促进农业、能源、交通运输、邮电通信等产业的迅速发展，保持经济的持续稳定增长。财政补贴通常是国家为贯彻某种政策，将一部分财政资金无偿补助给企业和居民的一种国民收入再分配的形式，对扶助新兴产业，稳定经济与社会生活也能起到积极作用。

第三，为经济发展提供必要条件。财政支出既能促进基础设施建设，改善投资环境，提高劳动力素质，又能满足文教、卫生支出和治理污染、保护生态环境等社会公共需要，对国家软实力、硬实力的提升都有重要的作用。

第四节 政府预算管理

一、政府预算概述

(一) 政府预算的含义和内容

政府预算是政府为实现其职能，通过法律形式确定的筹集和利用资金的计划。具体表现为中央政府和地方各级政府在一个财政年度内对公共财政收入与支出的计划，是政府各项公共收支的计划。它是国家财政实现计划管理的重要工具,也是处理其他财政问题的依据,因而是财务行政管理的关键和中心内容。

政府预算的内容包括:预算收支的种类、数量及收支性质和作用;各级政府处理财政收支问题时的关系;执行和实现收支计划的法定程序、具体措施和规章制度。

(二)政府预算编制的原则

1. 完整性原则

完整性原则也称为预算的全面性原则,该原则要求政府预算应包括政府的全部预算收支项目,完整反映以政府为主体的全部财政收支活动,全面体现政府活动范围和方向,不允许在预算规定之外有任何以政府为主体的资金收支活动。同时,预算完整性原则还要求政府各预算单位的一切收支必须统一以总额形式列入政府预算,而不能以收支相抵后的净额形式列入。可见,按照预算完整性原则的要求,政府不应该有任何预算以外的财政收支活动。

2. 公开性原则

公开性原则是指政府预算的形成和执行是透明的、受公众监督的。政府预算的本质内涵表明,其始终都承担着公开政府财政的职责,政府预算本质上是反映公共需求和公共供给的计划,政府代表公众履行上述职责。政府预算的透明性有利于预算效率的提高,通过预算将政府财政决策公之于众,可以加强政府与公众之间的沟通,使公众了解政府决策,也能够体现政府预算民主化和决策科学化,从而更好地发挥政府预算的监督约束作用。

3. 年度性原则

任何一个国家预算的编制和实现都要有时间限定,即所谓预算年度。预算年度是预算收支起讫的有效期限。预算年度性原则是指政府必须按照法定预算年度编制国家预算,这一预算要反映全年的财政收支活动,同时不允许将不属于本年度的财政收支内容列入本年度的国家预算之中。目前世界各国普遍采用的预算年度有两种:一是历年制预算年度,即从每年的1月1日起至同年12月31日止,我国即实行历年制预算年度;二是跨年制预算年度,即从每年某月某日开始至次年某月某日止,中间历经12个月,但却跨越两个年度。如英国、加拿大、日本等国的财政年度从4月1日起至次年3月31日止;瑞典、澳大利亚等国的财政年度从7月1日起至次年6月30日止;而美国的预算年度则从每年的10月1日起至次年的9月30日止。

4. 法定性原则

我国的政府预算编制完成后,经过全国人民代表大会审查批准,就具有法律效力,任何部门和个人都必须执行,"禁止领导者个人批条子、决定项目和变更国家计划指标的现象"①。政府预算就是人民意志的体现,政府必须执行人民意志。周恩来总理曾强调:"我们的财政是'取之于民,用之于民'的人民的财政,全国人民代表大会和地方各级人民代表大会都有监督我们的财政收支的权力和责任。"② 因此,政府要向人民负责,向人民报告开支数和用途,接受人民的监督。

二、政府预算组织形式

政府预算组织形式有两层含义:一是指预算的行政组织形式,即与国家行政区划、政府层级编制有关的预算级次,或称分级预算;二是指预算的技术组织形式,包括预算编制的方法、结构和格式等。

(一)政府预算的行政组织形式

这一形式有两种:

(1)各级政府年度预算。这是一种具有法律效力的政府预算法案,它规定各级政府的职能职权范围和收支规模,由同级国家权力机关审定。各级政府领导负责预算的执行,并承担预算执行的法律责任,向同级权力机关负责,这种预算包括中央预算和地方预算。中央预算反映全国性支出和中央政府行政经费支出,体现中央政府的职能和职权范围。在整个预算体制中,中央预算起主导作用。地方预算则按政府层级编制,分为省(自治区、直辖市)、市、县和乡(镇)各级预算。地方政府预算自收自支,自求平衡,只对同级权力机关负责,不受上级预算的制约。

(2)各级总预算(或综合财政计划)。这是由各级政府财政部门汇总,反映全国财政收支总量及平衡关系的总预算。它为宏观经济控制提供依据,也是政府制定政策的主要依据,但不具有实际执行的意义。总预算包括地方总预算和国家总预算。地方总预算反映全省(自治区、直辖市)、全市、全县预算收支总额,由本级政府和所属下级单位的全部预算收支组成。如省(自治区、直辖市)的地方总预算,由省(自治区、直辖市)级预算和由省级财政部门汇总的各市总预算组成;市级总预算由市级预算和由市财政部门汇总的各县总预算组成。国家总预算则反映全国预算收支总规模,由中央政府预算和由中央财政部门汇总的全国各省、市、自治区的地方总预算组成。

---

① 资料来源:《中华人民共和国国民经济和社会发展十年规划和第八个五年计划纲要》,https://www.ndrc.gov.cn/fggz/fzzlgh/gjfzgh/200709/P020191029595681819982.pdf,2023 年 5 月 30 日访问。

② 《周恩来选集》(下卷),人民出版社 1984 年版,第 142 页。

(二)政府预算的技术组织形式

目前世界各国预算的技术组织形式主要有绩效预算、计划规划预算、零基预算、单一预算和复式预算等。

(1)绩效预算。又称成效预算、业绩预算,1949年由美国胡佛行政改革委员会提出。是按政府各部门职能及施政计划,根据成本效益分析原理,通过分析以往政府财政成本效益,决定政府现在和未来的活动。其特点是重视对预算支出效益的考察,使预算可以反映支出所产生的预计效益。缺点是预算项目非常复杂,有些项目没有固定的衡量标准,难以计算。

(2)计划规划预算。这是一种在绩效预算制的基础上发展起来的,依据国家确定的目标,着重按项目安排和运用定量分析方法编制预算的预算编制形式。做法是:按政府确定的目标划分项目,并确定用于完成目标所必需的资源,以及对选定的项目配置资源,确定这部分资源的费用。再把政府活动的长期计划和年度预算所包括的各项活动规划结合起来,利用各种数量分析方法对方案进行分析,参照各种成本和效益的数据,选出最佳方案。计划规划预算的特点主要是重视成本效益,有利于降低各个项目的费用和提高财政资金的使用效果。但是,由于如何科学地衡量社会投入成本与社会产出效益缺乏标准,再加上资料搜集与分析的困难,许多投入与产出无法进行量化,实践中难以推广和应用。

(3)零基预算。这是一种根据国民经济和社会事业发展的实际情况,以"零"为基础,不考虑以前的财政收支状况,对预算收支进行科学测算和分析评估来确立预算收支的预算编制形式。它不受现行财政收支执行情况的约束,使政府可以根据需要确定优先安排的项目,有利于提高预算支出的经济效率,减轻国家为满足不断增加的财政支出而征税和扩大债务带来的压力。

(4)单一预算。单一预算是多数国家历史上使用过的预算编制形式。它编制简单,目的单纯,易于为立法机关在总收支方面控制和社会公众所了解。新中国成立以来,我国一直采用这种形式。其缺点在于:预算资金的来源及使用方向划分不清,易于造成经济性开支与建设性开支相互挤占,加大消费与积累的矛盾;对各项支出的实际效益很难进行有效的监督,也不便于在预算安排上进行科学的划分和宏观决策管理等。

(5)复式预算。复式预算是将国家同一预算年度内的全部预算收入和支出按性质进行划分,分别汇编成两个或两个以上的收支对照表,以特定的预算来源保证特定的预算支出,使收支之间具有相对稳定对应关系的预算编制方式。

我国的复式预算

三、政府预算程序

从预算过程来看,政府预算包括预算编制与审批、预算执行与调整、政府决算三个环节。

(一)政府预算的编制与审批

1. 政府预算的编制

在我国,政府预算编制的程序一般采取自上而下和自下而上相结合的方式进行。从法定程序上讲,由国务院下达关于编制下一年度预算草案的指示和要求,各级政府、各部门、各单位根据指示和要求,参考上一年度预算执行情况和本年度预算收支的预测编制预算草案,在规定时间内将总预算草案上报国务院,省以下的各级政府将各级总预算草案上报给上级政府。编制政府预算过程的主要程序如下:

第一,做好编制预算的准备工作。编制政府各级预算是一项复杂而又细致的工作。在编制之前,必须做好以下准备工作:一是做好对本年度预算执行情况的预计和分析工作,这是正确确定下年度预算收支指标的关键;二是拟定年度预算收支指标,在做好年度预算执行情况预计的基础上,经过测算,拟定下年度预算收支指标;三是修订预算收支科目,制定统一的预算表格;四是国务院要通过召开会议或发布指示、通知等形式,对预算编制工作进行具体组织部署。

第二,正式编制预算。根据预算准备工作的资料,遵照预算编制的原则和依据,进行实际调查研究,结合本地区国民经济发展情况,认真测算,上下结合,使预算草案建立在科学可靠的基础上,各级政府预算草案报同级人民代表大会审查批准。

2. 政府预算的审批

(1)政府预算的审核。为了保证政府预算的编制质量,各级财政部门在汇编预算草案之前,必须对各部门报送的部门预算草案和下一级政府总预算草案进行认真的审核。主要审核以下内容:

第一,政策审核。预算收支的安排是否符合国家的各项方针政策以及国务院关于编制预算草案的指示规定。

第二,指标审核。预算收支的安排是否符合国民经济与社会事业发展计划指标,是否符合国家分配预算指标的要求。

第三,体制审核。预算收支的安排是否符合预算管理体制的要求。

第四,技术审核。预算编制的内容是否符合要求,表格资料是否齐全,编制内容是否完整，预算说明有无漏缺，有无技术上、数字上的错误等。各级财政部门在审核本级或下级预算草案中，如有发现不符合预算编制要求的，要及时提出意见，通知编报单位进行修改。

(2) 政府预算的审查和批准。预算的审查和批准分为两个阶段，一是初审阶段，在召开人民代表大会之前，由全国人民代表大会财经委员会或地方人民代表大会常务委员会下设的专门委员会对预算草案的主要内容进行初步审查，并在本级人民代表大会开会期间向大会报告审查结果。二是批准阶段，先由国务院向全国人民代表大会作关于中央预算草案的报告，提请人大代表讨论审议。经过讨论审议并通过报告之后，大会作出批准国家预算的决议。经过全国人民代表大会审查批准的中央预算即为当年的中央预算。地方各级预算草案由地方政府在本级人民代表大会召开期间向大会作关于本级总预算草案的报告，经过审议批准后实施。中央预算由全国人民代表大会审查批准，地方各级政府预算由本级人民代表大会审查批准。经过法定程序审查批准的中央预算和地方各级预算组成国家预算，具有法律效力。

(二) 政府预算的执行

政府预算的执行是行政组织将预算收支计划实现的具体工作，我国国家预算经过全国人民代表大会审议批准后就进入了预算执行阶段。在国家预算执行过程中，各预算执行机关有以下任务：

一是按照国家预算确定的收入任务，积极组织预算收入，确保预算收入任务的完成。

二是按照国家预算确定的支出任务，及时足额拨付预算支出资金，同时还要加强对预算支出的管理与监督，以提高资金的使用效益。

三是努力实现预算收支平衡或确保预定的预算赤字规模上限不被突破。

四是加强预算执行的管理与监督。在预算执行过程中，要按照有关的法律、行政法规和相关规定，对预算资金的缴纳、分配、使用等过程中的各种活动进行管理和监督，纠正预算执行中出现的各种偏差，严格遵守财经纪律。

(三) 政府决算

政府决算是指各级政府对于政府预算执行情况所进行的年度总结，也是政府经济活动在财政上的集中反映。决算包括中央决算和地方决算。中央决算由中央各部门（含直属单位）决算组成，并包括地方向中央上缴的收入数额和中央对地方返还或者给予补助的数额。地方决算由各省、自治区、直辖市总决算组成。地方各级政府决算由本级各部门（含直属单位）的决算组成。地方各级政府决算包括下级政府向上级政府上交收入数额和上级政府对下级政府返还或者给予补助的数额。各部门决算由本部门所属单位决算组成。各级财政机关是具体负责组织政府预算执行的机关，也是政府决算的编制机关。中央决算草案和地方各级政府的决算草案具体由各级财政机关的预算部门负责编制。

1. 政府决算的编制过程

首先，颁发编审国家决算的规定。预算年度结束前（通常在每年的第四季度），财政部向各省（自治区、直辖市）和中央各主管部门颁发编制和审查决算的规定，对编制和汇总决算的方法、年终清理的原则、数字编列的基础、决算的组织领导、决算的报送期限等内容作出具体要求，以保证决算的完整性、准确性和及时性。

其次，进行年终的全面清理。为了正确体现预算执行的结果，保证决算数字的准确、完整，必须进行年终清理。年终清理指各级财政部门以及其他预算执行单位对预算收支的执行财务活动进行全面的清查和核算，以保证决算数字的准确完整。主要内容有：核实年度预算收支数字、清理本年应收应支款项、结清预算拨借款、清理财产物资等。

最后，制定和颁发决算表格。决算表格是编制决算的工具。财政部在下达编审决算办法时，还须制定和颁发各省（自治区、直辖市）财政决算统一表格及中央各部门与其他财务决算统一表格。决算表格是在上年度决算表格的基础上根据本年度财政管理体制及其他制度变化而统一修订的。按其适用范围，分为总决算表格和单位决算表格，前者由各级财政部门编制，后者则由各主管部门及其所属单位编制。现行决算表格包括决算收支表、资金活动情况表、基本数字及其他附表。

政府决算编制的一般程序是从执行预算的基层单位开始，自下而上编制、审检和汇总。其内容主要包括编制单位决算报表数字和编写说明书两大方面。单位决算编成后经机关首长审阅签字，正式报送上级单位。有关单位将所属单位决算连同本单位决算汇总逐级报送主管部门，汇总编成一个部门的汇总单位决算，然后由主管部门报送同级财政部门，作为财政部门汇总决算的依据。各级财政部门收到同级主管部门报送的汇总单位决算后，即进行审核登记，待各单位决算报齐后编制总决算。各市（自治州）、县财政部门编成总决算后逐级上报，汇编成各省（自治区、直辖市）总决算，最后由财政部将各省（自治区、直辖市）总决算汇总编成地方总决算。在这一过程中，为了提高决算质量，必须层层负责，逐级审核，决算审核与决算汇编交叉进行。

2. 政府决算的审查批准

为了使决算编制得及时、准确、完整，保证决算的质量，必须在各个环节上加强决算的审核分析工作，做到逐级审核，层层负责。"各单位应当按照主管部门的布置，认真编制本单位决算草案，在规定期限内上报。各部门在审核汇总所属各单位决算草案基础上，连同本部门自身的决算收入和支出数据，汇编成本部门决算草案并附详细说明，经部门负责人签章后，在规定期限内报本级政府财政部门审核。""县级以上各级政府应当接受本级和上级人民代表大会及其常务委员会对预算执行情况和决算的监督，乡、民族乡、镇政府应当接受本级人民代表大会和上级人民代表大会及其常务委员会对预算执行情况和决算的监督；按照本级人民代表大会或者其常务委员会的要求，报告预算执行情况；认真研究处理本级人民代表大会代表或者其常务委员会组成人员有关改进预算管理的建议、批评和意见，并及时答复。"[①] 决算审核分析的内容主要有两个方面：一方面，从贯彻执行国家各项方针政策、财政制度、财经纪律等方面进行审核分析，通称政策性审核；另一方面，对决算报表的数字关系进行审核分析，通称技术性审核。决算审核分析的具体内容一般应重点关注下列问题：收入方面、支出方面、结余方面、资金运用方面、数字关系方面、决算完整性和及时性等。对于决算审核中发现的问题，要一件一件地按照政府决算制度和有关财经法规作出处理。属于政策性的差错，要按政策规定予以纠正；属于技术性的差错，要及时查明纠正；属于遗漏的问题，要限期补报；属于决算不实、弄虚作假的问题，要彻底纠正；属于各种违反财经纪律、情节严重、致使国家财产遭受到损害的问题，要报请人民政府或党的纪律检查部门给予经济制裁、纪律处分、行政处分；发现有贪污盗窃、玩忽职守等触犯刑律的，要绳之以法。总之，要执行政策，严肃财经纪律，保证政府决算的及时、准确、真实、完整，提高预算管理和决算编审工作水平。

第五节 政 府 审 计

一、政府审计的概念和作用

(一) 政府审计的概念和机构设置

政府审计是指政府审计机关对会计账目进行独立检查，监督财政、财务收支真实、合法效益的行为，其实质是对受托经济责任履行结果进行独立的监督。在我国，政府审计起源于西周的"宰夫"，秦汉时称"御史大夫"，三

---

① 参见《中华人民共和国预算法实施条例》第84条、第89条。

国曹魏时始称"比部"并延续至隋唐。① 宋代第一次出现"审计司"和"审计院","审计司,掌审其给受之数,以法式驱磨"②。其主要审计对象是宫廷收支及地方政府的财政收支,故称"官厅审计"。在国外,古埃及统治者委任记录监督官专门对会计账簿和收支计算书进行严格审查,如果发现差错或舞弊行为,就根据情节轻重给予相应的惩罚。古希腊雅典执政官离职时,需要通过抽签组成审计机构对卸任官员任期内的会计账簿进行审查,通过审计,证明其没有贪污、受贿等行为后才能允许其离职。古罗马元老院下设审计机构,对即将卸任的官员进行审计,并进行相应的奖惩。12世纪时,英国为了加强对财政收支的监督,在财政部门设置了审计监督机构,由收支监督局审核收支局编制的会计账簿。1320年,英国还成立了审计法庭。经过几百年的发展,审计工作除了一般真实性和合法性审计外,正向着侧重经济和效率审计、项目效果审计发展,也称为绩效审计。我国政府审计包括中央、地方以及行政单位预决算审计。政府审计的目的,一方面是监督国家财政预算资金合理、有效地使用;另一方面是对财政决算情况作出客观的鉴定与公证,为财政管理提供改进措施,并揭露违法行为。

《中华人民共和国审计法》(以下简称《审计法》)第7条规定:"国务院设立审计署,在国务院总理领导下,主管全国的审计工作。审计长是审计署的行政首长。"目前,审计署设有办公厅、政策研究室、法规司、审理司、内部审计指导监督司、电子数据审计司、财政审计司、税收征管审计司、行政事业审计司、农业农村审计司、固定资产投资审计司、社会保障审计司、自然资源和生态环境审计司、金融审计司、企业审计司、涉外审计司、经济责任审计司、国际合作司(港澳台办公室)、人事教育司、机关党委(巡视工作办公室)、离退休干部办公室等内设机构,还设有机关服务局、计算机技术中心、审计科研所、中国审计报社、中国时代经济出版社有限公司(原中国审计出版社)、审计干部培训中心(审计宣传中心)等直属单位。地方各级审计机关的机构设置,大体上与审计署的职能司的设置相对应,但在基层审计机关,有些相近的职能部门作了相应的合并。

(二)政府审计的作用

政府审计对财务行政管理活动有重要作用,列宁认为:"对产品的生产和分配不实行全面的国家计算和监督,劳动者的政权、劳动者的自由就不能维

---

① 参见杨时展:《审计通俗讲话(一)》,载《贵州审计》1983年第1期。
② 曹大宽:《宋代审计司、审计院考析》,载《审计研究》1987年第4期。

持。"① 具体来说，政府审计的作用是：

（1）政府审计对财务行政管理起监督作用，并促进财政监督的实施。我国《宪法》第 91 条第 1 款规定："国务院设立审计机关，对国务院各部门和地方各级政府的财政收支，对国家的财政金融机构和企业事业组织的财务收支，进行审计监督。"

（2）政府审计对财务行政管理活动符合有关政策、制度规定起保证作用。通过政府审计监督各地区、部门和单位对党和国家的方针政策的实施，审查财务行政管理活动的范围、方向是否正确，检查财政制度和财经纪律是否健全、完善。

（3）政府审计对财务行政管理活动的合理性与合法性起保证作用。通过政府审计对财务行政管理的合理性与合法性进行监督审查，揭发、纠正、制止和防止财务行政管理活动中的各种错误和弊端，保护国家财产。

（4）政府审计有助于提高财务行政管理的效益。通过政府审计审查财务行政管理活动的效益大小，发现问题，改进管理，促进中央和地方各级政府及行政单位提高财政收支效益，促进各级政府高效率地实施行政管理职能。

二、政府审计的一般原则和内容

（一）政府审计的一般原则

为了维护政府审计的严肃性，保证审计工作的完成，政府审计机关及其工作人员在进行审计监督时，应遵循如下基本原则：

（1）政策法规性原则。在审计监督中要坚持四项基本原则，以党和国家的财经方针、政策及有关法令法规作为判断和评估审计对象的标准，以促进财经方针政策的实施，保证财经活动的正常秩序。

（2）客观公正性原则。审计监督要从实际情况出发，以审计监督证据为依据，实事求是，客观公正地对审计对象进行审查、分析、判断、评价和提出审计报告，这样才能维护政府审计的严肃性和权威性，同时调动被审计单位的积极性。

（3）效益性原则。政府审计必须以提高财政收支效益为根本出发点，通过审计监督来促进各级政府的财政活动和实施政府职能的效益及效用。

（4）独立性原则。政府审计机关依法独立行使审计监督权。我国《宪法》第 91 条第 2 款规定："审计机关在国务院总理领导下，依照法律规定独立行使审计监督权，不受其他行政机关、社会团体和个人的干涉。"

---

① 《列宁选集》第 3 卷，人民出版社 2012 年版，第 487 页。

(二) 政府审计的主要内容

政府审计机关的主要工作内容是对财政、金融与保险、公共投资、政府行政部门、公营企业及公债等进行审计。我国《审计法》第2条规定:"国家实行审计监督制度。坚持中国共产党对审计工作的领导,构建集中统一、全面覆盖、权威高效的审计监督体系。国务院和县级以上地方人民政府设立审计机关。国务院各部门和地方各级人民政府及其各部门的财政收支,国有的金融机构和企业事业组织的财务收支,以及其他依照本法规定应当接受审计的财政收支、财务收支,依照本法规定接受审计监督。审计机关对前款所列财政收支或者财务收支的真实、合法和效益,依法进行审计监督。"具体内容主要有:

第一,财政审计。审计机关对本级各部门(含直属单位)和下级政府预算执行情况和决算,以及预算外资金的管理和使用情况进行审计监督。审计署对中央预算执行情况进行审计监督,向国务院总理提出审计结果报告;地方各级审计机关对本级预算执行情况进行审计监督,向本级人民政府和上一级审计机关提出审计结果报告。

第二,金融审计。审计署对中央银行的财务收支,审计机关对国有金融机构的资产、负债、损益进行审计监督。

第三,事业审计。审计机关对国家的事业组织的财务收支进行审计监督。

第四,企业审计。审计机关对国有企业的资产、负债、损益进行审计监督。

对与国计民生有重大关系的国有企业、接受财政补贴较多或者亏损数额较大的国有企业,以及国务院和各级地方人民政府指定的其他国有企业进行定期审计;对国有资产占控股地位或者主导地位的企业进行相应的审计监督。另外还有国家建设项目审计,社会保障基金审计,社会捐赠资金审计,外资运用审计,专项审计调查,指导、监督内部审计,指导、监督、管理社会审计等。

三、政府审计的权限和基本方法

(一) 政府审计的权限

国家依法赋予政府审计机关在履行职责过程中享有的资格和权能就是政府审计机关的权限。从我国宪法和审计法的规定来看,审计机关权限具有以下特征:

(1) 权威性。审计监督权是由宪法加以确立的,并由审计法加以明确,具有很高的权威性。

（2）强制性。审计机关权限是由国家法律规定的，是国家意志的体现，不以任何个人的意志为转移，一切国家机关、社会团体、企业事业组织都必须遵守，都要依法接受审计监督。

（3）专属性。一方面，审计机关权限只能由县级以上人民政府设立的审计机关依法独立行使，其他行政机关、社会团体和个人不得行使，也不得干涉审计机关行使审计监督权；另一方面，审计机关只有在履行职责过程中，即实施审计监督中才能行使审计监督权。

（4）广泛性。审计是一项综合性的独立经济监督活动，为了监督财政财务收支的真实、合法和效益，必须涉及很多方面。由此，法律赋予了审计机关广泛的审计权限，包括审查权和处理权。

政府审计机关的权限包括：

（1）审查权。即为取得足够的形成并支持审计意见的审计证据而在审计过程中所必须拥有的权力，它主要是指政府审计人员在审计过程中有权全面、充分地接触和检查有关的资料。审查权是最基本的审计权限，审计法就政府审计机关的审查权作了明确的规定。

（2）要求报送资料权。即审计机关有权要求被审计单位按照规定报送预算或者财务收支计划、预算执行情况、决算、财务报告，社会审计机构出具的审计报告，以及其他与财政收支或者财务收支有关的资料。对此，被审计单位不得拒绝、拖延、谎报。

（3）审计检查权。即在审计过程中，审计机关有权检查被审计单位的会计凭证、会计账簿、会计报表以及其他与财政收支或者财务收支有关的资料和资产。对此，被审计单位不得拒绝，更不得转移、隐匿、篡改、毁弃。若被审计单位违反上述规定，拒绝或者拖延提供与审计事项有关的资料的，或者拒绝、阻碍检查的，审计机关可以责令其改正，并可以通报批评，给予警告；对拒不改正的，可依法追究责任。审计机关若发现被审计单位违反上述规定，转移、隐匿、篡改、毁弃会计凭证、会计账簿、会计报表以及其他与财政收支或者财务收支有关的资料的，有权予以制止。

（4）审计调查取证权。即在审计时，审计机关还有权就审计事项的有关问题向有关单位和个人进行调查，并取得有关证明材料。对此，有关单位和个人应当支持、协助审计机关的工作，如实向审计机关反映情况，提供有关证明材料。

（二）政府审计的基本方法

政府审计的基本方法主要是审计分析、审计检查、审计调整和审计报告四种方式。

(1) 审计分析。审计分析是指审计机构或人员运用系统方法对审计对象的具体资料和内容进行分类、分辨。它可以分为探测分析和判断分析两种。探测分析是在审计前和审计过程中探查错弊项目的方法，主要用于审查被审单位经济活动和财政收支活动，以及核算资料等的错弊以发现线索；判断分析是在审计结束时对查证事实作出判断的方法，主要用于验证凭证数据的正确性，对审计结果作出评价和结论。

审计分析具体运用的方法有比较分析法、比率分析法、结构分析法、指数分析法、趋势分析法、平衡分析法、因素分析法等。

(2) 审计检查。审计检查是审计机构和人员对被审单位进行凭证审查、数据核对及账目审核的一种方法。审计检查是审计过程中的主要环节，它具体包括顺查法、倒查法、抽查法和详查法四种方法。

(3) 审计调整。审计调整是审计机构和人员根据审计结果进行纠正错误的方法。其目的是通过调整纠正错误，以正确反映被审单位的财政状况，审计调整必须在审计结束时根据审计结果进行调整。

(4) 审计报告。审计报告是审计人员向审计部门或被审单位主管领导部门和被审单位以书面文件形式报告审计结果，并提出意见和建议。审计报告应注意其内容必须与审计目标一致，数字正确，真实可靠；结论必须慎重，符合实际；内容必须完整。

参考答案

> **思考题**
>
> 1. 如何理解财务行政管理的概念？
> 2. 财政行政管理的职能有哪些？
> 3. 简述财政收入的主要来源。
> 4. 什么是财政支出？它有哪些特点？
> 5. 简述财政支出应遵循的原则。
> 6. 简述政府预算的含义和编制原则。
> 7. 简述政府预算的程序。
> 8. 何谓政府审计？政府审计对财务行政管理的作用体现在哪些方面？

讨论题

1. 结合我国的精准脱贫政策,讨论从"授人以鱼"到"授人以渔"对消除收入差距的现实意义。

2. PPP 模式适合哪些公共产品和公共服务领域?结合现实案例讨论分析。

推荐阅读文献

1. 马海涛主编:《政府预算管理学》,复旦大学出版社 2003 年版。

2. 东北财经大学地方财政研究中心编:《政府治理与现代财政制度建设》,东北财经大学出版社 2015 年版。

3. 郭小聪编著:《政府经济职能与宏观管理》,中山大学出版社 1997 年版。

4. 蒋洪主编:《公共经济学(财政学)》,上海财经大学出版社 2016 年版。

5. 方福前:《公共选择理论——政治的经济学》,中国人民大学出版社 2000 年版。

6. 楼继伟:《中国政府间财政关系再思考》,中国财政经济出版社 2013 年版。

7. 徐滇庆、李瑞:《政府在经济发展中的作用》,上海人民出版社 1999 年版。

8. 吴易风等:《市场经济和政府干预:新古典宏观经济学和新凯恩斯主义经济学研究》,商务印书馆 1998 年版。

9. 〔美〕理查德·A. 马斯格雷夫:《比较财政分析》,董勤发译,上海人民出版社 1996 年版。

10. 〔英〕C. V. 布朗、P. M. 杰克逊:《公共部门经济学》,张馨主译,中国人民大学出版社 2000 年版。

第八章 机关行政管理

> **导读**
>
> 机关行政管理是行政流程的综合性管理,有较强的协调性、中枢性和业务性,是行政管理客体的重要方面。搞好机关行政管理是进行国家管理和社会公共事务管理的前提和基础,因此在行政管理现代化建设中有着特殊的作用。

第一节 机关行政管理概述

一、机关行政管理的含义

机关泛指国家、政党或社会团体为实现其职能而设置的负责指挥和控制该组织活动的核心和枢纽机构。

机关行政管理,是指为机关的行政职能的有效发挥提供保障的活动,主要是对机关内部行政事务的构成要素及流程进行规划、组织、监督、控制、协调等的一系列活动。机关行政管理不包括对行政机关所担负的国家和社会职能的管理,也不包括对行政机关的机构设置、行政人员的配备与协调等方面的管理。对办公厅(室)的管理是机关行政管理的主要内容。

二、机关行政管理的功能

行政机关各部门的办公厅(室)在行政机关内部起着承上启下、协调沟通的枢纽作用,各行政机关一般都通过办公厅(室)来行使权力,管理公务。行政系统的高效率离不开科学有效的机关行政管理。办公厅(室)不仅要为行政首长出谋划策,推动政策的执行,还要处理其他日常事务,为其他工作人员提供各种服务。机关行政管理的功能概括起来主要有三个方面,即参与

国家机关事务管理局

政务、处理事务、搞好服务。

（一）参与政务

机关政务是指政策方面的事情和全机关的大事。行政领导者要总揽全局、把握方向、搞好决策工作，必须注重政务。由于领导者的精力、能力和时间是有限的，就需要有得力的参谋助手予以辅佐。而掌握信息、参与政务、辅佐决策正是办公厅（室）的首要职责。它要协助领导者集中各方面资源，收集、整理、加工、传递各种信息资料，掌握和研究有关部门或单位的工作方针、政策和工作情况，为行政首长提供决策所需的具体、准确、翔实的信息，或者提出切实可行的、可供行政首长选择的决策或工作部署，以供行政首长决策时参考，以达到预期的行政目标。

行政首长制定政策之后就开始推动政策的执行。在政策执行过程中，办公厅（室）协助行政首长发布命令和指示，推动政策的贯彻执行，具体包括：积极发挥纽带作用；及时捕捉和反馈在执行过程中的各种信息；提出相应的调整性或补充性的意见；为领导追踪决策、修正完善决策提供优质服务。决策实施完后，还要做好工作总结，积累经验，并及时向上级汇报。此外，办公厅（室）必须明确自己的角色，它只是行政首长的参谋和助手，而不是决策者，不能代替行政首长决策，也不能代替行政首长实施决策，更不能代替行政首长发布命令和指示。

（二）处理事务

综合办事机构需要处理大量的日常事务，并随时应对种种临时性、突发性事务。行政管理机构多，任务繁杂，机关工作人员工作的效率极大影响着整个组织的有效运行。因此，除了围绕领导的中心工作以外，还包括许多必须协调处理的内部事务。它要做好管理文书档案工作，承办处理请示、报告、通知等各类文件；为工作人员提供各种服务，包括物资、财务、生活、后勤以及接待工作，保障机关正常需求的满足；根据行政领导者的授权，推动本单位各方面工作的正常开展，如公务接待、会议组织、来信来访、督促检查、财务管理、时间管理、秩序管理、外事活动等；及时准确地将行政首长的指示传达下去，把下面的意见和建议及时准确地反馈给行政首长，发挥上传下达的作用；负责创建良好的工作环境，建立并完善各种规章制度，稳定工作秩序，建立畅通的信息渠道，使组织形成一个完整的体系。

（三）搞好服务

为人民服务是我国行政机关的根本宗旨，也是政府部门综合办事机构工作的根本宗旨。行政机关管理具体贯彻落实这一根本宗旨，主要体现在：

(1) 为机关行政领导工作服务,主要表现在参与政务,当好领导机关或行政首长的参谋助手,为实现行政管理职能提供服务。如协助领导进行决策和指挥;提出建议或拟定决策方案,供领导者决断时参考;决策执行后,做好总结工作,为领导者实施奖惩和进一步决策创造条件等。(2) 为本机关各项工作创造条件与提供服务,即为机关的各机构、部门提供必备的设施、适宜的工作环境等,保障整个行政机关工作的效率。(3) 为机关全体工作人员的生活福利服务,包括衣食住行等方面的生活福利服务。(4) 为下级和基层服务,即通过建立合适的沟通渠道,保证行政机关系统内部及行政系统与外部环境之间实现信息、物质、能量的交流,最终得以高效实现行政目标。如为基层提供各种政策咨询、业务指导、技术服务,积极做好群众来信来访,全心全意地为群众排忧解难,简化办事程序。

搞好服务是机关行政活动的方向,也是衡量机关行政活动质量的基本指标。机关行政管理必须要树立群众观点,秉持全心全意为人民服务的宗旨。机关行政活动要搞好服务,必须本着对上级、同级、下级组织和成员负责的精神,提供平等的服务;必须遵循规章制度,严格地依照国家法律法规和上级的规章制度,为政府提供及时、规范的服务;必须积极主动,适时提供服务,避免出现服务不及时的现象。

三、机关行政管理的原则和作用

(一) 机关行政管理的原则

机关行政管理的原则,是指行政机关管理工作所应遵循的准则。从根本上讲,我国行政机关管理要符合党和国家制定的总路线、总方针、总政策,符合相关法律、法规。在这个总的原则下,根据机关行政管理的特定内容和性质,还应遵循下列具体原则:

1. 分工协作原则

行政机关管理工作范围广、内容多、情况复杂,需要由各种工作机构来分工承担。但各部门之间是存在有机联系的,需要在分工的基础上,加强各部门之间的协调与合作,将有限的人力、物力、财力有机结合,形成一个既相互依存又相互制约的有机整体,推动机关行政管理工作高效化。

2. 制度化原则

机关行政管理制度是由特定机关制定的用于规范内部各类事务活动行为与过程的规范性文件的总称,机关行政管理的制度化则是指针对机关事务活动制定、修订和实施各类工作制度的过程。机关中的所有工作的开展都应按着客观规定的规则、规章制度连续进行。严格的机关办公制度是保证机关行政管理的其他要素得以正常、连续运转的前提，也是评价行政效率、保证行政系统合理运营的重要因素。机关工作的制度依据不同标准可分为三种类型：根据制度的层次，可分为基本制度和作业制度；根据涉及的内容性质，可分为标准性制度、过程性制度、可操作性制度；根据制度的具体名称，可分为规定、办法、规程、制度、标准、章程等。

3. 科学化原则

机关行政管理事务繁杂，时效性很强，要提高管理效率，必须遵循科学化原则。首先必须实现机关行政管理方法和技术手段的科学化，运用统筹优选、网络规划、关键线路等科学方法，优化工作流程，简化办事程序，促使机关行政管理工作定量化、条理化、系统化；其次必须实现机关人员素质的现代化，包括政治素质、作风素质、专业知识素质、能力素质、心理素质等；最后必须实现机关制度的科学化，建立科学合理的机关制度，规范相应的机关行政管理工作。

4. 勤俭节约原则

机关行政管理应遵循节约时间、节约物资、节约人力的原则，最大限度地节约人力、物力、财力，少花钱多办事。机关行政管理要在管理中使本单位所有职工树立勤俭节约、反对浪费的思想和习惯，还要合理支配和使用机关的财和物，使有限的物力、财力发挥更大的作用。为此，要建立各种经济责任制和其他奖惩措施，提高机关各种行政资源的利用效率。

5. 安全保密原则

行政机关涉及大量的有关国家政治经济、社会安全的秘密文件，一旦泄密直接影响国家的安全和政府的声誉，甚至会带来意想不到的后果。保密原则既是领导决策的需要，也是办公厅（室）所必须遵守的一条重要原则。这就要求机关行政管理工作人员要强化保密观念，遵循严格的保密规定，养成保密习惯，确保国家机密的安全；同时建立完善的保密规章制度，用制度管人，明确职责，奖惩分明；开展经常性的安全和保密教育，提高工作人员的警惕性，增强其防范意识和保密意识。

（二）机关行政管理的作用

机关行政管理直接关系行政管理的效率，是全部行政活动能否顺利进行并圆满实现目标的重要条件和保证，在整个行政管理过程中发挥着巨大的作用。具体如下：

（1）机关行政管理提供基础性工作条件，保障行政管理各项职能活动的顺利进行。机关行政管理的保障作用表现在两个方面：一是为行政管理职能的顺利进行提供基础工作保障，即为各级领导和各类行政工作人员提供基础性的工作条件，如秘书工作、信息工作、财务工作、物资供应工作、安全保障工作等。二是为行政管理职能的顺利实现提供物质保障，保障机关行政管理职能的有效发挥。如房舍的建筑、管理、维修，车辆的管理、调动，办公用品的购置、分配、保管，水电的维修等。这些都由政府内的后勤保障部门来承担，保障政府部门正常展开职能活动。

（2）机关行政管理使行政领导者和一般行政人员能够节约时间，提高工作效率。高效的综合办事机构能够有效提高行政机关的行政效率，它能够全面准确地传达行政首长的命令，并及时向行政首长反馈各个部门执行的情况，帮助行政首长有效处理和解决各类问题。此外，它还有利于提高工作效率，如精简办事程序，减少办事流程，搞好财务工作和物资供应工作。

（3）机关行政管理促进行政决策的科学化。机关中的办公厅（室）是领导决策的参谋和助手，兼具高效率和高水准。在决策过程中，可以根据领导机关的要求调查、收集、整理信息资料，为领导决策提供可靠准确的依据；也可以根据自身的调查研究情况提供分析报告，提出建议或决策的预选方案，对各种拟订方案提供科学的评估意见。这为领导机关追踪决策、修正完善决策、促进行政决策的科学化提供了优质服务。

（4）机关行政管理是加强行政组织自身管理，切实搞好廉政建设，树立政府良好形象的重要途径。综合办事机构要全面负责接待工作，是机关精神文明建设的窗口。机关工作质量的高低和服务态度的优劣，不仅影响着本单位的形象和声誉，而且对内对外起着一种放射作用。因此，机关行政管理要不断加强自身组织建设，抵制各种剥削阶级思想和作风的侵蚀，克服机关工作中的官僚主义、形式主义和拖拉作风。自觉建立良好的秩序、严格的制度、实事求是的作风，全面加强廉政建设，服务群众，这样才能产生积极向上的影响。

第二节　机关行政管理的内容

机关行政管理事务属于日常性、技术性的管理事务，其主要内容包括会议管理、文件工作管理、档案工作管理、政务信息工作管理、保密工作管理、信访工作管理和机关后勤管理等。

一、会议管理

（一）会议的作用及类型

会议是通过集会的形式交流信息、讨论问题和传达指令的一种工作形式，它是机关开展工作的重要手段之一。一般来说，会议具有以下作用：集思广益，丰富领导经验，提高领导水平；贯彻群众路线，实现人民群众参与国家和社会事务的管理，增强人民群众的主人翁意识和责任感；沟通信息，协调关系等。

会议的类型多种多样，在规模上有大、中、小之分；在性质上有工作会、联席会、座谈会、对话会等；在内容上有专题会和综合会等；在时间上有定期会和不定期会等。总体而言，会议的类型主要包括以下八种：（1）例行工作会议。主要用于领导成员之间交流各自分管工作的情况，研究上级指示，讨论重大问题等。（2）专题性会议。是由一定范围的领导人员及有关部门的人员参加的集中讨论某一方面问题的会议。（3）联席性会议。是为了开展某项较大规模活动，需要几个有关部门一起共同协商和通力协作而召开的一种会议。（4）布置或总结工作会议。（5）经验交流会或现场会。（6）各种形式的座谈会。（7）电视电话会议。（8）表彰先进会、重大纪念活动或代表大会等群众性大型会议。

（二）会议管理及其基本原则

一般说来，适当数量和规模的高质量会议是行之有效的行政管理方法和手段。所谓会议管理，就是对会议的数量、质量、规模、时间、主题等有关事项进行管理。其中，会议质量控制是会议管理的核心内容。

会议管理应遵循以下原则：（1）精简节约原则。要建立会议审批制度，严格控制会议规模、形式、时间、开支等。（2）讲求质量原则。必要的会议要搞好会议的组织安排。（3）发扬民主原则。讨论议题应让与会者充分发表意见，凡属重大问题，都应经过民主讨论再作出决定。（4）适时、适度、适地原则。会议召开时间要合适，要注意避免影响工作。

（三）有效提高会议质量的措施

（1）严格执行会议审批制度，不合乎条件标准的会议一律不准举行。严格会议审批制度是避免会议主观随意性的有效措施。它要求机关和部门在召开会议之前充分说明会议召开的必要性和重要性，并要按程序报上级主管机关或主管领导审批。未经批准的会议不能召开，否则要追究当事人的责任。上级主管机关或主管领导要严格把控好审批程序，对于可开可不开的会议坚决不批准召开。同时，对会议的规模和时间也要进行严格控制。尽量缩小会议规模，缩短会议时间。

（2）建立健全并严格实施包括会议规则在内的一整套会议制度，以这些严格的会议制度约束与会议有关的行为。

（3）科学、有效、充分地做好会议准备工作，会前应使每一位与会者了解会议的目的、宗旨、议题，掌握有关文件材料并作好发言准备，不开"空手"会，不开无准备的会。主持人和与会者应具有足够的权力和明确的责任，以保证议而有决，决而有行。

（4）严格控制会议人数、不允许无关人员参会，尽量将人数控制在能有效交流信息、形成法定有效决议所允许的最低限度内。

（5）保证会场秩序，尽最大可能为会议创造各种有利的物质、环境、卫生等条件。

（6）充分运用现代化技术手段，灵活运用图板、实物、模型、照片、广播、电话、录音、录像等用具和设备，提高信息传递的效率与质量，缩短会议时间，提高会议效果。这是精简会议、提高会议效率的一条新途径。

二、机关文件工作管理

（一）文件的含义和作用

文件是人类社会活动中为处理事务的需要而直接形成并使用的具有规范体式和法定效用的信息记录。它作为一种传达贯彻政府方针和政策，发布法规、请示和答复问题、指示和接洽工作、报告情况和交流经验的工具，在行政管理中起着重要的作用。

（二）机关文件的特点

公文是公务文件的简称，它是文件的一个主要门类，具有文件的基本属性（规范体式和法定效用），同时也具有其他文件所不具备的一些特点，如其制成者是依法成立并能以自己的名义行使权力和承担责任的国家机构或其他社会组织，其文体、结构、格式大都由国家机构以法律法规或规章的形式加以严格规范。机关文件的内容一般包括标题、发文机关、正文、附件、机关印章与签署、发文日期、收文机关和公文编号等。特种公文还有绝密、机密和秘密等密级标记；急件、特急件和要求限时等缓急程度标记；阅读范围、对象和份数等标记。

在形成过程中，公文必须履行严格的法定程序；在执行效用方面，公文对有关各方行为有受法律法规约束和保护的强制影响，具有法定权威性。

(三) 文件工作

文件工作,又称为公文处理,是在公文从形成、运转、办理、传递、存贮到转为档案或销毁的一个完整周期中,以特定的方法和原则对公文进行创制加工、保管,使其完善并获得功效的行为过程。它包括两个方面:一是发文处理,即办公厅(室)为了某一事项或目的,根据领导授权或权限,按发文程序制发公文的活动。包括撰拟、审核、签发、文印、校对、封发和归卷等程序;二是收文处理,即机关接受发送给本机关的公文并按照程序及时办理。包括签收登记、分发、拟办、承办、催办、清退和归卷等内容。

(四) 文件管理工作

文件管理工作的主要任务包括两个方面:一个是使文件工作构成要素(人、财、物、时间、信息等)确立最佳组合关系;另一个是使文件工作构成要素的流程有序、有效、顺畅、快捷。科学的文件管理要遵循以下三条原则:一是精简实效原则。公文的行文要注意精简,讲究实效,限制发文数量,反对文牍主义。对于必发的公文,坚持做到"短、精、少"。精简办文的程序和环节,缩短公文旅程。二是及时准确原则。公文撰拟的内容要准确无误,即使是缮写、印刷、校对这些小细节也要认真对待。三是安全保密原则。文件管理工作涉及党和国家的许多机密,在文件管理中一定要严格遵守保密制度和纪律,保守国家秘密。

(五) 文书的立卷

文书立卷就是要按一定的原则把纷繁零散的文书材料整理成系统有序的分类案卷,以方便有关人员查找和使用,同时为存档做好准备。文书立卷的原则包括以下几个方面:一是要遵循文书材料形成的前因后果、时间顺序和前后衔接等逻辑规律,按一定线索清理文书的来龙去脉。例如,机关的内部活动存在着先决定、再计划、而后实施和总结的时间顺序。机关的外部关系存在着下级请示、上级批复的前后衔接,这些活动都伴随着文书材料的形成。因此,文书立卷要依机关的活动规律登记注册文书材料。二是文书立卷要反映机关工作的真实面貌。机关文书反映了机关工作的面貌,立卷的文书要避免不加选择地全部立卷或过分删减,更不能主观编制立卷材料,掩盖原有文书所反映的机关工作本质。不同性质和职能的机关应对文书材料进行分门别类地立卷,具有综合性的文书材料可归入办公立卷,由两个以上部门联合办理的文书材料归主办部门立卷。三是文书立卷要以方便保管、检索和使用为目的,这要求各卷所含公文量需适当,不同密级和不同形式的公文要分别立卷。

三、机关档案工作与信息工作管理

(一) 机关档案工作管理

档案是国家机构和社会组织及个人在社会活动中直接形成的，具有一定查考和利用价值的文字、图表、音像等各种形式的历史记录资料。档案记录的是机关活动的历史，可以作为研究和处理问题的依据，具有真凭实据的作用；它作为第一手资料对行政历史和现状的研究都有参考价值；它可以保持行政活动的连续性和稳定性，从而提高机关工作效率和质量。

机关档案工作管理就是对与机关活动相关的档案进行搜集、整理、鉴定、分类、归档、编目、装订、保管、利用等工作的管理。通常机关为档案工作配备有专门的管理人员或兼职人员，并制定相应的管理规章制度，也称为机关档案管理制度。机关档案管理的原则是：(1) 档案管理要集中统一。机关档案要分别集中在各机关档案室、档案科和各级档案馆，不得分散保存或任意转移销毁。有关档案部门要指导监督、检查本机关文书材料的归档工作。建立借阅制度。有关机构或人员要查阅档案资料，必须按照规定的管理程序填写调阅单，并经主管人员批准，再向档案室或档案馆调阅档案。(2) 档案必须案卷完整、安全。档案完整要求档案收集全面、管理完备，保证档案齐全，维护档案完好，保持其有机联系。档案安全体现在防止档案损坏，延长使用寿命和保证档案不丢失、不失密、不泄密。完整、安全是对档案管理工作的基本要求。

在我国，现行的机关档案管理制度是"统一领导，分级管理"。这种管理制度的特征是：(1) 从中央到地方都设立了相应的档案行政管理部门（档案局）统一领导，分级管理档案工作。(2) 全国各级各类机关工作均受各级档案行政管理部门的统一指导、监督和检查。(3) 在统一领导、统一制度的前提下，对具体的档案工作管理分级、分类、分专业进行，实行条块结合，形成国家—地方—专业系统。(4) 集体和个人的对国家和社会具有保存价值的或应当保密的档案，由其所有者保管，但在保管条件恶劣或由于其他原因被认为可能导致档案严重损毁和不安全时，国家档案行政管理部门有权代为保管，确保档案完整和安全，必要时可采取收购或征购方式。

档案管理的总要求是集中统一管理国家档案，维护档案的完整与安全，便于国家各项工作的展开。机关的档案管理，其基本内容是收集、整理、鉴定、编目、装订、保管、利用和统计档案等。具体来说，档案的收集，是指档案机构将分散在各个部门的应当归档的材料主动、全面地接受和收集起来，进行统一归档保存。收集的范围，除了收发文书外，还包括会议文件、调查报告、访问记录、规章制度、统计报表和重要活动照片等。档案的整理，是将收集的零乱无序的文书按照规定进行分类组合，使之系统化、规范化和条理化。档案的鉴定，是对材料进行鉴别和挑选，确定其是否存在科学价值和实践价值，按照档案的价值确定保存期限，并将失去保存价值的档案按规定的方法和程序销毁，销毁后要保存好注明已销毁的清册，也可采取移存、删除、提要等方法简化档案，增加库存量。如发现损坏或遗失的档案，应及时上报并设法追查补救。档案的编目，是方便使用者查找的一种管理工作。可以根据收发文号及日期先后所编的登记目录、档案内容所编的分类目录，标题目录、名称目录、机关或人员目录、检字法目录等进行编目。档案的装订，指为了查阅方便将公文按照顺序装订成卷，一般 20 件左右为一卷。档案的保管，是档案管理中最基本、最经常的任务。指的是按照档案的性质成分、制作材料、环境及相关规定和要求，运用科学技术手段和必要的安全防护措施，如防火、防盗、防潮、防蛀等，防止人为或自然因素对档案造成的威胁和破坏，最大程度延长档案使用寿命。此外，档案存放的库房和设备也要达到一定的技术和质量要求。档案的利用也是档案管理的最终目的，即为满足机关利用档案的需要，更好地开发档案信息资源，为社会提供优质服务。包括编辑、公布和出版有关档案资料，提供阅览和借出。档案的统计，即通过图标、数字等形式，对档案的收进、移出、整理、鉴定、保管和利用的实际情况进行分析，以便利用者更好地了解档案管理工作的现状与水平，进一步优化档案管理工作。

社会的进步，为档案管理的现代化提供了极大的可能，同时，机关对档案管理也提出新的要求，这又使档案管理的现代化逐渐成为现实。利用计算机检索档案，不仅提高了查找速度，也提高了查全率和查准率，大大提升了机关档案管理的工作水平。

(二) 机关信息工作管理

信息是来自国内外的各种知识、消息、情报和资料的统称。机关的信息工作，主要包括信息的收集、传递、反馈、加工（含信息的甄选、整理、编写等）和储存等。机关信息工作的任务就是满足管理决策活动的信息需求，为其提供高效、优质的信息支持。

机关信息工作管理的主要内容有：(1) 确立组织保障，建立信息工作机构。(2) 制订信息工作标准和计划，并组织和监督实施。(3) 规划信息网络，并组织和监督其运行。(4) 对数据库、信息库的建设进行规划，确立其构成规则、运行和使用规则,最大限度地实现信息资源的共享。(5) 进行检查评比、督导其建立健全制度标准,总结推广经验等方式,指导下级机关的信息工作。

四、保密工作管理

机关保密工作管理是对政府内部的各种密级的文件、资料进行的管理。行政机关保密范围,一般包括文电保密、会议保密、印信保密、通信保密、各类情况保密、高层领导活动保密等内容。各级行政机关是国家机密高度集中的机构,因此,机关人员应该做好机要保密工作。

保密工作的主要措施有:一是建立和健全保密制度,加强对机密文件、图纸、资料、照片、档案、信函的管理工作,以确保机密的安全。二是坚持原则,保证知密不失密。处理文件时,要严格履行登记、签收手续,绝密文件须有专人负责保管。三是贯彻"积极防范"方针,经常向内部人员进行保密宣传教育,并与违反保密法规、制度和纪律的行为做斗争,堵塞泄密漏洞。

五、信访工作管理

信访工作是指行政管理机构的信访部门对群众的来信、来访进行受理、处理和查办管理的过程。人民群众来信来访中反映的问题涉及面广,不仅直接关系到来信来访者的切身利益,而且关系到各级行政机关、单位能否正确贯彻落实党和国家的方针、政策。因此,信访工作是我们党和各级政府机关密切联系人民群众的重要渠道,是各级党政机关、单位的经常性工作。

信访工作管理是以放大和充分发挥信访工作的功效为目的,对构成信访工作的因素及其流程所作的规划、组织、协调、控制等活动。其主要内容包括:

(1) 在体制方面,确定信访工作领导体制,建立信访工作机构,在信访工作中实施科学分工,建设信访干部队伍,建立和完善信访工作制度,规划信访工作程序。信访工作应该做到:及时拆封,热情接待;详细阅读,认真听记;妥善处理,及时反馈。切实做到件件有着落,事事有结果。

(2) 在监督控制方面,明确对信访工作的监督控制责任;及时收集信访工作信息;以指导查办、催办、统计、总结、奖惩等方式对信访工作的质量与效率实施有效的监督与控制。

(3) 在协调关系方面,协调信访工作所涉及的多方面利益关系;调整计划目标;调整政策;调整内部关系、外部关系;调整工作节奏等。

六、机关后勤管理

机关后勤管理也称总务管理,是指为保证机关各项工作的顺利进行而对物质、财务及其他多种服务设施进行的管理。后勤管理是机关行政管理的重要内容,它为机关人员及各项工作提供物质保障。

(一)机关后勤管理的内容

(1)物资管理。机关物资管理是目前机关后勤管理中的重要内容。机关物资主要包括办公用具、办公设备等,是满足办公需要不可缺少的工具。物资管理包括物资的采购、分配、保管、领用、维修、报废、稽核,重点是采购、保管、领用三环节,特别是要强调机关物资公开、透明、合理、务实采购。机关物资科学、规范化管理可以有效地杜绝行政组织腐败行为的发生,节约机关财政开支,减少机关物资的私人占有和浪费,提高行政效率。

(2)财务管理。财务管理既包括对经费、车辆、房屋、设备、服务设施的利用管理,也包括经费的预算、收支、结算、审核、监督、审计,还包括设备的购置安装、运转、检修;保养、更新,以及物品的采购、分配、使用、回收、处理、保管等。财务管理的核心任务是合理分配和使用资金,勤俭节约,提高效率,少花钱多办事。

(3)房产管理。即对行政机关的办公用房、附属用房、宿舍用房及其所占用土地的管理。加强房产管理,为机关创造良好的工作和生活环境是保证机关工作正常开展的物质条件。房产管理包括机关办公用房的管理与机关工作人员生活用房的管理。办公用房的管理的重点是根据适用性和经济性原则进行科学的建筑设计、分配、使用与修缮,生活用房的管理的重点在于产权问题。房屋建设是机关房产管理的基础性工作,房舍的维修是一项经常性保障工作。

(4)食堂管理。搞好食堂管理,既能保障工作人员身心健康,又有利于发挥工作人员的工作积极性,提高工作效率。搞好食堂管理,首先,要树立为机关服务的思想。机关食堂不能以营利为主要目的,而应着眼于为机关及其人员提供优质服务,这是机关食堂与社会上的酒店、饭店的重要区别之一。其次,搞好餐饮卫生。炊事员及服务人员要进行定期体检,各种餐具要做好消毒工作,防止食物中毒等现象的发生。最后,搞好成本核算。精打细算,减少浪费,杜绝大手大脚的行为。

(5)环境管理。机关环境管理即机关办公场所的建设与布置,其目的是为行政人员创造舒适优美的工作环境。机关环境管理的主要内容包括:第一,空间管理。指根据机关规模、职能、机构设置和办公设备等情况，遵循节约成本、提高空间利用率、缩短工作流程的原则，对办公空间作出科学规划与合理安排。第二，环境控制。指对影响人情绪的自然因素，如光线、色彩、温度、湿度、空气质量、花草进行科学规划与设计。总体而言，机关环境必须遵循以下三个原则：第一，特色原则。机关环境布置要体现组织特色，激发工作人员的认同感，提高工作人员的积极性。第二，大众化原则。最大限度地使工作人员感觉到环境舒适，消除疲劳。第三，卫生整洁原则。保持干净的工作环境，既能使工作人员心情舒畅，提高工作效率，又能保持良好的社会形象。

(6) 车辆管理。车辆管理包括对各类车辆的购置、登记、调配、使用、维修保养、消耗材料领用以及对司机的教育培训、肇事处理等内容。车辆管理需要严格遵循相关制度原则，按照规章进行规范管理。从车辆购置、使用、调度到车辆维护、领用消耗材料都必须有一整套严格的制度，并按制度执行。同时，还应加强对司机的技术培训与安全和服务意识培训，进而保证机关工作的高效率运行。

(7) 水电管理。机关的水电管理和维修服务是整个机关后勤服务工作中的重要组成部分，关系到机关及机关各部门工作的正常运转和机关干部职工的正常生活。水电管理包括检查和维护机关内各供水、供电设施、管线，保证设施的正常运行；检查水、电使用情况，防止和消除水、电方面的安全隐患；制止和纠正窃水、窃电行为；按时抄检水电计量，及时清收水电费用。水电维修服务主要是根据用户和服务对象（包括部门、单位及个人）的要求或约请，提供水电维修、排除水电故障中的劳务服务。水电管理首先要建立一套严格的规章制度并按制度执行。其次要加强对维修服务人员的教育，坚持为人民服务的宗旨，树立爱岗敬业的精神。最后要对水电管理及维修服务人员的服务态度和质量实行检查监督考核，提高其工作水平。

(8) 医疗卫生管理。医疗卫生管理是保证机关人员的身心健康、保证机关工作的正常有序的关键。机关的医务部门要定期组织体检，安排心理测试咨询；定期开展防病防害宣传工作；认真做好防疫工作，并搞好环境卫生，减少疾病发生率，提高机关工作人员的健康水平。

(9) 幼儿园管理。有效安排机关工作人员子女入托和入幼，是保证他们全身心地投入工作和提高工作积极性的重要保障。幼儿园管理应合理安排好机关工作人员儿女的入托和入幼，解除他们的后顾之忧。但随着教育体制改革的深入，托幼管理的职能主要应由教育部门来承担，机关做好相应的配套服务工作。

（二）机关后勤体制改革的方向

过去，我国行政组织实行的是封闭式、供给制、福利型的计划经济后勤体制。这种"小而全"的后勤管理体制存在许多弊端，如机构臃肿、人员冗杂、资源浪费、工作效率低下、经济效益和社会效益较差等问题。随着市场经济体制的逐步完善和行政改革的持续推进，机关后勤服务在市场经济条件下的商品属性逐渐得到凸显。机关后勤改革应严格按照行政体制改革的要求，树立现代机关后勤的新理念，建立机关后勤服务运行的新机制，形成"小后勤、大服务、高效率"的机关后勤工作格局。

未来，机关后勤事务管理改革的方向可以概括为以下两点：

1. 逐步实现后勤服务工作的企业化

企业化是指机关的福利、生活设施要逐步实行企业化经营，设立自己的收支账目，自负盈亏，在保证服务的前提下，创造经济效益。机关后勤部门要以市场为导向，加大机关服务中心的改革力度，盘活后勤资产存量，以市场为导向，以效益为中心，提高服务经营能力，促进后勤经济发展。在用人方面，引入用人竞争机制，根据不同业务要求与职工结构状况实行劳动合同制，坚持同工同酬，多劳多得，奖勤罚懒。

2. 逐步实现后勤服务工作的社会化

后勤服务工作走向社会化是机关后勤管理工作发展的必然趋势。社会化，就是由社会来办后勤，由社会向行政组织提供这方面的服务。后勤服务工作社会化能够有效减轻机关行政管理的工作负担，精简机构和人员，减少浪费，提高行政办公效率。一方面要充分利用机关现有的服务设施，积极向社会提供和开展有偿服务；另一方面要广泛引进社会力量为自身提供服务。要积极促进后勤服务单位联合，这是生产社会化和节约后勤管理资源的需要。联合协作可采取合并、联营、兼并、租赁、股份经营等多种形式。

潍坊市机关后勤服务社会化改革

第三节　机关行政管理的现代化

一、机关行政管理现代化的必要性

机关行政管理现代化以科学管理为基础，运用现代科学技术的先进理论、方法和技术来研究和处理机关行政工作，从而提高机关行政管理的效率。机关行政管理现代化是科学理论和科学技术发展、运用的必然趋势。机关行政管理现代化的必要性包括以下几点：

第一，机关行政管理现代化是当代科学技术发展和社会进步的客观要求。科学技术不断发展，社会不断进步，行政环境不断变化，行政管理也随之发展并不断科学化、现代化，机关行政管理也必然要求现代化。

第二，机关行政管理现代化是社会主义现代化经济建设发展的需要。随着改革的不断深入，迫切要求在行政管理体系内改变一切与社会发展要求不相适应的旧的行政体制，逐步建立起一种合理、科学的行政管理制度，以适应经济发展的需要。机关行政管理的现代化也在其中。

第三，机关行政管理现代化是改革和完善我国机关行政管理的需要。过去由于种种原因，机关行政管理片面强调革命化，忽视现代化，致使管理落后、效率低下，这不能适应现代化建设的需要，不能适应行政改革的需要，必须加以完善，使机关行政管理现代化。

二、机关行政管理现代化的内容

机关行政管理现代化的主要内容，概括起来讲，主要有以下五个方面：

（一）机关行政管理观念现代化

同其他事物一样，机关行政管理也有它内在的规律性，是一门颇深的"学问"。要想机关行政管理工作有效率，必须要懂这门"学问"，要把它看成是一门科学。科学技术和社会经济越发展，对机关行政管理的要求就越高，机关行政管理的现代化必须首先实现管理观念的现代化。现代化的机关行政管理观念是机关行政管理现代化的首要标志，也是实现机关行政管理现代化的前提和基础。正确的机关行政管理观念应包括服务观念、效率观念、系统观念、法制观念等，服务观念是指综合办事机构要变指挥为服务，变上门求服务为主动服务；效率观念是指要遵循效率原则，有效处理好节约成本与实现现代化之间的关系；系统观念是指机关行政管理的现代化不仅是技术设备条件的现代化，还包括工作流程的科学化、管理理论的现代化、机构设置的现代化等内容，缺少任何一项都难以有效推进机关行政管理现代化进程；法制观念是指机关行政管理要实现依法管理，确立各项工作制度，保证工作人员按照制度规定进行工作。

（二）机关行政管理人员素质现代化

机关行政管理人员是机关行政管理活动中最基本的要素，是管理活动的细胞。机关行政管理人员素质的现代化是机关行政管理现代化的必要条件。行政机关管理人员应随着当代社会进步与行政管理现代化的需要而不断提高政治素质、文化素质和业务技术素质。具体来说，政治素质就是要坚持四项基本原则，树立全心全意为人民服务的思想，热爱本职工作，廉洁奉公，遵守法律、法规、政策，提高自身的纪律性。文化素质是指要有广泛的知识基础，敏锐的思维，以及有效地掌握、利用现代办公手段、设备的能力等。专业技术素质是指从事机关行政管理的某项专业活动所需的知识和技能。提高机关行政管理人员素质的主要途径是加强培训。此外，对机关行政管理人员的素质要求还包括作风素质、能力素质、心理素质等，这些素质同样对机关工作人员的工作产生重要影响。

（三）机构行政设置现代化

机构行政设置现代化是机关行政现代化的重要支撑。机关行政设置现代化就是要实现行政管理机关机构设置合理化，即根据精干、高效原则，全面考虑行政机关管理工作的性质、任务、内容、范围以及职责，进而决定机构的设置。严格控制编制数额，每个人都应有明确的职责，既要有科学的分工，又要有密切的协作配合。使各个机构层次能相互衔接、互为依托，成为运转灵活、上下协调的有机整体。

（四）机关行政管理手段现代化

现代科学技术的发展，为机关行政管理手段的现代化提供了重要保证。办公手段现代化是机关行政管理现代化最显著的标志。办公自动化是指采用新技术和新方法对基本办公事务进行自动处理的一项综合技术。办公自动化的基本功能包括：文字/文件处理功能、图形/图像处理功能、声音处理功能、信息查询功能、网络通讯功能、决策支持功能和行政管理功能等。办公自动化的核心是人机关系。现代机关行政管理应借鉴和灵活运用这些现代管理方法和先进的技术设备，并配备各类专业技术人员，建设一支适应办公自动化要求的管理队伍，推动机关行政管理工作的高效化。

办公自动化

（五）机关行政管理法制化

管理法制化是机关行政管理现代化的基本特征之一，机关行政管理的各项法规制度是否科学、合理直接影响本单位工作能否正常运转。尽管机关行政管理的工作性质弹性大、随机性强，工作内容琐碎复杂，但应纳入规范化管理轨道。规范化管理的保证之一就是要实现依法管理，确立各项工作制度。从工作人员的录用、考核、培训到岗位的设立、职责的划分，以及功过评定，都应依据相应的法律、法规受到制度的规范，全面推动法制建设、法制教育、法制监督。法规制度是推行工作的保证，是检验工作的尺度，是调动工作人员积极性的手段。

参考答案

> **思考题**

1. 简述机关行政管理的含义和功能。
2. 简述机关行政管理的原则。
3. 机关行政管理的作用有哪些?
4. 简述机关行政管理的主要内容。
5. 简述会议管理及其基本原则。
6. 机关后勤管理主要包括哪些内容?
7. 简述机关行政管理现代化的主要内容。

> **讨论题**

1. 联系实际讨论当前我国的机关行政管理存在哪些问题。
2. 面对信息技术的挑战,结合实例谈谈如何应对挑战、实现机关行政管理的现代化。

> **推荐阅读文献**

1. 赵国俊、陈幽泓编著:《机关管理的原理与方法》,中国人民大学出版社1999年版。
2. 张恩玺主编:《信访工作制度改革理论与实践》,中国法制出版社2017年版。
3. 汪溢、赵莹主编:《文书与档案管理》,北京大学出版社2010年版。
4. 帅学华主编:《办公室事务管理》,电子工业出版社2013年版。
5. 马东艳、薛荐戈主编:《现代办公实务》,北京理工大学出版社2019年版。
6. 方堃主编:《行政秘书学》,武汉大学出版社2021年版。
7. 刘访:《党政机关公文处理工作条例精解与范例》,中国法制出版社2012年版。
8. 舒晓琴主编:《中国信访制度研究》,中国法制出版社2019年版。
9. 梁婷婷:《办公室党务管理》,九州出版社2019年版。
10. 吕少先:《新时代基层信访工作实践与思考》,中国民主法制出版社2021年版。
11. 王雯:《办公室事务管理》,社会科学文献出版社2023年版。

第九章 行政公共关系

> **导 读**
>
> 行政公共关系旨在探讨政府如何有效处理与公众的关系，其最终目的是通过务实的治国理政和有效的行政沟通，塑造良好的政府形象，获得公众的广泛支持。行政公共关系兼具行政管理和公共关系的双重属性，在实际操作中，既要运用一般公共关系的基本原理，又要充分考虑政府主体的公共价值取向。行政公共关系的内容极其广泛，本章仅就行政公共关系的基本问题以及行政沟通和政府形象塑造这两项具体实务进行简要介绍。

第一节 行政公共关系概述

自国家产生以来，以政府为主体的行政公共关系活动也随之产生。但是，现代公共关系学科的产生和形成距今也就一百多年。本节主要简要梳理行政公共关系产生和发展的基本历程，厘清其基本内涵和勾勒其基本研究领域。

一、行政公共关系的产生与发展

（一）西方行政公共关系的产生与发展

西方公共关系的起源可以追溯到古希腊时期。城邦制度下的古希腊地区，各个城邦过着小国寡民的生活，每个公民都有参政议政的权利。其时诗歌艺术比较发达，因富有韵律而容易记忆和流传。一些富有的王公贵族为了塑造良好的公众形象，便会雇佣诗人写赞美诗来颂扬自己的美德和功绩。诗歌是进行政治管理、社会教化和舆论宣传的重要工具。柏拉图在《理想国》中明确提出，除了为政府写的诗歌外，其他诗歌应该禁止。在古希腊政治生活中，政治家充分利用公众集会、元老会、各类公共活动场所发表演讲来宣扬德政，树立良好公众形象。亚里士多德的《修辞学》就探讨了如何用语言来影响听众的思想和行为，被认为是最早探讨公共关系理论的著作。

古罗马时期的公共关系手段更加多样化。古罗马统治者同样注重诗歌的政治教化和美化统治作用，甚至运用得更加巧妙和隐蔽。诗人维吉尔是屋大维的狂热崇拜者，他的诗中充满了对屋大维的统治以及已死的恺撒（Gaius Julius Caesar）的颂赞。古罗马统治者还将马戏表演作为公共关系手段，麻痹公众意志，让民众忘记自身疾苦和统治者的荒淫无度。古罗马共和国将法律刻在 12 块铜板上，限制了贵族法官随心所欲地解释法律的权力，有利于争取民众支持。恺撒创办了世界上最早的日报《每日纪闻》，撰写了宣扬其功绩的《高卢战记》，其目的就是与公众进行沟通，争取舆论支持，扩大政治影响。

现代公共关系之父

近代一般公共关系的产生和发展主要经历了孕育期、形成期、发展期和兴盛期。第一阶段即孕育期的代表人物是菲尼斯·巴纳姆（Barnum）。发端于 19 世纪 30 年代的"便士报"，因为价格低廉而广受欢迎，通过"制造新闻"来提高销量是当时的常见伎俩。作为马戏团老板的巴纳姆为了吸引观众，制造了大量"神话"来宣传自己。巴纳姆的信条是"凡宣传，皆好事"，因其通过"愚弄公众"来获取利益，这个时期也被称为"公众受愚弄"时期。第二阶段即形成期的代表人物是被称为"公共关系之父"的艾维·李（Ivy Lee）。随着自由资本主义进入垄断资本主义，19 世纪末期的少数财团和垄断寡头控制国家经济命脉，民众生活艰苦。新闻界兴起"扒粪运动"，揭露政府和资本家的丑恶行径。记者出身的艾维·李意识到"公众必须被告知真相"，于是成立公共关系顾问公司，帮助众多客户走出丑闻泥淖，重新树立公众形象。艾维·李让公共关系活动走上了职业化和规范化道路。第三阶段即发展时期的代表人物是爱德华·伯尼斯（Edward L. Bernays）。在这个阶段，公共关系从实践走向理论化和科学化。伯尼斯公关理论的核心是明确提出了"投公众所好"的公关原则，即组织在决策之前应先去了解公众的需求和兴趣，然后再有针对性地展开有科学理论指导的说服性宣传，在迎合公众需求中争取其支持。这被称为"双向非对称"的公共关系模式。伯尼斯终生致力于公共关系学的学科化建设，出版《舆论之凝结》等十多部著作，并在纽约大学讲授公共关系课程。第四阶段即兴盛期的代表人物是卡特利普（Scott M. Cutlip）。1952 年，卡特利普与森特（Allen H. Center）合著《有效公共关系》一书。这是一部集公共关系理论研究成果之大成的代表作，被人们称为"公共关系圣经"。卡特利普提出公共关系"双向平衡模式"，强调公共关系主体与社会公众之间构建相互合作和互相制约的新型关系。他还提出了调查、策划、实施和评估公共关系的"四步工作法"。

一般公共关系的发展，总体上侧重于以企业为主体的公共关系。政府作为特殊的社会组织，同样需要开展公共关系活动。围绕行政机关开展的公共关系活动，可以理解为行政公共关系活动，它属于公共关系的特殊领域。以美国为例，早在美国独立战争时期，塞缪尔·亚当斯（Samuel Adams）就和他的战友利用报纸和小册子进行抵制英国殖民统治的宣传，为美国革命制造舆论。在第一次世界大战期间，美国政府成立公共信息委员会，其主要任务是向国内外提供美国参战的资料信息，美化美国政府形象，甚至组织发行战争债券、组织募捐、招募士兵等。在世界经济大萧条时期，美国政府和工会通过公共关系活动来协调经济纠纷，缓和政民关系。富兰克林·罗斯福（Franklin D. Roosevelt）的"炉边谈话"通过广播、电视进行传播，给公众带来极大信心。第二次世界大战期间，美国政府和军队成立公共关系机构，在促进军用物资生产、鼓舞军队士气、赢得公众支持等方面，发挥了重要作用。战后的美国政府和企业大多成立了专门的公共关系机构，聘用专业的公共关系人员开展公共关系活动。随着信息技术的快速发展，美国政府除了运用传统媒体外，特别重视通过互联网和自媒体渠道与公众进行沟通，Facebook、Twitter（X）、YouTube等社交平台在总统竞选、治国理政、信息沟通方面的作用日益受到重视。唐纳德·特朗普（Donald Trump）在担任美国总统期间，经常运用自媒体直接与公众进行沟通。新媒体技术的快速发展为现代行政关系带来了机遇和挑战。

（二）中国行政公共关系的产生与发展

中国是世界上历史最悠久的国家之一，在五千年的文明进程中，中国各族人民共同创造了光辉灿烂的文化，其中包含着丰富的行政公共关系思想和实践智慧。当然，由于公共关系学是现代社会科学发展的产物，一般将古代的朴素公共关系活动称为"准公共关系活动"或"类公共关系活动"。中国古代的"准行政公共关系"活动多与政治发展和政治活动相关。

在政府内部公共关系发展方面，原始社会末期的"禅让制"是早期先民探索出的朴素的政治观和权力交接模式。先秦时期主要采用分封制与宗法制相结合的制度来规范中央政府和地方诸侯国的关系，形成由天子、诸侯、卿大夫、士等各级宗族贵族组成的金字塔式的等级制机构。秦朝采用郡县制治理国家，地方官员由皇帝直接任免，使地方处于中央的管辖之下，有利于中央集权的加强和国家统一。此后，郡县制一直是中国古代国家稳定发展的基石。元朝开创行省制度，进一步强化对地方的管理。

在政府与官僚组织内部成员关系方面，统治阶级为维持长久统治，需要建立有效的选官用人制度。"中兴以人才为本"，自古有"得人者昌""失贤者

人民就是江山

亡"之说。为了保证人才选拔，国家一方面大力发展教育，另一方面不断探索和完善选官制度。春秋以前，官吏主要通过"世卿世禄"制度产生。战国时，这种制度被逐渐废除。在两汉时期的察举制和魏晋南北朝时的九品中正制之后，隋唐以后主要通过科举制来选拔人才，直至清末被废除。科举制度为统治阶级有效招揽人才，为社会下层民众提供了新的上升通道，动摇了门阀制度，扩大了统治基础，推动了文化的发展。后期的科举制度使儒学成为统治者奴化臣民的工具，官僚队伍壮大，也导致从事科学技术研究的人才力量相对薄弱。

当代中国公共关系的实践和理论发展起源于20世纪80年代初期，当时的中国刚刚拉开改革开放的帷幕，政府在深圳特区的一些中外合资宾馆、酒店，仿照海外模式设立了公共关系部开展相关业务，一些国际公共关系公司也开始在中国设立分支机构。随着社会主义市场经济的不断发展，以企业为主体的公共关系行业得到快速发展。

与此同时，政府的公共关系意识在不断增强。新中国的成立和社会主义制度的建立，彻底改变了传统中国政府与民众的关系，人民真正成为国家的主人，并由宪法和法律保障其享有的各项权利。服务型政府理念和建设目标的提出，进一步增强了政府服务民众的意识和能力。互联网时代的到来，使得政府的治理模式走向扁平化，治理格局走向多元主体。自媒体时代的到来，则让民众对政府的监督变得更为全面。进入新世纪，政府新闻发言人制度逐步建立并不断完善。党的十八大以来，党对政府的领导不断加强，政府与民众的沟通交流更加深入广泛，政民关系日益密切，民众对政府的监督更加全面有效，中国的外交事业不断取得新突破，中国的国际地位和国际形象不断提升，在国际公共事务中的作用不断凸显。

二、行政公共关系的基本内涵

（一）行政公共关系的定义

行政公共关系是指政府在施政过程中运用传播沟通的方法，促进政府与公众相互了解、理解、信任与合作的一种管理活动。行政公共关系是公共关系学一般理论在行政管理中的具体运用，它既具有公共关系活动的一般属性，又具有行政管理领域的独特属性。行政公共关系涉及政治、经济、文化、传播等诸多学科领域，也涉及政府机构内部、政府机构之间、政府与公众之间的权利和义务关系，是一种综合性的理论研究范畴与政治实践行为。有效的行政公共关系活动在"促进公众认知、化解复杂多样的社会矛盾冲突、协调利益集团诉求冲突、危机化解、提高社会效益和政府信任度、知名度和美誉度方面起到突出作用"[①]。

(二) 行政公共关系的基本要素

(1) 主体要素。行政公共关系的主体是开展行政公共关系活动的组织机构和人员。从组织机构方面来看，行政公共关系的主体有广义和狭义之分。广义的主体包括所有拥有公共权力的政府机关，狭义的主体则特指行政机关。无论是广义的还是狭义的行政公共关系主体，都与企业和社会团体等公共关系主体存在本质性区别。从组织成员方面来看，主要是指在政府机关工作的公务员。组织机构本身是无法开展工作的，各项工作最终都依靠在组织工作的人员来推动和完成。行政公共关系的主体拥有管理国家和社会的公共权力和为公众谋取利益的责任使命，并利用公共权力对社会资源进行权威性分配。它以国家强制力为后盾，可以综合运用经济、政治、法律、政策、道德、思想政治教育等各种手段来管理国家和社会。

(2) 客体要素。行政公共关系的客体是行政管理工作中进行信息沟通传播和政治互动的对象。行政公共关系的客体即公众，包括内部公众和外部公众两个方面。内部公众是指在政府组织机构工作的人员，即公务员。这是一个兼具主体与客体双重属性的特殊群体，当其对社会行使权力和开展公共管理行为时彰显出主体属性，其他时刻则更多地表现为客体属性。外部公众是指主体以外的其他群体，包括国内公众和国际公众。公众具有复杂性、多变性和相对性等多重特征，既包括各种组织，也包括社会个体。

(3) 媒介要素。行政公共关系的主体与客体需要借助相应的媒介才能发挥出作用。行政公共关系活动的媒介主要是指各类传播媒体。媒体是指传播主体用来传递信息与获取信息的工具、渠道、载体、中介物或技术手段，也指传送文字、声音等信息的工具和手段。传统媒体主要包括电视、广播、报纸、期刊（杂志）等。随着科学技术的发展，逐渐衍生出新的媒体。新媒体是利用数字技术，通过计算机网络、无线通信网、卫星等渠道，以及电脑、手机、数字电视机等终端，向用户提供信息和服务的传播形态，如IPTV、电子杂志等。随着新媒体技术的不断发展及普及，以往没有占据媒体资源和平台且具备媒介特长的个体，开始逐渐通过网络来发表自己的言论和观点，从而演变为自媒体。"政府在新时代优化公共关系的过程中，不仅

---

① 杨旎：《融媒体时代的政府公共关系：分析政府信任的第三条路径》，载《中国行政管理》2019年第12期。

要科学、合法、有效地监督和引导新媒体的舆论场，更要利用政务微博、政务微信公众号等多种有影响力的新媒体平台作为政府声音和形象的输出渠道，形成与融媒体联动的整合传播格局，达到政府公共关系优化的效果。"[1]

（4）目标要素。目标是对社会个体或群体行为所产生的预期结果在头脑中形成的主观反映。目标为人的行动指明方向，是激励组织成员努力工作的动力源泉，也是协调统合组织成员行为的重要依据。公共权力源于维护和增进公共利益的实际需求，也是维护和增进公共利益的工具与保障。行政组织开展公共关系活动的目标就是通过不断维护和增进公共利益，从而树立良好的公众形象，进而得到民众的拥护和支持。政府出台的各项公共政策需要公众的理解、支持和配合，这既有利于实现公共政策的目标，也能够在一定程度上降低公共政策执行成本。有效的行政公共关系活动是实现政府目标的重要组成部分。

三、行政公共关系的主要内容

（一）行政机关与社会公众的关系

我国行政机关所要服务的社会公众即人民群众。作为人民民主专政的社会主义国家，国家的一切权力属于人民，行政机关由各级人民代表大会选举产生并对其负责。人民群众既是权力的所有者，也是权力的委托者。党领导人民通过权力机关制定法律和表达意志，行政机关是执行人民意志的机关，包括各级领导干部在内的行政机关工作人员都是人民的公仆，决不能凌驾于人民之上。全心全意为人民服务是我党的宗旨，是党的活动的根本出发点和落脚点，是区别于其他政党的最根本的标志。"公共关系不仅仅是组织利益最大化的过程，也是组织和公众信任和意义的共享，不仅仅是说服和管理的手段，更是形成社会认同的过程。"[2]

行政机关要自觉做到"权为民所用，情为民所系，利为民所谋"，保护人民的基本权利。行政机关要密切联系群众，倾听群众意见和呼声，接受群众监督，为人民群众排忧解难。

（二）行政机关与内部公众的关系

行政机关的内部公众是指公务员群体，即依法履行公职、纳入国家行政

---

[1] 高慧军、黄华津：《新时代我国政府公共关系优化研究》，载《中国行政管理》2019年第6期。

[2] 姚曦、李娜：《认同的力量：网络社群的公共关系价值探析》，载《南昌大学学报》（人文社会科学版）2017年第3期。

编制、由国家财政负担工资福利的工作人员。国家行政机关依据有关法律和法规的规定，按照一定的标准和法定的程序，采用公开考试、严格考察、择优录取的办法，将符合条件的人员录用为公务员。公务员依法履行职责、完成本职工作后，国家以法定货币支付给公务员个人劳动报酬。国家根据经济社会发展水平，适时适量提高公务员的工资福利待遇。国家公务员达到规定的退休年龄，为国家服务到一定的工作年限，或因病残丧失了工作能力，离开工作岗位，依法办理退休手续，由国家给予生活保障，并给予妥善安置和管理。同时，政党、国家机关、媒体、公民个人等对公务员及其公务行为进行全方位监督。

（三）行政机关内部机构之间的关系

行政机关内部的机构关系主要包括纵向关系和横向关系两大类。行政机关之间的纵向关系是指在行政组织系统中基于隶属性所形成的上下级行政机关之间的关系。在中央政府和地方政府关系方面，国际范围内主要有单一制和联邦制两种形态。单一制国家中，各地方政府行使的权力来源于中央政府授权，地方政府权力的大小完全取决于宪法的规定或中央政府的授予，各行政区域接受中央政府的统一领导；在联邦制国家中，联邦政府的权力来自于各成员国（州）政府的授予，凡未授予联邦政府的权力通常由各成员国（州）政府保留。我国是单一制国家，地方政府接受中央政府统一领导，下级政府服从上级政府领导。行政机关之间的横向关系是基于部门分工、权力制衡、区域分割等因素而形成的横向平行机构之间的关系。横向机构之间既有合作关系，也有竞争关系。

（四）行政机关与其他机构之间的关系

我国是人民民主专政的社会主义国家，人民当家作主是我国民主的本质和核心。人民代表大会是依法治国的重要载体，是治国理政的重要机关。国家行政机关、审判机关、检察机关、监察机关都由人民代表大会产生，对它负责并受它监督。人大制定的法律、法规，作出的决议和决定，集中和代表人民的利益和意志，政府必须加以执行和实施，实现人民的利益和意志。人民法院是国家审判机关，主要通过审判活动惩治犯罪分子，解决社会矛盾和纠纷，维护公平正义。公民、法人或者其他组织认为行使国家行政权的机关和组织及其工作人员所实施的具体行政行为侵犯了其合法权利，依法向人民法院起诉。人民检察院是国家的法律监督机关，主要通过行使检察权，追诉犯罪，维护国家安全和社会秩序，维护个人和组织的合法权益，维护国家利益和社会公共利益。监察委员会对党员干部进行监督，维护宪法法律，对公职人员依法履职、秉公用权、廉洁从政以及道德操守情况进行监督检查，对涉嫌职务违法和职务犯罪的行为进行调查并作出政务处分决定，对履行职责不力、失职失责的领导人员进行问责。

（五）不同国家行政机关之间的关系

不同国家行政机关之间的关系，也可以称为国际关系。国际关系随着国家的产生而产生，并随着国家之间交往的发展而发展。在奴隶社会和封建社会，由于生产力水平低下，自给自足的自然经济占主导地位，国际关系相对简单。而随着经济和科技的快速发展，国际交往更加密切。随着世界多极化与经济全球化的不断深入推进，各国之间呈现出既竞争又合作的复杂局面。国际合作是指国际行为主体之间基于共同利益而在一定的问题领域中所进行的政策协调行为。

四、行政公共关系的基本类型

（一）常态下的行政公共关系

常态下的行政公共关系是指政府机关在日常状况下，应用公共关系的方式方法开展宣传教育、塑造政府形象和引领社会的活动。常态下的行政公共关系是一种相对平和状态下的公共关系活动，开展活动的出发点和落脚点更加注重长远利益和效果。首先，强化与外部公众沟通互动。不断创新政策宣传方式，将传统媒体与新兴媒体相结合，以群众喜闻乐见的手段和方法宣传党的路线、方针、政策。领导干部要经常到基层调研，带着问题下去，带着结论回来，面对群众求助不推诿、不回避，尽心尽力为民办实事、解忧愁。其次，有效激励组织成员努力工作。支持和包容那些敢闯敢干、踏实能干的实干型干部，为公务员干事创业营造良好环境，有效调动公务员工作的积极性和主动性。切实保障公务员的切身利益，落实好公务员工资福利待遇、年休假、工作补贴等。最后，加强政府自身建设。深入贯彻全面从严治党要求，纵深推进政府系统党风廉政建设，严格落实中央八项规定及其实施细则，持之以恒纠治"四风"，加强对重点领域关键部位的监督管理。坚持正确政绩观，慎重决策、慎重用权。深化行政审批制度改革，提高工作效率。

（二）危机状态下的行政公共关系

危机是突然发生或可能发生的危及组织形象、利益、生存的突发性或灾难性事故、事件等。在风险高发的时代，政府遭遇各种公共危机事件已经成为常态。危机状态下的行政公共关系是指政府机关通过有计划地制定和实施一系列管理措施和应对策略，以求达到避免或消除危机所带来的影响、恢复组织形象,并在危机中学习与总结教训、增强预防和应对措施的过程。公共危机管理需要遵循以下几个方面的原则:第一,时间性原则。采取紧急处置手段,及时控制危机事态的发展是危机管理的第一原则。第二,效率性原则。公共危机蔓延速度快,要求政府快速反应,有效动员社会资源。第三,协同性原则。参与危机应对的人员和力量来自各个部门,如交通、医疗、通信、消防、民政等,协同一致行动特别重要。第四,科学性原则。针对因工业技术而引起的灾害以及由自然灾害而造成的危机事件,切忌盲目蛮干,在危机处理中必须注重科学性和技术性,多征求专家的意见。

第二节 行政沟通

沟通是人类社会赖以存在的重要基础,复杂的行政管理工作离不开有效的行政沟通。广泛深入和富有成效的行政沟通,是践行全过程人民民主的必然要求,也是达成共识和凝聚人心的重要途径。本节主要探讨行政沟通的基本内涵、重要价值、类别划分和主要形态,分析当前行政沟通工作中存在的主要障碍,并提出提高行政沟通效能的对策建议。

一、行政沟通的基本内涵

行政沟通是指为了实现共同的行政目标和形成一致的行动,而在行政组织内部层级之间、部门之间、人员之间以及行政组织与外部公众之间开展的情感交流和信息交流过程。随着国家人口的增长、政府规模的膨胀、社会分工的细化,行政管理工作正在变得日益复杂。"不论是有机的组织结构形成,还是有机的功能体系形成,都离不开其构成要素之间沟通以及由沟通所带来的协调、合作。"① 行政工作涉及决策、执行、监督等多个环节,包括计划、组织、指挥、协调、控制等复杂的内容。要在国家层面实现有效管理,高质量的行政沟通是必不可少的。

首先,要理解开展行政沟通的目的,即为何沟通。开展行政沟通工作,需要相关主体付出一定的经济、时间等成本。尽管行政沟通是行政管理工作的重要组成部分,或者说是行政人员的本职工作内容之一,但是没有任何目的的沟通也是没有必要的。由于行政机关属于公共部门,行政人员属于公务人员,行政沟通中所耗费的成本自然也要归入公共财政支出。我国的社会主义性质决定了"一切权力属于人民",为了最大程度节约行政开支和行政成

---

① 赵宇峰:《城市治理新形态:沟通、参与与共同体》,载《中国行政管理》2017年第7期。

本，一切行政沟通行为都应该将人民利益置于首位。只有以增进公共利益和人民福祉为目的的行政沟通才是有价值的沟通，这也是开展行政沟通首先要明确的价值取向。

其次，要理解开展行政沟通的主体，即谁来沟通。行政沟通是人类诸多沟通行为中的一种特殊形态，其沟通的主体中必须至少一方为行政机关或其组织成员。行政机关是统治阶级为了实现对国家的有效治理，通过一定的政治程序设立的合法政治组织。由于行政组织的规模比较庞大，为了实现对组织成员的有效管理，又在其内部进行纵向层级划分和横向职能分解，这在实现精细化和专业化目标的同时，也在一定程度上造成了层级和部门之间的割裂。因此，行政沟通既可以是纵向的行政层级之间的沟通，也可以是横向的不同职能部门之间的沟通，还可以是行政机关与外部公众的沟通。但是，归根结底，行政沟通最终都需要由行政机关的公务人员来开展。

再次，要理解开展行政沟通的客体，即沟通什么。行政管理工作高度复杂，因此，行政沟通的内容也是非常广泛的。有学者认为，"行政沟通是通过一定的媒介传递推行政务所需的观念、情感、消息、情报、资料等信息"[①]。总体而言，行政沟通的客体可以划分为客观内容与主观内容两大类。客观内容，一般是指现实世界中客观存在的不以人的意志为转移的事实或现象，或者对这些事实或现象的客观真实描述。例如，统计部门发布的经济发展数据，这是行政部门与社会进行沟通的一种方式，其沟通的内容具有客观特性。主观内容则是沟通主体基于一定的价值取向和知识经验，将其对客观世界的认知进行加工提炼后的结果。主观内容具有一定的感情色彩，在某种情况下，可能会导致信息失真。在正式的行政沟通过程中，不宜掺杂过多的情感因素。但是，基于客观事实而生发的政治情感和政治表达，在特殊情境和场合也是有必要的。例如，外交部门对某些国家的丑陋政治行为表达愤慨之情。基于行政沟通工作的独特性质，要求沟通的客体也同样具有行政属性，即沟通的内容是与政治或行政相关，而非私人事务。

最后，要理解开展行政沟通的途径，即如何沟通。行政沟通的本质是行政信息的双向传递互动，有效的行政沟通需要信息源、接受者和传播媒介三大要素。信息源即信息的发出者，接受者即信息沟通的对象，双方构成了行政信息沟通的主体。信息源和接受者，既可以是行政组织，也可以是代表行政组织的相关公务员。传播媒介主要是以语言、文字、图片、视频、动作等为信息载体，借助广播、电视、互联网等现代信息传播技术进行发布和接受。

---

① 卢汉桥、郑洁：《行政沟通简论》，载《中国行政管理》2006年第9期。

行政信息沟通的过程既可以是单向度的行政信息发布，也可以是互动式的双向交流。

二、行政沟通的重要价值

价值泛指客体对于主体表现出来的积极意义。经济学中的价值，是指凝结在商品中无差别的人类劳动。行政沟通作为一种社会行为，其价值不能用货币来表现，更多地体现为它在推动政治进步中的重要作用。

（一）有利于形成共同认知

习近平总书记强调："中国这么大，不同人会有不同诉求，对同一件事也会有不同看法，这很正常，要通过沟通协商凝聚共识。"[①] 随着经济社会发展，社会利益格局也在深度调整，不同社会群体的利益诉求正在走向分化，对同一社会问题或社会现象的理解认知也会出现差异。在行政机关内部，不同层级、不同部门、不同群体之间，也存在一定程度的利益矛盾，这是不可否认的客观事实。在现实政治生活中，部门之间政策打架、互不配合的情况屡见不鲜。有效的行政沟通则可以在很大程度上消除层级之间、部门之间、群体之间的隔阂和误解。在现代社会中，社会共识的形成过程高度依赖庞杂的社会传播系统，在行政部门主导下，依托现代媒体强大的议程设置功能和交流反馈功能，能够在很大程度上促进信息的充分交流传播，进而形成共同认知。

（二）有利于推进政治民主

政治民主是国家保证公民实现政治权利的基本形式，积极推进政治民主是国家政治发展的主要内容，也是提高国家政治文明程度的重要手段。民主就其本意而言，是指在一个国家中，哪些人享有参与统治和管理国家的权力，哪些人不享有这一权力。我国是人民民主专政的社会主义国家，全体人民在共同享有对生产资料的不同形式的所有权、支配权的基础上，享有管理国家的最高权力。行政沟通的过程是行政机关内部以及内外之间开展交流协商的过程。在此过程中，不同的部门、团体和利益群体，以对话、讨论、辩论、审议等具体形式，通过协商或公共协商而参与行政管理，并最终达成政治共识。这是社会主义民主政治的实现途径，也是全过程人民民主的重要体现。

（三）有利于提高行政效率

现代社会的高度复杂性对政府的行政管理工作提出了挑战，也提出了更高的要求。在部门分工日益精细、利益诉求日益多元的时代背景下，统一指

---

① 出自 2022 年 12 月 31 日习近平主席发表的 2023 年新年贺词。

挥是否有力，部门配合是否默契，对行政管理工作成效产生重要影响。在决策环节，制定科学正确的决策方案离不开有效的行政沟通；在执行环节，雷厉风行、不折不扣的政策执行，也离不开领导者与团队成员的有效沟通；在监督环节，行政系统全面有力的内部监督和外部监督同样离不开有效的行政沟通。行政信息在上下级传递的失真率、部门之间的畅通率，都会对决策质量和执行成效产生重要影响。在上下级之间、部门之间、公务员之间开展持续深入的行政沟通工作，对于准确理解政策内容、消除政策认知差异、形成政策执行合力，进而提高行政管理工作效率具有重要意义。

三、行政沟通的类别划分

按照不同的标准，行政沟通可以划分为不同的类别，这有助于人们更加全面深刻地理解行政沟通。

（一）正式沟通和非正式沟通

按照行政沟通过程中规范化与权威性的程度不同，可以划分为正式沟通和非正式沟通。正式沟通是指依据相关法律法规，通过规范的程序和渠道开展的沟通。如组织间的公函来往、组织内部的文件传达、发布指示、指示汇报、会议制度、书面报告、一对一的正式会见等。正式沟通的程序严格、内容预设、用语规范、氛围严肃，并能够产生相应的行政后果。非正式沟通是一种程序和内容相对自由的信息交流方式。非正式沟通的优点是形式灵活、直接明了，省略许多烦琐的程序，在很大程度上能够真实地反映组织成员的思想、态度和动机。其缺点是沟通内容难以把控，甚至会出现错误信息传递，需要沟通者仔细甄别。非正式沟通是非正式组织的副产品，它一方面满足了组织成员的个性化需求，另一方面也补充了正式沟通系统的不足。

（二）语言沟通和非语言沟通

按照行政沟通过程中思想表达的载体不同，可以分为语言沟通和非语言沟通。语言沟通是指借助于口头语言实现的信息交流，它是日常生活中最常采用的沟通形式。语言沟通的形式主要包括口头汇报、讨论、会谈、演讲、电话联系等。语言沟通的优点是富有亲切感，可以用表情、语调增加沟通的效果，并能够即时获取对方的反应，是一种双向沟通。语言沟通需要沟通主体精神高度集中，否则就容易出现信息遗漏。语言沟通需要信息发出者具有良好的语言表达能力，接受者具有较好的反应能力，否则容易跟不上对方的沟通节奏。非语言沟通是借助语言以外的其他思想载体进行沟通，书面沟通是比较常见的非语言沟通形式。书面沟通是以文字、图片等为媒体的信息传递,形式主要包括文件、报告、信件、书面合同等。书面沟通是一种比较经济的沟通方式,沟通所需时间相对较短,内容比较精炼准确,沟通成本比较低,沟通方式一般不受场地限制,且可以同时向多个沟通对象发放沟通材料。但这种沟通需要沟通主体具有良好的文字写作和理解能力,否则将很难完整充分地表达其真实意思。

(三) 直接沟通和间接沟通

按照行政沟通主体是否借助中介来开展沟通,可以划分为直接沟通和间接沟通。直接沟通是指沟通主体不经过任何中间环节而进行的信息交换和意见沟通行为。传统意义的直接沟通主要是指面对面的沟通,现代意义的直接沟通可以借助电话、网络等传媒工具或交流软件开展。直接沟通,尤其是面对面沟通,便于进行深度交流,而且有利于增进情感。但是,需要沟通双方在约定的时间和地点开展沟通,且交流对象的数量受到限制。间接沟通是沟通主体借助中间媒介开展的信息交流行为。如政府部门借助新闻媒体与社会公众进行沟通。其优点是能够在短时间内以较低成本对众多对象开展沟通,但是这种沟通的深度不够,难以进行即时反馈。由于增加了中间环节,有时容易出现信息失真、偏差、遗漏等情况。

行政沟通中信息失真的解决对策

(四) 纵向沟通和横向沟通

按照行政沟通中信息流向的不同,可以划分为纵向沟通和横向沟通。纵向沟通包括上行沟通和下行沟通。上行沟通是指下级向上级报告工作情况、提出建议、意见或表达自己的意愿等,是领导者了解和掌握组织和团体全面情况的重要途径。下行沟通是指信息的流动由较高的组织层次流向较低的组织层次,下行沟通通常是为了控制、指示、激励及评估。"只有不断营造开放共享的信息传递环境,完善和整合信息传递渠道,提升上下级之间的信息处理能力和沟通能力,才能建立高效、透明、上情下达的内部治理机制。"① 横向沟通又称平行沟通,是组织内部相同层级或部门间的沟通。平行沟通可以使办事程序、手续简化,节省时间,提高工作效率,还可以加强部门之间的交流合作。

四、行政沟通的主要形态

(一) 正式沟通的主要形态

美国著名组织行为学家、心理学家哈罗德·莱维特 (H. J. Leavitt) 以 5

---

① 于雅璁:《基层单位管理中纵向沟通信息不对称的困境与出路》,载《领导科学》2020 年第 8 期。

人小群体为研究对象，将正式沟通网络分为四种形态：轮式沟通、链式沟通、环式沟通和Y式沟通，之后又有学者在其基础上加入全通道式沟通网络。

(1) 轮式沟通。轮式沟通是指最初发信者直接将信息同步辐射式发送到最终受信者。轮式沟通过程中有一明显的主导者，所有讯息的发送与反馈均需经过主导者，且沟通成员也只能通过主导者才能相互沟通。主导者是各种信息的汇集点与传递中心，他起着一种领导、支配与协调的作用。在轮式沟通中，信息集中化程度高，解决问题的速度快。但是，对领导者的综合素质能力要求也比较高。在这种沟通形态中，处于中心地位的主导者获得的满足感比较高，但是其他组织成员的心理压抑感会比较强，不利于营造轻松民主的工作环境。

(2) 链式沟通。链式沟通又称为直线型沟通，是指若干沟通参与者，从最初的发信者到最终的受信者，环环衔接，形成信息沟通的链条。链式沟通的优点是传递信息的速度最快，解决简单问题的效率最高。缺点是信息经过层层转译，容易出现失真的现象；上级不能直接了解下级的真实情况，下级不能了解上级的真实意图，不利于调动下级的积极性。

(3) 环式沟通。环式沟通是链式沟通的一种封闭控制结构。在这种沟通形态中，每个组织成员都可以同时与相邻的两个成员沟通信息。组织成员的平等程度较高，组织的集中化程度和领导人的预测程度较低，难以形成领导核心。畅通渠道虽然不是很多，但是组织成员满意度较高，组织士气高昂。

(4) Y式沟通。Y式沟通在链式沟通基础上发展而来，同时又兼具环式沟通的特点，其速度、满意度、失真度等也介于链式沟通与环式沟通之间。在这种沟通方式中，只有一个成员位于中心地位，成为沟通的媒介。其优点是由于权力和信息的集中化程度高，解决问题速度快，组织控制比较严格，组织中领导人员预测程度高。缺点是组织成员之间缺少直接的横向沟通，组织成员的满意程度比较低，组织成员关系大都不和谐。

(5) 全通道式沟通网络。全通道式沟通是指所有沟通参与者之间穷尽所有沟通渠道的全方位沟通。这是一种非等级式沟通，该沟通方式具有高度分散的特点，组织成员没有权力、地位差别，能够自由地发表意见，提出解决问题的方案。各个沟通者之间全面开放，彼此十分了解，组织成员的平均满足程度很高，各个成员之间满足程度的差距很小。组织内士气高昂，合作气氛浓厚，个体有主动性，可充分发挥组织成员的创新精神。缺点是：沟通渠道太多，信息传递费时，影响工作效率，易于造成混乱。主要适用于小型组织。

(二) 非正式沟通的主要形态

非正式沟通是指在正式组织系统以外进行的信息传递与交流。美国心理学家戴维斯（S. M. Davis）将非正式沟通分为单线式沟通、流言式沟通、偶然式沟通和集束式沟通。

（1）单线式沟通。和正式沟通中的垂直沟通相同，在这种沟通模式中，信息通过一连串的人来逐级传递。例如，甲将信息传递给乙，乙再将信息传递给丙，以此类推，直至最终接受者，个体之间只发生单线联系。因此，这种沟通方式的保密性比较强。

（2）流言式沟通，又称密语连锁沟通。在这种沟通方式中，有一个主要的信息源，由他主动将某些信息进行广泛传播，以扩大信息的影响力。

（3）偶然式沟通，又称随机式沟通。信息传播者按偶然的机会传播小道消息，碰到谁就转告谁，并无一定中心人物。

（4）集束式沟通，又称葡萄藤式沟通。信息传播者将信息有选择地告诉一部分人，这些人再把消息有选择地告诉另外一部分人。在这种沟通形式中，一般有多个中心向外扩散信息。

非正式沟通有一种可以事先预知的模型，其特点是消息越新鲜，人们谈论的就越多；对人们工作有影响的人或事，最容易引起人们的谈论；最为人们所熟悉的事物，最多为人们谈论；在工作中有关系的人，往往容易被牵扯到同一传闻中去；在工作上接触多的人，最可能被牵扯到同一传闻中去。

非正式沟通是非正式组织的副产品，当正式沟通渠道不畅通时，非正式沟通就会起到十分关键的作用。它一方面满足了员工的需求，另一方面也补充了正式沟通系统的不足，是正式沟通的有机补充。同正式沟通相比，非正式沟通的优点是沟通形式灵活，直接明了，速度快，省略许多烦琐的程序，容易及时了解到正式沟通难以提供的信息，真实地反映员工的思想、态度和动机，有利于在组织内部建立良好的人际关系；缺点是非正式沟通难以控制，传递的信息不确切，容易失真、被曲解，并且会在一定程度上助长小集团、小圈子的建立，影响员工关系的稳定和团体的凝聚力。

五、我国行政沟通中存在的主要障碍

行政沟通障碍是指导致行政沟通无法顺畅开展的相关因素。行政沟通障碍主要可分为主观障碍和客观障碍。主观障碍是因行政沟通主体自身因素而产生的沟通不畅；客观障碍是一种不以行政沟通主体的意志为转移的客观存在的因素。

（一）主观障碍

（1）语言障碍。语言是一套既定的符号或文字，用来作为人类表达、接受讯息的工具。语言属于第二信号系统,是人类高度发达和进行高级神经活动的一种表现。语言障碍是个体依语言系统的规则来传递特定概念或信息时存在困难,或个体在判读即接收信息上有困难。语言障碍的形成原因既有生理层面的(如先天或后天疾病所导致的脑部受损、发音困难或听力困难等),也有社会层面的(如不同语种之间无法直接进行沟通)。当然,科技进步在一定程度上解决了这些问题,但是并不能彻底消除这种障碍。另外,语言作为人类社会的产物,再完美的表达方式也不能完全概括处于运动中的现实世界,只能以相对准确的方式来描述行政事务。沟通语言的高度抽象性与现实社会的高度复杂性之间形成矛盾,过于抽象甚至虚假的语言会远离现实社会的真实镜像。

(2)认知障碍。认知的基础是大脑皮层的正常功能,任何引起大脑皮层功能和结构异常的因素均可导致生理层面的认知障碍。行政沟通中的认知障碍,更多的是沟通主体自身的理解偏差。公共政策的抽象性、现实生活的多变性以及利益关系的复杂性,使得社会个体对于同一事物或社会现象存在不同甚至截然相反的理解。这种认知偏差也会影响行政沟通的效果。

(3)心理障碍。行政心理是人们基于现实社会中的各种行政活动和行政关系的切身体验而在内心世界形成的知觉、情感和态度的总和。行政心理的实质,就是人们对于社会、政治和现实的主观反映,是社会精神现象的一个重要组成部分。行政沟通中的异常心理,如对待上级领导奴颜婢膝、谄媚溜须、恐慌紧张,对待下属人员盛气凌人、颐指气使、耀武扬威,对待同级人员孤僻冷傲、漠不关心等,都是不良行政心理的表现,也必然会影响行政沟通的效能。

(二)客观障碍

(1)时间障碍。时间是物质的永恒运动、变化的持续性、顺序性的表现,是标注事件发生瞬间及持续历程的基本物理量。时间是人类用以描述物质运动过程或事件发生过程的一个参数,包含时刻和时段两个概念。开展行政沟通工作,尤其是会面式沟通、电话沟通、视频沟通等直接沟通方式,需要沟通主体均有空闲时间方可进行,行政沟通主体也不能同时参与两个或两个以上的沟通活动。

(2)空间障碍。空间指的是地球表层,其基准是陆地表面和大洋表面,它是人类活动频繁发生的区域,是人地关系最为复杂、紧密的区域。行政沟通主体要占据一定的地理空间,如政府所在地的城市或相应的办公场所,而且不能同时出现在两个地理空间中。会议和会面等行政沟通方式,需要沟通主体在约定的空间开展。因此，不在约定地点办公的相关主体，需要通过合适的方式进入到约定的空间中才能开展沟通。

(3) 层级障碍。在行政组织内部存在若干层级，政府人员的行政级别是由所在机构的行政级别决定的，这是古今中外行政管理中的通行法则。我国的行政区划有五个行政层级，即中央（国家）、省（自治区、直辖市）、市（地区、自治州、盟）、县（区、旗、县级市）、乡（镇、街道）。一般情况下，下级部门向直接上级汇报工作，上级部门向直接下级布置工作。

(4) 部门障碍。随着行政管理工作日趋复杂，庞大的行政组织内部分工不断细化。这在提高行政管理专业化程度和行政效率的同时，也使得部门系统之间因业务差异而形成壁垒。条块分割是我国行政管理的重要特色，它在一定地区或行业范围内，以合法的行政性架构为基础，以行政手段为主，并借助经济和法律手段，在地区和部门之间形成两种指挥体系，在一定程度上影响了行政沟通。一般而言，职能交叉较多的部门和人员之间，行政沟通的频次较多、合作程度较深；差异较大的部门之间的沟通交流会比较少。

六、提高行政沟通效能的对策建议

(一) 科学合理设置组织机构

行政组织机构是为执行一定的方针政策而依法建立的能够彼此传递或转换能量、物质和信息的系统。我国采用条块结合模式开展行政管理工作，政府各部门、各层次及其内设机构之间、互相配合，共同构成一个有机的统一体。行政组织机构的设置或改革必须考虑行政组织的经济性和有效性，这也是行政组织机构改革的目标。行政职能随着社会政治、经济与文化的发展而不断变化，行政组织也应进行相应的调整和改革。行政组织机构设置要精简，人员编制要精干，办事程序要简化。这对于防止官僚主义、密切政府与群众关系以及提高行政沟通效率具有重要意义。

(二) 注重提升公务员沟通能力

交流的主要目的是沟通思想、联络感情、增进友谊，而不是进行辩论比赛。良好的沟通能力，既要善于表达，又要善于倾听。在表达方面，公务员的讲话艺术是公务员的语言表达能力在方法上的体现，通过讲话可以将自己的思想、观点和情感传递给对方。根据不同的场合、不同的听众，讲话可以表现为会谈、讨论、访谈、演讲等。无论采用哪种讲话方式，都要使用清晰明确、统一规范、通俗易懂的语言，也可以不失时机地配以合适的肢体语言。在沟通中，善于倾听也是非常重要的。倾听者不仅需要用耳、用眼，还要用脑、用心。倾听时，注意力集中，眼睛注视讲话者，并要适时给出回应和反馈。一个善于倾听的人，往往能从讲话者那里发现和捕捉到很多信息，并走进讲话者的心灵。

(三) 不断完善正式沟通机制

正式沟通要有章可循，具有一定的连续性和稳定性，离不开完善的沟通机制。在正式沟通机制中，比较常见的制度是在固定的时间、采用固定方式开展沟通，如晨会制度、周会制度、月会制度、定期座谈会等。建立良好的沟通制度与规范的沟通流程，可以让行政沟通有据可依，也是让思想意识在不同主体之间进行交流的重要保障。建立良好的沟通机制，组织负责人应起到模范带头作用。沟通中应树立"问题在我"的思想，而非动辄揽功诿过；沟通应坦诚相待，而非遮遮掩掩；沟通应重在解决问题，而非溜须奉承。沟通文化不健康，就会让沟通沦为形式主义，浪费沟通参与者的时间，增加管理的成本。用制度的形式规定沟通的方式、内容、频率，并纳入绩效考核，有助于培育良好的组织文化。

(四) 重视建设非正式沟通渠道

非正式沟通是以社会关系为基础而建立起来的沟通方式，它的沟通对象、时间以及内容等都是未经计划的，具有较强的随机性。非正式沟通渠道不是由组织中的管理者建立的，所以管理者很难对其加以控制。非正式沟通对正式组织具有重要的影响，它是形成良好组织氛围的必要条件。非正式沟通一般以口头方式进行，不留证据，不负责任，有许多不便在正式沟通中传递的信息却可以在非正式沟通中透漏，也更易于受到接收者的重视。组织的管理者应重视非正式沟通渠道建设。当然，对于这种渠道获取的信息，管理者要认真甄别，不要被虚假信息误导或让情感左右决策。同时，对于虚假消息要及时制止扩散传播，防止造成不良影响。

第三节 政府形象塑造

塑造良好的政府形象是获得公众支持的重要方面。政府组织的复杂性决定了政府形象必然也是复杂的，其塑造过程和手段需要进行战略谋划。本节主要解读政府形象的基本内涵和主要特征，并提出政府形象塑造的战略设计和有效途径。

一、政府形象的基本内涵

政府形象就是作为行为主体和政治传播者的政府在公共管理过程中，通过政策、行为和言论等方式向公众展示其所有活动，而在相关社会行为者和受众心目中所形成的整体印象、认知和评价。政府形象是一种特殊的社会资源，是构成政府影响力的基本要素之一，为政之要在于取信于民，树立良好的政府形象是各级政府孜孜以求的目标，任何政府都希望得到民众充分的信任和衷心的拥戴。政府形象是政府最重要的无形资产之一，是政府得以有效运行的基本前提，是构成政府影响力的基本要素。政府形象对政府运行起着非常重要的作用，决定了政府的意愿能否为公众所接受，直接影响着公众的心理和行为倾向。良好的政府形象能够提升政府的权威性，增强公众的认同感，强化政府的凝聚力，提高工作人员的办事效率，进而促进经济发展、社会进步和政治稳定。

二、政府形象的主要特征

（一）整体性与片面性的统一

政府是最庞大、最复杂的政治组织，其组成要素中既有物质要素，也有非物质要素，还有人员要素。政府拥有的权力和职能，既具有管理的属性，也具有服务的属性。公众对于政府的形象认知，既有感性的，也有理性的；既有从他人的经历中获得的认知，也有从自身的经历中获得的认知。基于此，公众对于政府形象的认知是一种整体上的综合认知，而非对某个要素的单一认知。政府形象的复杂性，也使得社会个体对其认知总是存在一定程度的片面性。

（二）客观性与主观性的统一

政府形象是客观存在的，无论是矗立的政府办公大楼，还是繁忙的公务人员，无论是政府制定的政策路线，还是公务人员所实施的管理行为，都是政府形象的外化形态。意识是人脑对物质世界的反映，它的内容来源于人脑以外的客观世界，是人脑对外界输入的信息进行加工制作后的结果。人们对政府形象的认知属于意识范畴，政府形象是人们对政府各种要素和各种表现在脑海中经过加工之后形成的主观印象。

（三）稳定性与可变性的统一

政府形象的形成绝非一朝一夕之功，而是政府在较长时间内的一贯表现不断累加的结果。公众在长期的观察和接触中，不断深化对政府的认知，进而形成具有主观性的政府形象。正如物体具有惯性一样,人的认知也具有惯性,而稳定的国家政权造就相对稳定的政府,政府的高度复杂性使得其行为在短期内很难发生较大改变,由此导致政府形象具有相对稳定性。

三、政府形象的结构层次

(一) 国家形象

国家形象是指国内外公众对一个国家的执政者及其领导的政府所形成的总体印象,反映出一个国家的民族风情、文明程度、文化背景、政治策略、民族精神等状况。国家形象的评价主体首先是国内公众,他们是国家的主人,也是国家发展的主要力量。一般而言,经济发展、政治稳定、社会和谐、人民群众生活水平比较高的国家,由于国内公众得到的实惠比较多,政府获得的评价也会比较高,在国内公众心目中的形象也会比较好。随着国际交往的日益频繁,国家形象还会受到国际社会的关注。一个国家的国际形象评价,不仅包括经济发展水平和军事力量,还包括政治稳定程度、清廉指数和在国际事务中的作用发挥程度。随着中国经济社会快速发展,中国在国际公共事务中发挥的作用越来越大。中国致力于做世界和平的建设者、全球发展的贡献者、国际秩序的维护者,并在不断用实际行动践行这一国际政治定位,这也是中国塑造良好国际形象的重要途径。

(二) 城市形象

城市形象是城市的历史底蕴、外表风貌和内在品质在人们心中的综合反映。城市形象是城市重要的无形资产,体现着城市的价值。"城市形象由多重因素共同形成,除了通过身临其境、身处其中的直接体验获得之外,大多通过媒介信息传播和社会舆论反响形成。"[1] 城市形象包括经济发展水平、人居生态环境和城市文明文化等多种评价维度。在经济发展方面,城市是工业、商业等各种非农业经济部门聚集而成的地区,二、三产业繁荣发展,资本、技术、劳动力、信息等生产要素高度聚集,规模效应、聚集效应和扩散效应比较突出。发达的经济为城市形象塑造提供强有力的物质基础。在人居生态环境方面,城市人口众多,在拥有丰富多样的公共基础设施的同时,也面临土地资源受限和生态环境脆弱的问题。生态软实力是城市软实力的重要构成,生态品质是生态软实力的核心要素。近年来,我国全面打响蓝天、碧水、净土三大保卫战,各项政策举措落地实施,污染治理强力推进,城乡生态环境

---

[1] 曹劲松、张薇:《危机事件中城市形象传播困境与策略优化》,载《江海学刊》2023年第1期。

质量持续改善，许多城市面貌焕然一新。在城市文明文化方面，城市文明是一座城市综合实力的重要标志，是城市形象、城市品位和发展水平的集中体现，是一座城市的幸福底色，彰显着城市的内在气质。城市文化是城市历史积淀与人文底蕴的综合呈现，是城市形象的魂魄与精华所在。

（三）领导者形象

政府部门领导者的形象是政府形象的重要组成部分，因其高曝光率和高关注度，甚至具有标志性意义。领导者形象是领导者的行政理念、管理行为、领导体制等客观事物在公众头脑中的主观印象和主观评价。领导形象是在领导者与社会公众广泛接触的过程中形成的，是领导者个人内在素质和能力的外化。"领导形象是在政治社会化过程中塑造成型的政治角色，领导形象的塑造彰显了政治角色的内化过程和外化表现，形成了完整的政治角色的社会化运行回路。"[1] 领导者树立形象的过程，也是公众对其实施领导、履行职责进行评判的过程。领导者形象可分为视觉形象、才能形象和伦理形象三个层面。视觉形象属于外在形象，包括相貌、着装、饰物、发型、形体、举止仪态等。才能形象和伦理形象可统归为内在形象，其中才能形象的构成包括科学决策能力、知人善任能力、组织协调能力、语言表达能力，而伦理形象是指领导者的人品道德等内在品质呈现给外界的观念与印象，包括清正廉洁、诚实守约、谦逊宽容、忠于家庭等。一般地，良好的领导者形象能够让公众服从其领导，相反，一个领导者没有树立良好的形象，就很容易在工作中失去民心民意和群众基础，导致相关工作陷入被动局面。

（四）普通公务员形象

在全员公关的时代，每个公务员都是政府形象的代表。普通公务员虽然不像领导干部那样具有高曝光率和高关注度，但是却身处行政管理工作一线，直接与群众打交道。基层公务员形象是政府形象最生动的载体，良好的形象能够增强政府的权威性、增强民众的认同感、提升治理的有效性。与领导者形象一样，普通公务员的形象也包括外在形象和内在形象两个方面。公务员着装应干净整洁、得体大方，不着奇装异服，不留怪异颜色和造型的发型，整体形象以稳重成熟为宜。公务员在注重外在形象的同时，更要注重内在修养和能力素质。在政治素质上要立场坚定，旗帜鲜明地拥护中国共产党的领导。在工作中要爱岗敬业、依法行政，不徇私舞弊、贪赃枉法，要站稳人民立场、恪守为民情怀。要按时保质完成领导交办的各项工作任务，解决好老

---

[1] 邓依晴：《新时代领导形象塑造的政治符号探微》，载《领导科学》2020年第22期。

百姓面临的各种现实问题，维护好社会和平稳定，做好本职工作，践行全心全意为人民服务的宗旨。

四、政府形象塑造的战略设计

企业识别系统（CIS），也可以理解为"企业形象统一战略"。CIS 系统由理念识别（MI）、行为识别（BI）、视觉（VI 识别）三方面组成。CIS 战略最早起源于 20 世纪初期，德国 AEG 公司在系列电器产品上采用了彼得·贝汉斯（Peter Behrens）所设计的商标，并成为该企业统一视觉形象的 CI 雏形。1993 年以后，中国各地企业开始对 CIS 战略有了全面的认识和理解，在塑造企业整体形象中得以运用并取得了成效。CIS 战略是创立国际名牌的现代经营策略，被企业家们称为"赢的策略""长期开拓市场的利器"。政府形象塑造虽然不同于企业形象塑造，但是可以借鉴 CIS 战略的操作经验和模式。

（一）理念识别

理念识别（MI）是确立企业独具特色的经营理念，是企业对当前和未来一个时期的经营目标、经营思想、营销方式和营销形态所作的总体规划和界定，属于企业文化的意识形态范畴。理念识别是 CIS 战略的核心所在。

我国政府形象塑造中的理念识别，就是作为中国共产党领导的人民政府在行政管理过程中所秉持的不同于其他国家和其他时代的理念信条。执政理念是指建立在对执政规律认识基础上的党的执政宗旨和指导思想，是关于为谁执政、靠谁执政和怎样执政的理性认识，是指导党的执政活动的根本原则。政府的行政理念与中国共产党的执政理念在根本上是一致的。"行政理念是行政认识的最高综合，是对行政客体本质、规律和发展趋势的反映。"[1]"全心全意为人民服务""立党为公、执政为民""以人民为中心"等执政理念，表明了中国共产党执政的宗旨、目的和价值追求。打江山、守江山，守的是人民的心。政府部门在行政管理工作中，必须守牢人民立场，时刻牢记人民利益高于一切，才能赢得人民的信赖与支持。

（二）行为识别

行为识别（BI）是企业识别系统的重要构成要素之一。行为识别又称"活动识别""表现识别"，是指企业在其经营管理理念指导下，在经营管理活动中所形成的独特的经营管理方式、经营管理风格，从而展示出企业的个性和企业的身份，使公众形成深刻印象。不同企业经营管理理念的差

---

[1] 颜佳华、范文锋：《行政理念探析》，载《学海》2014 年第 2 期。

异,决定了不同企业经营管理行为的侧重点,并导致不同的公众识别后果和印象。

政府形象塑造中的行为识别,是指政府在行政理念指导下开展的内部管理和外部管理活动,即政府的行政行为。塑造政府形象,不仅要"听其言",更要"观其行"。政府的行政行为,从实施领域来看,可以分为内部行政行为和外部行政行为。内部行政行为是指行政主体在内部行政组织管理过程中所做的只对行政组织内部产生法律效力的行政行为,因而内部行政行为对公务员的权利和义务有重大的影响。政府内部行政行为,更多地体现为对公务员的管理和机关公共事务管理。对公务员的管理要宽严相济,既要注重关心关爱、帮助成长,更要严格管理、防微杜渐。对机关公共事务的管理,则要精细严密,尤其要防止公私不分、铺张浪费、奢靡之风。外部行政行为是指行政主体在对社会实施行政管理活动过程中针对公民、法人或其他组织所作出的行政行为,如行政执法、行政许可、行政处罚等。政府的外部行政行为具有主体法定性和国家代表性,执法过程中拥有极大的自由裁量性,对行政管理对象产生重要影响。因此,政府的外部行政行为要合法合理、公平公正、诚实守信、高效便民。

(三)视觉识别

视觉识别(VI)在 CIS 系统中是最外在、最直接、最具有传播力和感染力的部分,它包括基本要素设计和应用要素设计。企业的视觉识别一般包括基本设计、关系应用、辅助应用三个部分。基本设计,如企业名称、品牌标志、标准字、标准色、企业造型、企业象征图案、企业宣传标语、口号、吉祥物等;关系应用,如办公器具、设备、招牌、标识牌、旗帜、建筑外观、橱窗、衣着制服、交通工具、包装用品、广告传播、展示、陈列等;辅助应用,如样本使用法、物样使用规格及其他附加使用等。

政府视觉识别系统是政府管理和服务行为的客观标识的系统化应用体系。它主要借助标志、图案、字体、颜色以及政府的建筑风格、工作环境、工作人员的服饰、公务车辆、各类出版物等载体,向外界准确、有效地传递政府的价值理念和相关行为。政府视觉识别系统的元素需具备权威性、公信力、可识别性等特点,便于公众识别和监督,也便于使用公共服务和配合公共管理工作。政府组织的复杂性和庞大性,使得全面推行视觉识别系统具有较大的难度。但是,在个别部门和领域推广使用是可行且必要的。当前,我国党政机关名称标牌的字体颜色、规格样式以及综合执法领域的车辆标志、服装款式等已经形成统一规范。在公务用车制度改革后，除特殊部门有保密要求的车辆外，党政机关用于定向保障公务活动的机动车辆统一喷涂"公务用车"标识和监督举报电话。这种管理模式使得所有公车在"阳光"下运行，进一步强化了对公共权力的监督和制约，有利于赢得民心民意。

五、政府形象塑造的有效途径

(一) 强化政府责任意识

责任与权力相伴相生，并随着权力扩大而不断增加。强化政府责任、打造责任政府是实现国家治理体系与治理能力现代化的重要议题。"责任政府主要是一种控制政府权力和责任的制度体系，而政府责任则是政府所承担的职责和义务。"[1] 责任政府在行使社会管理职能的过程中，积极主动地就自己的行为向人民负责。责任政府要有明确的责任意识，时刻对赋予其权力的公民负责，积极回应公民的需求，及时解决公民所反映的问题，意识到自身的责任。责任政府在作出决策时，要争取公众意见，民主化决策，满足科学的决策程序要求。"监督机制是责任政府得以实现的基础，如果没有健全的监督机制对政府履职情况进行监督，责任政府的建设只能是空中楼阁。"[2] 因此，在政府违法或者不当行使职权时，政府应当依法承担法律责任，实现权力和责任的统一，做到"执法有保障、有权必有责、违法受追究、侵权须赔偿"。

(二) 提升政府治理能力

国家治理体系和治理能力是一个国家制度和制度执行能力的集中体现。提升政府治理能力，首先，要提升行政立法质量。健全规章和规范性文件清理长效机制，提高制度规范的有效性。立法不在条文多少，关键是必需、管用。要坚持权责法定，依法全面履行政府职能，深入推进"放管服"改革。其次，要强化行政权力监督。要建立权力清单制度，规范各级各部门"一把手"的权力配置和权力行使。全面推进政务公开，健全重点行政领域监督机制，加大纠错问责力度。再次，要大力推进依法行政工作。要加大简政放权力度，把依法不该为、不可为的职能砍掉、放掉。不断完善法治政府建设领

---

[1] 韩志明：《政府责任理念的扩散及再生产——基于行政问责话语演变的分析》，载《中国行政管理》2013 年第 5 期。
[2] 王春英：《人大监督与责任政府构建的地方实践》，载《社会科学战线》2022 年第 2 期。

导机制，加快推进综合执法体制机制改革。最后，要加快数字政府建设。要大力推进政务数据资源整合，尽快构建协同高效的政务网络环境，不断提升政务服务便民化水平和提升政务运行规范化水平。

（三）拓宽政民沟通渠道

政民沟通是指政府部门及其行政人员与社会公众之间的信息传送、接收、反馈与回应的过程。一方面，政府可以在与民众沟通互动的过程中发现民众真正关注的问题，更好地实现民众自身的利益。另一方面，政府可以有效地接收到来自民众的意见和建议，从而不断提高政府决策质量，及时调整公共政策。首先，领导干部要多深入基层调研。领导干部通过座谈会、实地考察等形式系统客观地收集信息并研究分析，以预测事物发展趋势，为决策提供依据。其次，要创新政府与公众互动方式。要引导广大群众积极参与到政务公开监督当中来，可以邀请部分人大代表、政协委员和群众到基层便民服务中心、党政办、12345热线等政务服务部门参观检查，通过多种途径鼓励公众为提升基层治理和政务服务水平建言献策。最后，要善于运用现代信息技术开展沟通。用好官方网站、微博、微信等多媒体互动平台，收集意见、倾听民意、发布信息、服务大众。通过与公众的良性互动，搭建一个社会化参政、议政、问政的网络交流模式与平台。

（四）加强政府信用建设

政府信用是社会公众对政府守约重诺的意愿、能力和行为的评价，反映了公众对政府的信任度。政府信用是社会信用体系的重要组成部分，而且是社会诚信的基石和灵魂，在构建现代文明社会进程中应发挥示范和表率作用。政府信用同样强调言行的客观后果，它考量政府行为对公众和社会的影响，同时又不得不顾及公众和社会对政府的看法和态度。政府信用包括政府的行政信用和政府的经济信用。政府行政信用是政府在管理国家和调控经济的过程中积极有效地作出承诺和履行承诺的意愿和能力，其实质是做到依法行政；政府经济信用是政府为了实现其功能，作为受信主体借助有关的信用工具向企业或个人筹集资金，并及时足额清偿债务的意愿和能力。政府信用维护需要政府自觉，政府的良知与行为自主性能够提高政府能力、克服信任危机和提升政府形象。

脱贫攻坚战，全面胜利！

（五）扩大对外交流开放

坚持对外开放，加强国际交往是我国的基本国策。我国政府在和平共处五项原则基础上，积极发展同世界各国的友好关系。中国始终坚持维护世界

努力推动构建
人类命运共同体

和平、促进共同发展的外交政策宗旨，致力于推动构建人类命运共同体，坚定奉行独立自主的和平外交政策，坚持在和平共处五项原则基础上同各国发展友好合作，坚持对外开放的基本国策，坚定奉行互利共赢的开放战略，积极参与全球治理体系改革和建设，推动全球治理朝着更加公正合理的方向发展。坚持走和平发展道路，推动建设新型国际关系，探索相互尊重、公平正义、合作共赢的国与国交往新路。倡导全人类共同价值，推动构建人类命运共同体，回应各国人民求和平、谋发展、促合作的普遍诉求，成为引领时代潮流和人类前进方向的鲜明旗帜。中国在扩大开放和广泛参与国际公共事务过程中，不断提升自身综合实力，赢得了世界各国的尊重，树立了良好的国际形象。

参考答案

> **思考题**
>
> 1. 简述行政公共关系的概念及其基本要素。
> 2. 行政公共关系研究的基本内容有哪些？
> 3. 如何理解常态下的行政公共关系和危机状态下的行政公共关系？
> 4. 简述行政沟通的内涵及主要形态。
> 5. 我国行政沟通中存在哪些主要障碍？
> 6. 如何提高行政沟通的效能？
> 7. 简述政府形象的基本内涵和内容。
> 8. 政府形象塑造的战略设计包括哪些内容？
> 9. 如何进行政府形象塑造？

> **讨论题**
>
> 1. 联系实际谈谈建立新闻发言人制度对于行政公共关系的完善具有哪些作用。如何完善我国的新闻发言人制度？
> 2. 结合实例，讨论当前我国地方政府行政沟通中存在的障碍及其改进措施。

> **推荐阅读文献**

1. 廖为建主编：《政府公共关系》，中国人民大学出版社2014年版。
2. 姜波、于嵩昕编著：《政府公共关系新论》，南京师范大学出版社2019年版。
3. 许开轶主编：《政府公共关系学》，南京师范大学出版社2016年版。
4. 贾哲敏主编：《新媒体时代政府公共关系：案例精编》，清华大学出版社2021年版。
5. 赵宇峰编著：《政府公共关系策略》，高等教育出版社2012年版。
6. 张岩松、张言刚主编：《政府公共关系教程》，清华大学出版社2015年版。
7. 胡宁生主编：《政府公共关系学》，中共中央党校出版社1994年版。
8. 唐钧：《政府公共关系》，北京大学出版社2009年版。
9. 黄河：《移动互联时代的政府形象传播》，中国人民大学出版社2018年版。
10. 高萍：《融媒体与政府公共关系》，世界图书出版公司2020年版。
11. 王石泉：《公共行政与媒体关系：领导干部媒体沟通的智慧》，人民出版社2012年版。
12. 〔美〕哈罗德·拉斯韦尔：《社会传播的结构与功能》，何道宽译，中国传媒大学出版社2013年版。

第十章　公共危机管理

> **导读**
>
> 　　伴随着现代社会危机事件频繁爆发，行政管理的一个重要任务是缓和各种类型的社会冲突，建立与维护公共秩序。从构建和谐稳定的社会的角度出发，各级政府必须将公共危机管理纳入行政管理范畴，需要对公共危机的基本概念、基本类型，公共危机管理的内涵等基本状况有清晰的认识和深刻的分析，从而增强危机意识，提高危机应对能力，建立完善的公共危机管理机制，最大限度地限制和避免公共危机给社会带来的负面影响。

第一节　公共危机与公共危机管理

一、公共危机的含义、类型与特性

（一）公共危机的含义

公共危机是严重威胁和危害社会公共利益，并引发社会混乱，需要公共部门运用公共权力统筹规划好公共资源进行应急处理的危险境况和非常事态。公共危机大多数表现为突发公共事件，突发公共事件是指由于矛盾、冲突的积累而导致公共组织处于严重威胁的状态下，为使公共组织摆脱或减少这种情境带来的损害，必须要在时间紧迫、信息不完备及不确定性极高的情况下作出关键性决策的事件。

（二）公共危机的类型

公共危机的类型划分是提高危机管理效果的必然要求，对其进行合理划分有利于界定公共危机的本质与范围，加快确认和描述可能引发紧急事态的灾害风险，为后续危机管理及时提供参考。正是由于公共危机类型多样，不同类别的危机需要采取相应的预防和控制措施。因此，分类处理、部门协调成为危机管理体系的题中应有之义。

公共危机可以从不同的角度划分为不同的类型：

（1）依据发生领域，公共危机可分为政治危机、经济危机、自然危机（生态危机）、社会危机、文化危机等。

（2）依据产生原因，公共危机可分为人为危机与自然危机。当然，这种划分只是相对的，自然危机有时也带着人类行动的痕迹，直接的自然危机可能是长期人为的结果，从而显得危机的产生原因难以归因于人为。

（3）依据事件发展的先后顺序，公共危机可分为原生性危机、次生性危机及衍生性危机。原生性危机是致灾因素直接造成某类受灾体的破坏与伤亡，如台风；次生危机是指原生性危机诱发的危机，如台风摧毁了房屋，房屋倒塌引起火灾，火灾造成的灾害就是次生性的；衍生性危机是致灾因素对社会结构、组织功能的破坏，造成人群与组织的伤亡或瓦解，直接或间接导致生产、经济停顿等经济损失，如台风使社会秩序混乱，社会出现哄抬物价、偷盗抢劫等犯罪行为，人民生命财产再度受到威胁。

（4）依据事件发展和终结的速度，公共危机可分为龙卷风型危机、腹泻型危机、长投影型危机及文火型危机。龙卷风型危机指来得快去得快的危机，如劫持人质危机；腹泻型危机酝酿时间长，爆发后结束得快；长投影型危机往往具有突发性，虽然持续时间不长，但影响深远；文火型危机来得慢去得也慢，如巴以冲突。

（5）依据发生机理、过程、性质和危害对象不同，公共危机被分为四大类，即自然灾害、事故灾难、公共卫生事件和社会安全事件。自然灾害主要包括气象灾害、地质灾害、海洋灾害、生物灾害；事故灾难主要包括铁路、公路、民航、水运等交通运输事故，工矿商贸等企业的安全生产事故，城市水、电、气、热等公共设施及设备事故等。公共卫生事件主要包括传染病疫情、群体性不明原因疾病、食物与职业中毒、动物疫情及其他严重影响公众健康和生命安全的事件；社会安全事件主要有恐怖袭击事件、经济安全事件、民族宗教事件、涉外突发事件、重大刑事案件、群体性事件等。

虽然公共危机的分类是静态的，但是其演进却是动态的，而且往往相互关联、相互渗透。因此，无论危机类型如何划分，一般应坚持这样几个原则：一是性质相关性；二是完备性或穷尽性；三是互斥性；四是一致性；五是层级性。在现代社会中，致灾因素具有突出的连带性、耦合性与叠加性，表现出链状群发甚至网状群发的特点，危机的属性也随之转移。公共危机的不规则性、不稳定性、随机性、扩散性与连锁性等，使得危机类型在不同的时间序列上呈现不同形态，危机的突变与渐变并存。这就要求我们将公共危机演变看作一个系统，关注系统性风险，并以系统的眼光来关注公共危机。除了从系统角度认知危机类型外，为了把握危机的整体性，我们还需要认识其模糊性和多样性。所以，在实践中，我们要提倡相关部门之间的协同与合作，从而形成应对公共危机的强大合力。

一般说来，所有类型的危机都可以被划分为不同的等级，这也是预防和应对危机的依据。公共管理者要根据对危机级别的判定配置相应的资源，避免响应不足和响应过度。在我国，自然灾害、事故灾难、公共卫生事件一般被分为四级：重大（Ⅰ级）、重大（Ⅱ级）、较大（Ⅲ级）和一般（Ⅳ级）。公共危机处于不断演进过程中，因此，分级也是动态的。在实践中，当危机情势不够明朗时，分级一般遵循"就高不就低"的原则。另外，社会安全事件是不分级的。这是因为社会安全事件的演进呈现出非线性的特点，表现出明显的"蝴蝶效应"。

（三）公共危机的特性

1. 产生的突发不确定性

公共危机往往是在意想不到、没有准备的情况下爆发的，具有很强的冲击力和破坏力，往往使人们措手不及。一方面，部分事故爆发前基本没有明显征兆，而且一旦发生，发展蔓延迅速，如果处理不当会给社会生活和公共秩序带来巨大的破坏。另一方面，很多公共危机在爆发前往往都被人们认为是不可能发生的。人们对突发公共危机的相关信息缺乏了解、掌握，这又造成了公共危机发展和处理的不确定性。

2. 决策的紧迫无序性

在公共危机发生后，负责危机处理的行政机关必须在极其有限的时间内依靠有限的信息作出重大决断，这就给危机决策者带来了极大的心理压力。而危机的发生往往是突然的，从一开始就呈现出无序发展的状态，使人们难以把握，给管理者处理危机增加了难度。

3. 传播的公开扩散性

在现代社会，信息传播的渠道多样化、速度高速化和范围广泛化，使危机信息迅速公开化，成为社会公众关注的焦点。由于公共危机的发展具有动态蔓延并迅速向周边扩散的特点，在危机来临时，危机管理者如果事前缺乏准备，事后处置不当，就可能引起连锁反应，引发次生或衍生危机。当单一型危机演化为复合型危机后，由于两者互为因果、相互叠加，处理的难度大大增加。

4. 结果的威胁破坏性

公共危机的产生对过去的稳定状态构成了一定的威胁，而这种威胁既可能是对人们生命和财产安全的威胁，也可能是对社会秩序、稳定造成的威胁。不论何种性质、规模的公共危机事件，都必然会对个人、组织、国家和社会造成政治、经济和精神等方面的损失。

二、公共危机管理的内涵与特征

（一）公共危机管理的内涵

著名管理学专家罗伯特·希斯（Robert Heath）认为："从最广泛意义上说，危机管理包含对危机事前、事中、事后所有方面的管理。传统危机管理着重强调对危机反应的管理，而不重视危机的前因后果。"① 我国学者张成福认为："公共危机管理是一种有组织、有计划、持续状态的管理过程。在危机发展的不同阶段采取一系列的控制行动，以期有效地预防、处理和消除危机。公共危机管理是政府及其他公共组织在科学的公共管理理念指导下，通过监测、预警、处理、评估、恢复等措施，防止和减轻城市公共危机灾害的行为。"② 从以上两位学者的观点可以看出，公共危机管理是指政府或其他社会公共组织通过监测、预警、预控、预防、应急处理、评估、恢复等措施，防止可能发生的危机，处理已经发生的危机，以减少损失，甚至将危险转化为机会，保护公民人身安全与财产，维护社会和国家安全。

公共危机管理与社会治理现代化

可以从以下几个方面进一步理解公共危机管理的概念：（1）公共危机管理的主体是政府以及其他公共机构；（2）公共危机管理的重点在于预防；（3）公共危机管理的功能是防范和化解公共危机；（4）公共危机管理的主要工作是研究问题、发现问题、解决问题；（5）公共危机管理的目的在于恢复社会秩序，保障人们正常的生产和生活秩序，维护社会稳定。

（二）公共危机管理的特征

1. 紧迫性和长期性

危机是一种紧张无序态势，其发生往往具有突发性，对社会产生巨大负面影响且难以有效预防。因此，对这类事件的管理属于一种紧急状态和有限时间压力下的行为选择。同时，这类事件的出现往往并非偶然和孤立的，其产生一般存在各种自然和社会诱因。对某一单个诱因或其直接诱因的解决并

---

① 〔美〕罗伯特·希斯：《危机管理》，王成等译，中信出版社2001年版，第17页。
② 张成福：《公共危机管理：全面整合的模式与中国的战略选择》，载《中国行政管理》2003年第7期。

不意味着危机的全面化解，必须从其全局性、结构性方面寻求整体性解决方案。

2. 危险性

公共危机管理的危险性有三重含义：一是遭受危机伤害和影响的人民群众生命财产处于危险境地；二是临近或深入危机发生区域内的公共危机管理和救援的人员自身具有危险性；三是监测预警、指挥协调或参与公共危机管理的人员如果在紧要关头失职、行动不力或处置不当，将会因加重危机或延误救治时机而承担管理或法律责任。

3. 连锁性

危机往往会引起连锁反应，形成危机的"蝴蝶效应"。这就要求管理者对危机的反应速度要越快越好，坚持第一时间反应原则。所以，管理者对时间的把握很大程度上决定了危机处置的有效性。

蝴蝶效应

4. 权变性

导致危机发生的诱因很多，危机的规模、强度和持久性等结构性因素是随各种环境因素的变化而变化的，人们很难找到一条"放之四海而皆准"的真理法则来应对危机。即使人们已经发现了解决部分危机的基本准则，也必须考虑到"死守规则无异于窒息自己的创造力"。因此，这就意味着危机管理的方式方法必须要随着危机情势的变化而变化。

5. 人本性

绝大多数的公共危机事件，直接和间接威胁人的生命安全和生存环境。从根本上说，公共危机管理就是预防和避免人的生命和生存环境遭受伤害，或尽量减少、减轻危机对人伤害的特殊管理活动。以人为本、以人的生命安全为重、以人的生存环境为要，用最有效的措施保护人，尽最大的努力拯救人的生命，是公共危机管理的最高准则。公共危机管理的整个过程和一切活动必须以此为根本出发点。

6. 博弈性

危机的解决是一个多方博弈、通力合作的结果。在危机状态下，事件双方或多方存在一个相互博弈的动态过程，各方都会选择使自己效用最大化的策略，最终形成一个各方都愿意改变现有选择的行动集合。因此，危机管理的结局不仅仅取决于某方面的选择，而往往取决于双方或多方的策略选择。在各方追求自身效用最大化的目标下，交易或者讨价还价就始终贯穿于危机管理的全过程。

三、公共危机管理的原则

总结各国管理经验，结合我国国情和管理体制，得出以下公共危机管理原则：

(一) 以人为本原则

这是指保障公民生命安全是公共危机管理的首要任务。人的生命权是人与生俱来的权利，对人的生命权的尊重是人类社会的一条基本公理，也是公共危机管理中"以人为本"思想的具体体现。在公共危机管理中坚持以人为本，就是要做好预警防范工作，尽量防止公共危机事件的发生，以保护人民群众的人身安全和财产安全。当危机发生后，管理者要通过应急处理程序，最大限度地保护、挽救人民群众的生命安全，哪怕这样做要付出较大的成本也在所不惜。近年来，我国在抗洪抢险、矿山救援等突发公共事件的处置中充分体现了以人为本的原则，优先考虑人的安全，最大限度地保障人民群众的生命，及时疏散和转移人民群众。

(二) 效率优先原则

公共危机事件通常具有突发性的特征，来势凶猛且发展迅速、后果难以预测。因此管理者必须在第一时间内采取紧急处理手段，及时控制危机事态的发展。公共危机管理机构在第一时间内做出正确的反应，有利于危机的及时化解。反应时间的长短在很大程度上直接决定了应急管理的成败，因此，危机管理专家福斯特（John B. Foster）将"迅速反应"作为危机管理的首要特征。

(三) 协调沟通原则

信息畅通是正确决策的前提，也是迅速采取行动的前提。一旦得到有关公共危机的信息，公共危机管理机构就应该迅速做出反应，立即开展调查研究，研究对策，采取行动，防止危机的进一步扩散。政府部门必须及时把公众须知、预知、应知的信息通过最容易使公众接受的方式发布出去，在公众中树立诚实守信、敢于负责也能够负责的形象。由于参与危机应对的人员和力量来源复杂，各个危机管理主体以及所辖部门工作性质不同、职责不同，各自的利益取向也存在差异，危机应对中的协调一致特别重要。如果没有协调，就有可能出现自行其是的状况，不利于公共危机管理的有效开展。危机事件的不可回避性以及危机事件应急管理的紧迫性要求不同部门之间通过协同运作明晰各参与机构的相互职责，把个体的、分散的人力、物力整合起来，从而发挥整体的最大优势，以最大限度地减少事故损失。

(四) 平战结合原则

平战结合原则包括两层含义：一是树立危机意识，积极预防，把危机管理纳入到常态管理之中，常备不懈，通过预测、预警来防止危机事件的发生；

二是通过采取预防措施，提前做好各种防范准备工作，将无法防止的危机事件造成的损失减轻到最低程度。公共危机管理必须坚持以防为主的原则，将可能发生的危机事件控制在萌芽状态，将无法控制的危机事件的损失，尤其是对人的生命安全的危害减轻到最低程度。平战结合是公共危机管理工作的一个基本出发点。它要求做到预防管理与应急管理相结合，实现公共危机管理在组织体制、工程建设、应急准备、指挥程序等方面的有机统一。

（五）全民参与原则

非政府组织参与
公共危机管理

公共危机管理既需要政府发挥自身的主导作用，有效地动员企业及社会蕴藏的人力、物力和财力，形成应对危机的合力。成功的危机管理应该能够调动全社会的力量，构成一个危机管理网络，实现全民共同参与，形成自救、互救与共救并存的局面。这是因为公共危机管理的对象不是单一风险，而是多种风险，它要求危机管理者必须建立起以政府为领导的管理网络，将政府、市场与社会组织等力量协调起来，形成一种强大的合力，从而应对不同类型的风险。

（六）科学处理原则

进行公共危机管理要依靠科学。一是决策时要尽可能充分发挥专家的作用，听取专家的意见，按照客观规律办事。这需要各级危机管理部门平时建立专家库，建立与专家畅通的联系渠道和机制，经常向专家咨询。二是要有科技支撑。平时重视对各领域公共危机发生、发展的特点、形式、危害的规律、应对措施和保障手段的研究。三是要有有力的保障。首先需要充分的物资保障，只有人与物的有效结合才能实现公共危机管理效率的最大化。面对公共危机，必须保证通信、交通能够正常运转，救灾救援所需物资要能够及时到位。

第二节　公共危机管理过程与体制

4R 模式

一、公共危机管理过程

（一）公共危机的预防

公共危机的预防主要包括以下三个方面的内容：

第一，加强预测预警。预测预警是一项融科学监测、数据加工和事件预报为一体的活动，它把科学的信息转化成公众可以理解的警报，通过最大限度地广泛传播警报，以求社会公众及时采取响应行动。预测与预警是公共危机预防的两大关键性环节。预测是在公共危机发生前预先进行的有效监测，它包括三个步骤：（1）危险源排查。危险源排查就是对可能引发风险及危机的危险要素进行辨识、筛选与甄别。从公共危机演进的过程来看，危险源排查是危机管理在事发前最为基础的一个环节。（2）危险源监测。是指在公共危机发生前对各种可能引发危机的重点危险源及其表象进行实时、持续、动态的监视和测量，收集相关的数据和信息。（3）风险评估，即根据通过危险源检测的结果，结合脆弱性分析，确定风险的大小，并判别公共危机发生的可能性。"预警"也就是"预先警告"，最早源于军事领域，主要是指通过各种手段提前发现、分析和判断敌情，并将其威胁程度报告给指挥部，以提前采取措施应对的活动。后来，"预警"一词逐步被人们应用到政治、经济、社会、自然等多个领域，包括灾害管理领域。在公共危机管理中，预警主要是指在危险要素尚未转变为公共危机之前将有关风险信息及时告知潜在的受影响者，使其采取必要的避险行动，做好相应的准备。

公共危机的预测与预警是相辅相成、相互统一的关系。预测侧重于研判，而预警则是危机管理者将研判的结果通过特定的渠道将相关信息传递给可能受到影响的受众。一方面，科学的预测是精确预警的前提和基础；另一方面，只有通过有效的预警才能将预测得出的结论及时地传递给受众。所以，预测预警的目的是使社会公众采取响应行动、减少公共危机的危害与影响。因此，预测预警的完整流程是：对危险要素持续地进行监测并进行客观分析，做出科学的风险评估；如果风险评估的结果显示公共危机不会发生，则返回继续监测；如果风险评估的结果显示公共危机有可能发生，则向社会公众发出警示信号，当公众采取有效的响应行动后，预测预警的最终目的才得以实现。

第二，降低社会的脆弱性。也就是要增强社会本身的抵抗能力和承受能力。为了确保社会的安全和减少公众所面临的各种风险，危机管理者既要尽可能地排查、消除危险要素，又要降低社会的脆弱性。脆弱性是衡量社会在危险要素产生作用的条件下是否会遭受危害的重要指标。在城市里，它主要与以下因素相关：经济、社会的集中程度；城市系统的复杂性和相互关联性；城市的地理位置；城市的环境保护情况；城市的结构性缺陷（如建筑问题）；政治和制度缺陷；等等。在乡村中，脆弱性相对较强，主要是因为农村经济、社会发展滞后，社会公众的防灾、减灾意识薄弱，建筑、设施的抗灾毁能力低。相对而言，风险要素比脆弱性更有不可控性。这就要求公共危机管理者需要在以下两个方面开展公共危机的预防：一是规避风险，要对危险要素进行监督、分析、控制；二是寻求安全，降低社会系统的脆弱性。后者比前者更能凸显人的作用。如果能够降低脆弱性，就能够避免许多公共危机带来的损失。比如，在城市化进程中，为了从源头上预防公共危机，就需要加强对建筑的风险排查，并采取相应的防灾、减灾措施。同时，落实新建建筑物的安全规划。

第三，提高社会的恢复力。恢复力一词来自拉丁语 resilio，意思是"反弹"。从机械意义上说，恢复力意味着某种物质具有一定的张力，在重负之下不会折断或变形，具有一定的弹性。生态学家用这个概念描述系统在经过暂时的扰动之后恢复平衡状态。有学者认为"恢复力"的含义主要是指系统可以吸收扰动的水平、系统自组织的能力、系统建设、增强学习能力与适应能力的程度。从 20 世纪 70 年代起，这个概念被赋予了更多的内涵，指承受压力的系统有能力恢复，回到最初的状态。在公共危机管理领域中，恢复力主要是指一个社会"快速、有效地对灾害进行响应、从灾害中复原的能力"。在公共危机预防的过程中，必须着眼于未来防灾减灾的需要，增强灾区的恢复力。其主要途径是：增强灾区对未来灾害的控制力和承受力，提高社会的恢复力。为此，需要采取以下措施：实现人与自然、人与社会、人与人之间的关系和谐，减少引发公共危机的致灾因素；推行对自然的适应而非征服的理念；对于不能规避、不得不建在灾害易发区的建筑或基础设施，需要实行更加严格的设计与建筑安全标准，严把建筑施工质量关，增强其抗毁损的能力，并采取严密的防护性措施；增强应急响应能力，完善应急救援体系，在公共危机发生后有效应对，尽可能减轻灾害的影响；建立良好的应急保障体系，确保灾后恢复重建的人力、物力、财力、信息等资源充裕。

（二）公共危机管理中的准备

公共危机管理中的"准备"是指发展应对各种公共危机的能力，如制订应急预案、建立预警系统、成立危机管理指挥中心、进行灾害救援培训与演练等。充分的应急准备可以提升应对危机的能力，有利于在公共危机发生后保护公众的生命和财产，有利于社会快速地恢复到正常状态。准备活动的核心是事先必须制订周密、详尽、具体的应急预案，确定具有可操作性的程序，储备充足的应急资源。公共危机的准备，第一步就是建立可以有效应对公共危机的应急救援队伍；第二步是编制公共危机应急预案，为公共危机管理勾画出"行动路线图"；第三步是构建公共危机管理的保障体系，在应急法律、应急资金、应急物资、应急避难场所、应急通信等方面做好准备；第四步是开展公共安全教育，塑造公共安全文化，提高全社会预防和应对公共危机的意识。

第一，在应急响应队伍的建设方面。应急响应队伍是公共危机管理的基本要素，为了有效地应对公共危机，应急响应队伍建设需要满足以下几个原则：(1) 综合职能的原则。建立综合性应急救援队伍，实现部门性专业救援队伍的"一队多能"，促进专业救援队伍与兼职救援队伍的有机结合。(2) 分工合作的原则。打造具有特色专长的专业救援队，发挥专业优势，同时锻造多种应急救援能力。在公共危机的处置过程中，应当以一个部门性专业队伍为主力，其他部门专业性队伍为补充，综合性应急救援队伍为总预备队，兼职救援队伍为外围。(3) 科学有效的原则。建立专家库，建立与专家畅通的联系渠道和机制，经常向专家咨询。此外还需要充分的物资保障，必须保证通信、交通能够正常运转，各种救灾救援物资能够及时到位。

第二，在应急预案编制方面。通俗地讲，应急预案就是处置公共危机的应急计划。它是危机管理者和相关社会公众在应急管理活动中的行动方案。应急预案的基本内容包括：(1) 对紧急情况或事故灾害及其后果的预测、辨识、评价；(2) 应急各方的职责分配；(3) 应急救援行动的指挥与协调；(4) 应急救援中可用的人员、设备、设施、物资、经费保障和其他资源，包括社会和外部援助资源等；(5) 在发生紧急情况或事故灾害时保护生命、财产和环境安全的措施；(6) 现场恢复；(7) 应急培训和演习规定。编制应急预案的主要意义在于：首先，明确公共危机管理相关主体的责任范围和角色期待与分工，保证公共危机管理活动有条不紊地进行。公共危机管理的主体是多元化的，如果没有预案，各相关主体就可能发生角色冲突或推诿扯皮，贻误战机。其次，有助于我们辨识潜在风险，避免或防止公共危机扩大或升级，以求最大限度地减少危机给社会公众的生命、健康和财产造成的损失。再次，有助于将公共危机处置与响应的步骤与措施"格式化"，提高应对效率。最后，有利于培养全社会居安思危的忧患意识，塑造预防为主的安全文化氛围。当然，其前提是让社会公众参与预案的制定或向社会公众广泛宣传预案。当然，应急预案建设不能等同于危机管理的全部，不应过分夸大应急预案的作用。这是因为，公共危机管理是危机管理者与危机之间的博弈，它需要危机管理者有较高的临机决断水平，表现出较强的创新能力。一方面，没有预案就没有行动指南，我们必须加强应急预案的建设；另一方面，完全照搬预案也很难奏效，危机管理者要被赋予一定的临机决断权力。如果一个危机管理组织在危机来临时仅靠临机决断，那意味着它没有做好充分的准备；如果它完全照搬预案，则说明它没有丝毫的创新能力。如何在遵照预案与发挥创新能力之间形成一种动态的平衡，这是公共危机管理的关键所在。

第三，在应急保障体系建设方面。依法治国的理念是我国政府的基本理念。在塑造法治政府、责任政府的过程中，我们必须依法应急。因此，我们必须建立强有力的应急法律体系，以求应急行为有法可依、有法必依、执法必严、违法必究。我国已经出台了一部公共危机管理的"基本法"——《中华人民共和国突发事件应对法》（以下简称《突发事件应对法》），它标志着我国公共危机管理法制化进程取得了巨大进步。长期以来，我国危机管理的相关法律、法规多是调整某个单一灾种的部门法，如《中华人民共和国消防法》《中华人民共和国防震减灾法》等，不能适应现代危机管理综合性应对多灾种的要求。《突发事件应对法》的颁布和实施扭转了这一局面，因为它既规定行政部门在紧急状态下可以行使行政紧急权，又维护了公民自由，防止政府滥用紧急行政权，力求在二者之间形成一种平衡。有了《突发事件应对法》，就能够综合性地应对自然灾害、事故灾难、公共卫生事件和社会安全事件，而不是调整其中的某一类公共危机。目前，"我国已相继制定《突发事件应对法》以及应对自然灾害、事故灾难、公共卫生事件和社会安全事件的法律法规60多部，基本建立了以《宪法》为依据、以《突发事件应对法》为核心、以相关单项法律法规为配套的应急管理法律体系，突发事件应对工作进入了制度化、规范化、法制化轨道"[①]。

第四，在加强公共安全教育方面。公共安全教育是公共危机管理的一项重要工作。社会公众能否采取及时有效的逃生行动，能否做到临危不惧、临危不乱，在很大程度上取决于他们对于风险的认知程度，取决于他们是否有足够的自救、互救意识和技能。因此，开展公共安全教育对于应对公共危机来说是不可缺少的。这是因为公共安全教育可以：(1) 增强忧患意识。公共安全教育可以向社会公众传授有关公共危机的知识，增强防范公共危机的意识。(2) 提升风险认知能力。因为人是受意识支配的动物，如果不能对风险有正确的认知，人就不会采取正确的避险行动，公共安全教育可以使人树立正确的风险意识。(3) 提高自救与互救技能。公共安全教育可以培养社会公众危机状态下自救与互救的技能。(4) 增强公众批判力。公共危机发生期间，各种流言蜚语很容易滋生，如果社会公众缺少公共安全教育，就很容易听信流言或谣言，甚至采取非理性的行为。(5) 塑造公众良好的心理素质。公共危机发生后，人最需要的是镇定、信心和勇气，镇定、信心和勇气不是与生俱来的，与公共安全教育密不可分。(6) 增强群众抗击打能力。只有接受了适当的公共安全教育，社会公众才能做好应对危机的心理准备，关键时刻才能急中生智。

（三）公共危机的响应

一般认为，公共危机响应始于危机发生之时，其活动主要包括：确保受

---

① 华建敏：《我国应急管理工作的几个问题》，载《中国应急管理》2007年第12期。

公共危机影响区域的安全，对受公共危机影响威胁的地区进行疏散，对危机现场进行搜索和救援，为伤者提供应急医疗救助，为被疏散者及其他社会公众提供应急避难场所。在危机响应阶段，我们必须同时兼顾三个目标：最大限度地保障社会公众的生命健康安全，最大限度地减轻危机所造成的财产经济损失，严防次生灾害的发生。

公共危机响应是公共危机管理的核心环节。这是因为，有时即使采取了严密的防范措施，也不能完全避免公共危机的发生。当公共危机发生后，危机管理需要建立在精心准备的基础上，根据危机的性质、特点和危害程度，及时组织有关部门，调动各种应急资源，对危机进行有效的响应与处置，以降低社会公众生命、健康与财产所遭受损失的程度。响应行动既要减少危机的初始影响，也要减少危机有可能引发的二次影响。减少危机初始影响的行动包括确保受影响区域的安全，疏散危险地带人员，对伤者进行搜救，提供应急医疗救护，为被疏散者和其他受害者提供避难场所。此外，危机管理者还要在相应阶段防范和处置二次灾害，如在震后扑灭城市火灾，防止有害物质泄漏。

（四）公共危机后的恢复

公共危机管理中的"恢复"具有两重内容：一是指按照最低运行标准将重要生活支持系统复原的短期行为；二是指推动社会生活恢复常态的长期活动。如清理废墟、控制污染、提供灾害失业救助、提供临时住房等。恢复开始于危机响应行动即将结束时。恢复的短期目标是恢复灾区的基础设施。基本的基础设施包括供水、电力、燃料、电信和运输系统。最终目标是使危机影响区域的生活质量恢复到灾前的水平。公共危机的发生干扰了社会生产、生活秩序，给社会公众的生命、健康和财产造成了巨大的损失。当危机事态得到有效控制后，公共危机管理也就从抢险救灾为主的阶段转为以恢复为主的阶段。一般而言，恢复主要包括四个方面的活动：其一，最大限度地限制灾害结果的升级；其二，弥补社会、情感、经济和物理的创伤与损失；其三，抓住机遇，进行调整，满足人们对社会、经济、自然和环境的需要；其四，减少未来社会所面临的风险。也就是说，恢复就是要尽量减轻灾害的影响，使社会生产生活复原，推动社会进一步发展，提高社会的公共安全度。

概括起来，公共危机管理中的恢复应主要包含以下内容：

第一，消除公共危机的社会影响。公共危机管理中的恢复是要使社会生活重新获得秩序，为社会公众提供基本的民生保障，使整个社会呈现常态运转的态势，如修复卫生设施、为灾民提供临时住宅和必要的生活物品等。在此过程中,要注意以下问题:一是严防次生灾害的发生,确保灾区公众的安全,如在拆除受损的建筑物时设立警戒线;二是保障灾后重要物资的供应,如药品等;三是特别关注老人、儿童、残疾人等弱势群体,满足其特殊的需要。

第二,减轻公共危机造成的环境影响。危机的环境影响可分为两类:人工环境影响和自然环境影响。从人工环境的角度看,恢复要完成的任务包括:修复或重建居民住房,尽快使灾民安居乐业;修复或重建商业设施或工业生产设施,确保商业和工业生产运转的持续性,保持受灾地区的经济活力和发展的连续性;恢复或重建农村基础设施,保证农业生产的顺利进行;恢复或重建关键性的公共设施,特别是从功能及象征意义两个角度来看特别重要的设施,如灾区的地标性建筑;恢复或重建"生命线"设施,使水、电、气、热、通信、交通等基础设施及服务支撑系统的问题优先得到解决。从自然环境的角度看,危机的影响主要包括生物多样性和生态系统受到严重影响。灾难或灾害可能会使一些珍稀动物失去栖息地和赖以维持生命的食物,污染事件可能会损坏地方的生态系统,令某些物种濒临灭绝。此外,废物的处理及污染的管理是一个必须面对的挑战。特别是在恢复的初期,危机及其应对活动所产生的废物和污染问题必须妥善加以解决,严防大灾引发大疫。

第三,降低公共危机的经济影响。危机对经济的直接影响非常大,间接影响更是难以评估。危机的经济影响可以从个人、企业、政府三个层面加以审视。个人在恢复重建中需要得到支持和帮助以维持生计,如确保就业安全等。同时,公众也可以通过购买行为拉动地区消费来为灾区地方经济的增长做出贡献。在恢复重建中,有关部门要帮助企业尽快恢复或重建生产设施,最大限度地保护企业的财产,也要为企业提供有关决策与规划的信息,还可以通过刺激消费者信心增长的方式帮扶企业。此外,政府在恢复重建过程中要发挥对宏观经济的调控作用,对灾区企业实施税收减免政策,为个体经营者提供小额贷款。同时,中央政府还可以为灾区企业积极拓展海外市场创造条件。

第四,消除公共危机的心理影响。危机往往会给一定数量的社会公众造成负面的心理影响,甚至造成严重的心理创伤。对此,有关部门在恢复的过程中,要为这部分社会公众提供心理咨询服务,开展心理危机干预,进行心理辅导。

二、公共危机管理的领导体制

(一) 公共危机管理的统一指挥体制

公共危机管理面对的是突发性的紧急事件，需要迅速作出决策，同时调配大量人力物力来应对。而这些资源通常分属于不同部门、单位，因此，要有一个统一高效的指挥体制来快速反应与调动资源，节约管理成本，提高管理效率。

集中统一的指挥体制，要求以一定的行政区划为单位，凡在此地范围内发生的公共危机事件都应由当地政府统一管理。在管理实践中，统一指挥体制有不同形式，如松散的应急委员会，日常事务由专门的办公室负责；或专设公共危机管理机构为处理公共危机的最高行政权力机关。

在统一的公共危机指挥体制中，实行首长负责制。根据授权，政府最高长官在公共危机发生时有权指挥各部门和各方力量统一行动，全权负责公共危机管理工作。

(二) 政府职权划分

根据突发公共事件的发生过程、性质和机理，我国政府将其分为自然灾害、事故灾难、公共卫生事件、社会安全事件四大类。每一大类的突发公共事件应由相应的部门管理，建立统一指挥机制，如公共卫生事件由卫生行政部门为主进行管理。重大的决策须由政府行政主要领导作出。而不同类型的危机日常管理应依托于相应的专业管理部门，由其做好信息搜集、分析等方面的工作，为政府决策机构提供有价值的决策咨询和建议。

无论哪一级别的突发公共事件，不同层级的政府及相关部门都应做好预警工作。面对不同级别的突发公共事件，需要启动的应急规模不一样。一般而言，普通的危机事件由地方政府负责处置与善后工作，对于重大和特别重大的危机事件，要根据情况由更高层级的政府负责。

(三) 公共危机管理的责任制度

为使统一指挥的公共危机管理体制能高效运转，要建立切实有效的责任制。建立责任制的关键在于明确每一项危机应对工作中的政府职责，将责任明确到每一个工作机构和相应人员，同时根据实践进一步明确、调整各项责任。

这一方面要加强公共危机管理领域的立法，明确相关岗位和人员的法律责任；另一方面要加紧研究各种公共危机管理预案，深入分析每个环节、步骤和岗位应承担的责任。责任清晰、奖惩分明的责任制对公共危机管理有直接而积极的意义。

（四）公共危机管理的监督制度

公共危机管理的监督制度可促进公共危机管理工作的顺利开展，让责任制落到实处，也有利于对危机处置工作的经验教训进行总结。

公共危机管理的监督工作包括领导检查监督与专门从事检查监督的督查部门检查监督两个部分。危机管理中领导行为本身就包含危机决策与对决策执行情况的检查监督。当前，我国的公共危机管理可通过上级政府派出专门的督导组、检查组对下级政府和部门进行监督检查，还可通过人大和政协的走访、视察进行监督。纪检监察部门也应参与监督工作。

此外，公共危机管理还应发挥媒体监督与公众监督作用。作为公共危机事件信息载体的大众媒体，在公共危机管理中，首先应与政府积极合作，争取更多的权威公共信息。在公共危机爆发之际，媒体要掌握信息发布的主动权，发挥新闻舆论监督的作用。同时，媒体要积极发挥"意见交流桥梁"的沟通作用，实现政府、媒体、公众三者良性互动。在危机中，媒体特别需要加强与政府及相关专家学者的联系与合作。一方面，媒体及时向公众提供政府在危机处理中的对策，解释政府行为；另一方面，媒体也通过与政府的互动，向政府传递社会的舆论状态与公众目前的心理状态，从而让政府根据公众舆论对危机应对措施进行相应的调整或加强。

第三节 公共危机管理机制

一、公共危机管理的前置机制

（一）预测预警机制

预测预警机制的主要功能在于，预测可能发生的公共危机及其危害程度，督促社会公众做好应急准备，启动应急响应，最大限度地降低危机所导致的损失，为有效地应对危机赢得宝贵的时间。预测预警是公共危机管理中至关重要的关键步骤，它们主要包括：获取丰富的实时数据以支撑预警，根据数据判断报警的临界点；采用受众容易接受的标准化预警术语，通过多种通信渠道将警报发送给处于风险中的公众及有关应急响应者；教育、培训公众，使其有能力采取适当的行动；定期评估预测预警的效能等。一般说来，人们都非常注重预测预警中的技术因素，突出科学知识与技术的重大作用，表现出很强的科技中心导向。但是，预测预警还需要一定的制度和社会基础。这是因为，如果警报的内容不容易为人所理解，人们的风险意识薄弱或决策产生偏差，人们就不会采取适当的行动，预测预警的目的也就无法实现。因此，在建设预测预警机制时，需要以人为核心。

具体地说，在构建预测预警机制时，应体现以下三项原则：其一，快速反应原则。预测预警机制的功能在于，在危机发生之前就识别出所存在的各种威胁，并在此基础上采取适当的措施发出警报，敦促社会公众采取行动。预测预警机制如果不能及时发现潜在的风险并传递相关的警情，也就不能为提前采取响应措施赢得宝贵的时间，从而失去了其应有的意义和价值。其二，科学有效原则。准确性原则要求危机预测预警机制必须从客观实际出发，尊重历史和现实资料，分析相关因素之间的本质联系以及突发事件的发展趋势，进行准确的预测和报警。因为警报一旦发出，公众就会采取应对措施，从而产生一定的成本。如果预警不准确，所付出的成本就不会带来预期的收益。长此以往，社会公众对预测预警的信任度就会降低，预测预警机制就会变得名存实亡。其三，全面性原则。全面性原则要求预警信息涵盖所有的利益相关者。在突发事件中，损失的降低程度通常与获得警报的人数成正比。为此，在预警信息的传播中，需要调用多样化的信息传递渠道，不仅要运用现代化的信息手段，如电视、广播、互联网、手机等，也要兼顾传统的预警方式。同时，传播预警信息要特别关注困难群众，如残疾人、语言不通的外国人、老人、妇女、儿童等。

预测预警的效果可以用一个公式来表示：预测预警的效果＝快速反应性×科学有效性×全面性。换言之，预测预警的效果与其快速反应性、科学有效性和全面性成正比。预测预警越及时、越准确、越全面，则预测预警的效果越好。因此，预测预警必须依靠科学，但更要以人为本。科学是手段，人的需要才是目的。在构建预测预警机制时，应当以公众的需求为中心，以最终效果为导向，预测预警能够多一些人性化的关怀，其效果也就会更加突出。当前，危机预测预警机制的构建和运行都离不开政府，但是预测预警机制也要为社会公众的参与和发挥作用预留一定的空间。社会公众的参与不仅可以分担政府在预测预警方面的负担，而且还可以促进人防与技防相结合，提高预测预警的效率。同时，非常态下的精确预警是以常态下的持续监测为基础的，预测预警的最终效果还要取决于公众是否接受报警信息并采取了响应行动。所以，需要处理好常态与非常态的关系，在平常状态下就应当为迎接非常态的挑战做好准备，持续不断地开展公共安全教育，强化公共危机应对的准备，以保证社会公众都有良好的预警响应能力。

（二）信息报送机制

及时、准确、全面的信息报送有利于公共危机管理者把握公共危机的态势，进而作出有效的决策。信息报送不仅是公共危机管理中的一项前置机制，而且贯穿于整个公共危机管理，在公共危机处置的过程中，信息报送同样是公共危机处置的决策以及其他行动的基础。

信息报送是政府及其有关部门、专业机构、监测网点及公民、法人或其他组织在危机管理的过程中收集、报告、传递危机信息的活动。在公共危机管理中，信息的流动可分为三类：信息的上报、信息的交流与信息的通报。其中，信息的上报是信息自下而上地流动，信息的通报是信息自上而下地流动。除了纵向对流之外，信息在横向上也应当得到交换，即信息的交流。这里讲的信息报送是指信息自下而上地流动。

对于政府及相关部门而言，公共危机信息报送可通过政务专网应急平台信息报告系统、电话、传真、报送文件等形式进行。信息报送过程可以分为初次报送（初报）、阶段报送（续报）和总结报送（终报）三个阶段。当危机发生时，要进行初报；如果危机演化、产生次生和衍生灾害或危机处置取得新的进展，要及时续报；处置结束后，要进行终报。在不同的阶段，信息报送内容的侧重点是不同的。初次报送强调内容的时效性。信息报送责任主体如无特殊原因，应在获得危机发生的信息后立即报告给上级政府的危机管理部门，并说明具体原因。报送的主要内容包括：报告单位、报告人姓名、信息来源、接报时间、发生的时间、地点、类别和简要情况。阶段报送要求"及时续报"，强调内容的连续性。信息报送责任单位要将危机的基本态势、危机响应情况、事件发展趋势和建议及时报告给上级政府危机管理部门。对性质严重、情况复杂，当天不能处置完毕的危机，要实行"日报"制度，必要时随时续报。总结性报送要求信息报送责任单位向上级政府应急管理部门报送正式文件，并附全部附件。主要内容包括：(1) 危机的基本情况，包括危机发生的时间、地点、原因、性质、涉及的人员、财产和事件分类、分级等情况。(2) 信息报告情况，包括接报时间、初次报告时间和阶段报告等情况。(3) 应急处理情况，包括预案启动时间、数量、名称等情况，开展应急处置的领导、部门、人员和设备、接报和到场时间、领导的指示，采取的主要措施的情况，人员伤亡和财产损失情况，事态影响的范围、控制和发展状况。(4) 善后处理情况，包括死者抚恤、伤者救治、受灾人员安置等情况，受损财物的赔偿补偿、恢复重建等情况，相关责任单位、责任人的处置、处理和相应的措施等情况。

二、公共危机管理的应对机制

(一) 快速反应机制

这是指在最短的时间内对危机做出最有效的反应或行动的机制。政府对公共危机的反应越迅速,就越使自己处于有利地位。危机发生后,政府应针对具体问题果断采取措施,动用各种所需的社会资源,迅速确定危机处理对策,控制事态发展,尽快恢复正常秩序。

快速反应不是一朝一夕就能达到的,需要训练和筹划,更需要最基本的数据资料支持。有了准确的数据资料,我们的工作就会得心应手,达到事半功倍的效果。持续改进工作也至关重要,因为在我们的工作流程中,总会有影响工作效果的细节存在,甚至有些工作过程存在着很严重的漏洞,需要不断进行纠偏,从而建立快速反应机制。

(二) 危机决策机制

公共危机管理危机决策机制的重心体现在对决策者的能力和素质的要求上。这一机制主要是选拔具有相应能力和素质的决策者,并为危机决策行为提供相应的制度保障。在公共危机管理过程中,管理者要在巨大的时间、心理压力之下作出决策。这说明,危机决策是一种非常规性决策,它是在信息高度不确定的状态下进行的,是一种挑战大、难度高的决策。也就是说,危机决策者所处的环境与常规性决策不同,不仅信息来源广,既模糊不清,又残缺不全,且瞬息万变,而且决策者面临着巨大的时间和心理压力。这就要求危机决策者应当具有特殊的素质。

具体地说,公共危机管理中的决策者主要应具有三个方面的能力:其一,需要判断力和创新能力。危机突然发生并对公众的生命、健康与财产安全造成严重的威胁。在危机的起因、演进路线和未来发展方向不明的情况下,决策者不能通过民主协商的方式反复斟酌,必须当机立断,做出抉择。在紧急状态下,决策者是具有较大的自由裁量空间的,决策是否正确不仅取决于决策者的经验,还取决于决策者的胆识和创新精神。其二,需要前瞻性的推断能力。危机决策关系着公众的生命健康与财产安全,也关系着决策者自身的前途与命运。但是,决策者掌握的信息和时间都非常有限,而且决策的后果也难以预料。因此,需要决策者在既往应对突发事件经验的基础上拥有前瞻性的推断能力。其三,灵活应变能力。危机情势会不断地发生变化,这要求危机决策者能够灵活、机动地驾驭危机情势,具有很强的权变决策能力和临机决断能力,做到临危不惧、处变不惊、多谋善断、灵活果敢。

(三) 沟通协调机制

塔西佗陷阱

沟通是危机管理的基础性手段。公共危机具有突发性的特点，当社会面临重大危机时，人们必然会通过各种渠道去获取与危机相关的信息，当人们获取的信息不足时，就会出现各种流言。这时，政府应在第一时间向社会公众公开危机真相及相关信息，以官方的权威来稳定民心。只有及时地传递真实的信息，才能正确引导公众在危机事态中保持理性，不产生过激反应和行为。而且，及时公布信息有利于提高政府的公信力，垄断和封锁信息则会导致公众对政府的不信任，从而降低政府的公信力，并且会影响政府危机管理系统的运行效能。危机管理中的沟通主要包括公共部门与公众、公共部门与新闻媒体、公共部门之间的沟通等。公共部门应充分尊重公众的知情权、建立良好的媒体关系并加强公共部门之间的协调与沟通。

(四) 信息报告机制

根据《突发事件应对法》的相关规定，公共危机管理的信息报告机制主要包括：

(1) 信息报送制度。地方各级人民政府应当按照国家有关规定向上级人民政府报送突发事件信息。县级以上人民政府有关主管部门应当向本级人民政府相关部门通报突发事件信息。专业机构、监测网点和信息报告员应当及时向所在地人民政府及其有关主管部门报告突发事件信息。有关单位和人员报送、报告突发事件信息，应当做到及时、客观、真实，不得迟报、谎报、瞒报、漏报。

公共危机信息管理

(2) 信息分析制度。县级以上地方各级人民政府应当及时汇总分析突发事件隐患和预警信息，必要时组织相关部门、专业技术人员、专家学者进行会商，对发生突发事件的可能性及其可能造成的影响进行评估；认为可能发生重大或者特别重大突发事件的，应当立即向上级人民政府报告，并向上级人民政府有关部门、当地驻军和可能受到危害的毗邻或者相关地区的人民政府通报。

(3) 信息发布制度。履行统一领导职责或者组织处置突发事件的人民政府，应当按照有关规定统一、准确、及时发布有关突发事件事态发展和应急处置工作的信息。任何单位和个人不得编造、传播有关突发事件事态发展或者应急处置工作的虚假信息。公共危机的信息发布机制应坚持两个基本原则：一是"三T"原则，即 Tell You Own Tale，以我为主提供情况，强调政府应牢牢掌握信息发布主动权；Tell it Fast，尽快提供情况，强调危机处理时政府应尽快发布信息；Tell it All，提供全部情况，强调信息发布全面、真实，且必须实言相告。二是信息梯度发布原则,这包括在信息数量上的梯度发布,在次序上发言人级别应由高到低,在内容上信息发布应先主后次。

(五)社会动员机制

这主要指的是政府要加强与公众的沟通,培育公民参与意识,充分发挥大众的力量。《突发事件应对法》第55条规定:"突发事件发生地的居民委员会、村民委员会和其他组织应当按照当地人民政府的决定、命令,进行宣传动员,组织群众开展自救和互救,协助维护社会秩序。"《突发事件应对法》第56条第2款规定:"突发事件发生地的其他单位应当服从人民政府发布的决定、命令,配合人民政府采取的应急处置措施,做好本单位的应急救援工作,并积极组织人员参加所在地的应急救援和处置工作。"

三、公共危机处置的善后机制

(一)恢复重建机制

建立恢复重建机制的首要目的是消除公共危机的消极影响。危机发生后,往往会出现人员重大伤亡、公众心理遭受重创;房倒屋塌、基础设施严重被毁;工农业生产停顿、社会正常运转中断;环境遭到严重破坏、产生大面积污染等情况。政府必须通过稳定社会秩序,组织群众生产自救、群体互救、社会共救等活动重建家园,以使灾区的生产生活恢复正常、百姓安居乐业,最大限度地消除危机的不利影响。

恢复重建应避免二次灾害的发生。危机处置结束后,次生、衍生灾害发生的可能性并没有完全消除,灾害链可能会在现场处置结束后继续延伸,引发新的危机。不当的处置措施也可能引发二次灾害。危机结束后因灾致贫、因灾致病或因灾致残者如得不到妥善的救济,生活就可能陷入困境,也可能会引发某种反社会倾向。危机过后,如果心理干预不及时,则可能影响社会和谐与稳定,并成为诱发危机的隐患。

恢复重建机制还应包含促使人们总结教训,加深对公共安全问题的认识,进而提高全社会的抗风险能力。也就是说,在恢复阶段,人们需要对危机及其应对进行深刻的反思,并将反思的结果贯彻到应急减缓与准备计划中。此外,在恢复重建阶段,政府还需要有效地整合各种社会资源,提倡相互支持、自救互救,增强社会凝聚力与民族凝聚力。所以,恢复重建也是一项着眼于未来的行动。

(二）评估反馈机制

在危机结束后，应对危机的产生原因及影响进行全面的调查与评估，总结经验教训，反思危机管理过程中各种应对行为是否得当，并将之反馈到今后的危机管理中，以提供有效指导和改进。公共危机管理中的调查评估是指对危机及其预防和处置所进行的考察，目的是获取必要的相关信息，并在此基础上开展评价与判断。在实施评估之前，人们需要进行周密的组织和准备工作。准备阶段不仅是调查评估工作的基础和起点，也是调查评估顺利进行的重要保障。充分的准备工作可以保证调查评估工作有计划、有步骤地开展，避免主观随意性和盲目性。调查评估是一个理论与实际相结合的研究过程，它对调查评估人员的专业素养要求很高，调查评估人员的专业素质将直接影响调查评估的质量。因此，我们必须选择适当的调查评估人员，构建具有高水准的调查评估队伍。在开始实施调查评估前，还应制订切实可行的方案，它是调查评估的依据和内容。在实施调查评估时，要遵循调查评估方法的基本程序，以保证其科学性。调查评估的最后一个环节是出具书面调查评估报告，阐释危机发生的经过，做出相关的价值判断，提出改善危机管理的政策建议。调查评估报告需提交有关领导和实际部门或通过某种方式加以公开，作为以后开展危机管理工作的参考。

公共危机管理问责制

评估与反馈的另外一个重要内容是完善官员问责制度。问责制有利于促进政府官员的责任感、危机感和紧迫感，提高他们的责任心。在完善问责制的同时，要进一步修正考核体系，建立以公共服务为取向的政府业绩评价体系，强化政府的社会服务功能，实现各级政府运作的公开化、程序化、透明化，扩大公民的政治参与。

参考答案

> **思考题**
> 1. 简述公共危机的含义和特性。
> 2. 简述公共危机管理的内涵与特征。
> 3. 简述公共危机管理应遵循的原则。
> 4. 简述公共危机管理过程。
> 5. 公共危机管理中的恢复主要包含哪些内容？
> 6. 简述公共危机管理机制。
> 7. 简述公共危机管理的应对机制。
> 8. 公共危机管理中的决策者应具备哪些能力？

讨论题

1. 联系实际讨论当前我国公共危机决策中存在哪些突出问题？应如何克服？

2. 公众参与在公共危机治理中发挥着重要作用，试联系实际讨论如何在公共危机治理中有效发挥公众参与的作用。

推荐阅读文献

1. 王宏伟编著：《公共危机管理概论》，中国人民大学出版社 2016 年版。

2. 颜如春编著：《现代政府形象管理》，四川大学出版社 2004 年版。

3. 胡宁生主编：《中国政府形象战略》，中共中央党校出版社 1998 年版。

4. 黎民、倪星主编：《公共管理学》，高等教育出版社 2020 年版。

5. 蒋春堂主编：《政府形象探索》，中国国际广播出版社 2001 年版。

6. 唐均主编：《形象危机应对研究报告（2013—2014）》，社会科学文献出版社 2014 年版。

7. 竺乾威、朱春奎、李瑞昌：《公共管理导论》，中国人民大学出版社 2019 年版。

8. 张成福、唐钧、谢一帆：《公共危机管理：理论与实务》，中国人民大学出版社 2009 年版。

9. 唐钧：《公共部门的危机公关与管理：政府与事业单位的危机公关关系解决方案》，中国人民大学出版社 2007 年版。

10. 韩秀景：《公共危机管理理论与实践》，南京师范大学出版社 2012 年版。

11. 龚维斌：《公共危机管理》，新华出版社 2004 年版。

12. 诸云茂：《公共关系与现代政府》，上海大学出版社 2006 年版。

13. 唐钧：《公共危机管理》，中国人民大学出版社 2019 年版。

14. 〔澳〕罗伯特·希斯：《危机管理》，王成等译，中信出版社 2001 年版。

15. 〔美〕诺曼·R. 奥古斯丁等：《危机管理》，北京新华信商业风险管理有限责任公司译校，中国人民大学出版社 2001 年版。

第十一章 公 共 政 策

> **导 读**
>
> 作为政府行政管理的基本工具,公共政策在一定程度上决定着行政管理的活动范围、运行效率和行政目标的实现状况。从行政的角度来看,行政管理活动的开展和行政价值的实现主要通过制定和执行各种公共政策得以落实。没有公共政策这一基本工具,行政管理活动便无法有效展开,政策目标也就难以实现。从民主的角度来看,在现代社会,公众对公共事务的参与主要体现为对公共政策过程的参与。可见,公共政策运行状况既关系到行政管理的效率和效能,也关系到公民民主权利的实现和落实。

第一节 公共政策的含义和理论演进

"公共政策"一词已经从专业术语演变为人们的日常生活词汇,比如人们在日常交流中经常说到"党的政策""教育政策""住房政策""扶贫政策""就业政策""中央一号文件"等。应该说,公共政策直接影响着公众的日常生活,关系着公众工作、生活、社会福利等各个方面,公众对公共政策的变动和影响格外关注,人们对社会公共事务和社会事件的讨论也大多在公共政策的话语背景下展开。

一、公共政策的含义

拉斯韦尔

早期的学者多从静态的表现形式来看待公共政策。美国学者哈罗德·拉斯韦尔(Harold Lasswell)是政策科学的奠基人和创始人,他认为公共政策是一种含有目标、价值和策略的大型计划。这一概念强调了公共政策目标性和技术性,但没有区分公共与私人,忽视了公共政策的公共性。曾任美国总统的政治学者伍德罗·威尔逊认为,公共政策是由政治家制定并由行政人员执行的法律和法规。这个概念是基于政治与行政二分法所作出的，强调了公共政策主体的公共性，但没有意识到行政人员的政策制定功能，而且公共政策也并不局限于"法律和法规"。

另有一些学者从动态的行动或过程来看待公共政策。托马斯·戴伊（Thomas R. Dye）强调了公共政策的行动特征，他认为，公共政策是政府选择做或者选择不做的事情。该定义重视政府在政策过程中的作用，强调了政府"不决策"也是公共政策的一种类型，但忽视了"政府"以外其他主体的作用，也没有对政策过程进行具体说明。美国学者詹姆斯·安德森（James Anderson）从行动的角度理解公共政策，他认为，公共政策是一个或一组行动者为解决一个问题或相关事务所采取的相对稳定的、有目的的一系列行动。该定义强调了政策的目的性、稳定性和过程性，但没有对"一个或一组行动者"进行限定，忽视了公共政策的"公共性"。美国学者戴维·伊斯顿（David Easton）认为，公共政策是政治系统权威性决定的输出，对全社会价值做有权威的分配。这一定义具有广泛的影响，它强调了公共政策的权威性及其分配功能，但也有一些公共政策并不涉及具体资源、利益和权利的分配。英国学者理查德·罗斯（Richard Rose）从过程的角度理解公共政策，他认为应把公共政策看作是由或多或少有联系的一系列活动所组成的一个较长的过程，以及这些活动对有关事物的作用和影响。这个定义强调了公共政策作为"行动过程"的特征，但并没有指明公共政策的行动主体。

还有学者从政策分析的角度来理解公共政策。以色列学者叶海卡·德罗尔（Yehezkel Dror）认为，公共政策就是在指导社会行动的主要方案之间进行选择的结果。德罗尔强调基于利益分析的方案选择，但选择只是政策过程的一个环节，方案的设计和方案的制订过程同样对政策结果产生至关重要的影响。美国学者斯图亚特·那格尔（Stuarts Nagel）强调公共政策应关注对政策问题性质、原因以及政策效果的研究，他认为，公共政策是政府为解决各种各样社会问题所作出的决定。[①] 那格尔重视社会问题在政府公共政策中的作用，但同样没有重视政府以外的其他主体的公共政策功能。

国内学者多从中国公共政策的现实出发理解公共政策的内涵。张金马认为，公共政策是党和政府用以规范、引导有关机构团体和个人行动的准则和指南。其表现形式由法律规章、行政命令、政府首脑的书面或口头声明和指示，以及行动计划与策略等。[②] 张金马注意到政党在我国公共政策制定中的重

[①] 参见〔美〕那格尔编著：《政策研究百科全书》，林明等译，科学技术文献出版社1990年版，第7页。

[②] 参见张金马：《政策科学导论》，中国人民大学出版社1992年版，第19—20页。

要作用,但该定义不能适应西方国家"政党政策不是公共政策"的现实。同时,该定义强调了公共政策的表现形式,没有重视公共政策"行动过程"的特征。陈振明认为,政策是国家机关、政党以及其他政治团体在特定时期内,为实现或服务于一定的社会政治、经济、文化目标而采取的政治行为或规定的行为准则,它是一系列谋略、法令、措施、方法、方针、条例等的总称。① 该定义与张金马对公共政策的界定类似,主要基于中国的政策现实,也同样忽视了公共政策"行动过程"的特点。

可见,随着学者们对公共政策研究的深入,对公共政策概念的理解也在不断深化。但由于人们所处的环境不同,观察公共政策的视角不同,对公共政策概念的理解也存在着差异。我们认为,公共政策是指国家公共权威机构为了解决社会公共问题,履行自身的公共责任,实现社会公共目标,制定和执行社会行为规范的活动过程。

从这一概念出发,可以从以下几个方面理解公共政策的内涵:第一,公共政策的制定者是公共权威机构。公共权威机构是指依法享有公共政策制定权力的机构,这些机构可以是立法、行政、司法等国家政权机关,也可以是执政党和其他有权机构。第二,公共政策源于社会公共问题,没有亟待通过集体行动加以解决的公共问题,就没有必要制定和执行相应的公共政策。第三,公共政策所处理的公共事务属于公共权威机构的职责范围,是公共权威机构应承担的法定职责。第四,公共政策是目标导向的。公共政策目标服务于维持和增进社会公共利益。第五,公共政策不仅仅体现为行为规范和制度,更体现为这些规范和制度的执行与实施。

二、公共政策的理论演进

政策科学与政策分析

1951年,美国政治学家拉斯韦尔和勒纳(Daniel Lerner)在《政策科学:视野与方法的近期发展》一书中首次提出并界定了"政策科学"这一概念,并对政策科学的学科特点、基本范畴、决策方法等做了较为深入的探讨,成为公共政策学科的奠基之作。拉斯韦尔提出了公共政策学科的六大特征和政策过程的七个阶段。公共政策学科的六大特点包括:第一,它是关于民主的学问;第二,它以逻辑实证主义作为哲学基础;第三,它关注的是特定时间和特定空间的问题;第四,它融合了多学科的知识,具有跨学科的特征;第五,它强调理论与实践、学者与官员之间的相互合作;第六,它重视社会变迁与社会发展,重视公共政策的社会影响。拉斯韦尔认为,公共政策过程分

---

① 参见陈振明:《政策科学》,中国人民大学出版社1998年版,第59页。

为信息（情报）、建议、规定、行使、运用、终止和评价七个阶段。从研究方法的角度来看，公共政策理论在其发展过程中，大致经历了前行为主义时期、行为主义时期和后实证主义时期三个阶段。

（一）前行为主义时期（1950年代）

20世纪50年代，公共政策研究在以美国为代表的西方国家兴起。早期公共政策研究者主要关注政策制定问题，试图对谁以及如何制定公共政策进行解释，研究方法主要是案例研究，即通过对特定政策制定过程的深入探讨，分析影响公共政策制定的因素及其相互关系，提出了精英理论、多元主义模型、理性分析模型、渐进决策模型、影子政府理论等多种公共政策解释性模型。

1. 精英理论

精英理论认为，公共政策体现的是占统治地位的精英的偏好和价值观。托马斯·戴伊和哈曼·齐格勒（H. Zeigler）对精英理论做了较为权威的归纳。他们认为，精英理论的主要内容包括：（1）社会成员分为掌权的少数人和无权的多数人，这些掌权的少数人对社会价值进行分配，而大多数的普通民众并不决定公共政策；（2）这些居于统治地位的少数人并不是被统治阶层的社会大众的代表，精英集中地来自社会经济上层；（3）非精英阶层向精英阶层的转变必然是持续和缓慢的，以避免发生社会革命，而且只有那些接受了精英阶层基本价值观的非精英阶层才有机会进入精英阶层；（4）对于维持社会制度的基本价值观，精英阶层有着基本的共识；（5）公共政策体现的是精英的价值观，而不是反映普通民众的需要，精英价值观的稳定性导致公共政策变化是渐进式的，而非革命性的；（6）精英对大众的影响要远超普通民众对精英的影响，精英基本不受普通民众的直接影响；（7）精英们掌握着决策权力，因此，公共政策是自上而下的。

2. 多元主义理论

与精英理论相反，多元主义理论认为公共政策权力并不是集中于社会上的少数精英，政治权力实际上是高度分散的，广泛分布在不同的参与者、不同类型的政策和不同的时间点上。罗伯特·达尔和戴维·杜鲁门（Robert Alan Dahl & David B. Truman）是多元主义理论的代表人物。多元主义理论的主要观点如下：（1）权力是决策过程中个人与他人之间关系的属性；（2）权力关系不一定会持久，与之相反，权力关系是因为某项决策而形成的。决策一旦形成，关系便会消失，在制定下一项决策时又会被一套不同的权力关系所取代；（3）精英与普通民众之间并不存在永恒的差异，人们对参与政治是否积极决定了他们或跻身或脱离决策者的行列；（4）领导层是高度流动的，虽然财富是政治资本，但财富只是众多资本中的一种；（5）在一个社区内，存在着多个权力中心和基础，没有哪一个团体能够主导所有问题领域的决策；（6）领导者之间存在着相当激烈的竞争，公共政策体现的是竞争中的领导团体之间的讨价还价或者达成的妥协。

3. 理性分析模型

理性分析模型认为任何决策都是寻求最优决策方案的过程。任何决策行为都是有目的的行为，达成目标存在着多种途径和手段，理性分析基于传统经济学"经济人"假设，强调决策行为以满足个人最大利益需求为目标，以最大限度地满足决策者的利益需要。然而，要达到理性分析模型所要求的最优选择并不容易，需要具备以下条件：（1）决策者具有共同性，决策行为是整体行为而不是群体行为。整体决策保证了决策团体具有一致性的价值判断，成员之间不存在价值观方面的差异，因而不会在目标选择和方案确定方面存在分歧。（2）决策者具有绝对理性，也就是决策者拥有完备的知识、能力和信息，能够穷尽所有备选方案并准确预测各方案的成本和收益。（3）决策目标单一、明确和绝对，不存在其他决策目标，更不存在相互冲突的目标，目标具体清晰，为达成目标所需要的条件同样明确和清晰。（4）决策者在决策过程中的价值偏好保持稳定不变。（5）决策者具备完成决策行为所需要的充分的时间和资源。决策者可按照确定决策目标、提出备选方案、分析比较方案、通过排序选择最优方案的程序完成理性决策过程。虽然理性分析模型在逻辑上非常严谨，但却因前提条件过于苛刻而不能成为现实的决策选择。

4. 渐进决策模型

在对理性分析模型批评的基础上，林德布罗姆（C. E. Lindblom）提出了渐进决策模型。渐进决策模型认为，公共政策制定是以往政府行为的延续，是对以往政策的小的修正。由于存在时间、智力和资源的限制，决策者无法认识到全部的政策选择及其后果，其注意力往往在原有方案的基础上进行增加、减少或者修正上。渐进决策模型的主要假设包括：（1）决策者没有足够的预见能力去了解每项方案及其后果；（2）决策者接受先前政策的合法性；（3）沉没成本阻止了对所有政策选择特别是任何激进的政策选择进行认真的思考；（4）渐进决策能够减少冲突，是政治的权宜之计；（5）人并不追求价值的最大化，反而经常是"满足者"，他们采取行动仅仅是为了满足特定的需要，因此渐进决策更符合决策者自身的特点。渐进决策模型的主要观点包括：（1）对目标的选择以及对实现目标所需要采取的行动进行经验的分析，是紧密联系在一起，而不是相互独立的；（2）决策者只考虑部分与现行政策没有巨大差异的解决问题的方法;(3)对每一项选择只评估数量有限的重大后果;(4)决策者面临的问题会被不断地重新界定,渐进主义允许目标—手段之间不断调适;(5)不存在唯一"最好的"解决问题的方法;(6)渐进决策从根本上来说是修补性的,旨在改善现有的、具体的社会不完美现象,而不是推动实现未来的社会目标。

5. 影子政府理论

影子政府最早由道格拉斯·凯特(Douglas Cater)提出,用以描述决定美国食糖进口配额的关键人物网络,类似的词语包括子系统、铁三角和舒适小铁三角等。凯特发现,美国在该领域的政策是由国会的专门委员会、中层行政部门、实力雄厚的商界利益集团组成的一个紧密联结的网络用心打造的。影子政府理论认为,具备了以下条件,影子政府就可能会出现:(1)政策领域比较狭窄。(2)国会的专门委员会负责这个领域,而国会的其他议员都听从专门委员会的意见。(3)该领域里的利益集团掌握的资源很不平等,公众对这个问题普遍不感兴趣。(4)相对自治的官僚机构能够在行政当局之外建立自己的关系。影子政府的安排之所以能起作用,依赖于一系列的"交换关系":国会议员的投票对那些利益集团有利,作为交换,利益集团则为国会议员提供竞选赞助;机构官员向国会议员提供信息,国会则提供对该政府机构有利的拨款;利益集团和政府机构之间进行人员交换,许多政府机构的官员后来转而为以前他们管理的那些利益集团效力。

在1950年代和1960年代初期,政策研究者所使用的研究方法主要是定性的或前行为主义的研究方法,通过详细的案例描述甚至奇闻轶事作为政策分析的资料,很少使用统计分析等定量分析方法。此外,赖尼斯·李凯尔(Rainis Richel)在《关于用作政策形成与研究的工具的样本访谈调查》一文中分析了政策研究中的访谈调查方法。他认为,由于公开发表的资料不足以支撑公共政策研究,而政府档案对学者又是保密的,公共政策研究者需要通过访谈来搜集资料。同时,公共政策研究需要搜集个人对政策干预的反应的资料,访谈是较为有效的方法。他还对如何进行政策问题访谈提供了具体建议。

(二)行为主义时期(1960—1980年代)

公共政策行为主义研究发端于赫伯特·西蒙创立的源自管理科学领域成长起来的决策科学研究。实际上,公共政策与决策科学在发展过程中始终是你中有我、我中有你、相互促进、难以分开。特别是公共政策学科发展到60年代以后,系统分析、线性规划、运筹学和成本—效益分析等定量分析方法和技术开始广泛应用于公共政策研究,并取得了巨大成就。这一时期公共政

行为科学理论

策研究使用的新方法体现了行为主义的特点，即试图运用科学的方法来研究公共政策，提出关于研究问题的假设，并通过严格的统计分析进行检验。在这一时期，公共政策研究的领域极大拓展，政策执行、政策评估、议程设置、政策终结等成为研究者关注的新领域。

1. 政策执行框架

自普瑞斯曼和威尔达夫斯基（J. L. Pressman & A. Wildavsky）对美国联邦政府于20世纪60年代在加利福尼亚州奥克兰市实施的就业培训计划遇到的困难进行案例研究以来，政策执行研究主要遵从"自上而下"和"自下而上"两种研究路径，关注解释政策实施的关键变量，并提出多种政策实施的框架。第一种是唐纳德·米特和卡尔·霍恩（Donald Mitt & Carl Horn）自上而下提出的政策实施模型。该模型提出了决定政策和表现之间联系的六个重要变量：政策标准和目标；政策资源；机构间沟通和执行活动；实施机构的特点；经济、社会和政治条件；实施者的意向。[①] 第二种是由马兹马尼安和萨巴蒂尔（D. H. Mazmanian & P. A. Sabatier）提出的自下而上的政策实施综合模型。该模型确定了16个独立的变量，全面地总结了成功实施计划的影响因素，他们将这16个变量分为三大范畴：（1）问题的可控性；（2）法规为实施提供的结构化能力；（3）影响实施的非法规变量。与自上而下的研究路径不同，自下而上的政策执行研究从一个或多个地区提供服务中起作用的人员网络开始，明确他们的目标、策略、活动和关系。然后以这些关系为手段，开发出一种网络技巧来确定相关的政府或非政府项目的计划、融资和执行中的地方和全国的参与者。[②] 从自下而上的视角来看，政策是由组织成员与其目标群体之间的讨价还价而不是由上级决策者决定的。

2. 政策评估理论

政策评估研究早期集中在教育学家对教学成绩的评估。比格姆和费尔宾格（R. D. Bingham & C. L. Felbinger）认为存在四种类型的政策评估，即过程评估、影响评估、政策评估和元评估。[③] 过程评估是对计划的活动和被服务对象满意程度的评价，以便发现管理上的问题，其重点是将计划或政策提供给服务对象的手段或计划实施的方式。影响评估关注的是特定计划的最终结果，即计划或政策的目标是否达到，是否对目标群体产生了预期的效果。有

[①] Donald S. Van Meter & Carl E. Van Horn, The Policy Implementation Process: A Conceptual Framework, *Administration & society*, 1975, 6 (4): 445-488.

[②] See Stephen H. Linder & B. Guy Peters, A Design Perspective on Policy Implementation: The Fallacies of Misplaced Prescription, *Review of Policy Research*, 1987, 6 (3): 459-475.

[③] See Richard D. Bingham & Claire L. Felbinger, *Evaluation in Practice: A Methodological Approach*, Chatham House Publishers, 2002.

些影响评估也关注计划的效果，即"计划的成本—收益比如何""若没有该计划，目标群体的情况会怎样之类的问题"①。政策评估关注的是政策或计划对所要解决的原始问题的影响。即作为政策的结果，问题是否得到解决或有所缓解。元评估是对已有的评估研究进行的集成性评估研究，是在文献中寻找结果、措施和趋势的共性。元评估关注的是积累已有的调查研究结果，在大量评估的调研结果中寻找模式。

3. 议程设置理论

1971年，科布和埃尔德（R. W. Cobb & C. D. Elder）发表了被称为议程设置研究奠基之作的重要论文。他们把议程设置的过程界定为公众参与和精英决策之间的桥梁②，试图说明问题是如何从系统议程进入正式议程或机构议程的。他们认为，如果一个议题具有明确性、社会意义、时间相关性、复杂性或相对重要性等特征，就更容易引起人们的关注，也就更可能从系统议程进入正式议程或机构议程。另一个对政策议程设置研究做出重要贡献的学者是戴维斯（J. C. Davies）。他认为议程设置过程分为三个阶段，即提出、扩散、处理。③ 科布、罗斯和罗斯（R. Cobb, J. K. Ross & M. Ross）将政策议程分为三种不同的类型，即外部创始型、政治动员型和内部创始型，进一步推进了政策议程研究。④ 纳尔逊（B. J. Nelson）对政策议程设置研究也做出了独特贡献，她认为，议程设置的过程可以分为四个独立的阶段：问题的认可；问题的采纳；问题的优先化；问题的维持。⑤

（三）后实证主义时期（1990年代以来）

1990年代至今，我们看到了公共政策研究的进一步发展，在研究方法上体现为后实证主义的综合方法。后实证主义学派认为，很多公共政策无法用定量的科学方法和严格的统计分析手段加以研究，而必须更多借助直觉的方法。他们批评行为主义决策理论偏向于理性的、逻辑的、分析的方法，忽视了直观的、感性的、综合的方法，是一种静态结构理论，不符合后现代社会的需求。后实证主义公共政策研究倡导"混沌原则""不确定性""诠释学观

后实证主义

---

① See Richard D. Bingham & Claire L. Felbinger, *Evaluation in Practice: A Methodological Approach*, Chatham House Publishers, 2002.

② See Roger W. Cobb & Charles D. Elder, The Politics of Agenda-Building: An Alternative Perspective for Modern Democratic Theory, *The Journal of Politics*, 1971, 33 (4): 892-915.

③ See J. Clarence Davies, How does the agenda get set? in Edwin T. Haefele, *The Governance of Common Property Resources*, RFF Press, 2013, pp. 149-181.

④ See Roger Cobb, Jennie-Keith Ross & Marc Howard Ross, Agenda Building as a Comparative Political Process, *American political science review*, 1976, 70 (1): 126-138.

⑤ See Barbara Nelson, Making an Issue of Child Abuse, in David Protess & Maxwell E. McCombs, *Agenda Setting: Readings on Media, Public Opinion, and Policymaking*, Routledge, 2016: 161-170.

点",强调采用"权变观点",认为决策者需要具备"多元思考""创新性思维"等能力。在这一时期,学者们进一步完善了早期关于政策制定、政策实施、议程设置等方面的研究,同时强化了对政策变化的研究。

1. 倡议联盟框架

倡议联盟框架是萨巴蒂尔(P. Sabatier)和他的同事共同设计的一种政策过程的概念框架,既是对政策执行自上而下研究和自下而上研究进行综合的一种尝试,也为分析长周期的政策变化提供了一种可信的解释。他们把地方实施机构的行动和信念这种自下而上的影响与包括计划的基本特征、宪法规则和结构等相对稳定的系统参数在内的自上而下的力量结合起来。同时,他们认为政策制定与政策执行不是截然分开的,而是以动态方式联结在一起的,其重点是政策是如何随时间的变迁,以及社会经济条件、公众舆论或治理联盟的变化而变化的。倡议联盟框架将政策变化归因于三组因素影响的结果:(1)在政策子系统内相互竞争的倡议联盟之间的互动;(2)子系统外部的变化,包括社会经济变化,公众舆论的转变,以及执政联盟整个系统的改变;(3)稳定的系统参数的作用。倡议联盟框架具有以下三个基本假定:首先,需要更完整地观察一个政策周期才能理解政策变化的过程,这需要十年或者更长的时间。其次,在这样一个时间段考虑政策变化,最有用的方法是把注意力集中在由倡议联盟构成的"政策子系统"上。最后,公共政策可以用"信仰体系"的概念来理解,而政策变化会受到政策学习的重大影响。尽管政策核心内容的变化通常是外部巨大变迁的产物,一项政府行动计划次要方面的变化则往往是不同的联盟或政策掮客针对政策进行学习的结果。只有当外部变迁提供的机会被变化的拥护者,即此前的少数派联盟巧妙利用时,才会导致政策的重大变化。

2. 间断均衡理论

对政策变化的另一种理论解释是鲍姆加特纳和琼斯(F. R. Baumgartner & B. D. Jones)提出的间断均衡理论。[1] 该理论试图说明"政治过程往往受稳定和渐进主义逻辑的驱动,但有时也会大幅度地偏离过去"这样一种事实。[2] 该理论的基础仍然是问题的界定和议程设置的过程。通过对美国政策变化的分析,他们发现,决策的特点是长时期的政策稳定,但有时也会突然发生巨大的政策变化。这种状况反映了美国政治分散的性质,以及政策倡议者把政策

---

[1] See Frank R. Baumgartner & Bryan D. Jones, *Agendas and Instability in American Politics*, University of Chicago Press, 2010.

[2] See Frank R. Baumgartner, Bryan D. Jones & Peter B. Mortensen, Punctuated Equilibrium Theory: Explaining Stability and Change in Public Policymaking, in Christopher M. Weible & Paul A. Sabatier, *Theories of the Policy Process*, Routledge, 2018, pp. 55-101.

从微观或子系统政治推向宏观或全系统政治的能力。由于权力分置、联邦主义以及管辖权的多元化和重叠,美国政治呈现出体制性分裂状况。这种体制性分裂加上关键的政治参与者没有能力处理每一个现行的政策问题,因此倾向于服从政策子系统,即拥有相同利益和信仰的利益集团、决策者和实施官员的决策和行动。结果导致政策变化往往只能在长时间内逐渐变化。但当美国政治从微观到宏观层面,且政策子系统丧失对政策制定的垄断权时,美国政治的分散状态也能产生重大的(尽管不是经常)的政策变化。当发生的事件挑战原有的政策形象,推动新政策问题的人就会设法将议题推到国家或全系统的议事日程上来。尽管政治和政策的权力分散经常会抑制政策变化,但在竞争的政策场所间"选购"的机会也能给倡议者提供新的政策形象。

3. 多源流理论

20世纪90年代,约翰·金登(J. W. Kingdon)在议程设置研究中具有相当的影响力。约翰·金登关于议程设置的概念模型以问题流、政策流、政治流三种信息流的思想为基础,问题流涉及的是对需要解决的问题的界定,如引起人们广泛关注的危机事件,以及如何使问题概念化等。政策流指的是为了处理问题而通常以立法形式提出的各种政策建议,这些政策建议会涉及应对问题的技术可行性、应对问题的技术可获性、公众对某种解决方案的接受性等。政治流指的是影响解决问题方法的各种政治因素,包括国民情绪、公众舆论、选举政治和利益集团活动等因素。在这三种流之前,社会价值观、政治文化等"社会倾向"决定着问题进入议程的背景。在三种流产生之后,会因为某种特殊机遇,比如政策企业家的推动或媒体的推波助澜,推动这三种流汇集到一起,"政策机遇窗口"就打开了,最终把问题推上议程。

表 11-1 政策研究的演进(1950年代至今)[①]

	50年代	60—80年代	90年代至今
研究内容	政策制定	政策实施 议程设置 政策评估 政策终止	政策变化 政策实施 议程设置
主要挑战	前行为主义	行为主义	后实证主义
分析方法	案例研究	定量分析手段	混合方法

[①] 参见〔美〕小约瑟夫·斯图尔特、戴维·赫奇、詹姆斯·莱斯特:《公共政策导论》,韩红译,中国人民大学出版社2011年版,第11页。

第二节　公共政策的地位、功能和主要类型

公共政策在国家管理中一直发挥着重要作用，一个政权能否制定和实施切合当时社会经济发展所需要的公共政策，在很大程度上决定着国家的稳定和社会的繁荣。在现代社会，经济科技的迅速发展使得社会生活急剧变迁，对公共政策的改进与发展提出了更高的要求，公共政策对国家经济社会发展的影响也更为突出。

一、公共政策的地位

在国家公共事务管理中，公共政策占据着重要的地位。不管是公共权力的运行，还是公共事务的处理，都离不开公共政策的授权、规制和激励。公共政策既是建立和维持社会运行秩序的基础，也是维护和推进公共利益、协调社会矛盾和利益冲突的基本手段，在国家政治和社会生活中占据重要地位。

（一）公共政策是国家治理和行政管理的基本工具

任何国家的存在和发展都离不开稳定的社会秩序，良好的社会秩序和高效的社会运行也是社会健康发展的基本保证。因此，保障国家安全和社会稳定是国家公共机构必须承担的基本职能。除此之外，国家公共机构还需要提供社会公共服务，化解社会矛盾与冲突，激励社会成员发展经济和社会事业等。但这些国家职能的履行都需要通过公共政策这一工具才能得以实现。国家政权各项职能的履行，如国防安全、国家权力分配、社会秩序的建立和维持到社会经济发展、就业与收入分配、公共服务供给、环境保护、对外交往等，都需要国家制定和执行各种公共政策才能真正落实。国家公共权威机构通过公共政策体现其国家治理的意图和要求，公共政策则是国家公共权威机构实现国家治理目标的基本手段。

（二）公共政策是公民民主参与的主要领域

随着科技发展和社会进步，国家公共权力对社会生活干预的能力不断增强，对社会事务干预的范围不断扩大，干预的深度也不断加强。可以说，在当今社会，公共政策已经渗透到居民生活的各个领域。在民主政体下，公民参与政治生活的目的在于确保自身的合法权利和利益，这就要求公民不仅应通过参与代议制民主选举实现对国家政权及其官员的控制，还要通过参与经济社会生活各领域的政策制定争取更多的发展机会和发展利益。作为对社会价值进行权威性分配的基本手段，公共政策的制定和执行自然成为公民民主

参与关注的焦点。一方面,公共政策要体现公民的政治诉求和利益要求,需要借助于公民民主参与获取相关信息;另一方面,公民对公共政策过程的参与不仅是实现公民民主权利的基本途径,也有利于提高公共政策的合法性,促进公共政策的落实。

(三)公共政策是推进经济发展和社会进步的动力源泉

推动社会经济快速发展是国家公共权威机构的基本职责。推动经济增长不仅需要安全稳定的社会环境,还需要科学配置社会资源,鼓励科技创新和技术推广,培育富有活力和充满竞争的市场环境,为各市场主体和社会成员提供工作激励等。不管是配置社会资源,还是建立激励体系,都离不开相关公共政策的制定和实施。从国家的发展历程来看,经济社会的快速发展总是伴随着良好的政策体系的建立与完善。改革开放后中国取得的巨大成就也充分体现了制度变迁对经济社会发展产生的巨大推动力。在某种程度上,国家间竞争表现为国家间经济实力的竞争,但其实质是制度的竞争,即公共政策优劣的竞争。因为国家的教育政策、科技政策、就业政策、分配政策决定着能否培养和吸引优秀人才,进而影响着企业的管理水平、技术进步和经济发展。因此,公共政策及其所建立的激励机制是推动经济社会发展的动力源泉。

(四)公共政策质量是衡量行政管理水平的根本标志

任何国家政权都需要通过制定和执行公共政策来实现社会稳定、经济发展、环境保护、文化繁荣等目标。但从比较的视角来看,一些国家取得了巨大的发展成就,而另一些国家却长期处于贫困,甚至一些曾经相对繁荣的国家也会陷入衰落。为什么不同国家会出现如此大的公共管理绩效差异呢?除了战争、自然灾害等一些重大灾难因素之外,影响国家发展差异最重要的因素在于国家公共管理水平的差距,而公共管理水平的差距又主要体现在公共政策制定和执行的质量和效益。因此,公共政策质量是影响行政管理水平的重要因素,也是衡量行政管理水平的根本标志。

二、公共政策的功能

(一)管制功能

解决社会公共问题、建立运转高效的社会秩序,需要通过公共政策对组织和个人的行为进行规范和约束,以限制目标群体的行为自由,这便是公共政策的管制功能。管制功能可以分为积极性管制和消极性管制。所谓积极性管制是指通过对遵守某种禁止性规则的行为者进行奖励,以鼓励这种遵守禁止性规范的行为。比如一些国家建立廉政金制度,如果官员能够奉公守法、忠于职守,在退休时将获得一笔丰厚的回报。如果发现官员有贪污腐败、玩忽职守等行为,则将失去这一待遇。所谓消极性管制,是指目标群体违背了政策要求,便会受到相应的惩罚。

(二) 导向功能

公共政策的导向功能

政府为了解决社会公共问题,达成社会公共目标,需要通过公共政策对目标群体的行为进行引导,从而协调不同目标群体的行为,共同推动社会问题的解决,这便是公共政策的导向功能。导向功能不仅关注对目标群体行为的引导,也关注对目标群体观念的引导,即"不仅要告诉人们什么是该做的,什么是不该做的,而且还要使人们明白,为什么要这样做而不那样做,怎样才能做得更好"[①]。从导向功能对社会经济发展的实际效果出发,可以将导向功能分为正向引导功能和负向引导功能。如果公共政策对人们行为的引导促进了社会经济的发展,则该导向功能为正向引导功能。如果公共政策违背了绝大多数民众的利益,该政策的导向功能可能阻碍社会经济的发展进步,则该导向功能为负向引导功能。一般来说,公共政策既存在正导向功能,也存在负导向功能。公共政策的制定和执行要尽量发挥公共政策的正向引导功能,而尽量规避负向引导功能。

(三) 调控功能

公共政策的调控功能是指公共政策通过使用财政、金融、福利等政策工具对不同区域、不同领域、不同团体、不同行业、不同职业的各种社会关系加以调节和控制,以缓解和解决社会公共事务管理中出现的各种矛盾和冲突。调控功能主要体现在对不同群体利益关系的调节和控制,以促进社会的稳定和经济的发展。公众之间的利益矛盾一般涉及以下三个方面:一是社会中一部分成员与另一部分成员的利益矛盾与冲突;二是人民不同利益领域之间存在的矛盾;三是人民短期利益与长期利益之间的矛盾。有效处理好人民之间以及人民不同利益之间的矛盾是维护社会稳定、加强社会团结的根本保证,具有重要的现实意义。

(四) 分配功能

对社会价值进行权威性分配是公共政策的重要任务和本质特征。几乎每一项政策都会涉及"把资源分配给谁"的问题。在社会生活中,人们的利益需求存在巨大差异,面对资源有限的社会现实,公共政策对资源的分配不可能满足所有人的愿望和要求。公共政策对资源的分配可能会使一部分人得到

---

① 陈振明:《政策科学》,中国人民大学出版社1998年版,第89页。

较多,另一些人得到较少,甚至还有一部分人失去部分资源和利益。因此,社会成员都非常关注公共政策的分配功能,并努力争取对自身有利的资源分配格局。很多社会矛盾的产生往往根源于社会资源分配的不公平。如果这种分配的不公平不能及时得到纠正,可能使社会矛盾进一步激化,甚至引发严重的社会和政治危机。因此,建立公平的分配政策不仅是完善政策体系的现实要求,也是化解各种社会利益矛盾的客观要求。

三、公共政策的类型

现代公共政策涉及国家政治、经济、社会生活的各个领域,政策的类型也多种多样。公共政策可以根据不同的标准进行不同的分类。从政策制定主体所处的国家权力层级,可以将公共政策分为中央政府政策、地方政府政策和基层政府政策;根据政策制定主体所享有的权力性质,可以将公共政策分为立法决策、行政政策、司法政策;根据政策内容规定的详细程度,可以将公共政策分为纲领性政策和计划性政策;根据政策内容所涉及的领域不同,可以将公共政策分为外交政策、国防政策、教育政策、福利政策、环境政策、经济政策、科技政策等;根据公共政策制定时期的不同,可以将公共政策分为经济恢复时期政策、社会主义改造时期政策、改革开放时期政策等。不同的政策分类方法强调公共政策特定性质的差异,具有不同的优点和弊端。要想全面理解公共政策类型,需要从不同的标准对公共政策进行分类。

公共政策的作用类型

(一)实质性政策与程序性政策

根据公共政策是否能够对目标群体的利益产生直接影响,可以把公共政策分为实质性政策和程序性政策。

实质性政策涉及政府将要采取的行动,如建设公共工程、加强环境保护、开展福利项目、强化社会治安等。实质性政策能够对目标群体的权利和利益产生直接的影响。不管是推进基础设施建设、实施各项民生工程、开展节能减排和环境保护,还是刺激消费和出口、鼓励技术创新和推广、开展扶贫和救灾等,都会直接影响目标群体的社会权利和经济福利。

程序正义

与实质性政策涉及具体的政府行为不同,程序性政策只关注由谁以及怎样采取行动(不涉及具体采取何种行动)的问题,只涉及开展某类行为的程序,而不涉及具体的活动内容。比如,《中华人民共和国行政程序法》规定了行政机关开展某类活动需遵循的职权、程序和手段,即属于程序性政策。虽然程序性政策中不包含具体实质性政策内容,但往往能够对实质性政策产生巨大影响,如美国议员通常会利用立法的程序性规定来推迟或阻止某项其抵制的政策方案出台。

(二) 分配性政策与再分配性政策

分配正义

对社会价值进行分配是公共政策的基本职能。分配性政策就是把相关的权利、利益和服务分配给特定的人群、组织和社区。例如：政府在经济危机时期对经营困难企业的救助措施；政府对教育、医疗等资源在城乡之间、区域之间的分配；住房分配政策等。虽然分配性政策的受益群体规模有大有小，但由于分配的利益和服务一般由公共财政支付，从表面上看，那些没有获得利益和服务的群体并没有直接受到损失，因此，分配性政策通常会受到受益者的欢迎，却不会遭到其他人的反对，除非该政策造成了明显的社会不公平。

再分配性政策是指分配政策实施之后，政府对分配结果的再调整，即将社会不同阶层和群体的财富、收入、权利等进行转移性分配。这种再分配的目的不是财产的使用，而是财产本身，不是平等地对待而是实现平等地拥有，不是行为而是状态。再分配性政策涉及利益和福利的转移性分配通常表现为资源从富裕阶层或有权者阶层转移到贫困阶层或无权者阶层。这些政策包括累进收入税、医疗保险、扶贫政策等。与分配性政策不同，由于再分配性政策触动了有权者和富裕阶层的利益，而这些人对政策制定和执行通常有着更大的影响力，因此，再分配性政策的出台通常会面临着巨大的阻力。

(三) 管制性政策与自我管制性政策

没有规矩，不成方圆。公共政策既要对有利于社会发展的行为进行激励，又要对危害社会的行为进行管制，既规定鼓励做什么，也规定限制或禁止做什么。管制性政策就是对个人和团体的行为加以规范和制约的政策，它通常意味着目标群体的相关权利和自由遭到某种限制。比如，环保政策对企业环境污染行为的限制，交通管理政策对机动车行使的限制，反垄断法对大企业垄断行为的限制，食品安全法对食品添加剂使用的限制，等等。管制性政策通常表现为某种行为准则，即规定相对人可以采取哪些行动、不得采取哪些行动，比如规定个人和企业不得使用行贿、欺诈、胁迫等手段在商业活动中获得市场优势，也不得利用市场优势实施垄断行为。管制性政策还常常体现为保护性管制和竞争性管制。保护性管制是指政府为了维护社会和他人的生命财产安全而对相对人行为实施的管制，如食品安全法要求食品生产企业必须达到国家食品安全标准，否则不得生产和销售。竞争性管制是指国家对特定行业，如涉及国家经济安全的金融行业、城市供水、供电等天然垄断性行业等，实施的许可证管制政策。虽然存在一定的市场竞争，但一个城市一般只允许一家供水公司经营，以避免过度竞争导致的资源浪费。

自我管制性政策同样是对被管制对象行动权力和自由的限制，它与管制性政策的差异在于管制者不同。管制性政策是由管制者（通常是政府）对被管制者进行限制和控制，而自我管制性政策的管制者和被管制者是同一个主体，其管制的目的通常不是对权力和自由进行限制，而是通过管制进行自我保护并促进自身利益。如果某一行业协会拥有组织资格考试和认证职业资质的权力，那么该行业协会通常会通过限制获得职业资格的人数以保护现有在职人员的利益。即使行业协会没有相关权力，这些行业协会或职业团体也有较高的积极性去推动政府进行某类职业资格认证或准入的立法，并将实施权力授予给该行业协会，以提高相应职业的进入门槛，从而形成自我保护。

（四）物质性政策与象征性政策

根据要分配的利益的类型，可以将公共政策分为物质性政策和象征性政策。物质性政策是指将现实的福利、服务或权利授予给受益人，或者将不利条件和限制强制加给目标群体。物质性政策能够给目标群体带来实实在在的收益或者损失，比如最低收入保障政策、农资农机补贴政策、城市贫困家庭住房保障政策等。

与物质性政策不同，象征性政策并不涉及具体的福利和利益，其关注的是人们珍视的信仰和价值观念，如民主、自由、爱国、公正等。实际上，除了那些专门规范意识形态、价值观念的政策之外，绝大多数政策都是涉及相关利益和权利问题的物质性政策。但物质性政策中也会体现政策的价值诉求，因此，公共政策大多并不是纯粹的物质性政策或者象征性政策，而是物质性政策与象征性政策的结合体。

第三节 公共政策的合法化

合法化是一个与合法性紧密联系的概念。合法性表示某个事物或某种状态具有"合法"的特性，而合法化则是指使某个事物或某种状态具有"合法性"的过程。可见，合法化就是使之具有合法性。理解合法化，首先要理解合法性。理解公共政策合法化，也要先理解公共政策合法性。

一、合法性与公共政策合法化

从字面上理解，合法性似乎指"符合法律规范"之意。然而，合法性与合法没有本质的联系，合法是指合乎法律规范的要求，而合法性在政治学上具有特定的含义，它探讨的是人们为什么会接受某种政治统治。马克斯·韦伯较早对这个问题进行了研究，他认为人们接受的合法统治有三种纯粹类型，即合理的性质、传统的性质和魅力的性质。① 但马克斯·韦伯认为合理的统治应建立在依统治者章程所规定的制度法律等的基础上。然而，合乎制度并不是取得合法性的依据，制度本身的合法性仍建立在人们接受的基础上。"认为只要符合法律程序就可以接受，而没有必要去验证去评价这种程序，这种观念与合法性的概念却是不相容的……将合法律性提升为评价政治合法性最终标准的地位，这意味着对国家的一种屈从，这种屈从与合法性理念是完全相违背的。"②

在韦伯看来，合法性是指社会对合法性有着明确的主张，按照这一主张的行动被认为是"正当的"，这一事实更加确定了主张拥有权威者的地位。可见，在合法性问题上，韦伯是从经验研究的角度对既定社会事实加以认定，而不涉及对既定事实是否合理的价值判断。李普塞特（S. M. Lipset）从民众自愿服从的角度看待合法性，他认为，"合法性存在于这样的政治系统内，该系统有能力形成并维护一种使其成员确信现行政治制度对于该社会最为适当的信念"③。政治学家阿尔蒙德（Gabriel A. Almond）也认为，"如果某一社会中的公民都愿意遵守当权者制定和实施的法规，而且还不仅仅是因为若不遵守就会受到惩处，而是因为他们确信遵守是应该的，那么，这个政治权威就是合法的"④。戴维·赫尔德（David Held）也坚持类似的看法，"合法性意味着，人们之所以遵守和服从统治和法律，是因为他们的确认为统治和法律是正确的并值得尊敬，合法的政治秩序就是被国民规范性认可的秩序"⑤。因此，合法性来自民众对政治统治的自愿服从，以暴力为后盾的强制服从并不能带来合法性。

可见，这些围绕合法性的论述均接受这样的观点，即合法性存在于社会成员的认可和接受，而不去考虑被社会成员接受的统治秩序对社会成员来说究竟意味着什么。在这方面，哈贝马斯（J. Harbermas）的看法与众不同，他

---

① 参见〔德〕马克斯·韦伯：《经济与社会》（上卷），林荣远译，商务印书馆1997年版，第249页。
② 〔法〕让-马克·夸克：《合法性与政治》，佟心平、王远飞译，中央编译出版社2002年版，第30—31页。
③ Seymour Martin Lipset, Some Social Requisites of Democracy: Economic Development and Political Legitimacy, *American political science review*, 1959, 53（1）: 69-105.
④ 〔美〕加布里埃尔·A. 阿尔蒙德、小G. 宾厄姆·鲍威尔：《比较政治学：体系、过程和政策》，曹沛霖等译，上海译文出版社1987年版，第35页。
⑤ 〔英〕戴维·赫尔德：《民主的模式》，燕继荣译，中央编译出版社1998年版，第316页。

认为,"合法性意味着一种值得认可的政治秩序"①。胡伟认为,哈贝马斯不是把合法性构筑在单纯的经验分析与心理认同上,而是强调对于政治系统合法性的价值判断。②从历史的角度来看,"值得认可的政治秩序"只能是人们的一种追求,而难以成为既定的现实,合法性还是应该更多地从事实经验的层面加以认知。

对公共政策合法性的理解应根植于对政治合法性内涵的认知的基础之上,全面理解公共政策合法性的内涵必须把其与政治合法性结合起来。第一,政治合法性是公共政策合法性存在的前提和基础。公共政策是政治系统活动的产物,其合法性的获得依赖于政治系统的合法性,没有政治系统的合法性便不存在公共政策的合法性。第二,公共政策合法性是政治合法性的体现和保证。阿尔蒙德指出,"统治的合法性是一个复杂的混合物,是由统治者制定的政策的内容实质和实施程序所决定的"③。公共政策展示了政治系统的目标与期望,同时也是沟通政治系统与民众的纽带。一方面,公共政策体现并实现统治阶级在政治、经济、文化等方面的利益诉求和价值追求;另一方面,公民也通过公共政策体现的价值内涵来思考政府的实质,决定自己的态度。根据人们对合法性的一般看法,我们可以把公共政策合法性的内涵简单地理解为公共政策获得了公众的同意、认可、接受和遵从。

二、广义的政策合法性

广义的政策合法性就是指上述从政治学意义上理解的政策合法性,即那些能够得到公众认同、接受和遵从的公共政策具有合法性。公共政策获得民众认同、接受和遵从的过程就是公共政策合法化。从广义理解公共政策合法性,可将其分为两个层次:一是政治体系的合法性,二是公共政策的合法性。政治体系的合法性是公共政策合法性的前提和基础,政治体系本身不具有合法性,其制定的政策也不可能具备合法性。政治体系具有合法性,其制定的政策并不必然具备合法性。因此,公共政策的合法性需要从政治体系合法性和公共政策自身合法性两个层面加以考察。

公众对公共政策的认同、接受和遵从,是判断公共政策是否具备合法性的根本标准。但公众对公共政策的认同、接受和遵从会受到多方面因素的影

---

① Jurgen Harbermas, *Communication and the Evolution of Society*, Beacon Press, 1979, p. 178.
② 参见胡伟:《合法性问题研究——政治学研究的新视角》,载《政治学研究》1996年第1期。
③ 〔美〕加布里埃尔·A. 阿尔蒙德、小 G. 宾厄姆·鲍威尔:《比较政治学:体系、过程和政策》,曹沛霖等译,上海译文出版社1987年版,第37页。

响。这种认同、接受和遵从在一些情况下可能出自身的利益需要，也可能出于遵纪守法的习惯，还有可能出于害怕受到违反政策的惩罚。当公共政策措施和结果与公众的利益相背离时，公众对公共政策的服从主要依靠公共政策的强制性。但公共政策的合法性不能依赖于政策的强制性。如果公共政策严重损害公众利益，民众就会抵制该政策的实施，从而出现公共政策合法性危机。严重的政策合法性危机甚至可能导致政治体系合法性危机，进而出现重大的政治危机。

三、狭义的政策合法性

狭义的政策合法性类似于马克斯·韦伯关于权威来源思想中的合理—合法的权威，这种权威来自严密的规章制度和规则、明确的等级体系、完整的工作流程、非人格化的人际关系等，它是理想官僚制得以建立的基础。与这种权威来源类似，狭义的政策合法性从遵从严格的法律规范来理解合法性，认为政策合法性基于法律规则和程序的规定，具体包括合法的决策主体、合法的政策程序、合法的政策内容。

（一）合法的决策主体

哪些组织和机构享有公共政策决策权以及享有何种决策权均由宪法和法律加以规定。法律赋予这些组织相应的职能和权力，规定这些组织的机构设置、权责体系和运行规则，并依法配备相应人员、经费等必要条件。

（二）合法的政策程序

政策程序是对决策主体决策权进行有效规范的重要方式。合法的决策主体只有按照法定的政策程序进行决策和执行，政策才具有合法性。离开法定政策程序的制约，公共政策制定就可能演变为个人的随意性行为，公共政策的公共性和合理性就难以得到保证。虽然根据领导人的个人意志也可能制定出较好的决策，但现代国家政策制定不能寄托于领导人个人英明、智慧和公正，而应通过完善的制度设计，扩大公民和专家的政策参与，通过决策的民主化和科学的决策程序保证决策的科学性，并通过履行法定的决策程序获得民众对政策的认同和支持。

（三）合法的决策内容

合法的决策内容包括两个方面：一是公共政策内容在决策主体的决策职权范围之内，没有超出决策主体的职权范围；二是公共政策内容不与国家宪法和现行法律相冲突。违反第一种情况属于越权决策。比如，本应由全国人民代表大会立法决策的事项，却由国务院发文进行规范；本应由省级行政机关作出决策的事项，市级、县级行政部门却发文加以规范。违反第二种情况的决策在我国也比较常见，政出多门、法律政策打架的情况时有发生。避免公共政策内容与国家宪法、法律相冲突，要求通过完善的司法程序对立法机关、行政机关等制定的法律、法规，发布的政策措施等进行审查，至少应在政策制定的相关程序中建立专门的法律审查程序，以保证公共政策内容与宪法、法律不相抵触。一些国家建立的违宪审查制度就属于这类制度设计，我国尚未建立类似的审查制度。

> **思考题**
> 1. 什么是公共政策？从表现形式和行动过程的角度理解公共政策有何差异。
> 2. 如何理解公共政策的内涵？
> 3. 前行为主义时期的公共政策研究有何特点？
> 4. 比较行为主义时期和后实证主义时期公共政策研究的异同。
> 5. 公共政策在国家治理中居于何种地位？
> 6. 公共政策具有哪些功能？
> 7. 试述实质性政策与程序性政策的差异。
> 8. 再分配政策有何价值？
> 9. 试述管制性政策与自我管制性政策的异同。
> 10. 为什么需要制定象征性政策？
> 11. 广义的政策合法性与狭义的政策合法性之间有何联系和区别？

参考答案

> **讨论题**
> 1. 公共政策只有经过合法化的过程才能得到社会确认，从而成为各级组织和个人普遍遵守、执行的行为准则。试讨论公共政策与法律的区别和联系。
> 2. 联系某一具体方案，以某一项具体公共政策为例讨论公共政策环境对公共政策制定和执行的影响。

推荐阅读文献

1. 谢明主编：《公共政策导论》（第五版），中国人民大学出版社2020年版。
2. 彭和平编著：《公共行政学》（第五版），中国人民大学出版社2015年版。
3. 张金马主编：《政策科学导论》，中国人民大学出版社1992年版。
4. 陈庆云主编：《公共政策分析》（第二版），北京大学出版社2011年版。
5. 陈振明主编：《政策科学》，中国人民大学出版社1998年版。
6. 陈振明等：《公共管理学》（第二版），中国人民大学出版社2017年版。
7. 胡宁生：《现代公共政策研究》，中国社会科学出版社2000年版。
8. 〔美〕那格尔编著：《政策研究百科全书》，林明等译，科学技术文献出版社1990年版。
9. 〔美〕查尔斯·E. 林布隆：《政策制定过程》，朱国斌译，华夏出版社1988年版。
10. 〔以〕叶海卡·德洛尔：《逆境中的政策制定》，王满船等译，国家行政学院出版社2009年版。
11. 〔美〕曼瑟尔·奥尔森：《集体行动的逻辑》，陈郁等译，上海三联书店1995年版。
12. 〔美〕赫伯特·A. 西蒙：《管理决策新科学》，李柱流、汤俊澄等译，中国社会科学出版社1982年版。
13. 〔美〕小约瑟夫·斯图尔特、戴维·M. 赫奇、詹姆斯·P. 莱斯特：《公共政策导论》（第三版），韩红译，中国人民大学出版社2011年版。
14. 〔美〕威廉·N. 邓恩：《公共政策分析导论》（第四版），谢明等译，中国人民大学出版社2011年版。
15. 〔美〕戴维·L. 韦默、〔加〕艾丹·R. 瓦伊宁：《公共政策分析：理论与实践》（第四版），刘伟译校，中国人民大学出版社2013年版。

第十二章 行政立法

> **导读**
> 依法治国，建设社会主义法治国家，是新时代党和国家的重要治国方略。依法行政是依法治国的重要基础。行政立法就是要确保宪法、法律和法规的顺利实施，实现依法行政、依法治国。

第一节 行政立法概述

一、行政立法的含义

（一）行政立法的概念

行政立法是指有权的国家行政机关依照法定程序和权限制定行政法规和行政规章的活动。行政立法既具有立法的性质，是一种从属性立法行为（准立法行为），又具有行政的性质，是一种抽象行政行为。对这一概念可作如下理解：

（1）行政立法的主体是有权的国家行政机关。并不是所有的国家行政机关都能制定行政法规或行政规章。

（2）行政立法的依据是法定的程序和权限。

（3）行政立法的结果是制定具有普遍约束力的规范性文件，即行政法规和行政规章。

（4）行政立法的性质是既有立法性质又有行政性质的行政行为。

（二）行政立法与行政法的区别

行政法是调整国家行政机关在履行其职能过程中发生的各种关系的法律规范的总称。行政立法与行政法具有明显的不同。

（1）制定的主体不同。行政立法主体是特定的国家行政机关；行政法的制定主体是国家立法机关。

(2) 调整的对象不同。行政立法调整的对象是行政管理事务或与行政管理有关的事务；行政法的调整对象是行政关系。

(3) 适用的程序不同。行政立法适用的程序是行政程序；行政法适用的程序是立法程序。

(4) 目的不同。行政立法的目的是执行国家权力机关制定的宪法和法律，实现行政管理职能；行政法的目的是规范行政管理活动。

(三) 行政立法与立法机关的立法的区别

(1) 立法权力性质不同。国家权力机关制定、发布行政法律规范的活动，其本质是代表国家行使立法权的行为；而行政立法行为则是国家行政机关代表国家行使行政权的行政行为。

(2) 立法规范的内容不同。国家权力机关立法调整的通常是有关国家生活重要领域中的重大问题；而国家行政机关立法调整的一般是上述范围外的有关行政管理的事项。

(3) 立法的效力不同。国家权力机关制定的行政法律，其效力仅次于宪法，而高于行政法规、规章；而行政机关制定的行政法规和规章，其效力低于法律，且不能与法律相抵触，地方政府的规章同时不得与地方性法规相抵触。

(4) 立法的程序不同。国家权力机关制定行政法律规范必须遵循宪法规定的严格立法程序，比行政立法程序正规、严格，更注重民主；而行政机关的立法一般较为简便、灵活，更注重效率。

(四) 行政立法行为与具体行政行为的区别

(1) 主体不同。行政立法主体是《中华人民共和国立法法》（以下简称《立法法》）特别授权的行政机关；而具体行政行为的主体为一般行政机关。

(2) 调整对象不同。行政立法调整的对象是普遍的、不特定的人和事；而具体行政行为的调整对象通常是特定的人和事。

(3) 效力不同。行政立法的时间效力一般长于具体行政行为，能够多次反复适用；而具体行政行为的效力通常是一次性的。

具体行政行为与抽象行政行为

(4) 程序不同。行政立法的程序相对更正式、严格；而具体行政行为的程序较简单、灵活。

(5) 形式不同。行政立法必须以正式法律文件的形式向社会公开发布；而具体行政行为则可以采取一般的书面决定形式直接送达相对人，有时甚至可以口头告知相对人。

（6）是否具有可诉性。根据《中华人民共和国行政诉讼法》（以下简称《行政诉讼法》）和《中华人民共和国行政复议法》（以下简称《行政复议法》）的相关规定，行政立法行为不能成为诉讼或复议的对象，而对于涉及人身权、财产权方面的具体行政行为引起的行政争议，则可以提起诉讼或复议。行政相对方认为行政机关的具体行政行为所依据的行政立法之外的国务院各部门、县级以上地方政府及其工作部门和乡镇人民政府的规定不合法的，在对具体行政行为申请复议时，也可以一并向复议机关提出对该规定的审查申请。

二、行政立法的主体

行政立法主体，是指依法取得行政立法权，可以制定行政管理法规的国家行政机关。根据我国宪法、组织法与立法法的相关规定，有权进行行政立法的行政机关主要有以下几种类型：

（一）国务院

国务院即中央人民政府，是国家最高权力机关的执行机关，也是最高国家行政机关。《立法法》第72条规定："国务院根据宪法和法律，制定行政法规。行政法规可以就下列事项作出规定：（一）为执行法律的规定需要制定行政法规的事项；（二）宪法第八十九条规定的国务院行政管理职权的事项。"一般而言，国务院可以就其管辖范围内的一切行政事项依法制定和发布行政法规。国务院制定行政法规的方式有两种：一是由国务院直接制定和发布行政法规；二是由国务院批准的行政法规。这种法规由国务院各主管部门具体制定，由国务院批准，再由制定的主管部门发布。

（二）国务院各部委

国务院各部、各委员会是国务院的职能部门，在各自职权和范围内行使国家行政职权，管理行政事务。《立法法》第91条第1款规定："国务院各部、委员会、中国人民银行、审计署和具有行政管理职能的直属机构以及法律规定的机构，可以根据法律和国务院的行政法规、决定、命令，在本部门的权限范围内，制定规章。"各部委在本部门的权限范围内，可以通过以下两种方式行使立法权：一是宪法和法律规定的一般行政立法权。二是通过法律、法规的特别授权而获得的行政立法权。

（三）国务院直属机构

我国法律并没有明确规定国务院的直属机构享有行政立法权，但某些单项法律和行政法规中往往有授权国务院直属机构制定实施细则或者实施办法的规定。也就是说，国务院直属机构可以在法律、法规特别授权的情况下，在其主管的专门事务范围内行使行政立法权，其效力等同于行政规章。

（四）地方人民政府

《立法法》第93条规定："省、自治区、直辖市和设区的市、自治州的人民政府，可以根据法律、行政法规和本省、自治区、直辖市的地方性法规，制定规章。地方政府规章可以就下列事项作出规定：（一）为执行法律、行政法规、地方性法规的规定需要制定规章的事项；（二）属于本行政区域的具体行政管理事项。设区的市、自治州的人民政府根据本条第一款、第二款制定地方政府规章，限于城乡建设与管理、生态文明建设、历史文化保护、基层治理等方面的事项。已经制定的地方政府规章，涉及上述事项范围以外的，继续有效。除省、自治区的人民政府所在地的市，经济特区所在地的市和国务院已经批准的较大的市以外，其他设区的市、自治州的人民政府开始制定规章的时间，与本省、自治区人民代表大会常务委员会确定的本市、自治州开始制定地方性法规的时间同步。应当制定地方性法规但条件尚不成熟的，因行政管理迫切需要，可以先制定地方政府规章。规章实施满两年需要继续实施规章所规定的行政措施的，应当提请本级人民代表大会或者其常务委员会制定地方性法规。没有法律、行政法规、地方性法规的依据，地方政府规章不得设定减损公民、法人和其他组织权利或者增加其义务的规范。"

三、行政立法的类型

（一）职权立法和授权立法

根据行政立法权的来源或其取得方式的不同，可以将行政立法分为职权立法和授权立法。

职权立法是指行政机关根据宪法和组织法赋予的立法权，在法定范围内进行的立法活动。根据我国宪法和组织法的规定，国务院及其主管部门，省、自治区、直辖市的人民政府、设区的市的人民政府可以进行职权立法。行政主体的这种职权立法必须符合法律、法规的规定，不能变通，若有抵触，即为无效。

授权立法是指行政机关根据宪法和组织法以外的单行法律、法规或者专门的授权决议所授予的立法权而进行的行政立法活动。根据授权立法的依据不同，可分为一般授权立法和特别授权立法。一般授权立法是指根据某一单行法律或者法规的授权而进行的立法，又称为普通授权立法。如《中华人民共和国治安管理处罚法》第7条第2款规定，"治安案件的管辖由国务院公安部门规定"。特别授权立法是指根据最高国家权力机关专门的授权决议而进行的立法。

(二) 执行性立法和创制性立法

根据行政立法功能的不同，行政立法可以分为执行性立法和创制性立法。

执行性立法是指行政机关为了执行法律法规而进行的立法。它可以依职权也可以依授权而进行，但不得任意增加或减少所要执行的法律法规的内容。这种执行性立法所制定的行政法规和规章，一般称为"实施条例""实施细则"或"实施办法"。

创制性立法是指行政机关为了填补法律和法规的空白，或者变通法律和法规的个别规定以实现行政职能而进行的立法。创制性立法又可分为自主性立法和补充性立法。自主性立法是指在没有相应法律、法规规定的前提下，为了填补法律、法规的空白，行政机关运用宪法和组织法所赋予的立法权而进行的创制性立法。自主性立法会创制新的权利义务。补充性立法是指在已有法律、法规的前提下，为了补充法律、法规的个别规定而进行的创制性立法。补充性立法应以法律、法规的授权为依据，制定的行政法规和规章并不因授权法律、法规的失效而当然失效，只要不与新的法律、法规相抵触，就可继续生效。

(三) 中央行政立法和地方行政立法

根据行政立法主体的不同，行政立法可分为中央行政立法和地方行政立法。

中央行政立法是指中央行政机关依法制定行政法规和规章的活动。依据我国相关立法规定，中央行政立法主体包括国务院、国务院各部委及国务院某些直属机构。中央行政立法调整全国范围内的普遍性问题和须由中央作出统一规定的重大问题，如全国性治安管理问题、资源问题、环境保护问题等。在效力范围上，中央行政立法所制定的法规、规章效力及于全国。

地方行政立法是指地方行政机关根据法律、法规制定地方政府规章的行为。根据我国现行法律、法规的规定，省、自治区、直辖市和设区的市、自治州的人民政府，经济特区所在地的人民政府有权进行地方行政立法。地方行政立法根据地方实际情况，将中央行政立法的规定具体化，确定实施细则或实施办法，同时，又要对地方特殊性问题作出针对性规定，以调整区域性的特殊社会关系。地方行政立法只能在本行政区域内发生法律效力。

(四) 法规性立法和规章性立法

根据行政立法最终结果的不同，行政立法可分为法规性立法和规章性立法。

法规性立法是指国务院依法制定行政法规的活动。法规性立法的目的是为了执行法律，实现国务院对全国各项行政工作的领导，其内容包括全国性的政治、经济、教育、科技和外事等各个方面。法规性立法文件通常以条例、规定或办法等形式体现。

规章性立法是指国务院各部门和地方政府制定行政规章的活动，即部门规章和地方政府规章。规章性立法文件通常以规定、办法、实施细则和规则等形式体现，但不得称为条例。

四、行政立法的基本原则

（一）依法立法原则

行政立法必须依法进行。"依法"中的法主要指宪法和法律，但也包括行政法规、地方性法规、自治条例、单行条例。依法立法包含四层含义：（1）依据宪法和组织法规定的权限立法。只有宪法和组织法赋予了行政立法权的行政机关才能进行行政立法，而且享有行政立法权的机关只能就其职权管辖范围内的事务立法。（2）依据法律、法规关于相应问题的规定立法。行政机关进行行政立法时，要查找有关法律法规有无相应问题的规定，行政立法的内容必须符合有关法律、法规的规定，不能与现行法律、法规相抵触。行政法规不能与宪法、法律相抵触，行政规章不能与法律、行政法规或上级的行政规章相抵触。（3）依据法律、法规规定的程序立法。如国务院制定行政法规必须遵循《行政法规制定程序暂行条例》的程序规则。（4）行政紧急立法权的行使必须符合宪法所设定的紧急状态条件。

（二）民主立法原则

民主立法原则是指行政机关依照法律规定进行行政立法时，应通过各种方式听取各方面的意见，保证民众广泛地参与行政立法。民主立法原则包括以下几方面内容：（1）行政立法草案应提前公布，并附以立法说明，包括立法目的、立法机关、立法时间等内容，以便让人民有充分的时间发表对特定行政立法事项的意见；（2）将听取意见作为立法的必经环节和法定程序；（3）要向人民公布对立法意见的处理结果；（4）要正式公布已通过的行政立法文件，对直接涉及公民权利义务的行政立法应特别规定实施时间；（5）设置专门的行政立法咨询机关和咨询程序，对特别重要的行政立法进行专门咨询，并作为必经程序；（6）违反民主立法原则的行政立法视为无效。

（三）实事求是原则

实事求是原则是指行政立法要尊重客观实际，符合客观规律。其具体含义有：(1) 必须要深入开展立法调查，既考虑可能性又考虑可行性，使立法符合当前的实际情况；(2) 恰如其分地掌握立法时机，条件成熟时，要及时予以立法，条件未成熟时不能急于求成；(3) 行政立法应适应行政活动迅速高效的特点，运用较为简化的制定程序；(4) 行政立法本身在逻辑结构、体系、内容上科学合理，其中最为重要的是实现各种行政立法的统一协调；(5) 行政立法所调整的社会关系发生变化时，要根据客观需要及时进行立、改、废。

（四）加强管理与增进权益相协调原则

任何行政立法都有其立法目的和指导思想，而行政立法的目的是有层次的。行政立法的直接目的可能是为了加强或改善某一领域内行政事务的有效管理；更深层次的目的可能是为了促进社会主义现代化建设；行政立法的终极目的应当是为了实现和增进公民的公益，保护人民的权利。因此，行政机关进行每一项立法时，要正确处理好维护行政权力与保障公民权益的关系，行政立法要在社会协调与发展、稳定与繁荣、社会公平与行政效率之间取得平衡。总之，行政立法一方面要为国家行政管理活动提供具体的法律依据，从而保证行政活动的顺利进行，维护国家和社会生活的正常运行；另一方面，当行政立法涉及对公民行使民主权利的行为的管理时，必须适当，不能不当地限制甚至剥夺公民的合法权益。

《中华人民共和国食品安全法实施条例》修订

（五）原则性和灵活性相结合的原则

原则性是立法工作的本质规定性，是法律的基本目的要求。它是维护法律性质，坚持社会主义立法方向，实现法制统一性的基础。灵活性是指在原则性允许的限度内，根据具体情况，对某些问题作灵活规定。

第二节 行政法规、行政规章与行政规范性文件①

一、行政法规

（一）行政法规的含义

行政法规是指由最高国家行政机关国务院根据宪法和法律，按照法定程序制定和颁布的规范性文件的总称。

---

① 相对而言，行政规范性文件虽然不是行政立法，但同属于抽象行政行为，接近于行政立法。两者不存在实质性的分界，随着行政法制的发展，享有规章制定权的行政机关会越来越多，从而，现在的许多规范性文件将来有可能上升为规章而成为行政立法。厘清楚行政法规、行政规章与行政规范性文件的区别与联系，对于理论学习与实践运用均具有很强的现实意义。

(二) 行政法规的形式(名称)

行政法规的形式主要有"条例""规定""办法"等。条例是对某一方面行政工作做比较全面、系统规定的行政法规名称。规定是对某一方面行政工作作部分规定的行政法规名称。办法是对某一项行政工作作比较具体规定的行政法规名称。凡涉及外交事务的均冠有"中华人民共和国"字样。

(三) 行政法规的主要特征

(1) 我国行政法规的制定主体是最高国家行政机关国务院。作为最高国家行政机关，国务院可以根据宪法和法律，规定行政措施，制定行政法规，发布决定和命令。尚未制定法律的，全国人民代表大会及其常务委员会有权作出决定，授权国务院可以根据实际需要，对其中的部分事项先制定行政法规，但是有关犯罪和刑罚、对公民政治权利的剥夺和限制人身自由的强制措施和处罚、司法制度等事项除外。

(2) 行政法规的效力仅次于宪法和法律。在我国的法律规范体系中，宪法具有最高的法律效力。行政法规的法律效力仅次于宪法和法律，高于地方性法规和规章。地方性法规的效力高于本级和下级地方政府规章。省、自治区人民政府制定的规章的效力高于本行政区域设区的市的人民政府制定的规章。部门规章之间、部门规章和地方政府规章之间具有同等效力，在各自的权限范围内施行。

(3) 行政法规对于法律来讲，具有从属性，其内容不得与宪法、法律相抵触。宪法和法律是行政法规制定的依据，行政法规是国务院根据宪法和法律制定的，自然不能和宪法和法律相违背。

(四) 行政法规的制定要件

制定要件是指最高行政机关在制定行政法规时必须具备的条件。行政法规的制定要件包括：

(1) 主体合法。行政法规的制定主体只能是国务院，也就是国家最高行政机关。

(2) 权限合法。行政法规是由国务院在规定职权范围内进行立法活动的结果，超出该职权范围则不具有合法性，不具有法律效力。

(3) 程序合法。严格按照立法程序进行。其程序一般为：规划—起草—征求意见—审查—通过—发布与备案。

(4) 内容合法。内容合法一方面是指行政法规的内容要符合客观规律，另一方面是指行政法规的内容不得与宪法、法律相抵触。

二、行政规章

（一）行政规章的含义

行政规章是指国务院各部门以及省、自治区、直辖市和设区的市、自治州的人民政府和省、自治区人民政府所在地的市政府以及国务院批准的设区的市的人民政府根据宪法、法律和行政法规等制定和发布的规范性文件的总称。

（二）行政规章的特征

（1）法律地位低于行政法规。行政法规是指由最高国家行政机关国务院根据宪法和法律，按照法定程序制定和颁布的规范性文件的总称。而行政规章的制定主体是国务院各部门以及省、自治区、直辖市和设区的市、自治州的人民政府和省、自治区人民政府所在地的市政府以及国务院批准的较大的市的人民政府。因此，行政规章的法律地位低于行政法规。

（2）部门行政规章和地方行政规章的效力等级相同。《立法法》第100条规定："地方性法规的效力高于本级和下级地方政府规章。省、自治区的人民政府制定的规章的效力高于本行政区域内的设区的市、自治州的人民政府制定的规章。"《立法法》第102条规定："部门规章之间、部门规章与地方政府规章之间具有同等效力，在各自的权限范围内施行。"这两条法条表明，在一个省的范围内，省级地方政府制定的规章比省级以下的地方政府制定的规章位阶高，而省级地方政府规章与国务院部门规章的位阶相同。

（3）其适用范围带有地域性和专业性的特点。即行政规章的行政法律效力只适用于本专业和本区域范围，超出这个范围就无效。

（三）行政规章的分类

（1）专业性行政规章（部门行政规章、中央行政规章）：是指国务院所属各职能部门根据法律和行政法规在其业务主管的职权范围内按规定程序所制定的规定、办法、实施细则、规则等规范性文件的总称。

（2）地域性行政规章（地方行政规章）：是指由省、自治区、直辖市人民政府和设区的市的人民政府根据法律、行政法规和地方性法规，按法定程序制定的普遍适用于本地区行政管理工作的规定、办法、实施细则、规则等规范性文件的总称。它只适用于区域范围。

（四）行政法规、规章的效力等级

行政法规、规章在效力等级上的不同是由我国中央和地方两级多层次的立法体制所决定的。在行政法体系中，各法律规范的效力等级依次是：宪法、法律、行政法规、地方性法规、自治条例和单行条例、规章。具体而言，宪法具有最高效力，任何法律、法规的规定都不得与宪法相抵触；法律的效力高于行政法规、规章；行政法规的效力高于国务院部门规章和地方政府规章；省、自治区的人民政府制定的规章的效力高于本行政区域内设区的市的人民政府制定的规章。部门规章之间、部门规章和地方政府规章之间具有同等的效力，在各自的权限范围内实施。

根据《立法法》的相关规定，各位阶法律规范的效力等级和法律适用规则是：上位法优于下位法；同位阶的法律规范具有同等效力并在制定机关各自权限范围内实施；特别规定优于一般规定；新法优于旧法。行政法规之间对于同一事项的新的一般规定与旧的特别规定不一致，不能确定如何适用时，由国务院裁决；部门规章之间、部门规章和地方政府规章之间对同一事项的规定不一致时，由国务院裁决。

三、行政规范性文件

(一) 行政规范性文件的含义

行政规范性文件是国家行政机关为执行法律、法规和规章，对社会实施行政管理，依法定权限和法定程序发布的规范公民、法人和其他组织行为的具有普遍约束力的政令。

(二) 行政规范性文件的特征

(1) 行政规范性文件是具有普遍约束力的政令。行政机关发布的决定、命令等，有的是针对特定的人或者特定的事，有的则不针对特定的人或事。只有后者才能称为行政规范性文件，它的特点就是具有普遍约束力，也就是说一经发布则对辖区内的公民、法人、其他组织均具有约束力。

(2) 行政规范性文件是行政机关为执行法律、法规、规章，对社会进行行政管理而实施的一种抽象行政行为。但行政法规、规章属于行政立法，行政规范性文件只属于一般的抽象行为，必须以法律、法规、规章等为依据，否则无效。

(3) 行政规范性文件是行政机关发布的用以对社会进行行政管理，规范公民、法人和其他组织行为的政令。行政规范性文件是具体行政行为执行的依据，其效力需要通过具体行政行为而体现和实现。行政规范性文件不仅规范公民、法人和其他组织的行为，而且也规范行政管理机关自身的行为。

(三) 行政规范性文件的法律地位和效力

制定行政规范性文件作为一种抽象行政行为，一经成立，即具有相应的效力，包括公定力、确定力、拘束力和实现力（执行力）等。一般来说，行政规范性文件的这种效力要么通过具体行政行为来实现，要么通过行政机关内部的领导体制来实现，而并非是源于行政规范性文件本身。因此它并不能当然地适用于行政系统以外的司法系统。可见，一般情况下，行政规范性文件不具有法源的地位。

相关行政规范性文件应当协调一致

行政规范性文件的效力主要体现在两个方面，即行政管理领域和行政诉讼领域。

（1）行政管理领域。① 对作为行政相对人的个人、组织具有拘束力和强制执行力。行政规范性文件一经颁布施行，受其规范、调整的个人、组织必须服从、遵守，必须履行相关义务。② 对行政机关本身具有公定力、确定力。行政规范性文件一经发布，行政机关非经法定程序不得任意撤销、改变、废止。③ 行政规范性文件是行政复议的依据。《行政复议法》第 13 条规定："公民、法人或者其他组织认为行政机关的行政行为所依据的下列规范性文件不合法，在对行政行为申请行政复议时，可以一并向行政复议机关提出对该规范性文件的附带审查申请：（一）国务院部门的规范性文件；（二）县级以上地方各级人民政府及其工作部门的规范性文件；（三）乡、镇人民政府的规范性文件；（四）法律、法规、规章授权的组织的规范性文件。前款所列规范性文件不含规章。规章的审查依照法律、行政法规办理。"《行政复议法》第 56 条规定："申请人依照本法第十三条的规定提出对有关规范性文件的附带审查申请，行政复议机关有权处理的，应当在三十日内依法处理；无权处理的，应当在七日内转送有权处理的行政机关依法处理。"

（2）行政诉讼领域。① 行政诉讼当事人可以把行政规范性文件当作论证相应具体行政行为违法或合法的根据。② 人民法院审理行政案件，对具体行政行为的合法性进行审查时，应同时审查相应具体行政行为所依据的行政规范性文件的合法性。③ 根据最高人民法院关于行政诉讼的司法解释，人民法院审理行政案件，可以在裁判书中直接引用合法有效的行政规范性文件。如果法院认为行政规范性文件违法，应向相应文件的发布机关及其上级行政机关提出司法建议，建议其予以撤销或改变；或是向相应国家权力机关提出监督审查要求，启动监督审查程序，通过监督审查程序撤销或改变相关文件。

第三节　行政立法的程序及效力

行政立法程序，是指国家行政机关依照法律的规定，制定、修改和废止行政法规或规章的活动程序，是行政立法行为合法成立的必要程序条件。它是行政行为程序的一种类型，与国家最高权力机关的立法程序相比，其特点是简便、灵活、讲求效率。这是因为行政机关与权力机关的组织形式和议事规则存在差异，是行政活动自身特性的要求。

一、行政立法的程序

（一）编制立法规划

我国地方行政
程序法治建设实践

行政立法规划分为五年规划与年度计划。行政立法五年规划根据国民经济和社会发展五年计划所规定的基本任务编制，年度计划则根据国民经济和社会发展年度计划所规定的具体任务制定。对一定时期的法规和规章的修改、补充和清理等各项工作也应当包括在内。

国务院于每年年初编制本年度的立法工作计划。

地方政府编制行政立法规划，一般由地方人民政府的职能机关和直属机构根据业务分工拟定本部门的立法规划草案，并于每年年底上报同级人民政府，地方人民政府的法制机构负责汇总部门规划草案，并统一编制地方行政立法规划草案，提请本级人民政府的常务会议审议批准，地方人民政府负责组织执行通过的立法规划。

（二）起草

起草是指对列入规划、需要制定的行政法规和行政规章，由行政机关相应的主管部门分别草拟的活动。行政法规和行政规章的起草一般有两种：一是较为重要的行政法规和行政规章，其主要内容涉及几个部门业务的，由政府法制机构或主要部门负责，组成由有关部门参加的起草小组进行工作。二是行政法规和规章的主要内容不涉及其他部门业务的，则由主管部门负责起草。在专门的起草小组成立之后，除了主管部门和有关部门之外，还应当吸收有关业务专家和法律专家参加，以便从不同方面对草案提出意见。草案应在广泛调查研究、充分收集相关材料和意见的基础上形成，力求做到内容切实可行，形式完整，结构严谨。

（三）征求意见

行政立法过程中的征求意见程序一般包括两个方面的内容：一是听取利害关系人的意见和有关专家的意见。专家意见包括技术专家、管理专家和法学家的意见。征求利害关系人的意见的主要途径是：通过新闻媒介公布即将制定的法规和规章草案，召开相关问题的座谈会或者举行听证会等，向利害关系人提供发表和陈述意见的机会。二是广泛听取和征求行政机关和其他国家机关中有关部门的意见。在行政立法的过程中，既要征求本部门、本系统的意见，又要征求其他部门和系统的意见，尤其是综合部门的意见；既要听取中央机关的意见，又要听取地方机关的意见。在涉及其他主管部门的业务时，应当与有关部门协商一致，经过反复协商不能取得一致意见的，应当在上报草案时专门提出并说明理由，由上级机关出面协调和裁决。

（四）审查

审查是指行政法规和行政规章的草案拟定之后，送交政府主管机构进行审查。审查职能一般由政府法制机构承担。审查的范围主要包括：(1) 立法的必要性和可能性；(2) 是否与宪法、法律、党和国家的方针政策以及上一级规范性文件的规定相冲突；(3) 是否在本机关的权限范围内，是否有越权或滥用职权的现象；(4) 行政法规、行政规章草案的结构、文字等立法技术是否规范；(5) 立法的程序是否符合相关的法律规定。法制部门对行政立法草案审查后，应向行政立法机关提出审查报告，与法规或规章草案一并提交行政立法机关审议。

（五）通过

通过是指行政法规、规章在起草、审查完毕后，交由行政立法机关的正式会议讨论审议。根据相关法规和规章的规定，国务院制定的行政法规应经过国务院全体会议或常务会议审议通过，各部委制定的规章应提交部委常务会议审议通过，地方政府制定的地方规章需提交地方政府全体会议或常务会议审议通过。

（六）发布与备案

行政法规和行政规章在通过上述程序后，需要公开发布。它是行政法规和行政规章生效的必经程序和必备要件。行政法规和行政规章一般都须通过政府公报或者报纸、杂志、电台等宣传舆论工具公开发布。

国务院发布行政法规，由国务院总理签署发布令；经国务院批准、国务院各部门发布的行政法规，由各部门的主要领导人签署发布令；在行政法规的发布令中，应包括发布机关、序号、法规名称、通过或者批准日期、发布日期、生效日期和签署人等内容。经国务院总理签署公开发布的行政法规由新华社发稿，《国务院公报》《人民日报》全文刊载。

部门规章的发布一般由部门首长签署发布令发布。几个部门联合发布的规章，由几个部门的首长会签后，以一个部门的发布令发布。

地方政府规章的发布，一般由省长、自治区主席、市长签署发布令。某些重要的地方政府规章应当报上级人民政府批准后方可发布。

备案是指将已经发布的行政法规、行政规章上报法定的机关，使其知晓，并在必要时备查的程序。国务院于 1990 年 2 月 18 日发布的《法规规章备案规定》："地方性法规、国务院部门规章、地方人民政府规章、都应当报国务院备案。地方性法规按法律规定，由省、自治区、直辖市人民代表大会常务委员会报国务院备案。国务院部门规章，由本部门报国务院备案；几个部门联合制定的规章，由主办部门负责报国务院备案。地方人民政府规章，由省、自治区、直辖市人民政府统一报国务院备案。"

二、行政立法的效力

行政立法的效力，是行政法规、规章的法律效力，是指行政立法对于行政相对人的拘束力和强制执行力以及对人民法院审判活动的适用力。行政法规、规章本身不是法律，但一经制定、发布，就具有与法律同等的效力。它包括两方面的含义：一是指行政法规、规章的拘束力和强制执行力，即必须遵守，若有违反都应追究相应的法律责任；二是指行政法规的适用力，即适用范围，也称效力范围。

如前所述，行政立法有效成立必须符合法定的前提条件（要求）。行政立法有效成立的一般前提条件有：（1）符合宪法、法律和上级行政立法，其内容不得与宪法、法律和上级行政立法相抵触；（2）行政立法机关享有行政立法权，严格遵守行政立法权限；（3）遵守法定程序，行政立法的起草、征求意见、审议、发布等都符合法律准则；（4）符合法律规定的行政立法形式。上述条件如得不到满足，行政立法就不成立，有权机关将予以撤销或改变。

（一）行政立法的效力等级

行政法规、规章的法律效力同它在我国法律体系中的地位是相应的，它们的效力由高到低排列如下：

(1) 宪法，作为国家的根本大法，处于最高的法律地位。

(2) 基本法律（如刑法、民法、香港特别行政区基本法），由全国人民代表大会通过。

(3) 一般法律，由全国人大常委会制定通过。基本法律和一般法律都是根据宪法制定的。二者的区别在于制定机关不同，其法律效力等级，前者应当高于后者。

(4) 行政法规，由国务院制定发布或经国务院批准发布，其法律地位低于宪法和法律，高于行政规章。

(5) 地方性法规、民族自治地区的自治条例和单行条例。

行政法规与地方性法规的效力

（6）行政规章（中央行政规章、地方行政规章）。

（二）行政立法的适用范围

行政立法的适用范围，包括时间、空间方面的适用范围和对人的适用范围三个方面。简言之，是时间效力、空间（地域）效力和对人的效力。

（1）行政立法效力的时间范围。行政法规、规章在时间上的效力是指行政法规和规章的有效期限，自什么时候生效，到什么时候失效。我国没有对行政立法的生效时间和失效时间的确定办法作统一规定。

行政立法的生效时间，通常有两种情形：一是自发布之日起生效。如2016年版的《中华人民共和国海关稽查条例》第34条规定："本条例自发布之日起施行。"二是发布后另定生效时间。行政法规、规章先行发布，日后生效，以便于全民学习、理解，执行机关做实施准备。如国务院于2001年12月25日颁布的《出版管理条例》第68条规定："本条例自2002年2月1日起施行。1997年1月2日国务院发布的《出版管理条例》同时废止。"

行政立法的失效时间。我国对行政法规、规章的效力终止时间的规定有三种方式：有的专门规定新法施行之日就是旧法失效之时，如国务院于1988年6月3日发布的《中华人民共和国企业法人登记管理条例》第39条规定："本条例自1998年7月1日起施行。1980年7月26日国务院发布的《中外合资经营企业登记管理办法》，1982年8月9日国务院发布的《工商企业登记管理条例》，1985年8月14日国务院批准、1985年8月25日国家工商行政管理局发布的《公司登记管理暂行规定》同时废止"。有的没有作出明文规定，一般适用新法废止旧法原则，新旧之法必须是同一机关对同类事项或行为作出的调整。有的通过法规清理，通过发布专门行政文件撤销或废止旧法。

（2）行政立法效力的空间范围。行政法规、规章在哪些地域范围发生效力，与其行政立法机关的层级有关。总的说来，国务院制定的行政法规和国务院各部委制定的行政规章的地域效力遍及全国所有领域，包括我国领土、领海、领空，以及根据国际法和国际惯例规定的其他应视为我国领域的一切领域。地方行政规章的地域效力一般只及于其行政立法机关所管辖的行政区域范围。但行政法规、规章对其效力的地域范围有明确规定的，应依其规定具体适用。

（3）行政立法对人的效力。包括对国家机关、企事业单位和社会团体的拘束力、适用力。行政立法对人的效力，是指行政法规、规章对哪些人具有拘束力、适用力。在我国，一般说来，中央行政立法对所有中国公民、法人和其他组织（不论其在国内还是在国外）以及在我国境内的外国公民、法人和无国籍人及外国组织都发生效力,但有特别规定的除外。地方政府规章一般只对其辖区内特定的人有效,而对其他行政区域内的人不具有效力。

行政法规、规章依法定程序一经制定、发布,不仅对行政相对人有拘束力,而且对行政机关本身也有拘束力,其他国家机关,如人民法院或人民检察院也有遵守的义务。《行政诉讼法》第63条规定:"人民法院审理行政案件,以法律和行政法规、地方性法规为依据。地方性法规适用于本行政区域内发生的行政案件。人民法院审理民族自治地方的行政案件,并以该民族自治地方的自治条例和单行条例为依据。人民法院审理行政案件,参照规章。"就是说,行政立法中只有行政法规对人民法院的审判活动具有适用力。参照行政规章时首先要考虑其合法性,即是否符合法律、行政法规的精神,予以适用或不予适用。

第四节 新时代我国行政立法的改革和发展

20世纪80年代以来,我国行政立法取得了显著的进步。根据1982年宪法的规定,国务院取得制定行政法规,发布命令和决定的权力,这是新中国成立以后首次明确可由行政机关行使行政立法权。之后,《立法法》又确立了国务院直属机构、省级人民政府及其所在地的市人民政府、经国务院批准的较大市的地方人民政府以及经济特区政府可行使行政规章的制定权,至此,我国两级多层次的行政立法体制正式确立。2015年3月15日第十二届全国人民代表大会第三次会议修订的《立法法》第82条第3款规定:"设区的市、自治州的人民政府根据本条第一款、第二款制定地方政府规章;限于城乡建设与管理、环境保护、历史文化保护等方面的事项,已经制定的地方政府规章,涉及上述事项范围以外的,继续有效。"将行政立法权限进一步下放,赋予地方政府更大的立法与管理权限。

一、当前我国行政立法尚存的问题

近年来,我国行政立法取得了长足的发展。行政立法过程中更加注重程序化、技术化和科学性,行政立法的数量和质量明显提升。但不可忽视的是,行政立法仍存在不少问题,与新时代对行政立法的吁求尚存差距。

(一)行政立法的观念落后

当前,在我国行政立法具体工作中还是习惯于行政权力本位,更多地思考行政权力如何行使,而不是思考行政相对人的权利如何实现。从立法目的来看，行政机关往往将行政立法看作是实行有效行政管理的手段和工具，而不是限制和规范行政管理行为本身。从这一点来说，很难体现对行政权力的约束和限制，也没有办法体现"依法行政"的本意（"依法行政"是对行政权力的约束和限制）。从立法的内容上来说，管制性立法明显强于控权性立法，两者之间没有很好地体现均衡性。此外，存在重实体法而轻程序法、重行为法而轻救济法的现象。说到底，还是对行政机关行政权力的约束不够，对公民、法人和其他组织的权利保护不足。从立法的习惯来说，行政立法中尚存在基于身份、地域、性别等原因而存在的不平等现象，产生一些歧视性的规定。这些问题皆源于行政理念的落后，新时代亟须重塑行政立法理念。

（二）行政立法的系统性不足

一方面，由于我国行政立法权限不够清晰，行政立法长期存在交叉重叠、相互冲突的情况，突出表现为越权立法的现象时有发生。这导致行政立法之间的冲突，造成行政执法中法规适应的难题。比如，行政法规、行政规章与法律的冲突、同位阶规章之间的冲突，造成执法争议的同时，也破坏了行政立法系统的统一性和规范性。另一方面，出于地区利益、部门利益的考虑，某些地方行政立法目的不是规范和限制行政权力，而是将其视为争夺地盘、扩大范围、争取利益的工具，在行政管理领域巧立名头，重复立法，甚至是越权立法，而某些无利可图的领域则出现立法真空现象。

（三）行政立法的法律责任规定不明

行政立法的核心内容是规定行政机关的职权与责任，规定社会成员的权利与义务。在法律体系中，职权与责任、权利与义务是对等关系，也就是说，行政法规与行政规章在配置职权与责任、权利与义务时应该严格遵守对等的规则，力求使职权和责任对等、权利和义务对等，两者之间一定要相匹配。但在现实的行政立法体系中，对行政机关和公务人员的法律责任规定偏少，约束偏弱。具体体现在：一是责任主体确定具有片面性，行政法规、规章对于直接责任人员过错担责的规定较少；二是责任内容规定的片面性，行政法规、规章对行政侵权行为法律责任的规定较少；三是责任形式规定的片面性，行政法规、规章对行政主体及其公务人员以何种形式承担法律责任的规定较少。这一现象削弱了行政法规、规章对行政机关及其公务人员的规范和约束作用，不利于建立权责一致的法治政府，更不利于行政相对人合法权益的保护。

（四）行政立法的程序不完善

当前，有关行政立法程序的相关规范有两个：一个是2002年1月1日起施行的《行政法规制定程序条例》，该条例根据 2017 年 12 月 22 日《国务院关于修改〈行政法规制定程序条例〉的决定》进行了修订。另一个是 2002 年 1 月 1 日起施行的《规章制定程序条例》，该条例根据 2017 年 12 月 22 日《国务院关于修改〈规章制定程序条例〉的决定》进行了修订。这两部条例都属于行政立法，其效力位阶低于法律。至今，我国尚没有一部统一的行政立法程序法。这一法律的缺位，一方面使社会公众参与行政立法的程序规定和相关制度欠缺；另一方面由于效力等级的不足也难以保证现有程序得到严格的遵行。行政立法程序上的不足，势必影响我国行政立法的整体质量。

（五）行政法规、规章的清理滞后

由于经济与社会的不断发展和进步，行政法规、规章也需要与时俱进，对某些过时或不相适应的法规与规章进行清理成为一种必要。一是要审查已经发布的行政法规、规章，并确定哪些已经全部或部分失去法律效力，应予全部或部分废止；二是要检查下位法与上位法是否存在冲突之处，如果存在则要及时修正；三是处于同一效力等级的法律规范之间是否存在不和谐或矛盾之处，如果存在则应整合与修订；四是要检查行政法规、规章与实践是否存在脱节之处，如果存在则要及时修正与完善。综合来说，当前我国行政法规、规章的清理工作明显滞后于经济与社会发展的速度，行政立法的立、改、废工作亟待调整与跟进。

法治新要求

二、新时代我国行政立法发展趋势

（一）行政立法的内容将愈发贯彻体现现代法的价值取向

人权、自由、平等、安全和秩序是现代法的基本价值所在，是立法的根本指引和导向。缺少这些价值要素的立法难以称为良法，也难以期待能得到社会的普遍遵循。在一个成熟的法律体系中，这些基本价值在总体上应该是并重和平衡的，它们不能孤立地、排他地作为法律的理想价值目标，而应相互依存、补充和结合。第一，行政立法观念要从行政权力本位向公民权利本位转变。在社会主义市场经济体制下，个人的权利和价值将日益受到重视，维护公民合法权益成为社会的共识。行政立法必须以公民权为核心，就其过程而言，必须保证行政立法中公民意见的充分表达，在程序上设立相关的制度；就其内容而言，行政立法在对行政机关权力进行界定的同时要确定相应的责任，以切实维护行政管理相对方的合法权益；就其方式而言，行政立法对公民权利和自由进行干预时，应符合比例原则，即行政立法的手段和目的要保持均衡，包括适当性原则和必要性原则。第二，行政立法观念要从部门本位向维护国家整体利益本位转变。要立足于社会整体发展的要求，以国家利益、社会利益为重，树立全局观念。

(二) 行政立法的程序制度将逐步完善

行政立法往往涉及相互竞争的不同利害关系人，这就要求建立有效的利益协调机制和多方参与机制，以便各方能够充分沟通并达成共识，从而有利于行政立法的实施。行政立法有必要运用民众参与立法程序的机制来增加其民主性和公开性。行政立法程序的完善有助于实现行政立法的科学化和民主化。在利益主体日益多元化的现代社会，行政立法主体要为广大民众参与立法提供有效途径，听取各利害关系人以及专家、学者的意见，在立法中反映其合理诉求，为行政立法的实施营造良好氛围。权力有自我扩张的倾向，行政立法权也不例外，为适应更多的行政立法需求，制定统一的行政立法程序法就显得十分迫切。

(三) 行政立法的权限将更加明晰

2015年版《立法法》第82条赋予了设区的市、自治州的人民政府制定地方政府规章的权力，进一步将行政立法权下放，给予地方更多的管理自主权。这种变化有利于地方积极性的发挥，但另一方面，处理不好也有可能给国家法制统一性造成伤害。因此，如何在权力下放与法制统一之间寻求一种平衡便成为我国行政立法体制建设的必然要求。从我国社会的发展趋势来看，应当在维护国家统一、安全和稳定的前提下，给予地方更多的自主权。在保证法制统一的前提下，强化地方行政立法职能。

(四) 行政立法的内容更新将更加及时

行政法规、规章要结合经济与社会发展的实际，不断进行更新与完善，以便更好适应行政管理的需求。总体来说，要做好行政立法的废、改、立工作。首先，做好行政立法的规划工作，做好调查研究，了解已有的法律规范，尽量与之相衔接，避免重复立法或相互冲突；其次，做好行政立法的清理工作，对不适应社会发展需要的旧法规及时加以废止或修改；最后，有针对性地开展立法，使行政立法与社会发展相适应，并逐步形成合理、均衡的结构。

(五) 行政立法的监督将日益加强

我国虽然建立了行政立法监督制度，但这一制度的功能并没有得到有效发挥。目前，我国行政立法监督的做法是由全国人大常委会对行政法规进行监督，国家权力机关和上级政府对规章进行监督。但由于有关的监督方式和监督程序缺乏具体的、可操作的法律规定，往往造成监督不力或无法落实监督职能的状况。因此，建立专门的行政立法监督机构，健全行政立法监督机制，完善相关的具有可操作性的制度，使行政立法监督具体化，是当前加强行政立法监督的迫切需要。此外，随着我国政治体制改革、包括司法体制改革的深入、法官素质的提高，司法监督也将成为我国行政立法监督的有效途径。

（六）行政立法的技术将更加科学

行政立法技术指的是行政立法活动中所要遵循的方法和技巧的总称。行政立法技术科学与否，不仅事关行政立法的质量和效率，而且关系到具体实践中对法律的理解和运用。综合来说，发达国家规范立法的专门法律，大多是把立法技术放在突出位置，以保证立法质量。进入新时代，我国行政立法将会得到长足发展，行政立法技术更加科学，行政立法质量稳步提升。比如：立法时机将会把握得更加科学合理、行政法规与规章更加贴合新时代需求、上位法与下位法切合度将会更高、行政法规的内容更加具体且操作性更强、行政立法技术的规律性和统一性更高等。

参考答案

> **思考题**
>
> 1. 如何理解行政立法的概念？
> 2. 行政立法与行政法的区别表现在哪些方面？
> 3. 行政立法与立法机关的立法有哪些区别？
> 4. 简述行政立法的主体。
> 5. 简述行政立法的基本原则。
> 6. 简述行政法规的含义及主要特征。
> 7. 行政法规的制定要件包括哪些方面？
> 8. 简述行政规章的含义及特征。
> 9. 行政规范性文件是否属于行政立法行为？
> 10. 简述行政立法的程序。
> 11. 当前我国的行政立法存在哪些主要问题？
> 12. 简述新时代我国行政立法的发展趋势。

> **讨论题**
>
> 1. 联系实际讨论如何实现依法行政。
> 2. 联系实际谈谈如何加强新时代的法治政府建设。

> **推荐阅读文献**

1. 罗豪才、湛中乐主编：《行政法学》（第四版），北京大学出版社2016年版。

2. 沈荣华编著：《现代行政法学》，天津大学出版社2003年版。

3. 姜明安主编：《行政法与行政诉讼法》（第七版），北京大学出版社2019年版。

4. 胡建淼：《行政法学》（第五版），法律出版社2023年版。

5. 应松年主编：《行政法与行政诉讼法》，高等教育出版社2019年版。

6. 姜明安主编：《行政法》，法律出版社2022年版。

7. 温晋锋、徐国利主编：《行政法学》（第四版），科学出版社2020年版。

8. 于水主编：《宪法与行政法学》，科学出版社2023年版。

9. 陈光主编：《宪法与行政法学》，北京邮电大学出版社2016年版。

10. 沈荣华：《现代法治政府论》，华夏出版社2000年版。

11. 甘文：《行政与法律的一般原理》，中国法制出版社2002年版。

12. 〔古希腊〕柏拉图：《法律篇》，张智仁译，上海人民出版社2001年版。

13. 〔古希腊〕亚里士多德：《政治学》，吴寿彭译，商务印书馆1965年版。

14. 〔英〕洛克：《政府论（下篇）》，叶启芳，瞿菊农译，商务印书馆1964年版。

15. 〔美〕汉密尔顿、杰伊、麦迪逊：《联邦党人文集》，程逢如等译，商务印书馆1980年版。

16. 〔法〕孟德斯鸠：《论法的精神》，许明龙译，商务印书馆2012年版。

17. 〔英〕弗里德里希·奥古斯特·冯·哈耶克：《通往奴役之路》，王明毅等译，中国社会科学出版社1997年版。

第十三章 行政决策

> **导 读**
>
> 行政决策是行政管理过程的首要环节和其他各项行政管理职能的基础，它贯穿于行政管理的全过程，直接决定着行政管理活动的成败，因此是各级行政组织和行政决策者普遍关心的问题。

第一节 行政决策概述

一、决策和行政决策

（一）决策的含义

决策是人类社会所特有的现象，是人类社会发展到一定历史阶段的产物。我国早在先秦时期就出现了"决策"一词，《韩非子·孤愤》中就有"智者决策于愚人，贤士程行于不肖"之说，这里决策是指决定某项策略、计谋。现代管理学意义上的"决策"一词及其理论的形成，则发轫于20世纪中叶的美国，1947年，管理学家赫伯特·A.西蒙在《行政行为》一书中进行了系统研究。

一般认为，决策是作出决定的意思，是人们为解决一定的问题，实现一定的目标所作的行为设计和决定的过程。它包括三项内容：(1)目的性，即有明确的目标。(2)选择性，即在众多的行为设计中选择满意或最优方案。选择是决策的实质，常言道"出主意，还要拿主意"，决策的关键是选择，没有选择就没有决策。(3)过程性，即决定是一种活动过程，而不是一种结果。

（二）行政决策的含义

行政决策是决策的一种，是行政机关依照政策和法律为实现某种较重要的行政目标，在系统分析主客观条件和掌握大量有关信息的基础上所作的行为设计和抉择过程。

可以从以下方面来理解这一概念：

（1）适用范围只限定在行政组织或国家行政机关的职权范围内。

（2）主体是行政人员，特别是行政领导者。

（3）行政人员不能任意作出决策，必须依据既定政策和法律。

（4）并非所有的行政人员作出决定的过程都属于行政决策，强调行政决策是在为实现某项较为重要的行政目标时进行的。某一行政人员作出的与其职责无关或者涉及一些极细微的日常事务的决定不属于行政决策的范围。

二、行政决策的特点

行政决策属于管理决策的一种，它具有一般管理决策的共性，同时还有不同于其他非行政决策的个性，带有鲜明的政治性。具体表现为：

（一）决策主体的特定性

与其他决策不同，只有具有行政权的组织和个人才能成为行政决策的主体。我国宪法和法律规定，行政权由行政机关行使。行政机关之外的某些国家机关和社会组织，依照宪法、法律规定或授权，亦可成为行政决策的主体。决策者作出的每一个决策都必须对国家和人民负责。

（二）决策内容的广泛性

行政决策的内容涉及政治、经济、文化、生态、科技、国防、外交等国家和社会范围的一切公共事务，既包括自然和空间领域中的各种资源的有效开发、利用以及保护等问题，也涉及社会发展、演变、矛盾、冲突等问题。而企事业单位和社会团体的决策范围则比较窄，决策内容比较单一，一般不涉及整个国家和全社会公共事务，只限于自身内部有关方面的问题。

（三）决策效力的权威性

行政决策是国家行政机关依据政策和法律，体现国家的利益和意志，代表国家行使管理社会的一种职能，以国家权力为后盾，通过行政方式作用于社会，具有强制力。行政决策是以国家的名义作出的，它对行政组织的内部成员和各级行政组织管辖范围内的一切企业、事业、机关、团体和个人都具有约束力，行政决策一旦作出，在行政管辖区域内的机关、团体、企事业单位和个人都必须无条件地遵照执行。而企业决策、社团决策等无此特点。

（四）决策目的的非营利性

决策是为目标服务的，行政决策必须有明确的行政目标，这就是管理社会公共事务和为人民服务。行政决策以公共事务为决策对象，目的是实现对国家和社会的有效管理。行政决策的非营利性并不是说作决策不需要考虑经济效益，经济性同样是行政决策的重要目标。但这一点明显不同于以谋取利润为目的的企业生产和营销决策。

（五）决策方案的选择性

由于客观环境变化复杂，行政决策必须有可供选择的多种方案。行政机关和行政领导者决策时必须根据不断变化的主客观条件制定若干个可供选择的方案，然后通过权衡利弊，从中选出最优方案，一般不做"霍布森选择"。

三、行政决策的主要类型

（一）中央决策、地方决策和基层决策

这是根据行政决策主体地位的不同所做的分类。

中央决策是指中央政府在一定时期内作出的带有全局性、方向性、导向性的决策，是最高层次的行政决策，具有权威性强、作用范围广、影响力大等特征；地方决策是指省（自治区、直辖市）、市、县人民政府为完成上级交办的各项任务或者为解决其所管辖行政区内的某项公共事务而作出的带有局部性、连接性的决策；基层决策是指乡镇人民政府依据中央决策和地方决策作出的带有针对性、直观性的决策。

（二）战略决策、战役决策和战术决策

诺曼底登陆

这是根据涉及问题的范围不同所做的分类。

战略决策是指带有全局性、方向性和原则性的重大问题的决策，影响深远、涉及范围广泛，具有宏观性、长期性、全面性、稳定性的特点。我国的社会发展规划、五年计划等都属于战略决策。战役决策是为战略决策所制约并为之服务的局部性或阶段性决策，它是战略决策的延续和指令化，具有微观性、局部性和阶段性等特点。战术决策是指为保证战略决策和战役决策的实现而推出具体方法和步骤的决策，也称具体决策或辅助性决策，一般由基层行政单位作出。

（三）程序化决策和非程序化决策

这是根据决策目标的性质不同所做的分类。

程序化决策，也称常规性决策、例行决策或重复性决策，指按既定程序和方法处理常规性的或重复性的问题时的决策。如组织中财务和统计报表的定期编制与分析。组织中的大部分决策都属于程序化决策，其特点是：多属于日常工作范围，通常有章可循、有法可依，所遇到的问题易于处理并已发展出一套较为固定的有效的步骤和方法。

非程序化决策，亦称例外决策，是指面对偶然发生、首次遇到或特别复杂的问题而作出的无常规可循的问题的决策。一般来说，高层管理者所做的决策多属于非程序化决策。例如，重大的投资问题、组织变革问题、开发新产品的问题等。其特点是：多为较高层次的决策，遇到的问题难以处理，存在大量不确定因素，要求决策者具有较强的革新性和创造性。

其实，程序化决策和非程序化决策是相对的，在现实生活中绝对的程序化决策和绝对的非程序化决策都非常少见，大量的决策是介于二者之间的。程序化决策大都包含一些需要个人主观判断的因素，熟悉程序化决策对于解决非程序化问题也是大有帮助的。由于程序化决策是提高组织效率的前提，所以只要有可能，公共管理决策就应该程序化。但这往往与现实相违背，组织中的高层管理者所遇到的问题大都是非程序化问题，通常有两个方面的原因：一方面，组织的基层管理者主要处理重复性的和熟悉的问题，越是程序化越能提高他们的效率，只有在新问题和困难出现且难以解决的时候，他们才会把这些问题向上汇报，希望上级来解决；另一方面，组织的高层管理者也喜欢将一些例行决策下放，以集中精力来解决新问题，导致了组织层次越高，非程序化决策越多的现象。

（四）确定型决策、风险型决策和非确定型决策

这是根据不同的决策条件和结果所做的分类。

确定型决策，是指面临确定的环境和条件，各种不同方案的结果也是确定的，因而可按要求从中选出最佳方案的决策，这类决策只要比较各个不同方案的结果就可选择出最优方案。风险型决策，也叫随机决策，指在拟定的各种方案中，不同方案在不可控因素的作用下可能出现不同的结果，但各种方案后果的概率可以预测，因而决策结果会有一定风险的决策。非确定型决策，是指在比风险型决策更不确定的情况下，决策结果的概率无法进行预测和估算的决策，这类决策中存在着许多不可控因素，决策者不能预测未来自然状态出现的概率，也不能确定每个方案的执行后果，主要凭个人的直觉、经验和判断进行决策，因而这类决策的不确定因素更多，风险更大。

（五）最优决策和满意决策

这是根据决策目标要求的不同所做的分类。

最优决策，是指追求理想条件下的最优目标的决策；满意决策，是指在现实条件下求得满意目标的决策。由于行政管理内容的广泛性和条件的复杂性、决策主体知识的不完备性、预见未来的困难性以及备选行为范围的有限性，绝对的最优决策实际上很难实现。邓小平同志曾说，"改革……是很艰苦

艾森豪威尔的满意决策

的工作,十全十美的方针、十全十美的办法是没有的"①。因此,行政决策大多是满意决策,即相对的"最优决策",在现实条件下力求选择最佳决策方案。

(六)单目标决策和多目标决策

这是根据决策目标的数量所做的分类。

单目标决策,是指只有单一目标的决策,适用于范围小、内容简单、情况不太复杂、效果容易判断的决策问题,决策内容和方法较为简单明确;多目标决策,是指同时具有两个或两个以上目标的决策过程。单目标决策涉及的问题和决策内容、决策方法较为简单明确,而多目标决策则较为复杂困难。决策层次越高,多目标决策的比重越大。现在,以系统理论为基础的全面综合考虑即多目标治理已成为现代行政决策的一种趋势。

(七)经验决策和科学决策

这是根据不同的决策方法所做的分类。

经验决策,是指根据以往的经验、惯例或习惯做法进行的决策,特点是:直观感知性、认识的表面性、分析的非定量性。科学决策,也叫理性决策,是指按照决策的科学理论和健全的科学程序,运用现代科学的决策方法进行的决策。特点是:(1)依靠群体智慧,实行决策民主化;(2)决策过程十分严格,实行决策程序化;(3)运用现代科学理论和方法,实行决策科学化。

经验决策和科学决策是一定社会经济条件下人类认识世界、改造世界的能力在管理活动中的必然反映。经验决策是同传统落后的社会生产力水平相适应的一种决策方式,而科学决策则是现代科技重大进步、社会经济迅速扩张的客观要求及其结果。科学决策必须建立在对决策对象的科学认识及其合理判断(包括决策者主观经验判断)的基础上。可见,经验决策与科学决策的界限,并不在于要不要经验,关键在于决策是否民主化和科学化。

(八)理性决策和非理性决策

这是根据决策者的思维模式不同所做的分类。

理性决策,指在作出决策之前,根据所拟定的决策目标,收集充分的信息,分析各种可能的选择,拟定多个决策方案,经过数量化的论证,然后予以抉择的过程。其所运用的分析方法主要是成本—收益分析方法。非理性决策,指在遇到疑难的决策问题,如决策者在决策信息不完备、定量化数据难以确定、没法比较决策方案之间的优势差异而难以作出决定时,决策者容易

---

① 《邓小平文选》第3卷,人民出版社1993年版,第263页。

依据自己的猜测、思维习惯、本能反应等非理性因素作出抉择。非理性决策是传统行政决策中的主要方式,然而,在现代政治条件下,行政决策应当以理性决策为主。

（九）个人决策和集体决策

这是根据决策主体人数的多少所做的分类。

个人决策,即由行政首长负责作出的决策,如"厂长负责制下的决策",优点是决策效率高、速度快。群体决策,即由委员会集体负责决策,如"董事会制"的决策。优点是集思广益,可以拟定更多的备选方案,以弥补个人知识、经验上的不足,减少决策失误。缺点是所用时间长,易产生从众现象、责任不明确等弊端。在实际工作中,采用何种决策类型,取决于所遇问题的类型、信息掌握的程度、决策成员的个人技能及知识上的差别等。

（十）定性决策和定量决策

这是依据所运用的决策方法不同所做的分类。

定性决策,指利用政策原理、法律判断、政策分析等各种定性方法进行的决策;定量决策,指利用运筹学、数理统计、系统分析、计算机技术等各种定量方法进行的决策。在行政执行过程中,定性决策多用于制定政策、法规、条例、规定等决策过程,而定量决策多用于制订计划、规划、行动方案等决策过程。

四、行政决策的地位和作用

（一）行政决策是行政管理过程的首要环节和各项管理职能的基础

行政决策决定着行政管理活动的方向和措施。决策是行动的先导,行政管理实施中遇到的各种需要采取行动加以解决的问题,都首先依赖于行政决策。

（二）行政决策是行政领导者的基本职能和重要技能

毛泽东同志说:"领导者的责任,归结起来,主要是出主意、用干部两件事。一切计划、决议、命令、指示等,属于'出主意'一类。使一切主意都见之实行,必须团结干部,推动他们去做,属于'用干部'一类。"[①] 在行政管理过程中,行政领导处于管理的核心地位。要进行正确有效的领导,就必须学会决策。

---

① 《毛泽东选集》第 2 卷,人民出版社 1991 年版,第 527 页。

(三) 行政决策正确与否是政府工作成败的关键

任何国家政府职能的发挥，都必须借助于科学的行政管理，而科学的行政决策是实现科学的行政管理的重要条件。只有科学的分析行政目标，采取科学的行政管理手段，制订优化的行政决策方案，政府工作才能获得成功。

(四) 科学的行政决策是提高行政效能的重要条件

科学的行政决策可以为行政管理过程确立正确的目标，从而使行政管理过程尽可能避免不必要的失误，避免不必要的时间和人力浪费，使整个行政体系实现高效能的运作。

第二节 行政决策理论与分析模型

一、西方行政决策理论

决策理论是把第二次世界大战以后发展起来的系统理论、运筹学、计算机科学等成果综合运用于管理决策问题而形成的一门有关决策过程、准则、类型及方法的较为完整的理论体系。

西蒙

行政决策最早由美国学者 L. 古利克提出，他在 1937 年发表的《组织理论简论》一文中指出，决策是行政的主要功能之一，是行政指挥职能中的重要内容。1938 年，美国学者 C. I. 巴纳德在《经理的职能》一书中提出，行政决策是实现组织目标的重要战略因素，是行政领导者的重要行为。这些观点为行政决策理论的产生奠定了基础，对后来的行政决策理论也有很大的影响。但真正形成行政决策理论体系，并使其在行政管理学中占有重要地位的则是美国行政学家赫伯特·A. 西蒙，1944 年，他在《决策与行政组织》一文中提出了决策理论的轮廓。3 年后，他出版了《行政行为——行政组织中的决策过程的研究》一书，成为决策理论方面最早的专著。此后，他继续研究决策理论和实际决策技术（包括运筹学、计算机学），为决策学成为新的管理学科奠定了基础。

决策研究受到学者们的关注后，出现了不同类型的行政决策理论，具有代表性的行政决策理论有以下几种：

（一）完全理性决策论

亦称客观理性决策论，代表人物有英国经济学家杰里米·边沁（Jeremy Bentham）和美国管理学家 F. W. 泰勒等。他们认为人是坚持寻求最大价值的"经济人"。"经济人"具有最大限度的理性，在决策前能掌握决策所需要的全部信息，全盘考虑所有可供选择的行动方案，以及这些行动方案所产生的可能后果，选择具有最大价值的方案。因此，决策者总是寻求决策方案的"最优化"，去获取最大的收益。这种理论建立在"人在完全理性的情况下进行决策"的假设前提下。

（二）有限理性决策论

有限理性决策论是西蒙在批判完全理性决策论的基础上提出来的。他认为，完全理性决策只是理论上的完美化，人的实际行动不可能"绝对理性"，决策者是具有有限理性的行政人，不可能预见一切结果，只能在可供选择的方案中选出一个"满意"的方案，能够解决实际问题，能够使决策目标实现得足够好就可以了。"有限理性的行政人"对行政环境的看法简单，往往不能抓住决策环境中的各种复杂因素，而只能看到有限的方案及其部分结果。事实上，理性程度对决策者有很大影响，但不应忽视组织因素对决策的作用。

（三）理性、组织决策论

美国学者詹姆斯·马奇（James G. March）认为，人的理性受个人智力、行为能力所限，必须借助组织的作用达到组织目标。通过组织分工，每个决策者可以明确自己的工作，了解较多的行动方案和行动结果。组织为个人提供一定的引导，使决策有明确的方向。组织运用权力和沟通的方法，使决策者便于选择有利的行动方案，进而增加决策的理性。衡量决策者理性的根据是组织目标而不是个人目标。

（四）渐进决策论

亦称渐进调适决策理论，其代表人物是美国政治经济学家、公共政策分析的创始人查尔斯·林德布洛姆（Charles E. Lindblom）。他的理论基点不是人的理性，而是人所面临的现实，并对现实做出渐进的改变。他认为个人的理性是不存在的，决策者不可能拥有人类的全部智慧和有关决策的全部信息，决策的时间、费用又有限，决策者只能采用应付局面的办法，在"有偏袒的相互调适中"作出决策。该理论要求决策程序简化，决策实用、可行并符合利益集团的要求，力求解决现实问题。这种理论强调现实和渐进改变，受到了行政决策者的重视。

（五）非理性决策论

代表人物有奥地利心理学家西格蒙德·弗洛伊德和意大利社会学家维弗雷多·帕累托（Vilfredo Pareto）等。该理论否认人的理性，也不关注人所面临的现实问题，而认为人的情欲是影响决策的主要因素。他们认为人的行为在很大程度上受潜意识的支配，许多决策行为往往表现出不自觉、不理性的情欲,表现为决策者在处理问题时常常感情用事,从而作出不明智的决策,造成严重后果。

二、行政决策的分析模型

模型分析是经济学研究最常用的一种方法。一个理论模型需要包含假设前提、变量等要素。行政学家们在研究决策理论过程中,将模型分析方法引入决策理论研究中,形成各具特色的行政决策分析模型。建立一个合理的决策理论模型是改进决策过程的依据,有代表性的分析模型有以下几种:

(一)理性决策模型

理性决策模型,也称为科学决策模型,是以亚当·斯密的古典经济学理论为基础,经边沁、密尔等功利主义者发展,以及现代管理科学家概括总结出来的一种管理决策模型。这种模型以"经济人"为假设前提,认为决策者以最小的成本去获取最大的利益和最好最佳的活动效果。理性决策的特征是决策者能够搜集一切决策所需的资料,获得一切决策所需的资源,通过思考能够排列出所有可能的行动方案,并选出最佳的方案。

这种以"经济人"为假设前提的完全理性决策模型遭到了西蒙的激烈批评。西蒙在批判完全理性决策模型的基础上提出了"有限理性决策模型"。西蒙认为,理性决策模型的假设在现实中很难实现或者存在约束条件,因此,决策选择应该以"令人满意的"准则取代"最优化"准则。西蒙认为有限理性决策模型为:决策者得到有限的决策资源和决策信息,然后进行对策搜索,对搜索出的每一对策方案进行比较,找出满意对策,然后停止搜索,输出满意的对策。如果找不到满意对策,则降低满意标准,重新进行对策搜索直到形成满意对策。

(二)团体决策模型[①]

团体决策模型由美国政治学家戴维·杜鲁门(David B. Truman)在其1971年出版的《政府过程——政治利益与公共舆论》一书中提出。团体决策模型的基本命题是:团体间的交互影响为政治活动的中心事实。一般而言,具有共同利益的个人都正式或非正式地结合成某一个团体,以便向政府提出他们的需求,这种利益团体的存在,乃是政治生活的主要特征之一。所谓利益团体,指具有共同态度的团体,向社会中的其他团体提出主张,其目的在于建立、维持与增进共同态度所蕴含的行为模型。当利益团体向政府提出这

---

① 参见张国庆:《行政管理学概论》,北京大学出版社2000年版,第290—291页。

个主张时,它就是政治性的团体了。个人要想在政治上占据重要地位,就必须代表团体利益行动。因此,团体便成为个人与政府间的重要桥梁。政府决策过程实际上是团体间争取影响政策的过程,在这种影响之下,政策便是各团体之间竞争后形成的均衡。这种均衡取决于各个团体的相互影响力,一旦这种影响力的格局发生变化,政策便可能随之改变。团体影响力的大小取决于多种因素,如成员的多少、财富的多寡、组织能力的强弱、领导能力的高低、与决策者的接近或远离以及团体内部的凝聚力等。

杜鲁门指出,在团体影响的政治运行机制中,政治系统的主要任务应该是建立团体竞争的规则、安排妥协与平衡利益、制定政策用以规定妥协的方式、执行妥协以解决团体间的冲突。

(三)渐进决策模型

渐进决策模型是由美国学者查尔斯·林德布洛姆在有限理性模型的基础上,针对现代西方发达国家的民主政治现状所提出的一种行政决策模型。1953年,他在《政治经济及福利——计划构成与政治经济系统的基本社会过程》一书中首次提出"渐进主义"的概念,并在分析社会政治过程四种"基本形态"的基础上提出了"渐进决策"模型。林德布洛姆认为,社会政治过程的四种基本形态为:价格体系、层次体系、多元体制、政治互动中的议价行为。① 1958年,他在《政策分析》一文中提出"渐进分析"方法;1963年,他在《决策的策略》一书中将他的政策分析模型称为"继续渐进主义";1979年,他在《尚未达成,仍需调适》一文中系统表达了他的渐进决策模型。林德布洛姆渐进决策理论的主要思想是:决策者在决策时在既有的合法政策的基础上,采用渐进方法对现行政策加以修正,通过边际变动,在社会稳定的前提下逐渐实现决策目标。

渐进决策模型认为,由于现代西方民主制度与传统的政治制度有了本质的区别,所以政府的决策也应该重新选择一个符合民主实际的角度。在西方现代民主制度下,政府的决策是国家权威机构与非权威的社会团体、社会民众相互作用的结果,是政权系统内作用的结果。政府的决策不仅规范和指引着社会公共行为,而且要调适平衡社会利益。政府的决策过程要充分体现出社会政治的民主,体现出决策解决问题的功效和决策的民众监督。因此,政府的决策是一个广泛参与性的决策。"在众多的不同参与者中,每一个人都扮演着特定的角色:普通公民、利益集团领导人、立法机关的成员、党派积极

---

① 参见唐兴霖:《公共行政学:历史与思想》,中山大学出版社2000年版,第381页。

分子、政党领袖、法官、公务员、技术专家和企业经理。"[1] 而政府决策正是这些参与者价值观和利益调适后的产物。在这种社会政治背景下，政府的决策，包括法律和行政抉择只能是一种社会政治互动基础上的调适和先前基础上的渐进。

林德布洛姆认为，人类解决问题有两种模式：第一种模式是在假设人类具有完全理性，对人类的智慧和能力持乐观态度的前提下，由人类理性来引导出决策，实现问题的解决；第二种模式是在承认人类智慧能力有限的前提下，通过社会互动、调适来作出决策，实现问题的解决。在假设人的智慧能力有限的情况下，模式二是现实中普遍采用的决策模式。在西方民主政治体制下，政治与市场有着类似的特点，面对市场中的商品，人们不必全盘分析价格的种种来源，而只需要根据目前了解的价格信息便可达成交易。政府的决策也是如此，不需要对全部价值和方案进行分析，而只需要把握自己的偏好价值，通过社会互动，彼此妥协让步，即可作出令各方满意的决策。由于政治的多元化和局部利益的相互制约，政府的决策很难达到全面性的革新和全知理性，其仅是一种局部的调整，是先前政策的边际性变革。因此，政府决策体现为一种"断续渐进"的、"调适性"的决策过程，即在先前决策基础上进行一定的修修补补，从而形成一种新的决策。

渐进决策模型是在批判理性决策模型的基础上，以有限理性主义为核心的决策理论。这一理论一方面更贴近西方社会的现实，有利于保持决策的连续性，另一方面也存在明显的局限：第一，现实条件很难完全具备。渐进决策需要以下三个先决条件：其一，现行政府决策基本上满足社会需要，即现实中存在有关决策并基本上使社会大众满意，这样才能有所谓的边际变革；其二，要解决的问题在本质上必须与先前有紧密的连续性；其三，决策技术方法与先前必须有一致性和持续性。然而，这三个条件只能出现在高度稳定、发展变化缓慢的社会状态中。在发展迅速、复杂多变的现代社会条件下，这些条件难以满足。第二，这一理论注重短期目标和缓慢的决策变更，维持现状，趋于保守。难以适应重大国策的制定和解决全新问题及剧变性问题的决策制定。

（四）综视决策模型

综视决策模型亦称混合扫描决策模型，由美国社会学家和政治学家阿米泰·埃齐奥尼（Amitai Etzioni）首先提出。该模型力图克服理性决策模型和渐进决策模型的缺点，并吸收两者的优点，形成一种混合扫描模型。它要求决

---

[1] 〔美〕查尔斯·E. 林布隆：《政策制定过程》，朱国斌译，华夏出版社1988年版，第8页。

策者在决策过程中，必须一开始就系统、及时地考虑自己的决策范围，将决策区分为基本的决策和非基本的决策。对于基本的决策，必须加以系统的分析，通过研究选择合理方案进行决策；对于非基本的决策，则可考虑采用渐进方式进行决策。

这一模型既考虑了决策中的理性因素，主张在决策过程中采用科学的分析方法；又看到了决策分析的局限性，吸收了渐进决策模型中的合理内容，是一种较为完善的决策模型。

(五) 系统决策模型

这是由美国政治学家戴维·伊斯顿在《政治系统》一书中提出的一个决策分析模型。他针对传统政治学单纯从制度的静态分析进行研究所存在的问题，提出动态的、研究政府运行过程的政治系统论。他认为，政治系统指相对关联的结构与过程所形成的团体，其功能在于为某一个社会提供权威性的价值分配。作为一个系统，它为了适应外在环境所产生的环境压力，必须随时采取对应措施，作出必要的决策；环境中所产生的影响政治系统稳定的压力为投入；环境则指被界定的政治系统的界线之外的任何条件或情境；政治系统的产出是系统的权威性价值分析，以及这些分析所构成的公共政策。

系统分析模型认为公共政策是政治系统的一种产出。其功能在于将需求转换成权威的决定，这个决定需要获取全社会的支持。同时，系统的概念也蕴含着：系统的要素是相互关联的，可以不断地反映环境的压力，因为系统为了生存不得不适应环境的各种变迁。总之，伊斯顿的系统分析模型从一个动态的视角生动地描述了涉及政治决策过程的各种因素，即系统、环境、需求与支持的投入、转换过程、产出的政策以及反馈等，并且描述了这些因素在整个政治运行过程的位置，为科学地认识政治过程提供了一套有效的概念工具。但这仅仅是一个初步的模型，有许多问题尚没有得到正面的回答。

以上这五种决策模型均具有一定的合理性和局限性，我们在实际的决策活动中应注意结合我国的具体国情和具体的决策问题，灵活运用，借鉴其合理之处，促进我国行政决策的科学化和民主化。

第三节 行政决策的基本原则和方式

一、行政决策的基本原则

(一) 目标原则

任何一项决策都是为了实现某一目标而制定的，行政决策的正确与否与决策目标的明确和适中程度有密切的关系。因此,行政机关和行政人员在进行行政决策时,首先要确定目标,并使这一目标符合实际,这样才能使决策内容更加接近现实。目标原则可使决策避免舍本求末的现象,使整个决策过程更富有效率。

(二) 信息原则

行政信息是行政决策的基础。行政决策的正确化程度取决于决策过程中信息情报资料的全面性和准确性程度,信息情报资料不但是决策的原料,也是决策的基础。决策者不但要充分地掌握信息,而且还要对信息进行分析、筛选和处理,去伪存真、由表及里,从而得出正确可靠的决策依据。如果没有充分的信息保障,行政决策也只能是"巧妇难为无米之炊"。

(三) 系统原则

丁渭修皇宫

行政决策主体在制定和实施行政决策时,应注意决策对象所处的系统及其相关系统的相关环节,并以系统的思维方式和决策体制来对整体与局部、内部条件与外部条件、当前利益与长远利益、主要目标和次要目标的相互关系和相互作用加以系统综合的分析。

(四) 预测原则

"凡事预则立,不预则废。"任何行政决策都是对未来行动的设想,是在事情发生之前的一种预先分析和抉择,具有明显的预测性。科学预测是保证决策成功的必要前提。行政决策要对未来的行政行为作出设想,带有一定的预测性。当然,这种预测不是盲目的,必须建立在可靠的信息和系统的分析前提下。

(五) 可行原则

如果一种行政决策最终不能实行,那么,它就是再好也没有任何意义。这就要求经过优选的行政决策必须切实可行。这种可行性要求决策者在作出决策时充分考虑相关的人力、物力和财力的承受条件,权衡时间、速度和指标的比例关系,积极、稳妥地量力而行,从而保证决策的顺利实现。同时,可行性还要求决策留有余地,保持可调节的弹性。

(六) 优化原则

决策总是"在所用资源一定的情况下,选择能产生最大效益的备选方案"①,追求优化当然是行政决策应当遵循的原则。在决策科学中,人们习惯

---

① 〔美〕西蒙:《管理行为:管理决策组织过程的研究》,杨砾等译,北京经济学院出版社1988年版,第173页。

把只有一个备选方案、没有其他选择余地的决策条件讥讽为"霍布森选择"。1631年,英国剑桥商人霍布森(Tobias Hobson)贩马时,把马匹放出来供顾客挑选,但附加了一个条件:只准挑选离栏门最近的那匹马。这实际上就等于不准挑选,"霍布森选择"因此得名。值得注意的是,在情况非常严峻时,"霍布森选择"也有可能带来好的结果,如韩信的"背水一战"。但一般说来,霍布森选择并不是一个好的选择。管理上有一条重要的格言:"当看上去只有一条路可走时,这条路往往是错误的。"这就要求我们探求更多的出路,摆脱唯一选择的困境,力争多种方案中的择优。

(七)动态原则

任何一项行政决策的制定、执行、修改都是一个很长的动态过程。而行政现象是随着社会经济的进步而变化着的,各个因素之间有着有机的密切联系。行政决策时对任何一个细节的疏忽,都可能造成巨大的影响。因此,任何一项行政决策的制定都必须着眼于未来,保持一定的弹性,以辩证的思维方式进行决策,留有余地,准备应变性措施。同时,在行政决策实施过程中,注意信息反馈,随时检查、调节、验证,一旦发现决策与客观情况不相适应,则应及时调整、修正。

(八)民主原则

在行政决策方案的论证过程中,应注意听取不同的意见。"意见完全一致时不轻易作出选择",这是一条非常重要的决策思想,"完全一致"掩盖了事物的本质。英明的判断和正确的抉择往往都是在不同意见的激烈争辩和交锋中取得的。"兼听则明"的民主原则应该成为行政决策者时刻牢记的重要信条。

决策中的民主原则

二、行政决策的方式

(一)全体一致规则

全体一致规则即一票否决,是指决策群体所有成员必须意见完全一致才可最终选定某个方案,任何人持不同意见,方案就不能通过。如联合国安理会在形成决议时,必须以常任理事国一致同意为前提。

全体一致原则表现出以下两个特征:(1)决策者平等分享决策权;(2)决策者中没有人因最终的方案选择而利益受损,即决策者都能由此获得一定的收益。全体一致规则最明显的优点是:它可以使投票人实现"帕累托最优"①。尽管全体一致原则从公平的角度而言具有很多诱人之处，但未被广泛采用，这主要是因为其中存在着"讨价还价"的难题。

从理论上讲，大家共同受益，双赢或多赢并非是不可实现的。但从现实角度看，人们的价值取向、兴趣爱好等多种多样，要达到一个使大家都满意、利益互不损害的"最优"方案是非常难的，甚至是不可能的。实际上大家不得不讨价还价。因而，人们往往为了最终的选择耗费时间、精力、物质和金钱，这种损失有可能超出他们从该方案中获得的收益，由此产生了许多"无奈的选择"和决策中的"策略行为"。

可以假定甲乙两人在一致同意的前提下选择了 A 方案，各自的预期收益为 F1 和 F2，此时，F1 应该等于 F2。但从"理性经济人"的假设出发，甲可能并不满足 F1 等于 F2，而是希望 F1 能够大于 F2，所以他很可能会实施一定的"策略行为"，如以否决方案 A 的做法（使甲乙皆无所获）来胁迫乙做出让步，使方案 A 更有利于甲。为此，参与决策的双方会不断地进行讨价还价，最终的选择往往取决于两人讨价还价能力的强弱。

另外，全体一致原则并不排除这样一种可能，即决策者根据自己对选择结果的预期判断，认定其完全合乎自己的利益要求，但为了回避可能出现的风险，他可能采用诸如"弃权"之类的不明显阻挠决策的行为，从而逃避应承担的成本和相关的风险，但却在决策实施中坐享其成。这显然是一种"搭便车"的投机行为。这种情况在群体决策中并不少见。

（二）多数规则

即少数服从多数，是指获得投票人支持最多的决策方案获胜的一种决策方式。在这种规则下，代表多数人利益或反映多数人偏好的决策方案获胜。多数规则最简单的形式就是"简单多数"，即在多种方案中，哪一项方案得到的赞成票最多，就选哪一种方案。比如决策组成员有 11 人，其中 5 人选择方案 A，4 人选择方案 B，2 人选择方案 C，按简单多数原则就是方案 A 获胜，但实际上有 6 人并未选择这个方案。

如果得票最多的方案获得的赞成票没有超过总票数的一半，就叫"相对

---

① 所谓"帕累托最优"，通俗的解释就是在资源配置过程中，经济活动的各个方面，不但没有任何一方受到损害，而且社会福利要尽可能实现最大化，社会发展要达到最佳状态。帕累托最优所指资源配置效率有两个层次的含义：第一个层次是微观经济意义上的资源运用效率。它是指一个生产单位、一个区域或一个部门如何组织并运用有限的资源，使之发挥出最大作用，从而避免浪费现象。即用一定量的生产要素生产出最大价值的产品。第二个层次的含义是宏观经济意义上的资源配置效率，它是指如何在不同生产单位、不同区域与不同行业之间分配有限的经济资源。如果一个经济体能够做到有效地分配资源和利用资源，就可以认为这个经济体是高效率的，也可以说，这种效率就是帕累托效率。

多数"；如果得票最多的方案获得的赞成票超过总票数的一半，就叫"绝对多数"。要以"绝对多数"原则通过方案就必须对具体的比例作明确的规定，如要求达到 1/2、2/3 或 3/4 的多数等，如美国宪法规定修正案必须 3/4 州通过才能生效。

（三）过半数规则

指至少有 1/2 以上的投票人支持的决策方案才算有效的一种决策方式。与全体一致规则相比，过半数规则的特征主要体现在：决策过程中无需人人都投赞成票，只要有超过半数的赞成票，决策方案就获通过；过半数规则下形成的方案对全体参与者都具有强制性，少数反对者要服从多数支持者的决策，即"少数服从多数"。过半数规则的这种特点使它相对于全体一致规则更能节省决策成本；相对于相对多数规则更能保护多数人的利益，因而成为应用范围最广的规则。

但是该规则也存在缺陷。首先是就效率而言，当多数人获得的净收益低于少数人的损失时，过半数规则将使整个社会的收益出现负值。其次是有可能出现"循环"的问题。例如，甲、乙、丙三人对 A、B、C 三项方案进行投票时，甲的偏好为 A>B>C，乙的偏好为 B>C>A，丙的偏好为 C>A>B。如果投票程序为先从 A、B 中淘汰一项，余下一项与 C 比较的话，结果是 C 获胜；当程序为先从 B、C 中淘汰一项，再与 A 比较，结果是 A 获胜；当程序为先从 A、C 中淘汰一项，再与 B 比较，则结果为 B 获胜。这样，全过程将出现 A>B>C>A 的循环结果，从而使结果极不确定。与此相关的是，在有可能出现"循环"问题时，操纵议程就可以控制结果。因此，过半数规则有利于程序制定者。最后是在这种规则下少数人的利益得不到保障，有可能产生"多数人强制"的现象。

过半数规则的变异形式有孔多塞标准、博尔达计数、淘汰投票、赞成投票、加权投票等。

(1) 孔多塞标准。也称"两两对比法"或"成对表决法"，是由法国数学家孔多赛提出的。是指对所有的备选方案都进行成对的比较后，将选中的方案再进行成对比较，依次表决直至得出最终结果。例如，有 A、B、C 三个备选方案，由甲、乙、丙三人组成的决策群体对之进行成对表决，如果甲和乙都认为 B 优于 A，那么 A 就会被放弃，留下 B 和 C 进行比较，如果甲和丙都认为 B 优于 C，那么 B 就获得最终通过。

但使用这一标准会出现所谓的"选举悖论"，也称为"阿罗不可能定律"。例如决策小组有甲、乙、丙三个成员，他们对 A、B、C 三种方案进行排序与选择，若甲的优先顺序为 A>B>C，乙为 B>C>A，丙为 C>A>B，我们会发现三个方案是等值方案，就不能进行成对比较，否则有失公平。当然，这种选举悖论是在特定情况下出现的。在现实社会中，通过改进选举程序可以部分地避免这种悖论现象。以下三种就是一些改进。

（2）博尔达计数。即给每个备选方案按照偏好次序依次排列打分，然后计算各个方案的总分，分数最高者胜出。

（3）淘汰（赞成）投票。即先由全体成员对所有他认为可以接受的方案投反对（赞成）票，得票最多的方案即被淘汰（选中）。

（4）加权投票。投票人本身根据其影响程度的大小而给以分发不同数目的选票，重要性最大者选票最多。然后每一投票人根据自己的偏好而给不同的方案投以不同的选票，得票最多的方案通过。

第四节 行政决策的程序及其影响因素

一、行政决策的一般程序

按照西蒙的观点，行政的任务在于追求行政决策的合理性，而要做到这一点，必须了解行政决策的过程和决策技术。目前关于决策程序问题的研究主要有两类观点。一类是决策程序"三步说"，即把一个完整的决策行为过程分为三个步骤：第一步，确定问题，提出目标；第二步，设计方案，以供选择；第三步，比较方案，择善用之。这种观点最早由美国哲学家约翰·杜威（John Dowey）提出，他在1910年出版的《我们如何思维》一书中把解题过程分解为三个步骤，即：问题是什么？可能性答案有哪些？最好的答案是哪个？第二类观点将决策过程分为情报活动阶段、设计活动阶段、选择活动阶段和审查反馈阶段四个步骤，这种观点是由西蒙在1977年出版的《管理决策新科学》一书中总结出来的。经过多年的研究发展，决策程序四步骤已经逐渐得到人们的认可。

（一）情报活动阶段：发现问题、确定目标

这一阶段主要找出问题差距，并弄清差距产生的原因，进而确定目标。这是行政决策的前提和基础环节。行政决策活动的目的在于解决社会政治、经济、文化、社会和生态等各个领域出现的问题。于是，发现问题、确定目标就成为行政决策的第一步。

1. 发现问题

俗话说"发现问题是解决问题的一半"。所谓问题,就是指应当和可能达到的状况与现实状况之间的差距,是认识主体与认识客体之间的矛盾。没有问题,就不需要决策,问题不清,也无法作出正确的决策。所以,决策必须是在发现问题并对问题有着准确认识的基础上进行的。

由于客观事物的复杂性和人的主观认识的局限性,发现问题并不容易,尤其是政治领域问题的发现尤为困难。因此,决策者要有深入实际观察问题的意识和能力。在管理领域,当组织的实际运行状况与原有目标之间出现了差异,如产品的不合格率突然上升、员工的情绪发生变化、消极怠工等,这就意味着某个地方出了问题,必须对异常情况进行深入研究和分析,找出症结所在,并以此作为决策的出发点。

此外,当环境发生显著变化时,往往出现很多新情况,也容易产生某些问题需要决策者作出决策,加以解决。因此,对组织环境的变化进行分析有利于及时发现组织存在的问题。

2. 发现问题分析差距的方法:"KT 分析法"

"KT 分析法"的全称为"问题求解与决策条理化方法",是美国社会心理学家凯普纳(C. Kepner)和社会学家崔戈(B. Tregoe)二人创造的目前在世界有较大影响的一种问题分析方法,现已被美、日、俄罗斯等国广泛采用。这种方法将觉察到的问题分两步进行分析:第一步,界定问题。好比医生诊察病情,即了解差距产生的时间、地点、条件,以便弄清事情的范围、程度、特征和性质,确定哪些问题是必须马上解决的。第二步,分析原因。好比医生诊断病因,以便对症下药,根除病痛,即查清问题的原因。任何事物的发展变化总是有因果关系的,问题界定得清楚,寻找原因也容易些。不仅要查找表面原因,更要追查根本原因。问题和原因都弄清楚了,就可根据客观需要和现实可能来初步确定决策目标,明确解决这个问题要取得什么样的结果。

3. 确定目标

确定目标的要求:(1)目标的确定要具体,不能含糊不清。越是近期的目标,越要求明确具体,远期目标则允许带有一定的模糊性。(2)目标的确立要力求恰当,防止目标偏高或偏低。偏高是指不具备实现目标的客观条件,偏低是指无需努力目标即可实现。(3)目标的确定要具有前瞻性。事物是不断发展的,情况是不断变化的,所以应该以发展的眼光看问题,使决策目标定位合理。(4)要确定目标的边界条件或边际界限,使目标具有弹性和伸缩性。

(二) 设计活动阶段：科学预测、拟订方案

1. 科学预测的方法

所谓科学预测，就是在对事物的过去和现状调查研究的基础上，运用科学技术手段对未来或未知事物的发展进行的估计和推测。它对于科学地确定决策目标，提高决策的预见性和自觉性具有重要意义。科学预测的方法一般有以下几种：

(1) 专家会议法

专家会议法是指以专家为索取信息的对象，通过会议讨论的形式对决策对象未来的发展趋势和状况进行分析和判断的预测方法。

专家会议法的优点在于：集思广益、信息量大；思维共振、有利创新；优势互补、智能叠加；知识共享、互相启发。其最明显的优势在于当缺少足够的统计数据和没有类似的经验可以借鉴的情况下，能够起到非常有效的预测效果。因此，专家会议法往往被用于项目规模宏大且环境条件复杂的预测情境。

其局限性在于：参加会议的人数有限，代表性不充分，看问题不全面；受权威人物影响，容易出现"乐队效应"；忽视少数人的意见，表现出"从众"倾向；专家之间的意见交流会受到心理因素的干扰；专家的语言表达能力和信息接受能力对会议中的意见交流也会造成较大影响。

(2) 德尔菲法

德尔菲是古希腊神话传说中一个可以预卜未来的胜地，城中有阿波罗神殿，传说该神不仅预言灵验至极，而且经常派遣神使去各地收集聪明人的意见，以集众人之智慧。后人用德尔菲比喻神的高超预见力，"德尔菲法"因此得名。德尔菲法由美国兰德公司于1964年首先提出并运用于技术预测领域中。这种预测方法是对传统专家会议法的改进和发展，克服了专家会议法的缺点。

德尔菲法又称"专家询问法"，是指由预测机构选定专家，通过函询调查的方式向这些专家提出要预测的问题，得到答复后，将其集中整理，找出较为集中的意见，再以匿名的形式寄给各专家征求意见，再综合整理，如此循环往复，专家意见趋于一致。其目的是尽量使多数专家的意见趋向集中，在此过程中，并不对回答问题的专家施加任何压力。因此，德尔菲法具有匿名性、反馈性和统计性等特点。

德尔菲法的程序如下：① 设计意见征询表，选择专家。征询表中的问题要明确、具体，专家要具有广泛代表性，结构要合理，一般不超过100人。② 第一轮调查，计算出中位数和上下四分位数（将不同专家预测的结果按顺

序排列在一个线段上，每个预测结果为一个点，处于线段 1/2 处的预测结果为中位数。线段 1/4 处的预测结果为下四分位，线段 3/4 处的预测结果为上四分位。上下四分位之间的闭区间越小，专家意见越一致，预测结果的有效性越高）。③ 将第一轮结果反馈给专家，让他们重新发表意见，不同意见者陈述理由。④ 反复进行第三道程序的工作，直至得出最一致的结果。

德尔菲法的优点在于：第一，被咨询专家彼此不见面，也不了解真实姓名，可以避免相互的消极影响；第二，经过几轮反馈，易于集中意见，便于行政决策者拍板定夺。

（3）德比克法

德比克法又称列名小组法，是在改进了德尔斐法的缺陷的基础上发展起来的，是采用函询与集体讨论相结合的方式征求专家意见的方法。具体的方法是邀请到专家之后，把他们分成小组，让他们发表意见，但在小组内的成员之间不交流意见。发给每位专家一张以问答方式征求意见的卡片，小组负责人收集专家的答案之后将各位专家的意见公布于众，请专家们重新进行思考，不进行辩论，也不发表意见。然后请专家们进行表决，只表示赞成或反对，形成小组意见。然后召开专家会议，公布各小组意见，请专家们进行表决，形成预测结论。这种预测方法比德尔斐法节省时间，但是组与组之间也可能互相影响，造成某种倾向性。

2. 拟订方案必须遵循的原则

在科学预测的基础上进行方案拟定，必须遵循以下三个原则：（1）方案的详尽完备，即包括所有的可能性方案，不仅要有积极方案，还要有应变方案、临时方案。（2）方案的互相排斥，就是要求所拟订的各个备选方案在内容上必须各自独立，相互排斥，不能只有形式上的不同而无实质上的不同，这样进行的择优选择才是有意义的。（3）方案必须勇于创新，不能因循守旧。

3. 备选方案的内容

备选方案的内容一般包括对该问题的分析判断、明确的决策目标、可能的决策结果、具体的实施程序和步骤、时间安排、所需的条件、可能产生的副作用及其控制办法等。

4. 拟订备选方案的方法

（1）头脑风暴法

头脑风暴法简称 BS 法，又叫自由思考法或脑力激荡法，由现代创造学的创始人、美国学者阿历克斯·奥斯本（Alex F. Osborn）发明。通过小型会议的形式，鼓励与会人员进行创造性思考，自由发言，以相互启发，引起连锁反应和思维共振，形成新的设想。

它是一种以畅谈会形式来求取尽可能多的方案的方法。会议主持者不指明会议的明确目的,而只就某方面的总议题要求与与会专家无拘无束地自由发表意见,不对他人的意见进行反驳,也不作结论。主持人不发表意见,以免影响会议的轻松气氛,以便在客观倾听中有目的地吸收决策所需要的东西。会议人数以 5—12 人为宜,开会时间一般不超过 60 分钟。头脑风暴法的基本原则是"无批评"。

(2) 哥顿法

哥顿法也称"综摄法",这是美国人哥顿(W. J. Gordon)于 1964 年发明的一种创新思维的方法。它主要是通过会议形式,根据主持人的引导,让与会者进行讨论。但会议的根本目的是什么,真正需要研究的问题是什么,只有主持人自己知道,其他人都不知晓。这样做的目的是为了避免思维定式的约束,使大家能跳出框框去思考,充分发挥群体智慧以达到方案创新的目的。哥顿法有两个基本观点:一是"变陌生为熟悉",即运用熟悉的方法处理陌生的问题;二是"变熟悉为陌生",即以陌生的方法处理熟悉的问题。从实践来看,后一种方式运用得更多一些,已逐渐形成哥顿法的主流。哥顿法强调要暂时抛开所要处理的问题,通过讨论一些其他问题,从类比中得到启发,然后再回到原来的问题。当然,这种方法对会议主持人要求是很高的,智力激发的效果与会议主持人的方法艺术有很直接的关系。

(3) 对演法

该方法有两种形式:一是由对立的小组去制订不同的方案,然后展开辩论,互攻其短,以求充分暴露矛盾。二是预先演习一个方案,人为设置对立面去评议,挑剔反驳,尽量考虑可能发生的问题,认真权衡有利条件和不利条件,从而使方案越来越完善。

(三) 抉择活动阶段:分析评估、优选方案

该阶段是行政决策程序中的核心和关键环节。

1. 可行性分析评估的内容

(1) 是否符合现行政策、法律或上级有关规定;(2) 是否符合客观条件要求;(3) 经济上是否可行;(4) 技术上是否可行;(5) 是否还有更好的方案;(6) 个别地方是否需要修改。

2. 进行方案选择的方法

进行方案选择的方法主要有经验判断法、数学分析法、实验模拟法。

经验判断法是在科学总结以往决策经验教训的基础上,对各种方案的优劣作出判断的方法。它适用于某些程序化决策、确定型决策方案的评估和

选择。

数学分析法是研究和解决决策中的数量关系的一种科学方法，它适用于可以量化的决策方案的选择。其中比较常见的是决策树技术。所谓决策树技术，是把各决策方案及与方案有关的概率、收益值等画成树状图，分别计算其期望收益值，并由此作出决策。决策树技术是一种典型的量化技术方法，主要适用于风险型决策方案的抉择。它的优点是：(1) 具有直观感；(2) 便于集体决策；(3) 便于检查决策依据和随着决策实施情况修改、补充决策目标。此法能用图形将决策事件的内容、结果等各种因素及其决策过程形象化地反映出来，尤其适用于解决较为复杂的决策问题。

实验模拟法包括实验的方法和模拟的方法。实验的方法就是把一个或几个决策方案放到个别或少量选择好的实际环境中实施，并对实施过程中的各种情况和产生的结果加以分析、评估，从中作出选择，或者综合各方案的优点形成决策。对那些影响时间长、范围广的重大行政决策，常用这种实验方法。此法我国采用较多，常称为"抓典型""试点"等。模拟的方法则是通过把所要决策的问题构成模型，进行试验、观察、测定和分析各方面的效果，最后根据试验结果确定方案，这一方法多用于战术性的决策方案的研究，有时也用于宏观决策方面的研究。

在对多个决策进行比较后，可以视具体情况选择方案：

(1) 多中选一，即决策者从几个不同的备选方案中经过对比分析后选中一个明显优于其他方案的最佳方案。多中选一是一种简单的、特殊的选择方法，在现代科学决策的实践中并不多见。

(2) 合多为一，即决策者发现所有备选方案都各有利弊，没有一个方案在整体上占优，因此便将多个备选方案的优点综合起来，形成一个全新的方案。合多为一可以说是现代抉择决策方案的一种主要形式。

(3) 重新拟订，即决策者发现每一个备选方案都存在明显的弊端，把它们综合为一个好的方案又很难，因此把各个方案再退回去，由有关人员重新拟订决策方案。当然，重新拟订可以交给原来的拟订者进行，但通常是交给另一些人去完成或由决策者自己来完成。在现代的科学决策体制下，决策者既拟订方案又抉择方案，不仅是允许的，而且在一定条件下还是十分必要的。

(4) 暂缓抉择。即决策者发现所有备选方案都不成熟，短时间内难以拟订新的方案，这说明决策时机尚不成熟，这时最好暂缓决策，等待时机成熟后再作决断。

(四）审查活动阶段：实施反馈、追踪决策

1. 反馈

反馈，是控制论的主要概念，指一个系统输出信息，作用于受控对象后产生结果，再把结果输送回来，并对信息的再输出发生影响的过程。

2. 追踪决策

追踪决策是指根据决策执行过程中的不同情况，分别对原有的方案进行修正、补充甚至根本性地改变决策目标的过程，是对原始决策进行"扬弃"的过程。组织中的大部分决策都是追踪决策。

(1) 进行追踪决策的条件

一般来说，在下列几种情况下，需要进行追踪决策：没有严格按方案办事；执行中遇到实际困难，发现方案有错；执行了决策方案，但目标不能实现。

(2) 追踪决策的特点

第一，回溯分析。追踪决策要对原始决策的产生机制、决策内容、主客观环境进行回顾分析，查找失败原因、考查问题的性质、失误的程度。因此，它是对原始决策进行"扬弃"的过程。

第二，非零起点。追踪决策面临的问题已不是初始状态，已由原始决策的实施带来了人、财、物的消耗，各种环境和条件已受到影响。追踪决策是在原决策起点的基础上，以变化了的主客观条件为起点，情况更加复杂。

第三，双重优化。原有决策是在诸多方案中优化选择出来的，而追踪决策后的决策只有比原有决策更加科学完善，才能纠正原有决策方案的失误，从而达到决策方案的双重优化，"好上加好"，获取更大的收益。

第四，心理效应。追踪决策由于要对原决策进行改变，势必直接或间接地引起有关人员的心理反应，给追踪决策的制定和执行带来负面的心理影响。因此，必须通过沟通、协调，消除相关心理因素的干扰，使尽可能多的人参与到追踪决策的活动中来。

二、影响行政决策的因素

从理论上说，要保证实际过程中的决策质量和可接受性，必须保证问题判断和方案拟定、方案选择的正确性。但是在实际操作中，有许多因素影响了决策者对问题的判断、方案的拟定和选择。其主要因素如下：

(一) 政治和法律因素

这是行政决策者必须首先考虑的因素。无论是贯彻上级规定的执行性决策，还是行使自主权的行政性决策，有无正当的政策和法律依据都是行政决策者必然要考虑的重要问题，该因素在拟定和选择决策备选方案时具有特别重要的作用。另外，决策者在权衡任务的轻重缓急和安排决策议事日程时，也必须认真考虑政治和法律的因素。

（二）决策对象的特性

各种社会公共事务和问题是行政决策的对象，其本身的重要性、紧迫性和特殊性无疑对行政决策的议事日程安排、决策方案的拟定和选择都有重要的影响。有些问题是突发性的，如地震和火灾；有些问题有严格的时间限制，如年度计划和预算；有些问题是季节性的，如植树、防洪和雪灾；有些问题是常规性的，如工作计划安排；有些问题是全国性的，如工资制度改革；有些问题是地方性的，如城市规划，等等。在行政管理领域中，每天都产生大量的、各种各样的问题，它们的影响面、严重性、时间要求、复杂性、解决难度、社会影响力、领导人的重视程度等都各不相同，所有这些都对决策者的情况判断、方案拟定、决策选择产生不同的影响。

（三）外界压力

外界压力主要指各种社会集团、政治团体、社会舆论、新闻媒介等独立于行政决策过程之外的具有重要影响力的因素。行政决策牵涉各种社会利益，各社会团体、社会阶层会以各种方式来影响行政决策，甚至直接或间接地干预具体的行政决策过程。外界压力对行政决策的影响既有正面的也有负面的，如何发挥外部压力的正面作用（如舆论压力），抑制外部压力的负面作用（如上级意图的干扰），是行政决策者需要研究处理的重要问题。

（四）信息质量

信息是行政决策的基础，信息的准确性和可靠性直接影响行政决策的质量和效果。影响信息质量有以下情况：信息渠道不畅通，如新闻媒介不能报道真实情况；信息反映不及时、不准确或不全面，如下级单位报喜不报忧；信息在传递过程中经过层层筛选逐渐减少或失去价值；信息沟通障碍或信息流通渠道阻碍，如有关人员或单位故意扣留信息，等等。这些都应是力求避免的。

（五）决策者素质

这是指与行政决策者个人或群体本身相关的各种因素。行政决策最终是通过行政决策人员来完成的，所以决策者的素质好坏对决策结果影响很大。影响行政决策的个人素质有政治素质、专业素质、文化素质、管理素质、心理素质、生理素质等六个方面。影响行政决策的群体因素是指不同素质的人员结合起来在一起的整体效应,是群体各个成员的个人素质、绩效的整体反映。素质问题直接影响决策者的政策水平、法律观念、对问题和决策方案的判断力、承受外界压力的能力、对信息的敏感性等。

（六）决策时机

决策时机主要指行政决策的时间安排及当时的决策条件。实践表明,在不同的时间和不同的情况下,人们对同一问题或同一决策方案的看法、判断可能会有所不同或发生变化。与决策时机有关的因素很多,如决策议事日程、问题或方案提出的时间、出席决策会议的人数和具体人员、当时的政治经济形势等,其中有一些因素是偶然的或临时的,但有时却会对决策进程和结果产生十分重要的影响,如对某一决策备选方案持强烈反对意见的人因生病未能参加决策会议。决策时机是可以有计划地选择和安排的,行政决策者可以根据决策条件是否成熟的判断决定是否安排及在何时安排决策议事日程,这种人为的因素将会增强决策时机对决策过程和决策结果的影响。

（七）其他因素

包括决策体制、决策手段等,这些因素的存在和影响说明了行政决策过程的复杂性,有意识地利用这些因素的积极作用,克服它们的消极作用,是有效控制决策进程、提高决策质量的重要途径。

第五节　行政决策体制

行政决策体制是指行政决策的机构和人员所形成的组织体系及其制度。它是随社会政治、经济、科学技术等方面的发展变化而发展变化的。

一、行政决策体制的类型

当前世界上的行政决策体制主要有独裁制、议会制和人民代表大会制。

（一）独裁制

独裁制的主要特点是通过传统继承或政变等方式产生的权威人物享有最高决策权,具体类型有：

(1) 宗教领袖型。高居于决策权力最顶端的是不受任何机构约束的宗教领袖,议会和政府的活动也要受其监督。

(2) 君主亲政型。在这种决策体制下,君主既是国家元首,又是政府首脑。君主通过对大臣的选举权和监督权而成为实际上的最高决策者。

(3) 军人独裁型。是指通过政变方式上台的军人掌握国家的最高决策权。

其具体的表现形式又有两种：一种是军队首领直接成为国家的最高决策者，并以暴力镇压反对者；另一种是军队政变成功后，采取还政于民的方式，鼓励新的决策参与，并通过举行大选来成立新的"民主"政府。后一种形式通常最后形成一种近似议会—总统制的决策体制，军队首领往往被选为总统，并拥有比一般总统更大的权力。如拉美的阿根廷、巴西、智利、巴拉圭等国都实行过军人独裁统治。

（二）议会制

议会制是指首先由公民选出自己认为能代表自己表达意愿的代表或议员，然后由代表或议员来代表公民作出行政决策，维护自己的利益。主要有三种形态：

（1）议会—总统制。其主要特点是：国会和总统都分别由选民选出，各自对选民负责；政府由总统组织，总统既是国家元首，又是政府首脑，掌握行政事务决断权，政府成员不得兼任国会议员；国会通过决策方案要经总统签署方可生效，总统对国会的方案有否决权；国会有权弹劾总统，但总统无权解散国会；总统在外交和军事方面的某些决策要受国会制约。以美国为代表。

（2）议会—内阁制。其主要特点是：议会是国家最高权力中心，内阁由议会产生，对议会负责，受议会监督；国家行政权属内阁，国家元首是"虚位"；内阁所作的重大决策，必须取得议会多数支持；内阁首脑为议会多数党领袖，内阁通常由议会多数党组成；议会可对内阁提出不信任案，内阁也可提请元首解散议会，由重新大选产生的议会来决定内阁的去留。以英国为代表。

（3）议会—委员会制。其主要特点是：议会至上，不仅具有立法权，而且掌握行政权；由议会产生的委员会主持日常行政事务，但委员会只是议会的一个执行机关，委员会成员可以为议会的最后决策提供咨询；委员会不能解散议会，议会也不能解散委员会；委员会所作出的决策，须经委员会集体讨论通过，委员会主席或副主席的权限与其他委员平等。以瑞士为代表。

（三）人民代表大会制

人民代表大会制属于民主集中制决策体制的一种，它既同在"三权分立及制衡"基础上的西方议会制有本质的差别，也不完全等同于苏俄十月革命后建立起来的苏维埃制，是一种具有中国特色的民主决策体制。人民代表大会制的主要内容包括：

（1）各级人民代表大会都由民主选举产生，对人民负责，受人民监督；（2）各级人大及其常委会严格按照民主集中制的原则集体行使权力；（3）实行

"议行合一"①，国家行政机关、监察机关、审判机关和检察机关都由人大产生，对它负责，受它监督；(4) 中央和地方国家职能的划分是在遵循中央统一领导下，充分发挥地方主动性、积极性的原则，但全国人大和地方人大不是领导关系，而是法律监督关系、选举指导和工作联系关系；(5) 在各少数民族聚居的地方实行民族区域自治。

人民代表大会制的另一个重要特点是，中国共产党在人民代表大会制中起着领导作用，主要体现在：(1) 国家的重大决策，是由党首先提出建议，再由人民代表大会或其常委会讨论决定的；(2) 党培养、选拔优秀干部到国家机关去工作。因此，中国共产党在中国的行政决策体制中具有重要作用。

二、现代行政决策系统的组成

现代行政决策体制是由行政决策信息系统、咨询系统、中枢系统和监督系统等组成的民主决策体制。

(一) 行政决策信息系统

行政信息是行政决策的基础，是决策思维的原料。能否及时得到准确有用的信息，并对其进行处理，是一个部门进行有效行政活动的必要前提。行政决策过程，实际上就是信息的搜集、处理、传递、变换的过程。

行政决策信息系统是由掌握信息技术的专职人员、设备及有关工作程序组成的专门从事决策信息的收集、加工、传递、贮存等工作的综合机构。其职能或作用是：(1) 收集信息，就是广泛收集有关国家和社会公共事务各方面的信息，力求全面、准确，以完整、真实地反映客观情况；(2) 加工处理信息，把收集来的信息进行去粗取精、去伪存真、由此及彼、由表及里地整理、分析、归纳，抽取出精华资料，剔除多余的甚至是虚假的资料；(3) 传递信息，就是把加工处理好的信息传递到决策者手中，为制定政策服务。信息传递要求及时、快速，过时的信息价值为零，无助于政策制定。错误、虚假、表述含糊的信息会给社会问题的分析、政策问题的界定带来困难，进而会导致决策失误。为此，对行政决策的信息系统有如下要求：信息范围要广泛、信息途径要多样、信息内容要真实、信息传递要及时。

(二) 行政决策咨询系统

1. 含义

咨询系统又称"脑库""思想库""头脑公司"或"智囊团"，主要指为

美国兰德公司

---

① "议行合一"是指立法权和行政权属于同一个最高权力机关，或者行政机关从属于立法机关，仅是立法机关的执行部门的政体形式和政权活动原则。

决策提供可行性方案和可行性意见的智囊部门。它由掌握各门类知识的专家、学者组成，具有辅助性、科学性和相对独立性的特点。领导学产生的一个重要标志就是咨询系统与决策系统的相对分工。

2. 主要任务

咨询系统集中了参谋咨询人员的集体智慧，运用现代化的决策技术和方法，为决策中枢系统提供决策方案和其他的咨询服务，保证行政决策的科学化和民主化。其主要任务包括：（1）科学预测，为决策者提供战略性意见。(2) 辅助领导者拟订、评估、论证决策方案。(3) 辅助决策者发现并纠正决策方案中的偏差，提供修正意见和追踪决策方案。

行政决策咨询系统在行政决策中的地位和作用越来越重要，已成为行政领导者收集信息、进行科学预测的"望远镜"，是协助领导者拟订方案、进行分析和评价的"外脑"，是跟踪调查、提供反馈信息的"耳目"。但其主要功能还是"谋"，"断"的功能仍为决策中枢系统所有，这是因为：（1）对于一些随机性很强且难以量化的决策，需要一定的领导经验和领导艺术，而这是咨询系统所不具有的。(2) 智囊部门的思维特点往往注重理想化，即严格按照科学的程序和方法，探求理想化的方案，这不可能得到有效的实施。(3) 对于决策的实施后果，领导者负有法定责任，而咨询系统没有。

（三）行政决策中枢系统

行政决策中枢系统是现代行政决策体制的核心部分，由拥有行政决策权的领导机构及其人员组成。只有它才有权就一定范围内的行政管理问题作出决策。一个行政机关只能有一个决策中枢系统，切忌多中心、政出多门。决策中枢系统的主要任务是领导、协调、控制整个决策过程，确定决策问题和决策目标，并根据信息对咨询的预选方案进行评估选优，最终拍板定案。

围绕中枢系统这个核心，主要有信息系统、咨询系统，都是在中枢系统的领导下活动并为它服务的。在行政决策过程中，信息系统的功能是为决策收集和处理信息，咨询系统的功能是为决策提供咨询意见及备选方案，但最后抉择都由中枢系统作出，其他系统或机构不能取代中枢系统的地位。中枢系统在行政决策中不仅拥有行政权，而且还统帅其他行政系统的活动，为信息系统指明收集信息的方向，为咨询系统确立拟定备选方案的目标，此外还指导行政执行系统的决策方案的执行活动。

决策中枢系统的决策方式可以是单一首长负责，也可以是委员会集体负责。一般来说，涉及一些速决性、执行性、技术性、军事性等事务的问题，宜采用个人负责决策方式；涉及全局性、复杂性、协调性、战略性等事务问题时，因其后果严重，经不起失误，宜采用集体决策方式。

（四）行政决策监督系统

行政决策监督系统是指决策中枢系统以外的人员和机构对行政决策行为以及对决策方案的内容和执行依法进行监督和控制的机构。其主要任务是：(1)防止决策者滥用决策权。决断中枢系统行使国家权力，它具有权威性和强制性。权力在运用过程中很容易产生腐败，成为谋取局部利益和私利的工具。实行监控可有效地避免"部门权力化、权力利益化、利益政策化"的腐败倾向，保证决策权在国家法律、法规、制度的统一规范内照章行使。(2)促使政策内容切合实际。政策制定过程中，存在着许多不可预料、无法量化的因素，给政策方案的设计、选定带来困难。政策监控一方面是利用法定权力对决策者行使潜在的"惩罚"威慑，督促决断子系统发挥自己及参谋、信息两个子系统的作用，周密细致论证，科学慎重决策；另一方面是对政策方案进行听证、审查，使政策方案切合实际，具有政治上、经济上、技术上的可行性。(3)监督执行机构及其人员正确执行政策。政策的执行过程实质上就是利益分配方案的现实化过程。由于自身利益的原因，执行者对此存在着抵制、拖延、断章取义式执行的可能性。通过监控，监督抵制者执行政策，督促拖延者立即执行，促使断章取义者全面执行，维护政策的统一性和严肃性。为此，必须要求：(1)监督系统应独立于执行系统，实行独立监督的原则。(2)监督人员要有良好的素质，避免监督软化和滥用监督权的现象。

参考答案

> **思考题**
>
> 1. 简述行政决策的含义与特点。
> 2. 简述程序化决策和非程序化决策的特点。
> 3. 简述行政决策在行政管理过程中的地位和作用。
> 4. 请谈谈对几种主要行政决策分析模型的理解。
> 5. 简述行政决策的基本原则。
> 6. 简要说明行政决策的一般程序。
> 7. 简述德尔菲法。
> 8. 简要回答追踪决策的含义和特点。
> 9. 简述影响行政决策的主要因素。
> 10. 行政决策体制有哪些类型？
> 11. 现代行政决策系统由哪些部分构成？

讨论题

【案例】 为强化环境监督管理，某沿海城市成立了市排污收费监理所，编制人数 100 名。市环保局林局长考虑到收费属于环境执法工作，担心一旦把编制下放，市里指挥不动，很不容易争取来的编制又无法落实。于是决定除保留 24 人组成市级监理所外，其余人员编制在市里，受市和区县环保部门的双重领导。这个决定刚一做出，就受到区县环保部门的反对，一场围绕区县环保收费机构如何设置的争论，在全市环保系统中展开了。两年来，市局领导在监理所的组织建设、业务建设方面做了大量工作，使征收的排污费金额翻了一番，并使收费业务工作纳入了科学管理的轨道。但是，围绕机构设置的决策问题，各区县的意见颇多，在一定程度上影响了收费人员的工作积极性。针对这种情况，林局长决心重新花力气把编制问题解决好。他组织各方面力量深入调查，走访了审计和工商管理等部门，而后，研究制定出解决问题的三个方案：一是维持区县收费机构受市所和区县政府双重领导管理体制，但需进一步明确职级，设想为一套班子两块牌子，好处是便于强化执法管理，摆脱地方干预，保持队伍稳定，利于加强业务建设，但要求市里能统一解决职工福利问题；二是把体制下放到区县一级，市所负责业务指导，便于发挥地方一级政府环境监督管理的作用，有利于加强对职工队伍的思想教育，但必须由区县统一解决职工福利，使市局摆脱日常事务工作；三是分片组织该地区的若干分所，形成独立的监理机构。接着，林局长召开了由各方代表参加的环保收费工作会议，把上述方案提交会议讨论。与会代表通过反复商讨，仍倾向于第一方案，并决定在方案正式通过后认真贯彻执行。

讨论题 1：林局长关于监理所机构设置的第一次决策是否正确？在决策程序上有什么问题？

讨论题 2：在第二次决策过程中，最终仍选择了第一方案，这是否可以说林局长上次的决策本来就是正确的呢？

推荐阅读文献

1. 许文惠主编：《行政决策学》，中国人民大学出版社 2007 年版。
2. 王沪宁、竺乾威主编：《行政学导论》，上海三联书店 1988 年版。
3. 张康之、李传军编著：《公共行政学》，北京大学出版社 2007 年版。

4. 张国庆主编：《公共行政学》（第四版），北京大学出版社2017年版。

5. 刘霞主编：《新世纪的中国行政管理》，湖北人民出版社2000年版。

6. 竺乾威主编：《公共行政学》（第三版），复旦大学出版社2017年版。

7. 王惠岩主编：《行政管理学》，高等教育出版社2011年版。

8. 彭和平编著：《公共行政学》（第五版），中国人民大学出版社2015年版。

9. 欧阳雄飞主编：《现代行政决策学》，云南教育出版社1988年版。

10. 熊选国主编：《重大行政决策程序暂行条例释义》，中国法制出版社2019年版。

11. 杨寅：《行政决策程序监督与责任制度》，中国法制出版社2011年版。

12. 卢剑峰：《行政决策法治化研究》，光明日报出版社2011年版。

13. 戴建华：《行政决策的价值理念——以正义为中心》，国家行政学院出版社2012年版。

14. 周实、齐宁：《行政决策的法制化研究》，东北大学出版社2014年版。

15. 魏建新：《行政决策参与问题研究》，法律出版社2018年版。

16. 钱再见、赵晖：《行政决策新论》，南京师范大学出版社2018年版。

17. 《重大行政决策程序暂行条例》，中国法制出版社2019年版。

18. 付学程：《公众参与行政决策：理论、制度、实践》，经济管理出版社2019年版。

19. 王小萍：《重大行政决策监督法治化研究》，经济管理出版社2020年版。

20. 陈党、顾赵丽等：《重大行政决策终身责任追究制度研究》，浙江工商大学出版社2020年版。

21. 夏金莱：《行政决策公众参与研究》，法律出版社2022年版。

22. 〔美〕赫伯特·A. 西蒙：《管理决策新科学》，李柱流、汤俊澄等译，中国社会科学出版社1982年版。

第十四章 行政计划

> **导 读**
>
> 行政计划是实现行政决策目标的具体筹划与步骤、方法，是有预见性的决策。同时，行政计划也是行政执行的依据和行政控制的标准，它处于决策与执行、监控的中间环节，具有十分重要的意义。

第一节 行政计划概述

一、行政计划的含义和内容

(一) 行政计划的含义

"计划"一词，早已有之，但对于究竟什么是计划，人们的认识并不完全一致。经济学家认为计划是经济的发展目标、步骤；政治学家认为计划是集中控制或笼统意义上的干预；企业家认为计划是企业经营的战略或具体经营的详细指标；还有一些人则认为计划意味着限制、控制和失去自由。但是从一般的意义上讲，所谓计划就是未来行动的方案。它具有三个明显的特征：必须与未来有关；必须与行动有关；必须由某个机构负责实施。也就是说，计划就是人们的一种事先对行动及目的的筹划和安排。计划作为一种对未来的研究，其特点在于它不是纯客观的，而是人们在客观可能性的基础上，对未来发展程度的有目的、有意识的预先编制。计划能体现人的主观能动性，是一种运用智力的过程，人们制订计划，就是通过深思熟虑来规划未来的发展目标和实现这一目标的具体途径。

依据上述分析，可以把行政计划的含义表述为：行政计划是行政机关为达成行政决策目标而进行的筹划活动及所制定的实施步骤与方法，即"立足现在，借鉴过去，面向未来"。

计划与预测和决策之间既有区别也有联系，其联系表现在：(1) 预测是决策和计划的基础，为决策和计划提供未来的信息。(2) 预测侧重于对客观事件的信息分析，并能提供多种可行性方案；决策和计划则是从中找出最佳方案，并抓住时机，决定如何实行这种方案。(3) 从时间先后来看，预测在前，经过决策，再到计划。

行政计划与行政决策也是两个不同的概念。从程序上说，行政计划在行政决策之后，行政决策为行政计划提供目标。从内容上说，行政决策是行政计划的核心部分，行政计划则是行政决策的具体化，是把行政决策的结果变成包括实施细则及人、财、物、时间、地点等方面的具体部署。

（二）行政计划的内容

行政计划的内容包括"5W1H"，具体内容如下：

(1) What：达成目标的行动是什么？这是要明确计划的具体任务和要求，明确每一个时期的中心任务和工作重点。

(2) Why：为什么要采取这些行动？这是要明确计划的宗旨和目标，使计划执行者了解、接受和支持这项计划，以充分发挥下属的积极性、主动性和创造性，实现预期目标。

(3) When：何时完成这些行动？这是要规定计划中各项工作的开始和完成的速度，以便进行有效的控制，并对组织的资源进行平衡。

(4) Who：谁负责实施这些行动？受谁领导？这是要划分各部门和组织单位的任务，规定由哪些部门和人员负责实施计划，包括每一阶段的责任者、协助者，各阶段交接时由谁鉴定、审核等。

(5) Where：在何处实施这一计划？自何处得到配合？这是要规定计划的实施地点或场所，了解计划实施的环境条件和限制因素，以便合理安排计划实施的空间组织和布局。

(6) How：怎样实施这一计划？这是要制订实施计划的措施，以及相应的政策、规划，对资源进行合理分配和集中使用，对人力、物力和财力进行平衡等。

二、行政计划的类型

（一）时间类型

1. 长期计划

长期计划，它的期限一般在 10 年或 10 年以上，又可称为长远规划或远景规划（如我国的 1995—2010 年远景规划）。其主要任务是在科学预测的基础上,"规定国家经济和社会发展的主要目标、基本任务和重大方针政策",它具有战略性、纲领性的特点。长期计划的确定主要考虑以下因素:第一,为实现一定的战略任务大体需要的时间;第二,人们认识客观事物及其规律性的能力、预见程度,制订科学的计划所需要的资料、手段、方法等条件具备的情况;第三,科学技术的发展及其在生产上的运用程度等。长期计划一般只是纲领性、轮廓性的计划,它是一个比较粗略的远景规划设想。由于计划的期限较长,其中不确定的因素较多,有些因素人们事先也难以预料,只能以综合性指标和重大项目为主,还必须由中、短期计划来补充,将计划目标加以具体化。长期计划决定中期计划的方向、任务和基本内容,是制订中期计划的依据,只有有了科学的长期计划,才能保证整个行政计划体系的科学性、连续性和稳定性。

2. 中期计划

中期计划一般为 2—5 年,其主要任务是根据长期计划的主要目标和要求,结合实际情况,确定计划期内"国民经济和社会发展的方向、任务、政策和改革开放的总体部署"。由于期限较短,可以比较准确地衡量计划期间各种因素的变动及其影响。所以,在一个较大系统中,中期计划是实现计划管理的基本形式。它一方面可以把长期战略任务分阶段具体化,另一方面又为近期计划的编制提供依据和框架,因而成为连接长期计划和年度计划的桥梁和纽带。随着计划工作水平的提高,五年计划也应列出分年度的指标,但不能代替年度计划的编制。

3. 近期计划

近期计划包括年度计划、季度计划、月度计划等,以年度计划为主要形式。它是中、长期计划的具体实施计划。它根据中期计划具体规定本年度的任务和有关措施,内容比较具体、细致、准确,有执行单位,有相应的人力、物力、财力的分配,为贯彻执行计划提供了可能,为检查计划的执行情况提供了依据,从而使中、长期计划实现有了切实的保证。

长期、中期、短期计划的有机协调和相互配套,是每一个组织生存和发展的保证。在实践过程中,长期计划可以粗略一些、弹性大一些,而短期计划则要具体、详细些。同时,还应注意编制滚动式计划,以解决好长期计划和短期计划之间的协调问题。

(二) 形式类型

美国管理学家哈罗德·孔茨(Harold Koontz)和海因茨·韦里克(Heinz Weihrich)将行政计划概括为一种层次体系,表现为以下 8 种形式:

1. 宗旨

宗旨即目的或使命。它表明该行政组织是干什么的，应该干什么。所以，不同性质的组织，其宗旨是不同的。如法院的宗旨是解释、宣传、执行法律；大学的宗旨是培养高级人才、教书育人、科学研究；医院的宗旨是救死扶伤、治病救人。

宗旨是一种抽象的计划，它是组织的发展方向和形象。日本索尼公司的宗旨是："索尼是开拓者，永远向着那未知的世界探索。"正是从这一宗旨出发，索尼公司最大限度地发掘人才、信任人才、鼓励人才不断前进，并取得了巨大成功。

2. 目标

目标是宗旨的具体化，是一切行政活动的出发点和归宿。在协作劳动中，必须有统一的目标，才能彼此配合，最终实现预期目标。德鲁克指出："真正的困难不在于确定我们需要什么目标，而在于决定如何去设定目标。"①

3. 策略

策略是计划的指导方针和思想指南，表示一种总的方案、工作的部署重点，人财物的巧妙利用等。如中国古代的田忌赛马就有赖于科学的策略。

4. 政策

政策是表现在计划之中的文字说明，是为实现目标而制定的行动准则。政策允许对某些事情有酌情处理的自由，一方面我们切不可把政策当作规则，另一方面我们又必须把这种自由限制在一定的范围内。自由处理的权限大小一方面取决于政策自身，另一方面取决于主管人员的管理艺术。

5. 程序

程序是一种经过优化的计划，它是行动的实际指导（不同于策略），并且详细指出未来必须完成某种行动的具体方式。其实质是对所要进行的活动规定时间顺序。程序与政策一样，都对某一方面内容进行了规定，但程序是执行政策的实施办法，是办事的具体细则。二者显著的区别是，程序没有自由处置权。如企业要进行新产品的开发，这是一贯的政策，而怎样开发就是程序。

6. 规则

规则是组织规定的指导成员行动的是非标准。它是对具体场合和具体情况下，允许或不允许采取某种特定行动的规定。

与程序一样，规则在实施中没有自由处置权。二者的区别在于规则不规定时间顺序。规则与程序的本质都是企图去制约人们的行动，要求人们按章

---

① 〔美〕彼得·德鲁克：《管理的实践》，齐若兰译，机械工业出版社 2009 年版，第 51 页。

办事，可以把程序看作是一系列规则的总和。规则与政策的区别在于规则在应用中不具有自由处置权。

7. 规划

规划也叫方案，是为了实现既定方针而制订的综合性计划，其重点在于划分总目标实现的进度，一般是粗线条的、纲要性的。既有大小之分，也有长短之分。

8. 预算

预算是用数字表示预期结果的一种报告书，是一种"数字化"的计划，它能使计划工作做得更细致、精确。同时，预算也是检查计划、实施控制的重要手段。

（三）层次类型

1. 中央计划

中央计划，指中央制订的计划。中央计划在行政计划体系中处于主导地位，是制订地方计划、基层计划的主要依据。中央计划制订得正确与否，对于整个国民经济的发展具有决定性意义。当地方和基层的利益与中央计划的要求发生冲突时，地方计划和基层计划应当服从中央计划，保证中央计划的顺利实施。

2. 地方计划

地方计划是中央计划在各地方行政的具体化，如我国的地方计划主要指省（市、自治区）和县的计划。它以中央计划按地区分列的任务为依据，结合本地区的具体情况，因地制宜地对本地区的经济和社会发展作出具体安排，对地区范围内的人力、财力、物力进行全面的综合平衡，并将计划任务落实到所属企事业基层单位，因此它是中央计划和地方所属企事业单位计划的中介。同时，它又与其他地区的计划相互衔接，是体现地区间分工协作关系的计划。地方计划还对中央计划不作具体安排的地方性生产、建设事业和人民生活，以及由地方支配的人力、物力、财力的分配使用作出具体安排，是中央计划的补充。

3. 基层计划

基层计划，指基层行政机关所制订的行政计划。它为中央计划、地方计划的制订提供可靠的依据，既是制订正确的中央计划和地方计划的基础，又是中央计划和地方计划的具体执行计划，还是中央计划和地方计划得以实现的基础。

总之，中央计划、地方计划和基层计划三者既有联系，又有区别，它们应在统一计划、分级管理的原则下,合理划分管理权限,做到"管而不死,活而不乱"。

(四)功能类型

1. 指令性计划

指令性计划,是指由上级计划单位按隶属关系下达,执行计划的单位和个人必须完成的计划。其特点表现为:第一,强制性。凡是指令性计划,都是必须坚决执行的,具有行政和法律的强制性。第二,权威性。以指令形式下达的计划,执行中不得擅自更改变换,必须保证完成。第三,行政性。指令性计划主要是依靠行政办法下达指标实施的。第四,间接市场性。指令性计划也要运用市场机制,但是,市场机制是间接发生作用的。由此可见,指令性计划只能限于重要的领域和重要的任务,而不能范围过宽,否则,就不利于调动基层单位的积极性。

2. 指导性计划

指导性计划,是指上级计划单位只规定方向、要求或一定幅度的指标,下达隶属部门和单位参考执行的一种计划形式。在市场经济条件下,国家所制订的经济计划大部分都是这种指导性的计划。这种计划具有以下特点:第一,具有约束性。指导性计划只有号召、引导和一定的约束作用,并不强令下属接受和执行。第二,具有灵活性。指导性计划指标是粗线条的、有弹性的,给下属单位以灵活运作的余地。第三,间接调节性。指导性计划主要通过经济杠杆、沟通信息等手段来实现上级计划目标。

此外,在指令性、指导性计划内容之外还有一种自主性计划,即指上级计划单位没有提出方向要求,具体怎样活动完全由下级从事这项活动的部门、单位或个人去根据实际情况进行计划安排,做到自我调节、自我控制。这种自主性计划在经济上称为市场调节,它是随着现代计划管理职能复杂化而形成的更为灵活的形式,也是行政计划职能完善化的必要组成部分。

三、行政计划的地位和作用

(一)行政计划是实现行政目标的保证

行政计划是为了具体实现已定的行政决策目标而对整体目标进行分解、计算并筹划人力、物力、财力,拟定实施步骤、方法和制定相应的策略、政策等的一系列活动。任何行政计划都是为了促使实现某一个行政决策目标而制订和执行的。行政计划的一个重要功能就是把注意力时刻集中于决策目标,如果没有计划,实现决策目标的行动就会成为一堆杂乱无章的活动,决策目标就很难实现。由于行政计划能使目标具体化，为行政组织和个人在一定时期内需要完成什么、如何完成提出切实可行的途径、措施和方法，并筹划人力、物力、财力资源等，因而能保证决策目标的实现。

（二）行政计划是行政执行的依据

行政执行是为实施行政决策目标所进行的一系列活动，这些活动包括计划、组织、指挥、沟通、协调、控制等。没有计划的行政执行，是盲目的、杂乱无章的活动。而科学周密的行政计划，为行政执行制定了具体的实施步骤与方法，对行政执行中可能遇到的困难、障碍等也提供了解决的具体方案，从而使行政执行得以有秩序、有步骤的展开，提高执行的自觉性，减少盲目性。

（三）行政计划是行政控制的标准和手段

列宁指出："任何计划都是尺度、准则、灯塔、路标。"[①] 行政计划为行政控制提供了标准，控制就是按照行政计划的标准来衡量行政管理工作的好坏，并采取必要的措施纠正行政执行过程中的偏差。没有行政计划，就无法衡量现实的情况是否向着既定的目标方向发展，也就无法进行控制。

第二节　行政计划的制订

一、制订行政计划的基本原则

行政计划的好坏取决于它和客观实际相符合的程度，为此，在计划的编制过程中必须要遵循一系列的原则，这些原则包括：

（一）科学性原则

科学性原则是指我们所制订的行政计划必须符合客观规律、符合实际情况。只有这样，才能有理由要求各部门、各地区主动地按照行政计划的要求办事。相反，如果行政计划不够科学甚至从根本上违背客观规律，那么这样的计划就很难被接受，即使通过某种强制的方法贯彻下去，也难以实现计划的目标。因此，这就要求计划编制人员必须从实际出发，深入调查研究，掌握客观规律，使每一项计划都建立在科学的基础上。

（二）统筹兼顾原则

统筹兼顾原则是指在制订行政计划时，不仅要考虑计划对象系统中所有

---

① 《列宁全集》第32卷，人民出版社1992年版，第313页。

的构成部分及其相互关系，而且还要考虑计划对象和相关系统的关系，按照它们之间的必然联系进行统一筹划。这是因为，计划的目的是通过系统整体的优化实现决策目标，而系统整体优化的关键在于系统内部结构的有序和合理，在于对象的内部关系与外部关系的协调。例如，一个集体组织的好坏，不仅取决于其整体效能的发挥，而且取决于每个成员积极性的发挥。

（三）重点原则

重点原则是指在制订计划时，要分清主次轻重，抓住关键要害，着力解决好影响全局的问题。重点明确了，主次抓准了，往往可以事半功倍。例如，我国在编制国民经济和社会发展的第七、第八个五年计划时都抓住了制约经济和社会发展的几个因素，即能源、交通、科学技术、农业和教育问题，取得了比较好的成效。

（四）弹性原则

弹性原则是指行政计划在实际管理活动中的适应性、应变能力和与动态的管理对象相一致的性质。应当看到，任何计划都是预测性的，在计划的执行过程中，往往会出现一些人们事先预想不到或者无法控制的事件，如气候的突变、自然灾害、科技的重大突破等，这些势必会影响计划的实现。因此，必须使计划具有弹性和灵活的应变能力，以及时适应客观事物各种可能的变化。为做到这一点，通常的做法为：一是编制备用计划；二是作计划时留有余地，切忌满打满算。

（五）瞻前顾后、综合平衡原则

瞻前顾后就是在制订计划时必须有远见，能够预测到未来发展变化的方向；同时又要参考以前的历史情况，保持计划的连续性。而综合平衡则是根据客观规律的要求，为实现计划目标合理地确定各种比例关系。从系统论的角度来说，也就是保持系统内部结构的有序和合理。必须对计划的各个组成部分、计划对象与相关系统的关系进行统筹安排，其中，最重要就是保持任务、资源与需求之间、局部与整体之间、短期与长期之间的平衡。

（六）群众性原则

群众性原则是指在制订和执行行政计划的过程中，必须依靠群众，发动群众，广泛听取群众意见。要通过各种形式向群众讲形势，交任务，摆问题，指关键；要放手发动群众，揭矛盾，找差距，制定措施。只有依靠群众的经验和智慧，才能制订出科学、可行的行政计划，才能激发和调动群众的积极性，自觉地为计划目标的实现而奋斗。

二、制订行政计划的程序

(一) 明确目标

根据所要解决的行政问题的性质,确定恰当的目标。确定目标是行政决策的主要任务,也是行政计划制定的前提。

(二) 收集资料

根据所要达到的目标,进行有针对性的调查研究,全面收集数据,充分掌握材料,以做到趋利避害,因势利导,制订正确的计划。

(三) 拟订草案

根据计划目标的需要,对掌握的材料进行分析综合,尽可能地设计更多具有可行性的行动方案。

(四) 评价选优

运用科学的方法对所拟定的方案进行评价,选定一个可行的最优方案。这是编制行政计划最关键的一个环节。

(五) 组织实施

组织现有的人力物力财力,组织实施最优方案。

(六) 跟踪检查

在行政计划实施过程中,根据反馈回来的相关信息,随时调整计划草案。必须指出,这仅仅是一个计划编制的理论模型,在实际的计划制订过程中,一方面,各个环节之间可能是相通的、互相渗透的;另一方面,各个环节的时间顺序也可以颠倒或同时进行。另外,一些简单计划的制订,可能略去其中一些环节,而一些大规模的、复杂的行政计划的制订,则要经历一个较为复杂而精细的组织过程。因此,必须灵活地运用这种理论上的计划编制模型。

三、制订行政计划的方法

为了编制科学有效的行政计划,除了必须具有明确的目标、科学的指导原则和编制程序之外,运用各种先进的科学方法,也是关键的因素。

(一) 系统分析法

系统分析法是一种运用系统观点来分析和解决问题的思维方法。其基本原则是:

(1) 整体化。即把对象作为由各个组成要素构成的有机整体,研究整体的构成及其发展规律。因为整体功能大于各组成要素之和。

（2）最优化。一要以最少的消耗实现计划目标；二要从多种可能的途径中寻找出能以最高的效率和效益实现目标的最优方案。

（3）定量化。即用数学概念来描述对象。一是对事物量的测度；二是描述出事物之间相互关系的量变规律；三是用数字演算找出最优方案。

（二）综合平衡法

综合平衡法是国民经济与社会发展计划编制的基本方法，是指从国民经济总体上反映和处理社会人力、物力、财力资源与社会生产的各部门之间、各环节（生产、分配、交换、消费）之间的相互关系。所谓综合平衡，是指国民经济全局的平衡，而不是指单项的、局部的平衡。搞好综合平衡，首先要从全局出发，对过去的情况进行调查研究和综合平衡统计，找出国民经济的薄弱环节，进一步挖掘扩大再生产的潜力。

（三）规划—计划—预算系统法

规划—计划—预算系统简称 PPBS 系统，是通过规划将编制计划和预算工作结合起来进行系统管理的一种方法。它是美国兰德公司研究出来的一种计划和控制技术方法。1961 年，美国国防部长麦克纳马拉（Robert S. McNamara）在国防部运用了这一方法，把以前三军各自为政的计划一元化，将很多武器系统计划纳入整个国防系统加以考量，借助系统分析编制预算。这种方法把制定决策过程中的规划、计划和预算三个阶段合成统一的整体。PPBS 方法改变按部门分配资金的方法，以工作目标和规划编制预算来分配资金。它适用于目标和计划明确、具体，按项目或课题分工的军事、水利、住宅、科技等领域。在计划和分配资金、经费时，它不拘于时间、部门和人头，以经济效益和项目或课题的需要为依据，在很大程度上改变了行政计划管理的方法。

（四）行政计划评审技术

行政计划评审法（Program Evaluation and Review Techinque，PERT）也叫统筹法，1957 年由美国海军部特殊计划局和洛基德公司、汉密尔顿公司合作创制。1962 年，美国政府规定，一切由政府开发的工程，必须事先提交 PERT 计划，PERT 已成为一种盛行的管理方法。

PERT 技术是网络规划中的一种方法，主要是利用概率统计方法分析行政现象，研究如何制订完整切实的计划，如何结合实际工作条件制订计划中每一个作业的起止时间，如何在工作进行当中进行追踪反馈，使整个计划在尽可能短的时间内完成。它适用于大型工程和复杂行政计划的设计安排。它的基本步骤是：

（1）作业网图。行政计划评审技术的第一步是要作一个完整的计划。这种计划要用作业网图表示出来，且由此网图可以显示该计划的各种工作间的相互关系及其程序。如建造一房屋，其作业程序包括：设计、筹款、雇工、购料、兴建、调整、完成。在完整的计划作业网图制作之前，先要就各个作业的内容与程序制订各个作业表及网图。

（2）时间估计。作业网图绘制以后，要就每项工作或活动需要多少时间加以估计。

（3）管理图表。无论作业网图的绘制还是工作时间的估计，目的都在于获得计划管理所需资料。这些资料以计算为主，所得出的均是具体数字。但仅有数字的资料有时不易理解，所以需要将二者结合起来制作管理图表，以作为执行及控制整个工作计划的必要手段或工具。

（4）追查进度。计划无论如何严密周详，在执行过程中总不免发生意外或偏差。因此必须随时追查工作进度，根据工作情况确定与原计划有无出入，如有出入不能按原定计划依期完成时，便要采取适当有效的措施，以谋补救。

（5）资源调配。将资材、物财等作有效配合。

（6）人力运用。将人员做良好安排。

（五）关键路径法

关键路径法（Critical Path Method，CPM）是网络规划技术中的一种方法。它与计划评审技术的区别在于后者注意时间，基于概率估算，作业时间和工作条件都是不确定的，而 CPM 既考虑时间，又计算费用成本，每道工序所需的时间都是确定的。它的具体做法是：将每道工序画成圆圈标上号码，找出起点和终点（第一道工序和最后一道工序），根据各道工序的特点和关系，用箭线把它们（标号的圆圈）连起来，在箭线上标出每道工序所需时间，形成一个网络图，找出其中的关键工作和关键路线，使关键路线满足用时最少、费用最低的要求。这条关键路线就是最佳工作程序的方案。这种方案便于计算，能使复杂的任务、工程条理分明，井然有序，便于领导者通观全局，抓住关键，安排实施，有利于节省人力、物力和财力。

1. 关键路径法的基本内容

（1）运用网络图形式来表达一项计划中各个工作的先后次序和相互关系。

（2）通过计划、分析，找出计划中的关键工作和关键路线。

（3）通过不断改善网络计划，选择最优方案并付诸实施。

（4）在计划执行过程中进行有效的控制和监督，合理地使用人力、物力、财力，最终达到预期目标。

2. 运用网络图的条件

任务能分解、流程能定向、时间能定值。

3. 网络图的构成

(1) 网络图是一种表示一个计划中各项工作的先后衔接关系及其所需时间的图解模型。主要由矢线和圆圈构成。

(2) 构成：

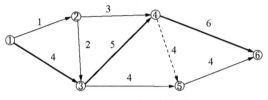

图 14-1　网络图的构成

在图 14-1 中，箭线表示一项工作，又称作业。箭线下面的数字表示完成作业的时间。箭头表示工作前进的方向。圆圈表示事件。箭头表示该工作的结束，箭尾表示该工作的开始。时间消耗最长的线路称为关键路线，该路线上的所有工作都是紧迫工作（又称关键工作），用双箭头表示。运用"加法原理"，上述图有 5 种计划方法（1246、12346、12356、1346、1356）。

4. 绘制网络图的基本步骤

(1) 分解任务。即将总任务分解、细化成若干合理的工作项目。

(2) 编定程序。基于技术要求的各工序先后顺序的交错关系，是空间概念"序"的约束。

(3) 计算时间。（经验统计法和估算法）

(4) 绘制草图。即把具有逻辑关系的各种工作编排成网络图。这里需要注意的是：第一，一张图只能有一个起点，一个终点。第二，箭线不能迂回、循环和交叉过多。

(5) 检查调优。发现纠正草图中可能存在的错误，实现网络图的逐步优化。

第三节　行政计划的实施与控制

一、行政计划的实施与控制

(一) 实施行政计划的意义

(1) 计划正确与否，需要在实践中检验。

(2) 在计划实施中，或多或少会遇到一些在计划制订中没有考虑到的问题，这就需要根据实际情况作相应的调整。

(二) 对行政计划进行控制的三个步骤

在管理过程中，控制与计划密不可分。计划是控制的前提，控制是计划实现的保证，控制与计划可以说是一个问题的两个方面。哈罗德·孔茨指出："可以把计划工作和控制工作看成是一把剪刀的两刃，没有任何一刃，剪刀也就没用了。没有了目标与计划，也就不可能控制，这是因为必须要把业绩同某些已规定的标准相比较。"[1]

(1) 确立标准。这是控制工作开展的前提，形如一把"尺子"，没有标准，便无法衡量。

(2) 衡量绩效。衡量实际的执行效果，并把绩效与预期目标进行比较分析，这是纠正偏差的前提。

(3) 纠正偏差。注意两点：不能以计划迁就控制，按控制的需要随意修改计划；不能以错误的归因来修正计划，否则会导致控制行动低效、无效。

二、行政计划的控制方式

(一) 前馈控制、现场控制和反馈控制

按流程与时间来划分，可以将行政计划的控制方式划分为前馈控制、现场控制、反馈控制。

1. 前馈控制

前馈控制也称事前控制，是在制订行政计划时，已经做好产生偏差的充分准备，对计划实施过程可能遇到的问题进行预测并设定了相对应的解决措施，即所谓"未雨绸缪""防患于未然"。

2. 现场控制

现场控制也称事中控制，是在行政计划实施过程中进行的控制，控制人通过对行政计划的实施情况进行严格审查，发现偏差，第一时间对出现的问题进行纠正，以确保计划目标得以顺利实施。例如，教学过程中的答疑、期中考试、考试时的监考、学生写家庭作业等。

3. 反馈控制

反馈控制也称事后控制，即行政实施主体根据任务完成后的反馈信息，将实际结果与原计划标准进行比较，从而对下一步行动发生影响，达到控制

---

[1] 〔美〕哈罗德·孔茨、海因茨·韦里克：《管理学》，郝国华等译，经济科学出版社1993年版，第552页。

的效果,即所谓"亡羊补牢"。其有两种作用,一是总结相关教训,为以后的行政计划实施工作提供经验,这样的反馈控制本质上是一种结果控制,控制行为不对本次计划实施工作产生影响。二是通过信息反馈系统了解行政计划的实施效果,对在实施控制中未能发现的问题继续采取补救措施,使失误降到最低的限度。典型的反馈控制有处罚违纪学生、审计工作等。

(二) 集中控制和分散控制

按控制机构分布情况来划分,可以将行政计划的控制方式分为集中控制与分散控制。

集中控制指在行政计划实施过程中所有控制权集中于行政组织最高层,其他部门或人员只负责执行与传递信息,组织执行工作严格按照预先设定的计划进行。

分散控制是指在行政计划实施过程中充分授权,各职能部门根据自身职能对相关问题负责。

三、目标控制

目标控制即目标管理,是一种运用目标来进行控制的有效管理方式。

(一) 目标管理的含义

彼得·德鲁克

目标管理(MBO)就是让组织的主管人员和员工亲自参与目标的制定,在工作中实行"自我控制"并努力完成工作目标的一种管理制度或管理方法。从某种意义上说,目标管理是一种既重视理性又重视人性的管理方法,是一种化组织需要为个人奋斗目标的管理哲学。

我国从1978年开始在一些大企业中试行这种管理方法,取得了显著的成效。目前,我国各级组织中实行的计划指标层层分解、归口管理的办法,也有些类似于目标管理。实践证明,这是一种有效的科学管理方法。

(二) 目标管理的特点

目标管理在指导思想上是以Y理论为基础的,即认为在目标明确的条件下,人们能够对自己负责,在具体方法上是泰勒科学管理的进一步发展,它与传统管理方式相比有鲜明的特点,可概括为:

1. 目标管理是参与管理的一种形式——参与管理

目标的实现者同时也是目标的制定者,即由上级和下级在一起共同确定目标。首先确定总目标,然后对总目标进行分解,逐级展开,通过上下协商,制定出企业各部门各单位甚至每个员工的目标;用总目标指导分目标,用分目标保证总目标,形成一个"目标—手段"链。

2. 目标管理强调"自我控制"——自我管理

目标管理方法实行自主管理和自我控制，强调人的主动性和自觉性。实施的每一步都让全体工作人员参与，而并不对其中某一项内容作硬性规定，均由各部门及其人员各自控制操作。执行目标的成果评价也由全体工作人员开展。自主贯穿于始终。

3. 促使权力下放——分权管理

集权和分权的矛盾是组织的基本矛盾之一，推行目标管理有助于协调这一对矛盾，促使权力下放，有助于在保持有效控制的前提下，激发组织内部活力。

4. 注重成果第一的方针——成果管理

采用传统的管理方法，评价下属的表现往往容易根据印象、本人思想和对某些问题的态度等定性因素来评价。实行目标管理后，便可以通过完善的目标考核体系按照职工的实际贡献大小如实地评价一个人。

（三）目标管理的过程

不同组织的性质和结构不同，目标管理的步骤可能不完全一样。一般来说，可以分为以下三个步骤：

1. 目标的制定

目标是组织宗旨和使命在某一阶段所希望实现的结果。目标的制定就是在判定自己的资源实力、外部环境的条件下，设定一个符合共同愿景方向、有利于组织发展的具体要求，以作为组织和全体成员在未来一段时间内努力的方向。目标制定的依据是组织发展的总目标和单位、个人的能力。组织目标一旦设定就成了组织计划工作的前提或依据，也成了组织未来成果的标志，为此，组织目标设定的另一个重要方面就是组织目标是可量化的，即可以用一系列相应指标来反映和计量。

组织目标确定后，通过组织层级由上到下依次确定目标。上下级的目标之间通常是一种"目的—手段"的关系，某一层级的目标，需要用一定的手段来实现，这些手段就成为下一级的次目标，按级顺推下去，直到组织最基层的目标，从而构成一种锁链式的目标体系。目标控制的最大特点是把总目标一直分解到个人并形成自我控制。

2. 目标的实施

目标的实施是目标控制的中心，要围绕实现目标来安排活动，主要由下层管理者进行自主管理或自我控制，上级领导者应放手把权力交给下级，自己只是根据例外原则对重大的问题进行过问和干预。如果在明确了目标之后，作为上级领导者还像从前那样事必躬亲，便违背了目标管理的本意。上级的管理应主要表现在指导、协助、提出问题、提供情报以及创造良好的工作环境等方面。

3. 结果的检查和评价

目标实施结束，要根据事先规定出的期限，对各级行政人员目标的完成情况进行检查，并严格对执行目标的效果进行评价。检查的方法可灵活地采用自检、互检和责成专门的部门进行检查。检查的依据就是事先确定的目标。对于最终结果，应当根据目标进行评价，首先在各岗位、各部门作出自我评价，然后再组织内部相互评价，最后作出组织评价，并根据评价结果进行奖罚。评价的目的是对每个行政人员的工作给予正确的评价和公平的考核。经过评价，使得目标管理进入下一轮循环过程。

（四）目标管理的优点

目标管理的优点至少体现在以下五个方面：

1. 激励明显

当目标成为组织的每个层次、每个部门和每个成员将来应达成的一种结果，且实现的可能性相当大时，目标就成为组织成员的内在激励；当目标实现并获得相应报酬后，目标的激励效用就更大。最好是每个层次、每个部门及组织每一个成员都有自己参与制定的目标，这有利于形成全面激励的局面。

2. 管理有效

目标管理方式比计划管理方式更优越，这是因为目标管理是一种结果式管理，目标管理使组织的每一层次、每个部门及每个成员尽力去完成目标，由于这些目标是组织总目标分解出来的，组织的每个层次、每个部门及每个成员完成目标，也就是组织总目标的实现。在目标管理中，只确定分解目标，而不确定各个层次、各个部门及各个组织成员完成各自目标的方式、手段，便为完成目标留出一个创新空间，有利于提高组织管理的效率。

3. 任务明确

目标管理的另一个优点就是使组织各级主管及成员都明确了组织目标、组织的结构体系、组织的分工与合作及各自的任务。同时，在目标实施的过程中会发现组织体系存在的缺陷，从而对组织体系进行改进。

4. 沟通顺畅

目标管理明确了组织中各层级人员的角色，十分重视上下级之间的协商和意见交流。无论是目标的制定、实施，还是实施结果的检查和评价，都不是只靠上级的严格管理和监督，而主要靠员工独立自主地工作，从而使达到目标的措施有可靠的基础。从这个意义上讲，实行目标管理有利于促进组织中上下级之间的沟通和交流。

5. 控制有力

目标管理方式本身就是一种控制的方式，目标分解后的部门活动，通常还需要受到检查、督促和评价。由于目标管理提供了一套明确的可考核的体系，便为组织高层进行监督控制提供了直接的依据。

（五）目标管理在运用中的局限性

1. 有些目标难以分解

行政组织的目标有时只能定性制定，真正让每个管理人员和员工都制定出可量化的目标有时是很困难的。

2. 横向部门难以协调

经过目标管理过程制定并层层分解至每个部门和每个行政人员的目标只是一段时间的中心工作，而不是全部工作。过分强调本部门和本人的目标，往往会忽略其他部门与自我目标的协调发展。

3. 强调短期目标

目标控制中的"目标"一般都是短期的。短期目标比较具体且易于分解，而长期目标则比较抽象且难以分解。同时，短期目标易迅速见效，长期目标则不然。所以，人们往往关心的是短期目标的实现而忽视长期目标，只顾眼前利益而忽视长远利益。

4. 缺乏灵活性

在目标管理过程中，目标的确定都是在充分调查的基础上，认真听取多方意见的情况下制定的，因此它在一定时期内要保持相对的稳定。但是，事物总是不断变化的，未来存在许多不确定因素，势必要求对已有目标进行修正，结果可能迫使管理人员不得不中途停止目标管理的过程。

5. 影响员工的创造性

为了追求目标的可考核性，目标管理有时会过分地追求数量目标，从而降低了目标的意义，影响员工创造性的发挥。

思考题

1. 简述行政计划的含义及其与行政决策的区别。
2. 简述行政计划的内容。
3. 简述行政计划的形式类型。
4. 简述行政计划在行政管理中的地位和作用。

参考答案

5. 简述制订行政计划的基本原则。
6. 简述制订行政计划的程序。
7. 简述 PERT 技术的基本步骤。
8. 从流程与时间上来划分，可以将行政计划的控制方式划分为哪几种类型？
9. 简要回答目标管理的含义和特点。
10. 简述目标管理的过程。
11. 简述目标管理的优点及其在运用中的局限性。

讨论题

1. 行政计划是实现行政决策目标的具体筹划与步骤、方法。试讨论，一个优秀的行政计划需要具备哪些要求。
2. 试讨论行政计划对于行政执行的重要性。

推荐阅读文献

1. 夏书章主编：《行政管理学》（第三版），高等教育出版社 2003 年版。
2. 王沪宁、竺乾威主编：《行政学导论》，上海三联书店 1988 年版。
3. 周三多、陈传明等编著：《管理学——原理与方法》，复旦大学出版社 2005 年版。
4. 何颖主编：《行政学》，黑龙江人民出版社 2007 年版。
5. 杨继昭主编：《行政管理基础》，中国人民大学出版社 2009 年版。
6. 张炜达主编：《行政管理学》，西北工业大学出版社 2010 年版。
7. 张永桃主编：《行政管理学》，南京大学出版社 2004 年版。
8. 〔美〕哈罗德·孔茨、海因茨·韦里克：《管理学》（第十版），张晓君等编译，经济科学出版社 1998 年版。
9. 〔法〕H. 法约尔：《工业管理与一般管理》，周安华等译，中国社会科学出版社 1982 年版。
10. 〔美〕彼得·德鲁克：《管理的实践》，齐若兰译，机械工业出版社 2006 年版。

第十五章 行政执行

> **导读**
>
> 行政执行是国家行政机关最根本的职能,是将行政决策目标落到实处的唯一途径,是行政权的集中表现。行政管理基本任务的完成,就是行政执行职能的实现,它是贯穿于全部行政管理活动的中心环节。一个强有力的政府首先应是一个有效进行行政执行活动的政府。可以说,行政管理学研究的各种问题最终都要涉及行政执行活动。

第一节 行政执行概述

一、行政执行的内涵

(一) 行政执行的含义和特点

行政执行是指按照行政管理的客观规律,国家行政机关及其工作人员为实现行政决策目标而进行的一系列行政活动的总称。从时间或过程上讲,行政执行是指从行政决策作出时起,行政机关及其工作人员为实现该行政决策的目标所连续从事的全部行政活动的总和。

一位退伍军人的故事

行政执行是复杂的行政活动,其内容广、范围大、环节多,只有把握其特点,才能顺利有效、如期圆满地实现行政决策的目标。行政执行具有如下特点:

第一,目的性。行政执行是行政决策的后续活动,是为贯彻与落实行政决策的目标而进行的行政活动。因此,行政执行的整个过程和一切活动都是实现行政决策的目标。行政实施必须严格服从决策目标的需要,没有确定的目标,行政执行就难以开展,因此,它是一种目的性很强的行政活动。

第二,强制性。行政执行基本上按照命令—服从的模式进行,下级对上级的命令和指令必须服从，对上级布置的工作任务必须落实完成，不能自主选择执行与否，否则就是失职。

第三，经常性。为了实现行政决策的目标，行政部门要做大量的例行性的日常工作，这些例行性的日常工作构成了行政执行的主要内容，形成了行政执行的一个鲜明特点。

第四，时效性。行政执行通常有较明确的时间界限，这就要求行政执行必须做到迅速、及时，其时间性比较强。高效而及时地完成行政管理任务、实现行政决策的目标是对行政执行的基本要求。

第五，灵活性。行政执行是把决策目标具体化的过程，这就要求根据行政执行的具体情况，充分发挥执行者的主观能动性，因时、因地制宜，具体问题具体分析，并调动有利资源与因素，采取有效的行动。只有这样，才能做好行政执行工作。行政执行的灵活性中还包含了相对独立性，其具体体现在：在行政执行工作中，国家行政机关可以在原有的、固定的组织结构之外调用资源，设计一套合理的行政执行流程，建立新的执行体系与领导小组等。

第六，层次性。行政执行是一项由许多机构和人员参加的系统工程，因此，在行政实施中必须具有较为明确的分工。一般来说，上层行政机关的实施活动主要是指挥，基层行政机关的实施活动主要是具体操作和落实。

第七，实务性。行政执行是实践性、服务性很强的活动，其中的工作大都比较具体，与行政决策相比具有很强的实务性。

（二）行政执行与行政决策的关系

行政执行与行政决策都是行政管理过程中的重要阶段，二者既紧密联系，又各有其独立的内涵。把二者割裂开来或混同起来，都是不恰当的。二者的联系表现在：

第一，行政决策是行政管理过程的起始，是行政执行的前提，行政执行是行政决策的终结，是行政决策目标的实现。仅有决策而没有执行，再正确的决策也只是纸上谈兵，毫无意义；而离开决策，执行就会成为无目标的实践，不但毫无意义，还会给社会和人民带来损失。第二，行政决策要考虑目标的可行性，行政执行要对决策的正确性和社会效益进行检验。行政执行是对行政决策的检验，决策质量的高低最终还是要通过执行来体现，动态的外部环境使得行政决策有较大的不确定性，只有通过行政执行才能发现问题，通过反馈—修正—再反馈的过程不断对行政决策进行修正与完善，最终实现决策目标。第三，行政决策能规范行政执行活动，为行政执行提供目标和方向；行政执行能为下一步行政决策提供依据，积累经验。所以说，二者在管理的动态过程中密不可分。

行政执行与行政决策有着严格区别，主要表现在：

第一，从主客观条件来看，行政决策是行政主体认识客观世界的过程，而行政执行是行政主体能动地改造客观世界的过程。第二，从其反映的特点看，制定行政决策更富理论色彩，群策群力、研讨、协商的气氛浓厚；行政执行则更注重实践活动，要求迅速、准确、全面地传达和贯彻落实。当然，这只是讲侧重，在实际工作中，理论与实践、民主与集中是紧密结合的。第三，从体现的要求看，行政决策的目的在于准确、全面地反映现实，对现实问题作出正确的规划和判断，要求准确可行。行政执行的目的在于能体现决策者的要求和目标，实现决策目标，要求迅速执行，全面贯彻，并获得最理想的效果。简而言之，行政决策的着眼点是"未来"，因而必须具有"前瞻性"和"战略性"；而行政执行面对的是"现实"，所追求的是"可行性"和"效用性"。[①]

二、行政执行的任务和原则

（一）行政执行的任务

总的来说，行政执行的任务是贯彻国家政策、法律、法令和上级指示、决定、命令等，有效地实现国家和政府的决策目标。上层的任务一般着重在指挥，基层的任务则主要是具体操作，保证落实。

（二）行政执行的原则

（1）为人民服务，对人民负责，就是要贯彻公仆精神。这是社会主义国家行政机关性质和特点的显著标志，集中体现在行政执行的全过程。我们党的宗旨是全心全意为人民服务。行政机关及其工作人员行政执行的服务精神，就在于自觉承担实现决策的任务，积极、主动、热情地为满足人民日益增长的物质和文化生活的需要服务。

对人民负责，要求行政机关及其工作人员必须兢兢业业、一丝不苟。这里包含一个前提两个方面：一个前提是确切领会政策、法令、政策的精神，了解和分析政策及工作任务，准确地把握工作要求；两个方面是对上准确执行、不折不扣；对下诚实守信、依靠群众、取信于民，不搞"上有政策，下有对策"。

（2）行政执行活动要求主体执行规范化并严格遵守行政执行程序。这是指

[①] 参见朱光明：《日本的独立行政法人化改革评析》，载《日本学刊》2004年第1期。

行政机关及其工作人员的执行活动，应遵循一定的行为规范。就行政管理应依法管理来看，行政执行的规范化突出表现在执行活动的制度化、规范化。行政执行程序是指由执行行为的方式和步骤构成的执行活动过程。为保障行政执行活动有序进行，行政机关必须严格遵守相关行政执行程序，如审批程序、行政处罚程序、强制执行程序等。加强行政管理程序的法制化建设，已成为我国行政管理体制改革的一项重要任务。

（3）注重效率与效益统一。行政执行要求在最短时间内最大程度地实现决策目标，在追求效率的同时，还应该注重执行效益。只有在保证工作质量的前提下，才能对执行效率进行追求，盲目追求效益或效率中的一方，都会导致对资源的极大浪费，只有实现了效率与效益的统一，才是好的行政执行。

提高政府执行力和公信力

三、行政执行的地位和作用

行政执行在行政管理过程中的重要地位和作用具体表现在：

（一）行政执行是行政管理学研究的基本出发点

这一点在早期行政管理学家的著述中有明确的论述，如伍德罗·威尔逊指出："行政学研究的目标在于了解：首先，政府能够适当地和成功地进行什么工作。其次，政府怎样才能以尽可能高的效率及在费用或能源方面用尽可能少的成本完成这些适当的工作。""执行一部宪法比制定一部宪法要困难得多"，"公共行政就是公法的明细而系统的执行活动。"① 古典行政学家怀特也指出："政府的'公共行政，就是公共事务的执行；行政活动的目的，则是使公共计划得以最迅速、最经济、最圆满地完成'。"② 可见，行政执行关系到政府工作的成败，是政府的一项重要的职能活动，也是衡量一个政府是否有效的重要标准之一。

（二）行政执行是行政机关最根本的职能，是实现决策目标的唯一途径

"没有行动的思想会自生自灭"。政府为了有效地管理国家和社会事务，必须根据社会政治、经济、文化发展的需要和态势，针对现实生活中的重大政策问题，及时、正确地制定政策方案。而正确的政策方案要变成现实，则有赖于有效的政策执行，如果没有政策执行，再好的政策方案也只能是一纸

---

① 〔美〕伍德罗·威尔逊：《行政学研究》，参见彭和平等编译：《国外公共行政理论精选》，中共中央党校出版社1997年版，第5、4、16页。
② 〔美〕伦纳德·D.怀特：《公共行政研究导论》，参见彭和平等编译：《国外公共行政理论精选》，中共中央党校出版社1997年版，第46页。

空文,政策目标也实现不了。毛泽东同志曾提出:"如果有了正确的理论,只是把它空谈一阵,束之高阁,并不实行,那么,这种理论再好也是没有意义的。"①

(三)行政执行是行政决策目标的实践检验过程

行政管理活动主要包括三个部分:行政决策、行政执行、行政监督。行政执行是连接行政决策与行政监督的重要中介环节,是实现行政决策目标的必要手段,也是受行政监督的对象,因此其在行政管理活动中发挥着十分重要的作用。行政执行的结果是验证行政决策正确与否的最好标准,行政决策目标的合法性、合理性、可行性最终要通过行政执行来验证。行政决策正确与否,最终要靠实践来检验。行政执行及其结果就是检验行政决策正确与否的最好尺度。刘少奇指出:"执行政策就是实践,在实践中间调查研究,在实践中间认识客观世界,在实践中间发现我们的错误,在实践中间发现新的问题,制定新的政策。所以重要的问题在于执行,在于实践。"② 因此,只有重视行政执行,并根据执行情况及其结果来检验、修正行政决策,才能使行政决策更科学更正确。

(四)行政执行的效果是评估、判断行政管理工作的客观依据

国家管理要取得成功,一要决策正确,二要执行有力。从行动的角度看,实施决策更为关键。因为决策只有经过实施才会变成现实。"历史经验表明,许多政策失败并非政策制定不当所致,而是由于执行不力或者执行的过程当中政策被扭曲所致。"③ 行政执行的好坏是影响行政管理成败的重要因素。美国政策学者艾利森(Graham T. Allison)指出:"在达到政府目标的过程中,方案确定的功能只占10%,而其余90%取决于有效的执行。"④ 美国 ABB 公司董事长巴尼维克(Percy Barnevik)也说:"一位领导者的成功,5%在战略,95%在执行。"⑤ 行政执行的失利也会侧面反映行政管理工作存在问题,反之也能说明行政管理工作的成效。

---

① 《毛泽东选集》第1卷,人民出版社1991年版,第292页。
② 《刘少奇选集》(下卷),人民出版社1985年版,第457—458页。
③ 张金马:《公共政策分析:概念、过程、方法》,人民出版社2004年版,第92页。
④ Graham T. Allison, *Essence of decision: explaining the Cuban Missile Crisis*, Harper Collins, 1971, P. 176.
⑤ 〔美〕拉里·博西迪、拉姆·查兰:《执行:如何完成任务的学问》,刘祥亚等译,机械工业出版社2003年版,封底。

第二节　影响行政执行的因素

一、环境因素

环境因素是相对于国家行政组织或公共行政组织而言的，它们是独立于国家行政组织或公共行政组织并对其执行活动和行政活动发生影响的因素，也可称之为行政执行的外部因素。[①]

（一）政治环境因素

政治环境是国家的政治制度、政党制度、法律制度、阶级状况及各种政治团体和社会集团等各种因素的总称。政治环境因素决定着行政执行过程的目标、性质和方向。改革开放以前，我国的公共政策制定过程对于公众来说一直存在神秘感和陌生感。而政府要推行一项政策时，又往往开动所有的舆论宣传工具，对这项政策的可能功效进行无限的称颂和鼓吹，却常常忽略对困难的分析和对具体措施的宣传。其结果是不管如何宣传，公众还是不得要领，因为具体实施措施的文件被锁在执行机关的办公室里，不会与公众见面。近年来，随着体制改革的不断深入与社会主义市场经济的日益成熟，这种政治文化传统也在发生变化。现在有些部门和地方政府在制定某些政策时试行公众听证制，让公众参与到政策制定过程中来，就是一个进步。这不仅有利于提高政策制定的透明度和公正性，同时也能适当分散一些政策执行阶段所承受的社会压力，减少一些矛盾冲突，从而使政策制定过程与政策执行过程衔接得更好一些。

（二）社会环境因素

社会环境即社会经济条件、生产力与科技发展水平、教育水平、文化艺术状况、人口规模等各种经济、科学、文化、教育因素及其管理制度的总称。社会环境因素不仅影响法律和政策制定的过程，而且对行政执行活动会产生有利的或不利的影响。当一个国家或地区的经济处于持续增长时期，这时候执行任何一项政策所遇到的阻力都会小一些，因为人们对未来的积极心理预期能提高他们对政策变化的忍受能力。而在经济萧条时期，人们的安全感、职业认同感均较差，心理承受能力也就较差，更倾向于采取激烈对抗的政策接受策略。据美国的政策研究专家对其50个州的比较研究获知，社会经济条

[①] 参见应松年、马庆钰：《公共行政学》，中国方正出版社2004年版，第172—173页。

件对政策执行的影响甚至超过了政治因素的影响,因为经济发展水平是影响人口教育素质、社会福利、政府财政能力、交通等公共设施水平的重要因素,从而通过多种途径对政策执行产生根本性的影响。

(三) 心理环境因素

心理环境即行政执行主体与被执行主体的法制观念、道德观念、政治态度、心理承受能力等各种社会心理因素的总称。行政执行的任务能否有效完成,行政决策目标是否能实现,都取决于以行政人员为主体的行政执行主体与以人民群众为主体的被执行主体的心理环境因素。如行政执行人员的个人能力、专业素养或行政执行人员的事业心与责任感,都是影响和决定行政执行活动能否顺利进行的重要因素。被执行主体主要是政策的受益者和受损者。执行活动会直接决定执行对象的利益实现程度并影响和改变他们的生活,因此,执行对象对决策的态度以及赞同与反对的力量对比,会直接影响政策的执行程度以及执行成败。

二、政策问题的特性

政策问题的性质、政策对象行为的多样性、政策对象人数及其行为需要调适量,都直接影响政策的有效执行。分析这一问题有助于政策执行人员根据不同问题采取不同的措施,做到有的放矢。

政策执行的有效与否,和所要解决的政策问题的类型和性质密切相关。越复杂的问题,执行的难度越大。如敏感的政治性政策、涉及人们利益分配和调整的经济政策、涉及领域众多的多种综合性政策、创造性较强的改革政策,执行难度较大。政策执行中所触动的权力关系越多,涉及的机构和人员越多,政策目标越宏大,要调整的利益关系幅度越大,规范的技术操作等级越高,政策执行的难度也就越大。一般来说,全面性的政策要比局部性的政策执行难度大;高层级的政策要比低层级的政策执行难度大。而在同一层级,多目标的政策比单目标的政策更难执行,同属于局部性的政策,也可因业务内容的不同而在政策执行的难度上存在差异。

政策所要规范的目标团体的行为的种类越多,就越难以制定清楚明确的规则用以约束政策对象的行为。例如,美国1972年通过的《联邦水污染修正案》的政策效果并不明显,其原因就在于水污染的类型繁多,全国计有12000多种污水的来源。在这种情况下,相关部门难以制定正确、统一的规则和标准用以监督检查,其执行的成效必然会大打折扣。

政策问题所涉及的目标团体人数的多少也影响着政策执行的效果。一般说来，政策涉及的人数越少、越明确，政策执行就越容易、越有效，反之，政策执行就越困难、越无效。

政策的执行效果深受其试图改变的目标群体行为幅度的影响。由于历史传统的深远影响，人们形成了一套固定的行为模式和思维，往往习惯于既定的规则，倾向于维持现有状态。因此，想要彻底改变人们的思想和行为方式是一项极具挑战性的任务。为了实现政策目标，我们应当尽量减少对目标群体原有行为的改变幅度，从而有利于政策的顺利执行。我国采用渐进式改革，从某种意义上说，正是基于以上的认识。

三、政策本身的因素

在公共管理领域，许多政策不能达到预期效果，执行中困难重重，在很大程度上与政策本身的缺陷有关，因此，分析政策本身是如何影响政策执行的，有助于制定更加科学、合理的政策，使政策得以有效执行。

（一）政策本身的正确性

政策的正确性是政策有效执行的根本前提。正确的政策符合社会发展的客观规律，代表人民根本利益，能够促进社会发展，给人民带来利益，能被执行者所认同，被政策对象所拥护，因而能得到有效的执行。反之，政策执行必然会在政策执行者、政策对象的消极应付和抵制中搁置。政策的正确性，首先要求的是内容的正确、方向的正确；其次要求政策制定具有科学的理论基础，严密的逻辑关系，科学的规划程序。

（二）政策的具体明确性

政策目标的具体明确性是政策执行有效的关键所在，是政策执行者行动的依据，也是对政策执行进行评估和控制的基础。一项政策要能够顺利执行，从操作上和技术上来说，它必须具体明确，即政策方案和目标具体明确，政策措施和行动步骤明确。同时，政策的具体明确性还要求政策目标是切合实际并可以达到的，是可以进行比较和衡量的。政策方案应该指出所期待的结果，并要明确规定完成的期限。

（三）政策资源的充足性

无论政策制定得多么具体明确，如果负责执行政策的机构和人员缺乏必要的、充足的用于政策执行的资源，那么，执行的结果也不能达到预期的政策目标。因此，政策方案要涉及政策资源的具体规定。一般说来，政策资源主要有经费资源、人力资源、信息资源和权威资源。必要的经费和人力是政策执行的物质基础，许多政策对此都有相应的规定。俗话说，"巧妇难为无米之炊"。任何政策的执行,都需要投入一定的人力、物力和财力。应遵循以最小的投入获取最大的产出为原则,投入多并不一定产出多,因为其中还有许多管理问题需要解决。因此,在政策执行活动中投入的经费和人力资源都要适量,只有这样才能有助于政策的有效执行。信息是政策执行活动的必要条件。政策方案要保证政策执行者有畅通的信息渠道和足够的信息来源,否则,执行者就无法制订出切实可行的行动计划,也无法对政策执行过程实施必要的控制。实践证明,政策执行中的某些失误或困难,常常是因执行者缺乏必要的信息而造成的。权威是政策执行的根本保证,是政策有效执行的又一项特殊而重要的资源。政策执行活动的基本特点是,需要很多人的共同活动,而共同活动"运转的首要条件也是要有一个能处理一切所管辖问题的起支配作用的意志"[1]。这个意志就是权威。建立政策的权威,就是要使政策成为国家的意志,使每一个执行者服从它。当前,我国政策执行过程中不同程度地存在着"上有政策,下有对策"的现象,这就是政策权威性不够的一种表现。

四、其他因素

影响政策执行的因素,除了环境因素、政策问题的特性、政策本身的因素以外,还有目标团体、政策执行人员、执行机构间的沟通与协调等因素。

(一)目标团体的影响

目标团体是指政策直接作用、影响的对象。政策能否达到预期目的,不是政策制定者一厢情愿的事情,也不是政策执行者能够完全决定的事情,而在很大程度上取决于目标团体的态度。目标团体顺从、接受政策,政策执行就会成功;目标团体不顺从,拒不接受政策,政策执行就会失败;目标团体只部分接受,也会加大政策执行的难度。可见,目标团体对政策顺从和接受的程度是影响政策能否有效执行的关键性因素之一。政策目标是多种多样的,它需要对一部分人的利益进行分配和调整,对一部分人的行为进行制约或改变。一般情况下,目标团体对政策的顺从接受程度既与目标团体衡量政策的成本利益有关,也与政策对目标团体的行为的变更幅度有关。一项政策出台,如果目标团体认为其能够增加自身利益,或行为调适量较小,就容易被接受。这就要求政策制定必须符合社会发展的客观规律,要代表人民群众的根本利益,或者政策需要目标团体行为的调适量要适当,以利于人们对政策的服从和接受。

---

[1] 恩格斯:《论权威》,参见《马克思恩格斯选集》第3卷,人民出版社2012年版,第276页。

(二) 执行人员的素质和工作态度

任何一项政策最终都要靠执行者来实施。执行者对政策的认同、对政策执行行为的投入、创新精神、较高的政策水平和管理水平等是政策得以有效执行的重要条件。现实中的政策变形走样在一定程度上可以归咎于政策执行者的素质不高和思想观念错误。政策执行者缺乏必要的知识和能力，对某项政策理解不透，把握不准其精神实质，容易导致政策在传达、宣传、执行中的失真、失当、失误。特别是在社会转型时期，政策执行者思想上的拜金主义、功利主义、本位主义思想严重，对国家政策的执行常打折扣，甚至搞出各种各样的"对策"，阻碍政策的顺利实施。当政策执行者兼政策对象和执行者的双重角色时，为了局部或个人利益，钻政策空子，搞"上有政策，下有对策"，对上面政策或是硬顶，或是软拖，或执行起来马马虎虎。另外，政策执行者的政策水平和管理水平直接影响到政策任务的完成。如果执行者尤其是领导者没有对政策实质的把握能力，就很难争取到政策执行所需的种种资源，不能做好政策实施的宣传指导工作和制订正确的实施方案，不能沟通和协调各种关系，从而难以有效地执行政策。可见，提高政策执行者的素养是至关重要的。

(三) 执行机构组织间的沟通与协调

有效的沟通是政策执行成功的重要条件之一。从纵向沟通来看，上级机构的政策标准本身是无生命的，它必须通过有效的沟通渠道传播给执行者。而执行者对政策的支持程度也取决于上级机构对政策的解释和执行者对政策的了解，而且上级机构对执行情况的了解也只有通过沟通渠道方可获得。从横向沟通来看，由于一项政策的实施常常涉及众多机构和执行人员的分工合作，而他们在分工合作过程中难免会产生分歧、误会、隔阂以至矛盾冲突，这就需要通过有效的沟通，相互交换意见、看法，以弥合意见分歧，消除误会、隔阂，化解矛盾冲突，增进彼此之间的了解与合作，提高政策执行的效率。从执行者与目标团体之间的关系来看，目标团体对政策接受与否以及接受的程度在很大程度上取决于他们之间的沟通。目标团体不可能自发地接受政策。执行者不仅要通过沟通渠道将政策指令传递给目标团体，更重要的是执行者应该通过沟通渠道向目标团体说明制定政策的理论依据与时代背景、政策所具有的意义，以及推行政策所要达到的目的，让他们理解和掌握政策，从而积极主动地接受和执行政策。

政策协调是管理组织为了顺利实现政策目标，而谋求自身统一和谐、自身各相关要素匹配调剂、协作分工的一种行为方式。在政策执行过程中，出现问题是常有的事，如计划本身不周密、不合实际。客观情况变化也会出现一些意想不到的事情。最为普遍的是，各执行机构之间所处地位不同、利益不同，各个执行者的知识、能力、经验以及看问题的角度不同，出现意见分歧和利益矛盾是很自然的，这些主客观情况都需要通过协调来解决。因此，协调也是保证政策有效执行的条件之一。

政策协调可划分为三个层次：其一是执行机构内部的协调。即各层级领导者对所属部门及其工作人员所做的协调。它可采取计划、任务分配和检查等办法进行，也可通过提供工作上所需的人力、物力、财力等条件来进行。其二是执行机构之间的协调。包括上下级执行机构之间的协调和平级执行机构之间的协调。上下级之间应保持密切联系，下级执行机构有责任向上级执行机构汇报情况，请示工作，上级执行机构要对下级进行工作布置、指导和检查，及时答复下级提出的问题。横向联系是当代管理活动一个十分重要的内容，平行执行机构之间应相互沟通信息、主动配合、协作。其三是执行机构与其他机构之间的协调。为了保证国家和政府制定的政策能顺利推进，行政执行机构需要密切联系社会团体、企事业单位，要求紧密配合、良性互动。

第三节 行政执行的前提与手段

一、行政执行的前提

(一) 行政决策具备合法性、合理性、可执行性

这主要是指决策主体权限合法、决策内容合法、决策程序合法。在依法治国的当下，行政决策的依据、主体、程序都应该遵循法律的要求，同时行政决策主体在制定行政决策时也必须要考虑决策目标的可执行性与政策受众的接受程度等因素。

(二) 物质条件基本具备

物质条件主要是人力、物力、财力三大项。任何行政执行都要以一定的物质资源为基础，具体体现是：行政执行主体拥有指挥才能，指挥系统已经建立；人员拥有执行能力且经过培训、学习；执行中所需各类设备及资金基本齐全。

(三) 组织条件基本落实

组织条件是保证行政执行活动得以顺利开展的一系列制度安排及措施，这包括组织结构、人员配备、职位和责权的划分、通信联络系统、工作程序

和办事制度等。要求行政执行主体在行政执行过程中建立精干高效的组织架构，形成有效的指挥体系，实现职、责、权、利的统一；组织内的工作人员具备较强能力；组织内没有人浮于事、互相推诿现象的发生，人岗匹配程度高，都是行政执行所必需的组织条件。行政执行的组织条件为行政执行提供了组织上的保证。

（四）思想政治工作领先

这既是行政执行需要考虑的前提条件，也是行政执行的一种手段。这主要包括对管理者的思想教育和对被管理者的思想教育。教育工作应贯穿执行过程始终。

二、行政执行的手段

（一）行政干预手段

行政干预是指政府凭借政权力量与组织权威，依靠从上到下的行政组织制定、颁布、运用政策、指令、计划的方法，来实现行政组织对行政工作的领导、组织和管理。行政手段的本质是借助行政权力和隶属关系实施强制措施。在社会主义市场经济条件下，行政干预手段由行政命令手段、行政引导手段、行政信息手段、行政咨询服务手段构成。行政干预手段具有如下特点：

（1）权威性。行政手段以国家权力为基础，以服从为前提，强调垂直领导关系，下级服从上级的权威性，其权力来源于法律及国家权力机关。行政手段要求下级机关必须严格按照上级领导的意图和指令办事，以此来保证国家的各项方针、政策准确无误地、坚决有力地得到贯彻执行。

（2）强制性。行政手段的性质是指令性的，令行禁止，须无条件落实执行，具有强制效力。它要求下级必须坚决服从和执行上级的命令、指示和决定。行政手段的强制性表现为行政组织体系在思想、纪律上的统一意志，下级及管理对象必须无条件执行行政主体发出的命令、规定、条例。

（3）无偿性。行政手段不同于经济手段，不注重上下级之间的利益平衡，只强调下级绝对服从上级，出于对整体和全局的考虑，甚至可以牺牲下级的局部利益。在行政管理过程中，只有无条件地服从上级行政指令，才能保证实现全局的整体利益。

（4）直接性。通过指令、政策、措施来约束和改变管理对象的行为，处理突发事件，解决矛盾纠纷，这就是行政干预的直接性。但行政手段的直接性与管理对象的理解和接受程度之间存在张力，其作用效果常常受到挑战。为此，行政管理的直接作用大小与行政领导的威信大小直接关联。

行政手段是计划经济体制下的主要行政执行方式,其弊端是缺乏平等、协商的民主精神,容易挫伤下属和群众的积极性,并且容易产生专断、"一言堂"等现象。因此,在行政执行中不能滥用行政干预手段,要注意把行政干预与强迫命令、个人专断、主观主义瞎指挥区别开来;把行政干预的权威与滥用职权区别开来;把行政干预的强制性与有效性结合起来;把行政干预实现的目标与维护行政对象的利益结合起来。同时,还要把科学的行政干预同经济手段、法律手段、思想政治教育手段等结合起来。

(二) 经济手段

经济手段是政府经济行政部门按经济运动规律的要求来管理下属经济组织及其活动的一种方法。国家行政机关将市场机制引入行政执行过程,从根本上说,是利用各部门及其活动的经济上的利害关系来制约相互间的活动的行政执行行为。它是通过利益诱导进行间接管理的办法,是市场经济条件下行政执行的主要方式。其主要特点是:

(1) 间接性。经济手段是通过对各方物质利益的调节来间接影响组织和个人的行为,行政组织只利用经济利益对利益相关者产生影响,由利益相关者自行进行决策,行政机关不进行直接控制,这是它与行政手段的根本区别。

(2) 有偿性(利益性)。经济手段以等价交换、按劳取酬原则,以有偿的物质利益刺激调动人们的积极性。这是经济手段区别于其他手段的根本特点。

(3) 多样性。经济手段的方式是多样的,概括起来说,就是利用经济杠杆(价格、税收、信贷、工资等)、选择经济参数(税率、利率、汇率等)、制定经济政策(财政政策、货币政策、产业政策、区域政策、收入分配政策等)。

(4) 平等性。行政执行的经济手段利用经济与市场的规律鼓励各类社会主体在平等的基础上积极参与竞争,以获得更多经济利益。

经济手段改变了以往单一的公共物品供给方式,极大提高了公共部门的效率与产出效益。同时,在使用经济手段时也要考虑其适用性,过度使用经济手段会导致严重的"趋利性",经济手段的运用必须要结合其他方法,才能达到最佳效果。

(三) 法律手段

法律手段是依法治国、依法行政的武器和工具,是指国家行政机关在行政管理领域内,依照法定职权和程序实施具体的行政活动,以达到有效而合理的管理目的。其包含两个方面:一方面是行政立法活动,即行政机关为实现社会公共目标依照法定权限所进行的一系列制定行政法规与行政规章的立法活动;另一方面是依法行政,是指行政机关利用法律手段保障行政权力的

行使,维护行政管理程序。法律手段相较于其他手段的特点在于:

(1)权威性。法律作为一种社会行为规范,是上升为国家意志的统治阶级意志,对全体公民具有普遍约束力,比行政手段具有更高的权威性。其中,宪法作为国家的根本大法,是法律手段权威的最高来源。

(2)强制性。法律手段的实施是以国家强制力为后盾的,违者必究,比行政手段的强制性更严厉。行政执法的实质是行政主体代表国家行使行政权力,因此,行政主体在行政执行的过程中拥有"先定性",行政主体所作出的决定先推定为合法,行政相对人事后可提出行政复议或行政诉讼以寻求救济。

(3)规范性。规范性包含平等性与程序性。平等性体现在行政机关在行政执行过程中必须严格遵循法律文本与价值观要求,不因财产、性别、民族、宗教信仰等因素进行区别对待。程序性体现在行政主体在行政执行过程中必须严格遵守法律程序,这是防止行政主体在执行过程中的乱作为,更是对利益相关者的保护。

(4)稳定性。法律一经制定颁布,便具有相对稳定性和严肃性,不得因人而异,随时随意更改。正是因为法律的严肃性与稳定性,才使得法律拥有广泛而持久的效力。

行政执法新考验

采用法律手段的具体方式包括:

(1)行政决定。这是指行政机关及其工作人员经法定程序依法对相对人的权利义务作单方面处分的行为。具体形式主要有行政许可、行政奖励、行政命令和行政处罚等四种,它们都是具体行政行为。

(2)行政检查。又称行政监督检查,是指国家行政机关依法对相对人是否遵守法律、法规和具体行政决定所进行的,能够间接影响相对人权利义务的检查了解行为。它具有义务性、限制性和单方自主性等特点。

(3)行政处置。又称即时强制,是指国家行政机关及其工作人员为阻止或排除正在妨碍或将要妨碍行政管理活动顺利进行,危害国家和社会利益等突发事件的发生和蔓延而采取的紧急执法行为。是确保行政调查顺利进行和行政处理决定迅速有效执行的一种强制措施。它具有紧迫性、即时性和直接强制性。

(4)行政强制执行。行政强制执行,是指行政机关或者行政机关申请人民法院对不履行行政决定的公民、法人或者其他组织,依法强制其履行义务的行为。这是指特定国家机关(享有行政执行权的行政机关或司法机关)采取强制手段保障法律、法规和行政决定得到贯彻落实的一种执法行为。在我国,行政强制一定要符合《中华人民共和国行政强制法》的规定,法律中未设定行政强制措施的,行政法规、地方性法规不得设定行政强制措施。

法律手段的使用有利于规范行政机关的执行行为，但是法律手段也有着自身的缺陷，体现在其缺少灵活性，在社会环境变化较大的时期，法律会有滞后性，很难及时应对突发事件。并且执行主体的法律水平与道德观念也制约着法律手段的实际效果。

（四）奖励与惩戒

作为行政执行的一种手段，奖励与惩戒的对象应当包括行政人员（公务员）和行政相对人。通过奖励与惩戒，将两方面的积极性都调动起来，才能使行政决策落到实处，实现决策目标。奖励，是一种激励措施，能调动行政人员的积极性，最大限度地挖掘行政人员的潜在能力；惩戒，旨在制止和预防行政人员和行政相对人违法乱纪行为的发生。

我国《公务员法》对行政人员的奖惩进行了规定。对公务员的奖励分为：嘉奖、记三等功、记二等功、记一等功、授予称号。对受奖励的公务员或者公务员集体予以表彰，并对受奖励的个人给予一次性奖金或者其他待遇。同时，《公务员法》也规定了惩罚措施：在事实清楚、证据确凿、定性准确、处理恰当、程序合法、手续完备的情况下可对公务员进行警告、记过、记大过、降级、撤职、开除的处分。

同时，对行政相对人，可以采取行政赋权与行政限权等行为，进行奖惩。行政赋权通过创制权利，赋予行政相对人一定的权利与权益。行政赋权的形式有行政许可、行政认可、行政奖励、行政救助。行政限权是对行政相对人的权利进行剥夺和限制，以达到惩罚的目标。主要包括行政处罚、行政强制、行政征收、行政征用等方式。行政主体还可以通过行政确认的方式进行管理，行政确认在性质上属于中性行为，因此可能对行政主体有利或不利。

（五）行政诱导

行政诱导也称思想教育手段或行政疏导手段，是指行政主体使用非强制手段使行政人员和管理对象自觉自愿地去从事政府所鼓励的工作或活动。其方式有精神鼓励、启发教育、说服劝告、建议商量、标榜典范等。

以上是常见的五种行政执行手段。事实上，各种手段不是孤立的，而是相互联系、制约和促进的。因此要求我们必须在正确认识各类手段的基础上充分发挥主观能动性，做到组合使用，扬长避短。这要求我们必须依法办事，以法律手段为核心与基础。行政主体的任何行政管理行为都必须要有法律依据，做到有法必依，杜绝行政管理主体依照主观判断进行管理，杜绝滥用职权和以权谋私。另外，行政管理主体必须要在掌握客观规律的基础上，充分认识各种管理手段之间的异同，尤其是法律手段的强制性与思想教育手段的非强制性之间是有矛盾的，行政干预手段的无偿性与经济手段的有偿性之间也存在矛盾，这要求行政管理主体要在实践中寻找最佳组合方式。

第四节　行政执行的一般过程

行政执行过程是把行政决策方案付诸实施的过程。这种过程有其自身的内在规律。一般而言，它有以下三个阶段：

一、准备阶段

行政执行的准备阶段是顺利执行的基础。准备阶段需要做好两个方面的工作：

（一）编制实施计划

"凡事预则立，不预则废。"（《礼记·中庸》）在接到决策中心的指令后，行政执行主体要认真学习研究决策，准确领会其实质，分析其目标，对照本地的实际情况，提出既符合决策要求，又符合本地实际的执行方案。同时，对人力、物力、财力、时间、所采取的措施、方法、步骤等作出具体的筹划和安排。这要求行政执行主体要合理分解任务目标，对各任务目标的执行主体、执行程序与方法、执行主体的责任与作用作出先期规划，以保证计划的顺利实施。

（二）做到"三落实"

这是指要做到组织落实、思想落实、物资落实。

（1）组织落实。即把决策执行的任务明确落实到具体的机构和人员身上。列宁说过，"要有效地进行管理……必须善于实际地进行组织工作"[①]。应根据决策目标的需要合理调整人事工作。根据情况，对有关人员还可组织上岗前的培训。同时，制定必要的管理法规制度（如目标责任制、检查监督制度、奖惩制度等），明确决策具体推行的准则和依据，保证行政执行有一个正常的秩序。

（2）思想落实。要求行政执行的相关人员对执行任务的目的、意义、内容等都有充分的了解，形成必要的共识。要使所有执行人员和有关人员都了解政策、理解政策和接受政策，并努力去实现政策。对目标和计划认识越清楚，思想准备越充分，执行起来就越自觉、越果断、办法越多，效率也就越高。

[①] 《列宁选集》第 3 卷，人民出版社 2012 年版，第 477 页。

(3) 物资落实。在行政执行中，要及时筹备好执行任务所需的行政经费、交通工具、通讯器材、机械设备、办公用品等物资，为行政决策的实现创造有利的条件和环境。

二、实施阶段

这是行政执行过程中的关键工作。其主要任务是做好指挥、沟通、协调、控制等方面的工作。

（一）行政指挥

行政指挥是指行政领导者在行政执行过程中按照既定的决策目标和计划，对下属的行政执行活动作出部署、发出指令、进行指导和激励以完成行政决策目标的过程。在行政执行活动中，有没有一个强有力的指挥中心，决定着行政活动的成败。行政执行工作纷繁复杂，为了确保目标完成就必须拥有一个强有力的指挥主体与指挥系统，以确保执行工作的顺畅。有效的指挥活动不仅是将决策落地的必备条件，还可以通过有效的指挥活动对人们产生激励作用，更可以预防各类行政执行活动的不良现象出现。通过行政指挥，可将复杂多样的行政执行活动有机地组织起来，也可调动全体人员的积极性和创造性。有效指挥有以下要求：（1）指挥者必须拥有指挥权力，并且敢于指挥，善于指挥。（2）指挥必须统一，不能政出多门，多头指挥。（3）指挥必须按层级体系进行，但要善于授权，过度集中的指挥权不利于执行活动。行政指挥主要有口头指挥、书面指挥、会议指挥、网络指挥等几种方式。

（二）行政沟通

行政沟通是指行政人员在行政执行活动中，凭借一定的媒介和通道在行政组织间、行政组织与组织环境间、行政组织与内部各部门之间传递思想观点，交流信息，以期达到相互了解、支持与合作的一种管理行为和过程。行政沟通有利于提高社会公众的认同，有利于行政目标的实现，同时还可以提高行政执行的有效性，增强组织凝聚力与人际关系协调性。在沟通过程中要注意：（1）要准确运用语言，正确全面地传递有价值的信息。（2）针对信息接受者的不同情况，注意沟通方式。（3）扫除沟通障碍，保证沟通顺畅。

（三）行政协调

行政协调是指行政领导通过引导、调停和说服的办法使行政组织、行政人员之间建立良好的相互协作、相互配合的关系，以共同实现行政目标。协调不仅是组织内部的协调，还涉及组织间的协调、组织与外部环境的协调、组织内部各部门、人员、职能的协调。要做好协调工作，既要注重原则，又

行政协调的
内容与方法

要讲艺术，还要善于分析和掌握当事者的心理，根据不同情况采取不同的方法。

（四）行政控制

行政控制是指行政领导者按照决策目标与执行计划的标准衡量完成情况，不断检查、发现、纠正执行中的偏差，以确保计划和目标实现的活动。行政控制的主要目的是发现行政执行活动中存在的偏差，通过反馈手段对其进行修正，以确保计划执行过程与计划本身一致，决策目标得以实现。

常见的控制方法有：法律规章控制、组织控制、预算控制、工作程序和行为规范控制、自我控制。法律规章控制基于法律的权威性与强制性，是所有方法中最具强制力的方法，这要求行政执行主体与被管理主体都要遵循法律的要求，不得违反法律；组织控制是指利用行政机关自上而下的组织体系进行控制，行政机关通过完善组织结构，使用组织手段对执行过程进行控制；预算控制是指利用政府的收支计划即预算对行政执行进行控制，行政主体可以通过调整不同职能部门或事务的预算分配计划达到促进行政目标实现的目的；工作程序和行为规范控制指利用规范性的工作程序和规章制度进行控制；自我控制是指主要依靠思想政治教育等非强制性方式对工作人员进行控制，使其可以自发控制自身行为，努力实现决策目标。

三、总结阶段

总结阶段是指执行机关和执行人员在完成执行任务之后，按照既定的决策目标和工作标准对执行工作所作的评价、反思、检讨与衡量等一系列行为。主要包括以下三个方面：

一是对行政执行任务的完成效果进行全面对照检查。行政执行工作最终还是为了决策目标的实现而服务的，因此要将行政执行工作的实际完成情况与预期进行对比，进行一系列执行绩效评估，要对执行的直接效果、历时效果、连带效果与系统性影响和实质性影响进行评估。执行的直接效果评估就是对执行的效益、完整度、反应程度进行衡量，确保行政执行活动充分贯彻决策目标，产生足够效果，并充分回应被管理主体的需求及利益；执行的历时效果评估就是充分了解决策对当下的影响与对未来的影响；在连带效果与系统性影响评估中要注重对政策目标以外的系统的影响，因为在行政组织与其所处外部环境处于相互影响的情况下，任何政策的执行一定会产生溢出效应，影响到其他主体；实质性影响评估主要关注行政主体在行政执行活动中所产生的实际的公共物品或效益。

二是对行政执行的单位和个人进行考核和奖惩。考核不仅是对认真进行执行工作的个人或集体的激励,更是对不规范与懈怠工作的个人与集体的限制与监督。为保证考核的公平性,必须要尽可能排除绩效评估工作中的人为性,要不断推进评估的法制化、制度化、标准化和多元化。

三是总结经验教训。行政执行是行政管理过程的重要环节,也是决策目标的实践检验过程,在实际执行过程中会出现一系列问题,这要求行政机关必须注重行政控制活动,在事后控制时注重总结,将执行过程中的经验与教训进行深化并引以为鉴,避免重蹈覆辙。

参考答案

▶ 思考题

1. 如何理解行政执行与行政决策之间的关系?
2. 简述行政执行的任务和原则。
3. 简述行政执行在行政管理活动中的地位和作用。
4. 影响行政执行有效性的因素有哪些?
5. 行政执行的前提条件有哪些?
6. 行政执行有哪些主要手段?
7. 什么是行政干预?行政干预手段有哪些特点?
8. 行政执行的法律手段具有哪些特点?
9. 行政执行的法律手段有哪些具体方式?
10. 简述行政执行的一般程序。

▶ 讨论题

1. 运用你所学的知识,谈谈政府执行力的构成,并讨论如何加强我国地方政府的执行力建设。
2. 联系当前地方政府工作实际,谈谈为什么要赋予执行人员一定的裁量权,在此基础上讨论如何加强对自由裁量权的监督和控制。

▶ 推荐阅读文献

1. 张金马主编:《公共政策分析:概念、过程、方法》,人民出版社2004年版。

2. 景跃进、陈明明、肖滨主编：《当代中国政府与政治》，中国人民大学出版社2016年版。

3. 张国庆主编：《公共行政学》（第四版），北京大学出版社2017年版。

4. 夏书章主编：《行政管理学》（第三版），高等教育出版社2003年版。

5. 黄达强主编：《行政学》，中国人民大学出版社1988年版。

6. 彭和平编著：《公共行政学》（第五版），中国人民大学出版社2015年版。

7. 江超庸、黄丽华主编：《行政管理学案例教程》（第二版），中山大学出版社2006年版。

8. 曹堂哲：《公共行政执行的中层理论：政府执行力研究》，光明日报出版社2010年版。

9. 李允杰、丘昌泰：《政策执行与评估》，北京大学出版社2008年版。

10. 谭波：《法治视野下的行政执行机构研究》，郑州大学出版社2011年版。

11. 徐珂：《政府执行力》，新华出版社2007年版。

12. 谢炜：《中国公共政策执行中的利益关系研究》，学林出版社2009年版。

13. 金太军等：《公共政策执行梗阻与消解》，广东人民出版社2005年版。

14. 丁煌：《政策执行阻滞机制及其防治对策——一项基于行为和制度的分析》，人民出版社2002年版。

15. 莫勇波：《公共政策执行中的政府执行力问题研究》，中国社会科学出版社2007年版。

第十六章 行政监督

> **导读**
>
> 行政监督是国家行政管理机制的重要组成部分,是依法治国、行政法治的根本保证。它主要通过对决策、执行过程和执行结果的法律监督检查,改善行政管理,加强法制建设,发展民主政治,维护廉洁,惩治腐败。

第一节 行政监督概述

著名政治学者麦迪逊(James Madison)指出:"如果人都是天使,就不需要任何政府了。如果是天使统治人,就不需要对政府有任何外来的或内在的控制了。"① 邓小平同志曾多次强调:"最重要的是要有专门的机构进行铁面无私的监督检查。"② 并指出,要把党内监督与群众监督、舆论监督,民主党派和无党派人士的监督结合起来,运用法律形式、政治形式、舆论形式,逐步形成强有力的监督体系。

政治学理论告诉我们,公开性原则是民主政治的基本原则,是实施有效监督的前提。列宁说:"没有公开性而谈民主制是可笑的。"③ 监督是现代政府过程的重要环节。那么,什么是行政监督?为什么要进行行政监督?行政监督又有哪些形式呢?

习近平谈强化对公权力的监督制约

一、行政监督的含义及其特征

(一)行政监督的含义

在现代社会,任何国家要对日趋复杂的社会活动进行有效管理,都必须

---

① 〔美〕汉密尔顿等:《联邦党人文集》,程逢如等译,商务印书馆1980年版,第264页。
② 《邓小平文选》第2卷,人民出版社1994年版,第332页。
③ 《列宁全集》第6卷,人民出版社1986年版,第131页。

实行强有力的监督。在英文中，监督（supervision）一词由 super（从上面）和 vision（观察）组成，即自上而下的监察和督促，它是一种来自外部的力量，是指人们为达到管理目标而对管理活动实行的检查审核、监察督导和防患促进活动。监督既是管理的一个职能和组成部分，又是实现管理职能的一个不可缺少的手段，因而是一种特殊的管理活动。

行政监督是指各类监督主体对行政机关及其工作人员行使行政权力进行行政管理的合法性、合理性以及有效性所进行的监察和督促。包括国家权力机关的监督、行政系统内部特设的行政机关的监督、监察机关和司法机关的监督、社会舆论的监督等。简言之，就是指对行政的监督，即行政法制监督。

进一步理解行政监督的内涵，可以从以下几个方面来把握：

(1) 行政监督的对象是行政机关的行政行为和行政人员的职务行为，包括行政立法行为、行政执法行为、行政司法行为以及各种管理活动。

(2) 行政监督的主体是国家机关、政党、社会组织和人民群众等。

(3) 行政监督的内容可概括为对行政机关及其行政人员的行政行为的合理性和合法性的监督。

(4) 行政监督的性质是对行政机关及其行政人员的一种法制监督。行政监督最基本的特征是依法监督。

(5) 行政监督的目的是促使行政机关和行政人员依法行政，提高工作效率。

(6) 行政监督意味着一种权力对另一种权力的监控和制约，行政监督的权力基础在于国家宪法和法律赋予的监督权力，这是行政监督权威的基础，也是行政监督有效的源泉。

(7) 现代行政监督是建立在民主和法制的基础之上的，而基于民主和法制的本质要求，行政监督的主体必须具有一定的独立性，这也是行政监督具有权威性和约束力的重要保障。

(二) 行政监督的基本特征

1. 主体的多元性

当今世界各国的政治体制、历史文化传统各异，但是在行政监督方面有一点是相同的，即能够对行政机关及其行政人员的行政行为进行监督的主体都是多样的。立法机关、司法机关对行政机关及其行政人员的行政行为的监督制约是国家机关民主化的表现，人民群众运用参政权、议政权、批评权、建议权等对各种行政管理活动进行检查、督导是人民群众行使民主权利的重要表现。此外，政党、社会组织、新闻媒体等都能通过一定的方式和程序对行政机关及其行政人员进行监督。

2. 内容的广泛性

行政监督涵盖了所有的行政行为，从运作过程到运作方式，从实体到程序，从合法性、合理性到有效性，形成了一个相互联系、相互作用的多角度、多层次、多元化的监督系统，从而体现出行政监督的民主性、科学性和合理性。行政权力运行的各个环节、行政权力作用的各个领域均应接受监督，不允许"漏监"现象的存在。无论是各级政府的施政行为，还是各职能部门的具体行政管理活动；无论是具体行政行为，还是抽象行政行为；无论是行政立法、行政执行，还是行政司法；无论是行政机关的重大举措，还是行政人员执行公务的细微行为，都应接受监督，都必须纳入行政监督的内容之中。

3. 对象的特定性

行政监督的对象是各级行政机关及其行政人员的行政行为。就是说，行政监督的对象不是所有国家机关、公务员的行为，而是特指行政机关及其人员在实施行政管理活动时运用行政权力的行政行为。并非行政机关工作人员的所有行为都应接受行政监督。一般来说，非职务行为、行政机关工作人员处理私人事务的行为，不是行政监督的对象。

4. 过程的法律性

行政监督不是谁想进行就进行、想怎么进行就怎么进行的一种无序行为。行政监督必须严格依法进行。离开了法律法规的保障，行政监督活动就会失去权威性。从这个意义上说，行政监督就是由法定的监督主体在法定的职权范围内依据法定的程序对行政机关及其行政人员实施的督导、督察活动。目前，我国颁布了一系列关于行政监督的法律法规，初步建立了行政监督的法规体系。这些法律法规对各种监督主体的监督方式、监督范围等作出了规定，在一定程度上保障了我国行政监督的效力。

5. 目标的明确性

行政监督的主要目标在于督促各级行政机关及其行政人员正确履行自身的职责，依法行政，勤政廉政，高效率地治理社会公共事务，保质保量地提供公共产品和公共服务。诚然，在行政监督过程中必须借助一定的惩罚手段，但惩罚并非目的。为了惩罚而惩罚，是将行政监督手段替代成行政监督目的的错误表现。正确的做法是，通过惩处违法失职的行政官员，提高行政监督制度的权威性、严肃性和震慑力。这样，不仅可以深刻教育监督对象，使他们充分反省自身行为，又能以儆效尤，严肃地警示其他潜在的失责渎职者，打击某些行政官员的侥幸心理，对某些重大责任事故的发生起到一定的预防作用。

二、行政监督的主体及分类

（一）行政监督的主体

一般来看，行政监督的主体由一个国家的宪法或法律作出明确规定。由于当今世界各国社会制度和政治体制各异，因此，各国宪法、法律中所规定的行政监督主体也并不一致。

根据我国宪法和有关法律的规定，我国的行政监督主体有：(1) 各级国家权力机关，即各级人民代表大会；(2) 各级国家监察机关；(3) 各级国家审判机关，即各级人民法院；(4) 各级国家检察机关，即各级人民检察院；(5) 各级国家行政机关，即各级人民政府及其所属各部门以及在政府内部特别设置的各级审计部门；(6) 各种社会力量，即各种社会团体，各种报刊和电视台、广播等舆论组织，以及广大公民群众；(7) 全国政协和地方各级政协；(8) 中国共产党的各级组织。

在资本主义国家中，行政监督主体一般包括：(1) 国家立法机关。(2) 各级政府和在政府系统内特设的行政监督机构。如日本中央政府设置了主管地方政府事务的机构——自治省。它是中央政府特设的有权对地方政府行政管理活动实施行政监督的主管机构。自治省是日本式的一种法定的特殊形式的行政监督主体。(3) 国家的司法机关。如日本各级法院对政府的行政管理活动可以通过受理行政案件实施行政监督。英国的行政裁判所也享有行政监督权，可以通过受理行政案件对政府的行政管理活动实施行政监督。因此，日本的各级法院和英国的行政裁判所，也都是国家法定的行政监督主体。(4) 广大公民。一些国家提出了"市民参政"的口号，承认广大公民也有权对政府的行政管理活动进行行政监督。如英国设有"诉怨窗口"等监督机构，日本则设有"审议会"等监督机构。

（二）行政监督的分类

(1) 按监督主体分，可分为两类：一是国家机关的监督，能直接发生法律效力，如权力机关、监察机关、司法机关、行政机关内的特设机关等；二是社会监督和群众监督，不能直接发生法律效力，如社会组织、党派、企事业单位、公民、社会舆论等。

(2) 按监督对象分，可分为对行政机关的行政行为的监督和对行政人员的职务行为的监督。

(3) 按监督内容分，可分为对行政行为的合法性的监督和对行政行为的合理性的监督。前者审查行政行为所适用的法律是否正确，有无越权、滥用权力的情况以及行政人员是否遵守国家法律、政府纪律、公务员行为规范等。后者审查行政机关及其工作人员的各项管理活动是否遵循客观规律,行政机关行使自由裁量权是否正确,在法定的范围和幅度内作出的决定是否合情合理和适当。

(4) 按监督方向分,可分为纵向监督、横向监督和双向监督。纵向监督是指有着隶属关系的上级行政机关对下级行政机关的监督,中央行政机关对地方行政机关的监督;横向监督是指同级的不同部门的国家机关的监督;双向监督是指来自被管理者一方和上级行政机关或人民法院两个不同方向的监督。

(5) 按监督时间阶段分,可分为事前监督、事中监督和事后监督。事前监督是行政行为开始实施前进行的监督,多以审议、审查批准方式进行,目的在于预防、避免违法或不当的行政行为的发生。事中监督是在行政行为实施过程中进行的监督,一般为上级行政机关对下级行政机关的例行工作检查,目的是指导工作,及时发现并纠正问题。事后监督是在行政行为实施终结之后进行的监督,目的是对行政行为后果进行评价、审定,并作出相应处理。

我国的听证制度

(6) 按监督的目的和方法分,还可以分为积极性监督和消极性监督。消极性监督又称救济监督,主要包括行政复议、行政诉讼和行政赔偿制度。

三、行政监督的原则

行政监督是行政管理活动的一个重要组成部分,因此,行政监督应当遵循一定的原则。

(一) 合法性原则

行政监督的合法性原则是行政监督主体从事行政监督的必要条件。这种合法性原则可以从三个方面来理解:首先,从事行政监督活动的主体必须合法。行政监督主体的每一项监督行为都必须遵守有关行政法规,如果监督主体的行为超出了行政法规的规定范围,其监督行为就是非法的。其次,行政监督过程必须符合法定程序,即每项具体的行政监督活动都必须按照相应的程序办事,否则,程序违法也会影响到监督的有效性。最后,行政监督活动必须符合法定方式,即行政监督主体从事的每项监督活动都必须符合法律所规定的方式。

(二) 经常性原则

行政监督作为一种经常性活动,存在于行政管理活动的全过程,贯穿于决策、协调、执行等各个环节。经常性监督有利于及时发现政府行政组织和公务员在处理公务中的不当行为、违法现象并及时纠正和处理,避免增加社会成本。

(三) 平等性原则

依法监督，法律面前一律平等，是社会主义行政监督的基础。因此，不论是领导机关还是被领导机关，不论是专门监督机构还是一般机构，不论是领导者还是一般公民，在行使监督的权利和接受监督的义务上完全平等，不存在不受监督的特权或享有特权的监督。

(四) 广泛性原则

广泛性原则是指监督的主体、对象和范围的广泛性。行政监督的性质决定了全体公民对政府的公务活动均有实施监督的权利。这种广泛性还表现在行政监督要对一切政府行政机关的行政行为、行政措施、行政制度的实施进行监督。

(五) 有效性原则

行政监督的有效性主要体现在监督实施后的效果如何。有效的行政监督要做到客观、公正、准确、及时，做到违法违纪必究，执法必严，对违法失职人员一视同仁。因此，要求行政监督必须做到深入实际，实事求是，倾听不同意见，作出客观、正确的分析判断。

四、行政监督的内容

(一) 监督决策是否科学合法

监督主体除了认真监督决策目标、决策依据、决策方案之外，还应着重监督决策的程序是否合法、科学、民主，是否严格遵循以下步骤：发现问题，确立目标；集思广益，拟订方案；分析评估，选择方案；实施方案，完善决策。要合理界定政府部门的决策权限，进一步健全重大事项集体决策、专家咨询、社会公示与听证、决策评估等制度。

(二) 监督行政管理行为是否合理合法

行政管理行为可分为抽象的行为和具体的行为。只有切实加强对抽象行政管理行为的监督，才能从源头上清理"行政权力部门化、部门权力个人化、个人权力商品化"的"权力三化"现象。法律、法规有明确规定的，行政管理行为不得逾矩违规，这是对具体行为合法性的监督；法律、法规没有明确规定的，行政部门在做出具体行为时应以民为本。在不损害国家及公共利益的前提下适当考虑照顾被管理对象的眼前利益，这是对具体行为合理性的监督。

（三）监督公共部门及其工作人员是否廉洁勤政、不滥用权力

腐败的本质是公共权力的滥用。只有加强行政监督的力度，才能从根本上解决滥用权力的问题，从而实现廉洁行政。正如习近平总书记所指出的：要以踏石留印、抓铁有痕的劲头抓作风建设。要加强对权力运行的制约和监督，把权力关进制度的笼子里，形成不敢腐的惩戒机制、不能腐的防范机制、不易腐的保障机制。

（四）监督自由裁量权是否被违规滥用

自由裁量权是指行政部门及其工作人员在法律、法规、规章规定的范围内依据立法目的和公正合理原则自行判断行为的条件、自行选择行为的方式和自由作出相应决定的权力。当官员享有垄断权和自由裁量权而又无须对权力的行使承担责任时，官员便具备了从事腐败行为的条件。因此，必须加强对自由裁量权的监督，特别是对行政执法部门及其工作人员在执法活动中行使自由裁量权的监督，坚决杜绝违规滥用自由裁量权的行为。

五、行政监督的意义和作用

（一）行政监督的意义

1. 行政监督是防止行政权力滥用的有效措施

行政权力是一种公权力，是公众赋予行政管理人员的为公共利益服务的权力。但在实际过程中，权力的使用可能出现扭曲。一方面，可能因行政管理人员的失误和大意而造成行政管理过程和行政行为中的失误，对行政管理工作和国家、社会、公民个人带来损失和伤害；另一方面，行政管理人员可能因私欲而滥用行政权力，使权力演化成个人或小集团谋私的工具，滋生腐败行为。而杜绝这种情况的重要办法就是进行行政监督，对行政权力的范围、行使程序、行使结果进行全流程的监督，防止行政权力异化。因此，行政监督的开展有利于建设一个"廉洁、高效、勤政、务实、责任、服务"的政府。

2. 行政监督有利于提高行政绩效

对于行政管理机构本身来说，行政监督可以减少行政行为中可能出现的失误和违法乱纪现象，从而避免错误决策给行政管理机构和社会带来的负面影响。行政决策效率和质量的提高，必然有助于提高整个行政系统的绩效。比如，对行政执行环节进行监督可以及时发现行政执行中的失误和偏差，督促各部门采取相关措施及时改进和纠正错误。当然，行政监督也能够提高行政权力使用的科学化与合理化水平，更能为公共利益服务，这些都有助于行政绩效的提升。

3. 行政监督制约着行政管理

没有监督的机制很容易出现腐败。国家行政机关根据国家有关法律和政策对职权范围内的各项事务实施管理，这种管理带有强制性。行政机关对其管理对象拥有命令权、指挥权，管理对象必须服从；同时，行政机关及其公务员还拥有一定的行政处置权，即在一定的法律规范下从事行政管理活动所享有的自由裁量权，这些是有效管理所必需的。但这些权力的运用又不是随心所欲的。行政监督可以制约行政权力，对各种违法乱纪行为追究责任，并终止、纠正错误行为。只有以权力制衡权力，对行政活动进行有效的监督、控制，才能达到行政管理的目标，保证国家的法律、政策的贯彻实施，才能清除各种腐败现象，保持政府和公务员的廉洁作风，改善行政管理，建立良好的政风。

(二) 行政监督的作用

行政监督作为行政管理的一种特殊职能，是其他行政管理环节不能代替的。其根本作用在于保证行政权运用的合理合法，提高行政管理的功能和效益。具体来说，主要作用有：

1. 预防作用

这是反映在事前监督中的作用。行政监督在行政管理活动过程中无时不在、无处不在，因而能够及时发现不当的行政行为，并及时提醒行政机关和行政人员，从而把行政管理的问题、偏差和失误消灭在问题发生之前。同时，通过行政监督发现某方面、某环节已出现的偏差、失误和问题，并作出及时处理，对行政管理的其他方面、其他环节也起到一种预警作用，从而可以防止类似的问题和过失的发生。

2. 控制作用

这是反映在事中监督中的作用。在行政管理过程中，通过行政监督能促使行政机关和行政人员按照法律规定的权限和程序实施管理，按照正确的规范和原则去完成行政管理任务，能随时校正行政管理的航向，确保行政管理不偏离行政目标。

3. 补救作用

这是反映在事后监督中的作用。行政监督可以对行政管理中出现的失误和行政机关及其行政人员的不当行为做事后补救和纠正，促使行政机关就行政监督发现的问题制定出相应的整改措施，尽量挽回和弥补损失。同时，通过对行政机关和行政人员违法违纪及腐败的揭露、惩处，使这些不良现象得到有效遏制，避免今后再次发生类似问题。

4. 评价作用

这是体现在监督全过程中的作用。行政监督的过程同时也是对行政管理进行比较和测评的过程，行政监督能够对行政机关和行政人员的工作作出恰如其分的评价，并帮助他们总结经验教训，使他们不断发扬成绩、克服缺点，改进工作，纠正错误，从而提高行政管理的水平，提高行政系统的整体效能。

第二节 行政内部监督体系

一、行政内部监督的含义和特点

（一）行政内部监督的含义

行政管理内部监督是指上级行政机关对下级行政机关、专门行政监督机关对一般行政管理机关以及行政部门对其工作人员进行的监督，它是行政管理系统内部建立的检查、督促等自我约束、自我制衡的监督体系。行政内部监督是由行政机关内部形成的监督系统进行的监督制度，即从国务院到地方各级人民政府组成统一的相对独立的行政系统实行的监督。

尤利西斯的自缚

（二）行政内部监督的特点

行政内部监督，因熟悉情况、联系密切，容易及时发现问题及时处理，有利于提高监督效率。其主要特点有：

（1）监督对象更具广泛性。行政内部监督既包括对具体行政行为和抽象行政行为的监督，也包括对行政行为合法性与合理性的监督，还包括对行政机关工作人员一切行政行为和职务行为的监督。

（2）监督内容更具全面性。行政内部监督是建立在层级隶属的组织原则基础上的，上下级的领导—服从关系、上下级在管理目标上的一致性等都使得行政内部监督可以在更为全面的范围内展开。

（3）监督方式更具多样性。相对于外部监督主体的异体监督而言，行政内部监督既可以运用法定的正式监督方式，也可以运用各种非法定的监督方式；既可以依据职权采取积极主动的方式，也可以应相对人的申请被动地进行监督；既可以通过法律手段惩罚做出违法行为的公务员，也可以以内部纪律处分的形式来规范公务员行为，从而在监督方式上体现出多样性。

（4）监督程序更具时效性。由于受到监督程序和监督方式的约束，外部监督主体通常无法及时发现行政管理中出现的违法或不当行为。行政内部监督则可以更为及时、高效地发现并处理行政管理中出现的新情况、新问题。

二、行政内部监督的形式

行政内部的监督可分为一般监督、业务监督、专门监督和行政复议。

(一) 一般监督

也称为上级监督,是指上级行政机关根据行政层级隶属关系对下级行政机关的监督。即上级机关对下级机关行使权限实行监督,以及行政机关内部行政领导人对其下级工作人员的一般监督。行政管理是一个规模庞大、内容复杂的系统,为了实现管理目标,就必须将目标层层分解到各个部门直至各个公务员,所以,行政管理系统必须是一个金字塔式的层级机构,各层级之间界限分明,下级必须服从上级,上级有权监督下级,下级有权向上级反映情况或提出申诉。

国外有一种"管理上司"的理论,认为上司既然是人,必有其长,必有所短,下级应尽量使上司能展其所长,为其所能为,以便使上司的管理更有成效。所以,有思想的或肯动脑筋的下级经常自问:"我的上级究竟能做好什么?""他曾做出什么成绩?""为了运用他的长处,他需要了解什么?""他需要我为他做些什么?""不能采用阿谀奉承的办法去发挥上级的长处,而是把自己认为正确的意见,以上级能接受的形式向他提出。"

(二) 业务监督

业务监督有两种:一是上级对下级的业务监督,又称主管监督;二是部门之间的业务监督,又称职能监督。前者包括国务院各部委和直属机构对省一级政府各工作部门实行监督,地方上一级政府部门对下一级政府部门实行监督,主管行政机关对所属企事业行政领导人员的监督等。这种监督,有些属领导关系,有些属业务指导关系。后者指有些政府部门就主管业务在其职权范围内对无隶属关系的行政部门进行监督,如财政部就其主管的国家的财政收支对其他各部委和各地区实施的监督。职能监督可以越级进行,但是,对于监督中所发现的问题的处理,还应按照隶属关系来进行。

(三) 专门监督

专门监督是指由政府设立的专门机关独立行使监督权,对所有部门的行政工作实行专业性分工的监督。在我国,专门监督主要指对各级政府部门财务管理的审计监督。

审计监督是由专职机构和人员,对被审单位经济活动的合规性、合法性和效益性,以及会计和其他经济资料的真实性、公允性进行独立审查、评价和鉴证的经济监督活动。政府审计是由政府审计机关依法进行的审计,在我国一般称为国家审计。我国国家审计机关包括国务院设置的审计署及其派出机构和地方各级人民政府设置的审计厅（局）。国家审计机关依法独立行使审计监督权，对国务院各部门和地方人民政府、国家财政金融机构、国有企事业单位以及其他有国有资产的单位的财政、财务收支及其经济效益进行审计监督。

在审计监督过程中，审计机关可以依据法律法规对各级行政机关、各企事业单位和社会团体的财务收支、经济效益、财经法纪等情况进行专门的稽查和审核。从世界范围来看，审计监督存在立法审计和行政审计两种类别。英国、美国、加拿大等国的审计法律制度的共同特点是：审计机关直接对议会负责，向议会报告工作，是立法模式的国家审计体制。而我国 1983 年成立的中华人民共和国审计署，由国务院总理直接领导，依法独立行使审计检查权，是典型的行政审计。

审计机关一般拥有下列职权：

第一，检查权。审计机关有权要求被审计单位按照规定报送预算或者财务收支计划、预算执行情况、决算、财务报告，社会审计机构出具的审计报告，以及其他与财政收支或者财务收支有关的资料，被审计单位不得拒绝、拖延、谎报。

第二，调查权。审计机关进行审计时，有权就审计事项的有关问题向有关单位和个人进行调查，并取得有关证明材料。有关单位和个人应当支持、协助审计机关工作，如实向审计机关反映情况，提供有关证明材料。

第三，建议权。审计机关认为被审计单位所执行的上级主管部门有关财政收支、财务收支的规定与法律、行政法规相抵触的，应当建议有关主管部门纠正；有关主管部门不予纠正的，审计机关应当提请有权处理的机关依法处理。

第四，通报权。审计机关可以向政府有关部门通报或者向社会公布审计结果。

第五，处理权。对被审计单位违反国家规定的财务收支行为，审计机关、人民政府或者有关主管部门在法定职权范围内，依照法律、行政法规的规定，责令限期缴纳应当上缴的收入、限期退还违法所得、限期退还被侵占的国有资产以及采取其他纠正措施，并可依法给予处罚。

有些学者将一般监督和业务监督归结为结构性监督，而将审计监督归结为违法违纪监督。

（四）行政复议

行政复议是指行政相对人认为行政主体的具体行政行为侵犯其合法权益

而依法向行政复议机关提出复查该具体行政行为的申请,行政复议机关依照法定程序对被申请的具体行政行为的合法性、适当性进行审查并作出行政复议决定的一种行政监督法律制度。我国十分重视行政复议,专门制定了《行政复议法》,中共中央办公厅和国务院办公厅还于2007年初联合发布了《关于预防和化解行政争议、健全行政争议解决机制的意见》。

行政复议的目的是为了纠正行政主体做出的违法或者不当的具体行政行为,因此,它是一种行政自我纠错机制。我国各级行政机关普遍设立行政复议机构,这些机构及其人员做了大量工作,取得了重大成绩,其发挥的内部监督作用也是相当巨大的。

加强行政复议工作,是化解社会矛盾、促进社会和谐的必然要求,是维护人民群众合法权益的重要途径,是建设法治政府的重要内容,是促进政府自身建设的重要手段。各级政府及各部门应在肯定成绩的同时,正视存在的问题,把行政复议工作做得更好。

三、行政内部监督的方式

一般来说,内部监督方式主要有工作报告、工作指导、工作检查及专案调查等。这些监督方式在实际的监督过程中相互促进、相互配合。

(一)工作报告

工作报告是指下级行政机关向上级行政机关就工作中的重大措施、主要事项、重大事件、主要问题所做的报告。工作报告是一种督导制度,它帮助上级行政机关了解下情,从而有效地领导和监督下级机关及其工作人员的工作。

(二)工作指导

工作指导是指上级行政机关对下级行政机关的工作加以的指导。其目的是要按照预定进程和标准有效完成任务。其基本方式有命令、指示、建议、说明等。基本内容包括明确的布置、有效的指令、及时的情况通报、详细的工作说明、明确的工作标准等。

(三)工作检查

工作检查是指上级按照工作计划与工作成果对下级的执行状况进行的检查和评议,并根据检查的结果,对下级予以奖励和惩戒。

(四)专案调查

专案调查是行政机关对所属部门、单位发生的事故和违法乱纪案件所组织的专门调查活动。专案调查通常用于性质比较严重、影响较为恶劣、构成侵犯、损害公民权利或造成重大损失的不当行为的案件。

第三节　行政外部监督体系

行政外部监督是来自行政机关以外的监督主体，为保证行政工作的合法性、正确性及社会效益而对行政机关及其工作人员实施的监督。主要有：

一、立法监督

(一) 立法监督的含义

立法监督也称权力监督、人大监督，是指各级人民代表大会及其常委会（即国家权力机关）对行政机关及其工作人员实施的监督，是有法律效力的最高层次的异体监督。其监督权是我国人民通过宪法确定的。

(二) 立法监督的法律特征

(1) 监督层次最高。它具有最高法律地位，代表人民的意志实施监督。

(2) 监督权威最大。国家权力机关是国家政权的集中代表者，它领导和监督其他国家机关，不受任何其他国家机关的牵制。

(3) 监督范围最广。包括一切国家行政机关和全体政府公职人员及其全部行政行为。

(4) 具有法律效力。立法监督属于权力性监督，能直接产生法律效力。行政机关的一切行为必须以权力机关制定、颁布的宪法和法律为依据，不得与之相抵触。

(三) 立法监督的内容和方式

在我国，人民代表大会及其常委会对政府进行监督的主要内容和方式有：

(1) 听取和审议同级人民政府的工作报告，包括年度报告、财政预算报告、各项重大措施和政策报告、政府各部门负责人工作活动报告等。

(2) 审查并撤销本级行政机关发布的不适当的法规、规章、命令和决议。

(3) 向政府及所属部门提出质询和询问，发表意见，同级政府组织的有关人员必须负责答复。

(4) 视察和检查政府工作，处理公民对政府的申诉、控告和检举。《宪法》第41条第1款规定："中华人民共和国公民对于任何国家机关和国家工作人员，有提出批评和建议的权利；对于任何国家机关和国家工作人员的违法失职行为，有向有关国家机关提出申诉、控告或者检举的权利，但是不得捏造或者歪曲事实进行诬告陷害。"

(5) 罢免政府组成人员。我国政府组成人员由各级权力机关选举或任命产生，权力机关可以进行多种形式的监督，如提出批评、建议、意见或进行评议，其中罢免是最为严厉的惩戒方式。《宪法》第 63 条规定："全国人民代表大会有权罢免下列人员：（一）中华人民共和国主席、副主席；（二）国务院总理、副总理、国务委员、各部部长、各委员会主任、审计长、秘书长；（三）中央军事委员会主席和中央军事委员会其他组成人员；（四）国家监察委员会主任；（五）最高人民法院院长；（六）最高人民检察院检察长。"《中华人民共和国地方各级人民代表大会和地方各级人民政府组织法》第 13 条也规定："地方各级人民代表大会有权罢免本级人民政府的组成人员。县级以上的地方各级人民代表大会有权罢免本级人民代表大会常务委员会的组成人员和由它选出的监察委员会主任、人民法院院长、人民检察院检察长。罢免人民检察院检察长，须报经上一级人民检察院检察长提请该级人民代表大会常务委员会批准。"

二、监察监督

监察监督是指各级监察委员会（即国家监察机关）依法对行政机关及其工作人员实施的监督。通过监察国家行政机关和国家公务员以及国家行政机关任命的其他人员的行为，保证其遵纪守法，廉洁奉公，促进和保证政府机关实施廉政。

各级监察委员会是行使国家监察职能的专责机关，依照法律规定独立行使监察权，办理职务违法和职务犯罪案件。目前，我国的监察体制改制实行纪委与监委合署办公，整合执纪与执法力量，充分体现了执纪执法相互结合的制度属性。也就是说，监察监督不仅体现了监察委员会作为独立的专责性质的国家机关属性，而且体现了国家权力体系中监督权的独立性，不仅是国家政治权力资源优化配置的重要组成部分，而且是国家监督制度体系完善的关键步骤。

（一）监察监督的主要内容

（1）对行政机关工作人员开展廉政教育，对其依法履职、秉公用权、廉洁从政从业以及道德操守情况进行监督检查。

（2）对涉嫌贪污贿赂、滥用职权、玩忽职守、权力寻租、利益输送、徇私舞弊以及浪费国家资财等职务违法和职务犯罪行为进行调查。

（3）对违法的工作人员依法作出政务处分决定；对履行职责不力、失职失责的领导人员进行问责；对涉嫌职务犯罪的，将调查结果移送人民检察院依法审查、提起公诉；向监察对象所在单位提出监察建议。

（二）国家监察机关的职权

国家监察机关依法享有下列职权：

（1）监察权。我国各级国家监察机关对国家行政管理机构及其工作人员的活动是否合法合理具有普遍监察权。

（2）调查权。监察机关根据监察所得的线索和公民、社会团体的举报、检举、控告，具有就某一具体事项对监察对象进行调查的权力。监察机关在办理行政违纪案件过程中，可以提请公安、审计、税务、海关、工商行政管理等机关予以协助。

（3）建议权。监察机关在检察和调查的基础上，有权向被监察机关或被监察机关的主管部门提出处理意见。监察机关依法作出的监察决定，有关部门和人员应当执行。监察机关依法提出的监察建议，有关部门无正当理由的，应当采纳。

（4）处理权。如果监察机关通过立案调查证实了监察对象的行为已经构成违法违纪，则监察机关有权对行为人作出政务处分。《中华人民共和国监察法》中规定了政务处分的种类，包括警告、记过、记大过、降级、撤职和开除。

三、司法监督

司法监督是指国家审判机关、检察机关依照法定程序和权限对行政机关及其工作人员的违法行为所实施的侦查、审判等监督行为。其最大特点是解决行政机关具体行政行为的违法问题，直接产生法律后果。司法监督是一种兼具公正性与合法性的监督形式，对于保障国家法治秩序的稳定、完善法治建设都有重要意义。其监督主体与监督内容都由国家法律明确规定，具有特定性。这种监督形式的重点是监督行政管理主体及其人员具体行为的合法性，其监督主体主要是国家审判机关（即各级人民法院）和国家检察机关（即各级人民检察院），这两种机关的监督活动构成了司法监督的主要内容。

（一）审判监督

我国人民法院作为国家的审判机关通过依法审理与国家行政机关及其工作人员有关的刑事案件、民事案件、行政案件、经济案件等，以裁定、判决的形式，处理行政机关及其工作人员的违法犯罪行为来实行监督。其监督的具体方式有：

（1）对刑事案件进行审理和判决，依法追究行政管理主体及其工作人员在刑事案件中所应负的违法、侵权的刑事责任。

(2) 对民事案件进行审理和判决，依法追究行政管理主体及其工作人员在民事活动中所应负的违法、侵权的民事责任。

(3) 对行政案件进行审理和判决，依法追究行政管理主体及其工作人员在行政活动中所应负的违法、侵权的行政责任。

(4) 通过司法建议通知书、司法建议书等形式，向有关机构及其主管部门提出改进工作的意见和建议。

(二) 检察监督

我国人民检察院作为国家的法律监督机关，肩负着维护国家法制的职责，主要通过行使检察权对行政管理组织机构人员触犯法律的罪行和利用职权犯罪的事件进行侦查、批捕和提起公诉来实施监督，从而保证宪法和法律的统一实施。其具体监督方式有：

(1) 对行政管理中触犯刑法的管理主体及其工作人员进行批捕和提起公诉，以此来实行监督。

(2) 对利用职权徇私舞弊、贪污受贿、失职渎职以及重大责任事故之类的案件进行调查、批捕和提起公诉，履行监督职能。

(3) 依法监督刑事案件的判决、判决的执行以及监狱、看守所、劳改劳教机关的行为是否公正合法。

(4) 对专门负责侦察的公安机关的侦察活动的过程实行监督，保证侦察工作的合法性与公正性。

四、政党监督

党对国家行政管理工作的领导和监督的方式有以下五个方面：一是通过制定正确的路线、方针、政策来实现党对国家行政管理工作的领导和监督；二是通过党的各级组织对各级政府及其部门实行监督；三是通过推荐优秀党员干部担任政府重要职务来实现党对政府工作的领导和监督；四是通过宣传教育和思想政治工作等手段来实现党对政府公职人员的领导和监督；五是通过党的各级纪律检查委员会审查和处理党员领导干部违反党纪政纪的行为来实现监督。

(一) 政党监督的含义

政党监督是指中国共产党和各民主党派对行政机关和行政人员所实施的监督。在我国，政党监督主要由执政党中国共产党来实施。

(二) 政党监督的主要形式

(1) 政治监督。党依靠制定正确的路线、方针、政策来领导和影响行政机关的政策制定和决策过程。

(2) 政策监督。党通过在各级人大和各级政府中进行的政策法律化和政策法规化的过程，将党的路线、方针、政策转化为具体的法律规定。

(3) 立法监督。党在各级人民代表大会中都占有较多的名额，可以有效地利用各种立法监督手段影响行政机关的行政活动和行政行为。

(4) 纪律监督。党的各级纪律检查委员会对担任各级行政机关领导的党员干部进行严格的考查和监督。

(三) 政党监督的主要方式

(1) 通过党的纪律检查委员会和设在国家行政机关内部的党组，检查和处理行政人员的违法乱纪行为。

(2) 设立信访部门接受群众信访。

(3) 各民主党派通过政治协商会议、人民政府参事会、情况通报会、座谈会等形式对国家行政活动提出建议，实施监督。

(4) 在行政机关中担任一定的领导职务直接参政，影响政府活动。

五、社会监督

社会监督是指根据宪法和法律享有一定权利的公民、企事业单位、社会团体、社会舆论等利用多种方式对国家行政机关及其工作人员实施的监督。

(一) 社会监督的主要形式

1. 社会组织的监督

社会组织的监督主要是指工会、共青团、妇联等社会团体和居民委员会、村民委员会等基层群众性自治组织对政府工作的监督。社会组织历来是党和政府联系广大人民群众的桥梁和纽带，有责任对政府的工作进行监督。同时，他们具有广泛的群众基础，最了解群众的要求和愿望，能够有效保障人民群众的合法权益不受侵犯。

社会组织实施监督的主要方式是召开会议，以口头或书面形式向有关机关提出要求、建议、批评，对某些行政人员提出申诉、控告和检举等。

2. 人民群众的监督

人民群众的监督是指公民个人通过批评、建议、来信、来访、申诉、控告、检举以及行政诉讼等方式对行政机关及其工作人员的行为实施的监督。显然，它是一种非国家性质的监督，不具有严格的法律形式，也不具有法律强制性的后果。但是，这种监督却能在很大程度上引起国家机关及有关国家监督机关、司法机关的注意，从而促使强制性监督手段的介入。公民监督具有广泛性的特点，是整个监督体系中必不可少的重要环节和基础，也是人民民主的体现。

我国《宪法》第 27 条第 2 款规定，"一切国家机关和国家工作人员必须依靠人民的支持，经常保持同人民的密切联系，倾听人民的意见和建议，接受人民的监督，努力为人民服务"。从法律上规定了公民的监督权。

为了有效地发挥公民的监督作用，加强对国家行政机关及其工作人员的监督，国家建立了相关的制度保障。主要有：

(1) 举报制度。我国国家权力机关、行政机关、司法机关以及中国共产党、人民政协均设立举报中心、举报站、举报电话、举报信箱等受理公民对国家行政机关及其工作人员违法违纪行为的检举和报告。举报是新形势下清除行政腐败的一项有力措施。2014 年新修订的《人民检察院举报工作规定》和 2016 年最高人民检察院、公安部、财政部联合印发的《关于保护、奖励职务犯罪举报人的若干规定》增加了对举报人的事前保护。2019 年 9 月，国务院印发《关于加强和规范事中事后监管的指导意见》指出，要建立内部举报人等制度。这是国家政策层面首次明确提出设立内部举报制度。[①]

(2) 信访制度。信访，是指公民、法人或者其他组织采用书信、电子邮件、传真、电话、走访等形式，向各级人民政府、县级以上人民政府工作部门反映情况，提出建议、意见或者投诉请求，依法由有关行政机关处理的活动。我国国家权力机关、行政机关、司法机关以及中国共产党、人民政协均设立信访机构或信访员，接受公民的来信来访。2003 年以来，我国出现"信访潮"和"信访洪峰"。越级访、重复访、集体访成为新的特征。为此，国家于 2005 年 1 月 5 日通过了新信访条例。其中，最突出的一点就是作出了"双向规范"和"双向约束"的规定。"双向规范"，就是既要依法规范行政机关及其工作人员的信访工作行为，又要依法规范信访人的信访行为；"双向约束"，就是强调受理、办理信访事项的信访工作机构、有关行政机关及其工作人员和信访人都要按规定进行信访活动。

(3) 对话制度。政府和公民的对话制度具有迅速、准确、简便等优点，为公民直接向政府反映情况、提出批评和建议创造了有利条件。如行政公开制度、新闻发布会制度、记者招待会制度、公示制、听证会制度等。

---

① 参见王秀梅、王肃仪：《论我国反腐败领域内部举报制度及内部举报人保护》，载《河北法学》2024 年第 4 期。

(4) 行政救济制度。这是指纠正行政违法以及弥补行政违法给公民或组织的合法权益造成损害的法律救济制度。主要由行政复议制度、行政诉讼制度和行政赔偿制度构成。

(5) 民主评议政府制度。比如天津市和平区自 1989 年起自发开展评选"十佳公仆"活动；深圳市于 1996 年发起"企业最满意的政府部门"评选活动；湖北省阳新县自 1998 年开展"人民不满意领导班子"评定活动，等等。通过这些活动，对促使公务员更好地为社会和人民服务、对转变政府职能、改变工作作风、加强廉政建设等起到了重要的监督和制约作用。

3. 社会舆论监督

社会舆论监督是指公民、企事业单位、社会团体通过电视、广播、报刊和新媒体等宣传工具对行政机关及其工作人员的监督，包括批评、建议、评论、揭露违法或腐败行为等。从本质上讲，舆论监督也是公民监督，是公民言论自由的具体体现。

舆论监督具有公开、迅速、信息量大、影响面广、冲击力强、效果显著等特点。它所能产生的政治压力和效应是巨大的，曾有人做过统计，电视观众特别是农民观众最爱看的电视节目是"焦点访谈"，朱镕基总理曾给"焦点访谈"栏目题词："舆论监督，群众喉舌，政府镜鉴，改革尖兵"。这四句话精辟地总结了当前我国的新闻舆论所担负的职责和使命。

舆论监督在现代社会中越来越重要，它虽然不具有法律效力，但其社会影响力之巨大，是其他监督手段无法比拟的。它对克服官僚主义和腐败现象，改进政府工作，增进行政管理透明度，提高行政效率，增强人民的监督意识，具有显著的导向作用。部分西方学者已将它视为制约立法、行政、司法的"第四种权力"，它与利益集团、非执政党、宗教势力等一起被归为"第二决策圈"。

(二) 社会监督的特征

(1) 社会监督是一种政治权利。各国宪法或宪法性文件一般都有关于公民和公民团体（结社）政治权利的原则规定，其中就有包括参政议政、批评政府及其官员的权利。

(2) 社会监督是一种法律制度。即社会监督是通过宪法和法律制度确认、发挥和保障的。在宪法之下，通常还有新闻法、出版法、游行示威法、行政诉讼法等具体法律保障社会监督的实现。

(3) 社会监督是一种社会责任。社会监督是基于对国家、对民族、对全体国民所承担的责任而实施的。这种责任是自然的、普遍的、不可推卸的。每一个公民、社会组织都应承担这种责任。

（4）社会监督是一种民主意识。社会监督是在社会普遍的主权意识基础之上而成为的一种宪法原则和法律制度。在现代社会中，由于政府职权和职能的扩展，民主意识主要表现为对国家公共权力的关注和对自身权益的维护。社会监督最直接和最广泛地体现国民参政、议政的权利，是国民发表政见、维护权益、督策政府及其官员的主要形式。

第四节 完善我国的行政监督体系

一、我国行政监督中存在的主要问题

列宁对行政机关的弊病分析

在社会主义市场经济体制逐步完善的进程中，逐渐暴露出法律法规不健全、政策界限模糊、管理环节衔接不够流畅等问题，这些问题为部分别有用心的人提供了寻租空间，给新形势下的行政监督工作提出了挑战。为此，我们必须大力加强行政监督工作的力度，克服行政监督中的常见问题。

（一）国家权力机关发挥作用不够

在我国行政监督体系中，国家权力机关的监督作用尚未发挥到应有的水平。尽管国家权力机关在理论上应该对行政行为进行监督，但在实践中，由于一些局限性和制度缺陷，其监督效果并不尽如人意。部分地方政府或行政机关可能存在权力的过度集中，导致监督的实际效果被削弱。此外，一些权力机关可能存在监督自身的问题，缺乏足够的透明度和问责机制，使得其监督他人的效果大打折扣。在实践中，一些国家权力机关可能存在着监督资源匮乏、制度执行不力等问题。例如，一些监督机关可能缺乏足够的人力、财力和技术支持，难以开展有效监督工作；一些地方政府可能对监督机关的工作不够重视，导致监督效果受到影响。此外，由于监督机关在组织结构和职责划分上存在一定的局限性，监督机关在行政监督中的作用受到一定的制约。

（二）民主党派的行政监督作用尚未充分发挥

民主党派在我国政治体系中扮演着重要角色，应当成为行政监督的重要补充力量。然而，现实情况并非如此。民主党派的监督作用尚未充分发挥，主要原因包括历史因素、体制限制以及实际操作中的困难。

（三）公民监督的实际效力不彰

尽管我国政府鼓励公民参与行政监督，但公民监督的实际效果仍然不尽如人意。一方面，公民对政府行为的监督意识和能力相对较弱，缺乏有效的监督渠道和途径。在我国的行政监督体系中，公民参与监督的门槛较高，需要具备一定的政治、法律等知识和技能，而一些普通公民可能缺乏这方面的基础，难以有效参与监督活动。另一方面，一些地方政府对公民监督的态度不够积极，使得公民监督难以发挥应有的作用。在一些地方，政府可能自觉不自觉地抵制和排斥公民监督，限制了公民监督的自由度和影响力，导致监督效果不佳。此外，一些公民监督组织或平台可能面临着资源匮乏、影响力不足等问题，难以对政府行为进行有效的监督和约束。

（四）舆论监督受到多重框框限制

在我国的行政监督体系中，舆论监督作为重要的一环，其实际运作却受到多重框框的限制。第一，新闻媒体在舆论监督中可能受到政治、经济等多方面的干扰，导致报道不够客观公正。一些新闻机构可能受到政府或其他利益集团的控制，难以独立开展舆论监督，使得舆论监督的效果受到影响。第二，一些新闻媒体可能过于追求商业利益，忽视了舆论监督的社会责任。在市场经济的环境下，一些媒体可能更关注市场份额和广告收入，而忽视了对政府行为的客观监督，导致舆论监督的实际效果大打折扣。此外，一些新闻媒体可能存在报道偏颇、夸大等问题，使得舆论监督的力量受到削弱。因此，要加强我国行政监督体系，需要进一步完善舆论监督的机制，保障新闻媒体的独立性和言论自由，加强对新闻从业人员的职业道德和行业规范的监督，提高舆论监督的客观性和权威性，确保舆论监督能够发挥应有的社会作用，促进政府行为的规范和改进。

（五）行政组织内部的监督机制有待完善

行政组织的内部监督主要包括一般监督、业务监督、专门监督和行政复议。在行政监督实践中，无论是哪一种内部监督形式都很难避免或消除偏袒的可能性。再加之相关监督机制不健全和监督过程中自由裁量权的存在，监督机关也会出于尽可能减少违法或不当行政行为对行政管理带来的负面影响的考虑，从而无法满足合法权益受到损害的相对人的正当请求。

二、完善我国行政监督体系的路径

（一）树立正确的行政监督观念

树立正确的行政监督观念是优化行政监督的重要举措，人们在过去的经

丰县"三项工程"

历中所形成的态度倾向对未来的政治行为有着重要作用。当务之急，是提高公民的权利意识、增强行政官员接受监督的自觉性和强化监督人员的责任感。坚持以完善廉政教育制度为基础，狠抓廉洁从检教育，筑牢拒腐防变思想防线，积极构建制度化、常态化的廉政教育机制。坚持把廉政教育纳入到日常目标管理工作之中，贯穿干部培养、选拔、管理和使用各环节，做到张弛有度、教育有内容有内涵，从根本上提高政府官员廉洁从政的职业素养。

（二）健全监督法制

法律监督程序完备是现代法治的重要标志。而在我国，法律监督程序规则的欠缺问题尤为突出，如人大法律监督程序缺乏系统化、步骤性的程序安排。加强行政监督的立法，是进一步完备行政监督制度的重要任务。

（三）增强监督主体的素质，提高监督的实际水平

行政监督队伍要德才兼备、政策水平高、工作能力强。监督者自身素质高，监督效果才会好。要提高监督主体的监督意识，提升监督者专业化水平，探索民主监督工作的专职化，尝试设置民主监督工作委员会，专门负责民主监督工作，鼓励支持以界别为单位的民主监督，发挥界别特色和界别专业优势。全面加强法律法规和业务知识学习，不断提高监督主体的理论素养和履职能力。要注重将财经、法律方面的专业人才吸收到监督主体中来，为监督能力的提升提供人才保障。

（四）建立统一且富有权威的监督领导机构

党的集中统一领导是坚持和完善党和国家监督体系的根本保障，也是坚持和完善党和国家监督体系的目标导向。党的全面领导必然要求党对完善党和国家监督体系工作的全覆盖、全方位、全过程领导。只有党才能站在代表人民根本利益的战略高度，总揽全局、协调各方，保证从决策部署指挥、资源力量整合到措施手段运用，都能够始终沿着正确的政治方向，作出科学的决策，并确保政策的有效执行。党中央按照优化、协同、高效的原则，对多元的监督资源进行科学配置，把国家监察机关和检察院相关监督职能相整合，组建监察委员会，并与纪委合署办公，实现了党和国家监督体系的组织创新，健全了党领导监督工作的制度体系，切实保证了党对监督体系的集中统一领导。

（五）完善行政监督机构的自我约束机制

监督是对被监督者的制约，同时监督机关也应该受到约束。完善行政监督机构的自我约束机制，首先要健全行政监督的相关法规，做到有法可依。

其次应建立强有力的反弹机制，形成监督者与被监督者的双向压力、激励机制。最后还要落实监督人员定期轮转制度，尤其是主要领导和派驻各机关的监督人员更要定期有交流。

（六）充分发挥公民监督的作用

"主权在民"是现代民主政治的基本原则。根据"主权在民"原则，政府是民众的代理人，受民众的委托，代表民众进行社会管理。公民对政府实施监督，是公众对自身权力委托的必然结果，是权力主体行使权力的根本体现，是权力主体对权力行使者的有效制约途径，也体现了我国人民当家做主的政权性质。要建立健全各种公民监督渠道，如信访举报、网上评议、民主评议会等，保障公民监督的落实。对公民的意见、建议、批评、要求和申诉、控告要认真对待，力求"事事有交代、件件有结果"。充分发挥公民监督作用，提高其监督水平，是完善社会主义民主的重要方面。

> **思考题**
>
> 1. 简述行政监督的含义与基本特征。
> 2. 我国的行政监督主体有哪些？
> 3. 行政监督应坚持哪些原则？
> 4. 简述行政监督的内容。
> 5. 简述行政监督的意义和作用。
> 6. 简述我国的行政监督体系。
> 7. 行政内部监督有哪些特点？
> 8. 行政内部监督的形式分为哪几种？
> 9. 行政外部监督有哪些主要形式？
> 10. 我国人民代表大会及其常务委员会对政府进行监督的主要内容和方式有哪些？
> 11. 政党监督的主要形式有哪些？
> 12. 社会监督有哪些特征？
> 13. 我国行政监督中存在的主要问题有哪些？
> 14. 简述完善我国行政监督体系的路径。

参考答案

> **讨论题**
>
> 1. 某市皮革厂附近的下水道堵塞，造成污水四溢，臭气熏天。附近1000多户居民深受其害，多次向有关部门反映，但问题一直得不到解决。某报社记者对此作了专门采访，并在该报的监督专栏里对有关部门提出了批评和建议，终于促使有关部门马上采取措施，在不到一周的时间内解决了下水道堵塞问题。讨论：上述报纸的报道和批评属于何种监督？这种监督具有什么作用？
>
> 2. 西方的一些思想家认为封建国家君权的至高无上、不受制约是导致政府腐败的主要原因。为了防止资本主义国家的政治腐败，他们提出了分权和制衡的思想，认为权力没有监督就会走向腐败。在这种理论背景下，在许多国家的政治实践中，一方面把国家权力分为立法权、司法权、行政权，分别交与议会、法院、政府掌握；另一方面通过宪法规定了三者之间相互制衡监督的关系，以防止权力滥用。这种体制安排使资本主义国家的行政权力受到来自立法机关、司法机关、行政机关内部以及全体公民的监督。讨论：如何认识和对待西方的行政监督思想和实践？我国产生腐败的原因有哪些？应如何治理？

> **推荐阅读文献**
>
> 1. 夏书章主编：《行政管理学》（第六版），高等教育出版社2018年版。
>
> 2. 王沪宁、竺乾威主编：《行政学导论》，上海三联书店1988年版。
>
> 3. 张国庆主编：《公共行政学》（第四版），北京大学出版社2017年版。
>
> 4. 彭和平编著：《公共行政学》（第五版），中国人民大学出版社2015年版。
>
> 5. 杜兴洋主编：《行政监察学》，武汉大学出版社2008年版。
>
> 6. 齐明山主编《行政管理学》（第三版），中央广播电视大学出版社2016年版。
>
> 7. 李建新等编著：《政府效能与行政监督关系研究》，湖南人民出版社2012年版。

8. 金太军、李雪卿等：《行政腐败解读与治理》，广东人民出版社 2002 年版。

9. 侯志山、侯志光：《行政监督与制约研究》，北京大学出版社 2013 年版。

10. 王凯伟：《政府效能与行政监督》，湖南人民出版社 2012 年版。

11. 尤光付：《中国县政府行政监督：观察与思考》，中国社会科学出版社 2012 年版。

12. 陈奇星等：《行政监督论》，上海人民出版社 2001 年版。

13. 李树军：《行政监督》，世界知识出版社 2007 年版。

14. 石书伟：《行政监督原论》，社会科学文献出版社 2011 年版。

15. 王臻荣：《行政监督概论》，高等教育出版社 2009 年版。

16. 〔美〕希尔顿·L. 鲁特：《资本与共谋》，刘宝成译，中信出版社 2017 年版。

17. 〔美〕汉密尔顿、杰伊、麦迪逊：《联邦党人文集》，程逢如等译，商务印书馆 1980 年版。

18. 〔法〕孟德斯鸠：《论法的精神》，许明龙译，商务印书馆 2012 年版。

第十七章　行　政　绩　效

> **导　读**
>
> 行政绩效是行政管理学的核心问题之一，也是行政管理的出发点和归宿。行政绩效的高低是衡量行政管理活动是否科学的重要标准，因此，研究如何提高行政绩效，历来是行政管理学不可忽视的重要内容。

第一节　行政绩效概述

一、行政绩效的概念与特征

（一）绩效管理的概念

绩效原是一个物理学概念，指的是能量输入与输出的比例。在社会科学中，绩效多指为实现组织目标而投入的资源与所获得产出之比；在管理学中，绩效指的是工作的完成情况或所取得的效果。因此，所谓绩效管理，就是在设定公共服务绩效目标的基础上，对公共部门提供公共服务的全过程进行追踪监测，并进行系统的绩效评估的过程。①

（二）行政绩效的定义

威尔逊认为，行政学研究的目标在于揭示政府能够适当地和成功地进行什么工作，以及政府怎样才能尽可能以高的绩效及在费用与能源方面尽可能少的成本完成这些适当的工作。②怀特指出，公共行政的目的就是在官员和雇员的处置下，对各种资源加以最有效地利用，使公共计划得以最迅速、最经

---

① 参见黎民：《公共管理学》，高等教育出版社 2020 年版，第 166 页。
② 参见彭和平等编译：《国外公共行政理论精选》，中共中央党校出版社 1997 年版，第 1 页。

济、最圆满地完成。① 古利克认为，行政科学的基本的善就是绩效。② 虽然注重行政绩效能够极大提升行政管理工作的成效，但行政组织还需要考虑公共性。因此，必须在考量行政管理绩效的基础上加入对行政管理效果的评价，行政绩效应运而生。

行政绩效即政府绩效，也称行政生产力或政府生产力，是指行政组织通过行政管理活动，为公民提供公共产品与公共服务所投入的各类资源与所获得社会效果之间的比例。行政绩效是行政组织工作完成情况或工作的成绩与结果，也是行政效率与行政效果的总和。与行政效率不同，行政绩效是一种"结果导向"的追求。行政绩效是一种对绩效概念的细化与延伸，行政绩效是一个复合概念，其包含了行政效率和行政效果，也包含了对行政效率的测定、评估、反馈。在行政活动中，行政效率是在行政管理中投入的工作量与所获得的行政效果之间的比率，是人们在单位时间内和空间内开展行政活动、获得改造客观世界和主观世界的社会效果。行政效果是指行政主体通过行政管理活动所获得的有形的社会效果和无形的社会效果。简言之，行政绩效是效果与消耗之比。

（三）行政绩效的特征

1. 方向性

行政绩效的方向性是指行政绩效的改进与评估要坚持其政治导向，要遵循正确的政治方向。行政管理活动结果进入评价过程即行政绩效的测量。评价与测定行政绩效，必须以正确的行政活动方向为前提，即行政管理活动必须符合国家的意志和人民的要求，并给社会带来积极的成果。如果行政管理偏离了国家的意志和人民的要求，违背国家政策和法律，给社会带来消极的影响，那么，谈论绩效就毫无意义。

2. 关联性

行政绩效的关联性体现在行政绩效与行政效果的关联。在行政管理活动中，行政效果以绩效为基础，效果同时也是绩效的前提，两者具有很强的关联性。

3. 社会价值性

在行政管理中，一切对绩效的考量都不能脱离社会价值因素。因为行政投入（人力、物力、财力）虽可以在一定程度上用金钱或时间来量度，但行

---

① 〔美〕伦纳德·D. 怀特：《公共行政学研究导论》，参见彭和平等编译：《国外公共行政理论精选》，中共中央党校出版社1997年版，第45—46页。

② See Luther Gulick & L. Urwick, *Papers and the Science of Administration*, Columbia University Press, 1937, p. 192.

政产出的价值往往无法用同样的尺度来衡量。衡量行政活动的成果，只能通过确定这些成果与总体行政目标的联系来完成。具体的行政活动与总体行政目标之间往往难以直接比较，只能借助社会价值判断确定它们之间的联系。所以，社会价值体系对行政绩效的评估和测定有重要的影响。

4. 相对性

在行政管理活动中，存在大量的可量化指标与不可量化指标，其中不可量化指标的产出和投入很少能用数量单位来衡量。测定行政绩效一般只要求在几个备选方案或几项同类行政管理活动之间比较绩效的相对高低，因此，行政管理学所处理的总是相对绩效问题。测定行政效果时就很难使用单一的标准进行衡量，只能选择相对客观与优良的标准。

5. 工具理性

因为绩效评估是对行政管理活动和结果的客观评价，其结果会对行政相对人的利益产生影响，在注意力与资源有限的情况下，绩效评估的指标数量也会受到限制，同时行政主体更多会倾向于完成上级制定的目标。因此，会出现行政机关过度关注绩效目标而不是社会公众目标，只关注指标本身而不关心工作的实际结果等现象。再者，由于行政绩效的指标实现难度存在差异，当不同指标的受重视程度相同时，就很难不出现"趋利避害"的情况。

二、行政绩效的功能

（一）增强行政合法性

良好的行政绩效无疑会促进政府形象的改善，而一个好的政府形象无疑会增加政府的权威，促进公民与政府、社会环境之间产生良性的互动关系。现代民主国家的政府合法性来自公民的授予，政府有义务运用被授予的权力为公民创造与提供更好的社会环境与服务。但是公民很难感知与比较政府提供的所有公共服务，行政绩效的出现就为公民提供了一种对政府进行监督的方式，可以让公民更加全面地了解并参与到政府的工作当中，也正是公众对公共服务质量与成本的关注，才促进了政府行政管理行为的规范化与程序化，更强化了行政机关及其工作人员的责任感。

（二）提高行政管理活动的成效

任何管理活动都必须高度重视绩效问题。因为管理就是要以有限的资源创造出更多更好的福利，行政管理活动更是如此。行政绩效是行政管理的出发点和落脚点，是行政管理活动追求的最终目标，它贯穿在行政管理的各个环节、各个层次中，是行政管理体系中多种因素的综合反映。行政管理活动是运用国家政权的力量,从保护和实现人民的根本利益出发,对社会各个领域的活动进行协调和管理,它在整个社会管理体系中居主导地位。从对外部环境的影响来看,行政绩效的高低直接影响着各行各业管理活动的进行,制约着社会管理系统的整体绩效,也直接影响着社会主义现代化建设的进程。行政机关在组织人力、物力、财力等资源实现行政目标时,总要力求以最小的消耗、最快的速度,保质保量地完成任务。提高行政绩效是加快国家建设步伐,减轻人民负担,迅速实现国家富裕强盛的重要条件。因此,行政绩效的高低,是衡量行政管理活动成功与否的一个重要标准,也是检验行政管理现代化、科学化水平的一个重要标准。通过绩效评估,政府可以修正自身在职责履行中的偏差。从对组织内部影响的角度来看,行政绩效评估的工作为工作人员的考核、激励与奖惩提供了客观依据,也是调整内部行政资源分配的一把标尺。客观实践表明,如果不依据结果对工作人员进行激励或奖惩,就会出现懒政、怠政的现象,缺少刺激的组织最终会走向消亡。

(三)评价行政效果的客观标准

行政改革的目标,就是要通过政府机构改革,建立起办事高效、运转协调、行为规范的行政管理体制。各项行政改革归根结底都是为了提高行政绩效。能否提高行政绩效,是检验行政改革成败的主要标准。行政绩效评估要求行政机关及其组成人员对工作现状进行汇报,因此绩效评估会让行政机关及其工作人员对当前的工作有更加完整的认识,对下一阶段的行政管理活动提供有用信息,使决策者掌握组织的基本情况。再者,严格的绩效管理制度也为其他社会主体参与行政监督活动提供了监督标准。

第二节 行政绩效评估与测定

一、行政绩效评估的要素

行政绩效评估是指行政组织自身或其他社会组织运用科学、客观的方法对行政管理活动的有效性及执政能力进行评测与反馈。这是对行政机关社会治理能力的反映,也是行政绩效的最重要的一环。要对行政绩效进行评估,首先需要了解行政绩效评估的构成要素。

(一)行政绩效评估的主体

行政绩效评估的主体是实际进行行政绩效评估工作的组织或个人。由于不同主体的评价标准不同,评价结果也不尽相同,在选择绩效评估主体的过程中要考虑以下几点：

公众参与政府绩效评估的模式

一是注重评估主体的多样性。要想行政绩效评估的结果全面、客观，在评估主体的选择上就要注重多样性。行政绩效评估要由有权的主体来进行。行政绩效的评估不能是自问自答，不能仅仅在行政机关内部进行评估。现有的评估活动更多局限于行政机关内部自评、同级互评、上下考评，缺少外部主体的监督。因此，要注重全社会各个方面的意见，选择不同评估主体进行评估。

二是要注重评估权力的来源与使用。在我国，人民是国家权力的主体，是国家的主人。因此，行政绩效评估的权力掌握在人民手里，人民可以通过各种组织和各种方式对行政绩效实施评估。

三是要注重评估客体的宗旨。在我国，行政组织的宗旨是为人民服务，因此，在评估主体的选择上要切合行政组织的宗旨。测评主体如果并非政府的服务对象或利益相关者，就很难从客观的角度进行绩效评估。

政府和社会在行政绩效评估的主体中扮演了主要角色。以政府为评估主体的绩效评估更多依靠行政体制进行压力型考察，更加具有任务性色彩，而以社会为评估主体的绩效评估更加偏向"专业理性"的第三方评估。从现实角度来看，在当下的中国行政绩效评估实践中，还是以政府为主导，行政色彩依然浓厚，以第三方及公民为代表的评估主体还是难以脱离行政的框架独立进行评估。

（二）行政绩效评估的客体

行政绩效评估的客体是指负责进行行政管理工作并实际产生行政管理成果的行政机关及其工作人员的总称，这是相对于行政绩效评估的主体而言的。行政绩效评估不仅要对评估客体的工作完成情况、完成质量进行考察，还要对行政机关及其工作人员本身的能力素质进行考核。在实际工作中，对两者的评估往往是同时进行的。

（三）行政绩效评估的方法

科学方法的使用使得行政绩效评估的过程更加可靠，结果更加客观。行政绩效的评估不仅是评估主体主观意愿的表现，而且是各种科学方法综合评估所得出的客观结果。值得注意的是，任何评估方法都有其适用范围，因此，在实践中必须要注重不同方法的组合与调适。

（四）行政绩效评估的目标

这是指行政绩效评估所要实现的目标。在实际行政管理活动中，组织的可考核方面复杂多样，是一个结构严密的指标体系，受限于资源的有限性，测评主体无法对所有方面进行评估，因此必须要设定绩效评估目标，以目标为导向设立侧重点，这样才能使得评估工作有的放矢。

（五）行政绩效评估的环境

行政绩效评估的环境指的是组织内部、外部对绩效评估产生影响的因素及条件。绩效评估环境会对行政绩效评估产生制约或促进的作用，这使得测评主体一定要注重对环境的控制与认识，只有在充分认识环境的基础上才能顺利地开始行政绩效的评估。

二、行政绩效评估的主要原则

在行政绩效评估的实践过程中，由于环境等客观条件的限制，要想评估科学有效就必须遵守以下原则：

（一）以公共利益为导向

行政管理是行政机关为实现社会公共目标而进行的行政活动。行政绩效评估不仅要对行政组织本身进行评估，还要对行政组织的绩效与行政管理活动的效果进行评估，但在根本上是通过对行政组织的改进来间接促进社会公共利益的增长。因此，在进行行政绩效评估的过程中，一定要以社会公共利益为绩效评估的标准。另外，要注重绩效评估的公平性，只有一个公平合理的绩效评估体系才能获得被评估者与公众的认可。

（二）评估权力的非集中化

评估权力的非集中化其实就是评估主体的多样化问题。事实上，政府部门的绩效评估主体过于单一往往会造成极大的不公平和不公正问题。例如，如果仅由单一的政府内部主体进行评估，那么可能会出现一种相互妥协的评估结果。而如果只有外部的评估主体，他们可以超然于各利益方之外去进行客观的评估，但由于对组织内部的实际情况的了解并不充分，往往会形成客观但不正确的评估结果。所以，政府部门的绩效评估需要考虑把内部的和外部的评估主体结合起来。组织内部的评估主体既包含上级部门所开展的自上而下的评估，也要有本级部门的自我评估，甚至需要有一个内部相对独立的部门专门从事评估工作。来自组织外部的评估主体主要有权力机关、政党组织、社会公众、舆论传媒和专业的评估组织等。

（三）坚持结果导向

行政绩效评估的目的就是通过绩效评估，获得有效的绩效信息，了解和把握政府机关行政绩效的现状，发现问题，找出差距，降低行政管理成本，规范行政管理行为，改进和提高行政绩效与服务能力，促进经济社会全面协调和可持续发展。因此绩效评估的重点一定在于行政管理活动是否高效地实现了行政目标，并且是否产生了应有的价值，一切活动的出发点与落脚点也是为了实现目标，只有实现了这两点，才能更好地以结果为导向来进行绩效评估。

（四）操作可行性

行政绩效评估是一套涵盖了各项元素的综合工作，考核指标既要考虑到行政管理过程中实际面对的各类问题，更要考虑评估主体在进行评估工作时的可行性。这就要求行政绩效评估必须科学合理，利于实际操作，各项指标之间边界清晰，容易了解指标的内涵。

（五）独立性与差异性原则

独立性原则指的是评估指标之间的界限应清楚明晰，指标体系的各项指标都具有独立的信息，相互不能代替。差异性原则指的是评估指标之间的内容可以进行比较，能明确分辨各个指标的不同之处以及内涵上的差异。

SMART 原则

三、行政绩效评估的指标构建

行政绩效评估的指标指的是在各个指标上应该达到什么样的水平，解决的是被评估者做得如何、完成了多少的问题。对指标的考量可以从以下几个角度来进行：

（一）行政绩效评估的质量指标

1. 行政决策层的质量

行政决策是行政管理的中心环节。行政决策的质量对整个行政活动的效果有决定性的意义。行政决策的质量标准主要有两个方面：方向标准，即行政决策是否符合国家的意志和人民的要求；优化标准，即是否选择了最优的行动方案。

2. 中间管理层的工作质量

行政机关或组织内中间管理层工作质量的主要标准有：对上级命令执行的程度，反馈信息的准确和及时程度，管理系统内部协调一致的程度，对所属部门工作的指挥是否正确、有效、灵活，能否及时有效地处理突发事件等。

3. 具体执行层的工作质量

具体执行层的工作大部分是操作性的，可以按不同岗位制定具体的工作标准。一般标准有：服务态度好坏，有无原则的工作程序标准，执行程度如何，工作是否符合计划要求，服务对象的满意程度等。

（二）行政绩效评估的数量指标

1. 行政决策层的工作量

行政决策工作可进行量化分析的要素有：一定时期作出决策的数量，处理的信息量等。但是行政决策工作是一种创造性工作，评价行政决策工作时，数字的指标难以全面准确地反映实际完成的工作量，因而是次要的、参考性的。

2. 中间管理层的工作量

中间管理层的行政工作种类繁多。执行计划、组织、控制、沟通、协调等不同职能的中层管理部门，其工作的性质、任务、方式各不相同。测量这些部门工作量的标准有：所管理的下属单位数量、地理范围、人口范围、所处理的信息量、处理突发事件数量等。对每个具体部门，应根据实际情况确定具体的工作量指标。

3. 具体执行层的工作量

具体执行层的工作可量化的指标较多。各职能部门工作性质不同，可根据不同情况设定各种反映工作量的标准。如交通部门有所管理地段总公里数量，道路维修保养工作量，平均车流量，处理各类事故次数，处罚违章次数，出动巡查的车辆、人员的数量等指标。

（三）行政工作的时效标准

时间是行政绩效的重要因素。评估行政绩效必须有时效标准，这可分为两类：一是强调速度的标准；二是强调时限的标准。在实践中，要根据需要和条件，为每项行政工作设定速度标准和时限标准，并要不断完善。

时限并不一定要求速度，时限是指一项行政工作最迟的完成期限。提前不一定有积极意义，延时则可能造成严重的损失。

（四）行政费用指标

这是最容易量化的指标。通常有两类基本尺度：（1）衡量人力消耗的尺度，即劳动时间尺度，以工作日或工作时来计算。（2）衡量物力和财力消耗的尺度，以货币来计算。

使用这两种指标来衡量行政费用时，需要注意两点：一是简单劳动与复杂劳动创造的价值不同，计量人力支出时，应对不同知识水平的人员加以区别。二是物质资源不能完全按市场价格来计量，应区别计划物质和非计划物质、供应充足物质和短缺物质。

四、行政绩效评估的步骤与方法

(一) 行政绩效评估的主要步骤

行政绩效评估主要经历以下步骤：

第一，由决策部门作出进行绩效评估的决定与计划。作为行政绩效管理的第一个环节，该步骤是行政绩效评估实施的关键和基础。作出评估决定的主体必须要拥有决策权力，决策主体应当是具有权威性的部门，并且有足够能力克服绩效评估的阻力。

第二，确定绩效测评的目标和对象。对于政府部门来说，这些问题和目标应和行政效率、行政效果紧密相关。在明确绩效测评对象后向被测评单位阐明绩效评估的目的、要求与任务。同时行政决策部门也要确定评估主体与评估方式。

第三，制定评估程序，确定奖惩机制和制度保证。在这个阶段，决策部门要确定可以量化的绩效指标与指标体系，要根据评价标准跟踪与衡量绩效标准。政府绩效指标相当于一种"标尺"，它明确了行政机关及其工作人员的具体工作内容。行政绩效指标体系需要考虑两个方面的问题，即行政绩效指标的选择和各个指标之间的整合。行政绩效指标体系应当构成一个完整的体系，可以实现对组织绩效进行不同方面、不同角度的衡量，让行政人员能够更好地了解当前政府工作的重点，为行政人员未来的工作提供指引。

第四，行政绩效评估的执行与持续改进。这个阶段是指在明确了评估目标与对象的情况下，根据事先制定的一系列指标体系与工作程序，使用科学的方法对测评客体的绩效进行考核，并参照测评结果，依照制度安排对客体进行奖惩。同时，要通过绩效沟通，确认已完成的项目，对现存的行政管理问题进行分析，并对下一阶段的目标和任务加以安排。

(二) 行政绩效评估的基本方法

1. 直接评估方法

直接评估方法是直接对行政绩效进行测量的方法，是运用行政绩效公式测量产出与投入的方法。直接评估方法主要有以下三种：

第一，预期绩效比较法。这是对行政绩效的预期测定与评估，它适用于行政领导决策层。行政绩效的高低首先取决于行政决策质量的高低，为了确保行政决策质量，可以对各种决策方案的预期效果进行评估和比较。

第二，行政费用评估法。这是以行政经费的开支和使用的合理性及其效果为依据来评估行政绩效的，它适用于中间管理层及操作执行层。

第三，时效评估法。时效是行政绩效的一个重要指标，因为任何行政管理活动都是在时间流程中进行的。能否以最短的时间实现预定的目标，是衡量行政绩效高低的重要标尺。

2. 间接评估方法

间接评估方法主要是通过对行政管理活动效果的评定来估量行政绩效的高低。具体的评定方法有三种：

第一，行政功能测评法。此法用于测评行政机关的总体效能，及测评该机关能否有效地实现行政目标，出色地完成行政任务。

第二，行政要素评分法。在行政管理中，不同要素对工作成败和绩效高低有不同影响。通过分析管理活动中各主要要素的情况，可间接评定行政绩效。还可通过分析找出影响行政绩效的原因，为改进工作、提高行政绩效提供依据。

第三，标准比较法。此法是对特定行政管理活动的效果进行评定，看其在多大程度上符合标准，它反映的是行政活动的效益。衡量行政效果的标准，或是公认的，或是经过专家研究由有关部门规定的，都能反映社会和人民对行政活动的要求。

3. 综合评估方法

在现实的行政管理活动中，多数行政工作都不是单一的，而是综合的。因此，单一的直接评估和间接评估方法所得出的结果并不全面客观，还必须对行政绩效的各组合因素进行综合评估。以下是主要的几种综合评估方法：

第一，"3E"评价法。"3E"评价法是由美国会计总署率先提出并加以实践的一种绩效评估方法，目的是更好地控制政府财政支出从而节约成本。所谓"3E"，就是经济（economy）、效率（efficiency）、效果（effectiveness）。所谓"经济"，是指以最低的成本（供应与采购）投入维持既定的公共服务（产出）品质，它强调在提供高品质公共服务的前提下尽可能降低供应和采购成本，重心在于投入。所谓"效率"，是指投入与产出之比，特别体现在追求尽可能少的时间投入和尽可能多的公共服务产出，所以，"效率"注重的是一种比例关系。所谓"效果"，是指公共服务实现目标的程度，衡量的是政府部门提供的公共产品和公共服务能够达到的程度，更多地强调结果的满意程度。"3E"评价法是政府实施绩效评估的较为原始的方法，它的出现迎合了当时美国既要解决政府经济投入过多而带来的财政困境又要保障不因公共服务品质的降低而带来政治危机的问题。但随着经济与社会的发展，"3E"评价法也暴露出一系列的问题，在进一步补充和完善的过程中，又加入了公平（equity）指标和环境（environment）指标，从而发展为"5E"。

第二，标杆管理法。20世纪70年代，"标杆"的概念开始用于商业词汇中。到了20世纪80年代初，为了应对日本佳能、NEC等公司的竞争威胁，美国施乐公司最先发起向日本企业学习的运动，通过对经营战略、战术的改进，很快收到成效。这使得美国施乐公司成为商业标杆管理流程的领导者，并把标杆管理定义为一家公司与其他主要竞争对手之间的比较。随后，摩托罗拉、IBM、杜邦、通用等公司纷纷仿效施乐公司采用标杆管理法，在全球范围内寻找行业内外管理实践最好的公司进行标杆比较并努力超越标杆企业。所以，"标杆"一词在管理学中成了"优异典范"的代名词，泛指一个公司通过将自身和其他公司进行比较来实现超越的活动。经典的标杆管理法的实施步骤由施乐公司的罗伯特·C.开普（Robert C. Camp）首创，他将标杆管理活动划分为五个阶段：(1) 计划。确认对哪个流程进行标杆管理，确定用于做比较的组织，确定收集资料的方法并收集资料。(2) 分析。确定自己目前的做法与最好的做法之间的绩效差异，拟定未来的绩效水准。(3) 整合。就标杆管理过程中的发现进行交流并获得认同，确立部门目标。(4) 行动。制订行动计划，实施明确的行动并监测进展情况。(5) 完成。处于领先地位，全面整合各种活动，重新调整标杆。在20世纪80年代的全球行政改革运动中，标杆管理被引入政府行政管理中，成为推动政府行政绩效改进的重要管理工具。标杆管理法的价值准则是要实现政府行政效能的全面提升，发挥政府对社会的全方位引导作用。政府中的标杆管理是一个帮助组织（部门）发现其他组织（部门）更高绩效水平的过程，并尽量了解它们是怎样达到那种水平的，从而使产生那种水准的做法和程序得以运用到自己的组织（部门）中。实际上，在政府的绩效管理中，标杆管理是被作为一个系统的、持续性的评估过程而加以运用的，是组织（部门）将自身的服务、产品与管理模式等情况与标杆组织（部门）进行比较从而借鉴先进经验的活动，目的是要改善自身的不足和提高竞争力并实现对标杆组织（部门）的超越。

第三，全面质量管理。全面质量管理是在工业领域和生产部门得到广泛发展并逐渐运用于行政管理领域的管理技术。它由爱德华·戴明（W. Edwards Deming）所倡导，20世纪80年代开始在美国和其他各国的工业界得到普遍运用，并对公共部门产生巨大影响。例如，根据美国总会计局1992年的调查数据，联邦政府2800个部门中有60%采用全面质量管理办法来改进服务，同时期的其他一些调查表明，至少有30个州政府进行了某种类型的全面质量管理创制，大约2/5的市政机构使用全面质量管理。全面质量管理显然已经成为改进政府行政绩效的重要途径之一。全面质量管理的目标是用同样多或更少的资源提供更多的产品和服务。质量是效率的基石，提高质量本身意味着降低成本，它既关系效率问题，也关系效果问题，既和个人绩效有关，也和组织绩效有关。关于全面质量管理是否适用于行政组织存在一些争论，但其已被实践的潮流所淹没。问题不在于全面质量管理是否适用，而在于行政组织是否意识到运用它的必要性以及如何运用它。从行政组织来说，全面质量管理完全适用于更高、更好地提供优质服务和优质产品的要求。另外，全面质量管理的运用也适合于管理体制的改革要求，如分权化、工作丰富化、工作扩大化、参与管理、群体决策、绩效评估和绩效管理等。更重要的是，全面质量管理并不仅仅提供了一些有助于提高个人绩效和组织绩效的技术和方法，而是提供了一种新的管理理念和管理体制。"要使全面质量管理富有成效，就必须把它渗透到组织的标准运行程序、价值观和文化中去。"①

第四，平衡计分卡法。平衡计分卡的概念是美国哈佛商学院的罗伯特·S. 卡普兰（Robert S. Kaplan）和戴维·P. 诺顿（David P. Norton）于1992年在《平衡计分卡——业绩衡量与驱动的新方法》一文中首先提出来的，在1996年出版的《平衡计分卡：把战略转化为行动》中，他们又对平衡计分卡作了系统阐述。平衡计分卡法是一种着眼于组织发展战略有效性的管理理念和系统管理方法，它强调从财务和非财务的角度综合评估绩效。该方法通过四个层面来管理部门的绩效：顾客（customer）、财务（financial）、内部业务（internal business process）和学习与成长（learning and growth）。平衡计分卡法在政府部门的适用性是由其自身的特点决定的。第一，平衡计分卡法基于平衡的理念平衡政府部门的短期绩效与长期绩效、竞争与合作、稳定和发展等关系。第二，平衡计分卡法把发展作为核心，将政府部门战略目标转换为绩效评估指标，通过具体的规划，将政府部门的行为、结果等和目标做比较，进而通过完成既定目标来提升政府部门的绩效水平。

第五，360度绩效评估法。360度绩效评估法又称"全方位评估法"，最早由英特尔公司提出并加以运用，体现了组织调查、全员质量管理、发展回馈、绩效评估以及多元评估系统等多个组织绩效原则。通过这种评估方法，被评估者不仅可以获得多角度的反馈，也可以从中更加清楚地了解自我，便于今后自身绩效的提升。360度绩效评估法有效地体现了公开、公平、公正的精神。360度绩效评估法从多个角度、多种渠道收集、反馈被评估者的信息，使评估结果尽可能公正全面。如在收集评估信息时要求从不同层面的人员中去获取；在对组织成员进行评估时要求从多个视角进行；评估人员由被评估者本人以及与他有密切关系的人组成，包括被评估者的上级、同事、被评估

---

① 马识途：《干部教育培训的全面质量管理》，载《北京社会科学》2007年第5期。

者本人、下级以及客户（包括内部客户和外部客户）等。所以，360度绩效评估法属于一种综合性的评估方法。

第三节 当代中国行政绩效的提升

一、行政绩效提升的当代中国实践

改革开放以来，我国政府一直致力于提高政府的行政绩效，党的十五大就提出了打造"办事高效、运转协调、行为规范的行政管理体系"的战略目标。党的十六大报告提出，要进一步转变政府职能，改进管理方式，推行电子政务，提高行政效率。自党的十七大推行政府绩效管理，到十八大、十九大和二十大严格要求与全面实施后，绩效管理逐渐成为国家治理体系和治理能力现代化的重要举措。我们在转变传统行政观念的同时，也积极进行行政机构改革，推进行政职能转变，并积极借鉴西方国家施行的一系列绩效管理方式与管理理念。我国在引进西方国家的政府绩效管理经验的同时，也根据自身的情况做出了诸多创新，形成了多种类型的绩效管理模式。对此，中国行政管理学会在总结我国政府绩效评估现状的调查报告中将其概括为三种类型，即普适性的绩效评估、行业性的组织绩效评估、专项绩效评估。① 理论的不断发展和实践的不断探索也推动着中国行政绩效事业的发展。

政务服务新品牌

（一）行政绩效管理理论与方法得到长足进步

我国行政绩效理论的现代化发展起始于改革开放以后。20世纪90年代初期，我国学界已经使用了"绩效评估"的概念，但对它的理解等同于雇员个人的绩效考评。自此以后，不断有研究机构及学者通过翻译西方理论将绩效管理的理念引入中国，在对外国理论进行总结的同时，也开始对我国的绩效管理进行反思。自2000年以后，对行政绩效的研究不断增多，在引入外国理论与搭建理论框架的同时，我国学者也开始尝试对政府绩效进行评估，对中国行政绩效制度建设展开探索。2004年，国务院首次在政府文件中使用"绩效评估"的概念，党和政府开始提倡创立新的政绩观，强调服务型政府的建设，使得行政绩效理论的研究不断细化。② 十八大以来，随着国家治理体系和治理能力现代化的建设，相关理论研究不断深化，行政绩效管理的理论也在吸收西方绩效管理经验的同时，积极探索适合我国国情的绩效管理的理论与

---

① 参见周志忍：《公共组织绩效评估：中国实践的回顾与反思》，载《兰州大学学报》（社会科学版）2007年第1期。
② 参见周志忍：《我国政府绩效管理研究的回顾与反思》，载《公共行政评论》2009年第1期。

方法。

（二）各地方的评估实践已经获得成效

我国的绩效管理制度最早用于人事管理领域，随着我国改革开放的不断深化，政府部门也开展了一些针对行政绩效的实践。中央层面不断推进行政机构改革，优化行政职能，力图提高行政绩效，地方层面也探索并提炼出一些以地域命名的模式，如"青岛模式""烟台模式""福建模式"和万人评议政府等颇具特色的模式。2017年，党的十九大报告提出要全面推进政府绩效管理，加强绩效信息化的基础设施建设。并强调公民参与的实践路径，各地方的评估实践也开始不断引入社会力量参与，应用新的数字技术赋能绩效管理实践。

（三）行政绩效评估中的社会公众参与水平得到提升

随着社会经济不断发展，社会保障体系不断完善，脱贫攻坚等一系列政策的实施，我国人民的需求从基本的生存需求不断向归属与自我实现需求的方向发展，对美好生活的向往使得人民开始积极参与社会治理，并将其视作参政议政与监督政府工作的一条新途径。社会公众与各类社会组织不仅支持政府开展一系列的绩效评估工作，而且积极参与到行政绩效评估的活动之中。

二、影响我国行政绩效提高的因素

行政绩效评估在我国起步较晚，缺少完备、深刻的理论体系与广域实践的成果，我国的行政绩效改革还存在一些问题，具体体现在：

人员增加与效率提升

（一）权力过分集中，缺少合理有效的监督机制

传统观念认为，社会主义制度和计划管理制度必须对经济、政治、文化、社会、生态都实行中央高度集权的管理体制，因而各级领导机关都管了很多不该管、管不好、管不了的事。权力过于集中，地方和基层的自主权过小，需要层层请示、层层汇报，这是导致行政绩效不高的重要根源。行政绩效评估主体过于单一，大多数都在政府内部，依靠行政层级的指令来进行，当裁判员和运动员都是同一个人时，就很难从客观的角度对行政组织的实际绩效作出评价，正是由于信息不对称，加之缺少有效的参与机制，极大地影响了绩效评估的客观性与科学性。

（二）法制化、规范化建设不足

有法可依是政府合法行政的前提，立法的保障也是行政绩效管理开展的前提与基础。现有的行政绩效管理制度缺乏立法支持。在我国行政管理实践中，由于绩效管理发展时间过短，现有的法律与制度还不完善，行政绩效管理活动缺少统一的规划和指导,这样会导致行政绩效评估活动难以在组织内全盘推进,评估活动开展的难度也大大增加。同时,绩效管理的内容与评估体系的设计几乎都是由行政机关自身确定的,缺少一种制度化的约束。缺乏约束性会导致绩效管理活动缺乏可持续性,也会影响政策执行的连续性。

(三)指标的设计与维度选择不健全

一个合法、合理、全面的行政绩效指标体系为行政管理工作提供了引导,建立指标体系也是开展行政绩效评估活动的关键。现有的指标设计过度强调可量化指标,追求经济上的高效率,往往忽视了难以量化的"公共性"指标。在这种指标设置导向下,行政机关工作人员往往会过度注重可量化的经济指标的增长,过度干预微观市场,破坏了市场对资源配置的决定性作用,同时,政府部门往往较少关注社会公共利益,公共产品与公共服务的质量长期被忽视,最终使经济发展与社会民生脱节。此外,我国的民间中介评估组织发展较为落后,很难完全脱离行政组织而存在,因此在为政府提供指标设计咨询时很难摆脱其影响。再者,现有的绩效指标差异性不够,在衡量行政绩效时必须因地制宜。受制于各地社会历史文化与经济发展水平的差异,同一套指标体系很难科学合理地去度量各地实际情况,绩效评估也很难产生应有的激励作用。

三、提高我国政府行政绩效的途径

(一)明确我国行政绩效的程序与内容

使行政绩效的管理走上规范化与制度化,首先必须要建立一套健全的行政绩效法律体系,使用制度化与法律化手段规范行政绩效的程序与内容。当没有明确的绩效目标与标准时,行政绩效评估活动就会走向随意性,因此必须要根据基本国情,明确规定参与行政绩效评估的主客体的权责范围,依托法律建立一套有法可依的行政绩效评估程序。在行政绩效评估的内容上也要做到规范化与实际性的结合,杜绝一刀切,在细分指标上一定要按照实际情况来制定。

(二)完善多元的行政绩效评估主体分工体系

要引入更多主体参与行政绩效评估与建设,在立法机关要设立专门的绩效评估机构与信息发布机构,以权力机关的角度对行政机关的各项行政管理活动进行评估,同时也及时公布与评议各类行政机关自身进行的绩效评估结果,让人大在行政绩效评估工作中扮演裁判员的角色。监察部门与行政机关内部的各类职能部门也要对行政管理活动进行监督,及时公布评估结果。更重要的是要大力发展与培养第三方评估组织。注重保障第三方评估组织的独立性与公开性，通过市场化机制将原属于国家机关的绩效评估工作委托于第三方组织，这将极大地促进绩效评估的公正性。

(三) 建立一套合理的行政激励机制

活力、效率、积极性是行政管理体制改革所追求的目标。积极性指的是各级行政管理人员和广大人民群众的主动性、创造性，这是提高行政效率的极为重要的问题。我们要在精简机构、下放权力、转变职能和行政管理方式的基础上，通过健全民主制度，加强法制建设，完善监督制度，保证各级行政管理人员与广大人民群众的合法权利，依法做到民主选举、民主协商、民主决策、民主管理、民主监督等有效的激励手段，调动他们的积极性，共同为实现行政管理的根本目的——发展社会生产力而奋斗。

(四) 建立完善的绩效评估信息系统，加强数字政府绩效的建设

绩效评估信息系统负责收集、整理、发送行政绩效信息，是行政绩效管理系统的重要组成部分。行政绩效评估活动的顺利开展离不开一套精干高效的绩效评估信息系统，通过建立一套完善的跨越政府部门间、政府与社会公众、政府与立法机关之间的信息沟通机制，畅通各类社会公众主体表达与参与行政绩效管理的途径，不仅能为日常绩效评估提供依据，还能为政府的日常管理决策提供有用信息。同时，数字政府不仅是在形式上利用数字技术进行行政管理活动，而且应将数字技术观念融入行政管理活动中，政府要通过数字对复杂的社会公共问题进行决策与治理。因此对数字政府绩效的制度化与法制化的考评也必须提上日程。

(五) 注重培养行政机关工作人员的行政绩效观念

除了行政绩效体制的建设，行政机关工作人员的思想观念与能力素质也是影响行政绩效的重要因素，必须注重观念与能力素质的软指标的建设。首先必须要重视思想政治建设，力求改善行政机关工作作风。作风是一个组织或个人长期形成的习惯性的思想态度和工作方式。行政机关工作人员长期浸润在不良工作风气中，会直接影响其工作行为，并最终影响行政决策。当目标出现偏差时，行政活动的效果也会大打折扣，行政绩效也最终会受到影响。因此必须要注重思想政治建设，注重理论联系实际，开展批评与自我批评，切实杜绝行政机关中存在的不良作风。

行政活动的效率与行政机关工作人员素质有着密切联系。因此，必须要优化现有的干部人事机制，注重绩效观念的灌输与综合能力的培养。要依据考评结果在不同层级的工作人员间、行政机关间引入竞争激励机制，通过奖

惩倒逼行政机关工作人员朝目标方向改进。这要求提高行政领导者的素质。必须建立和健全科学的干部选拔任用制度，把思想好、能力强的人选拔到领导岗位上，改变过去实际存在的干部能上不能下的现象。担任领导工作的人要不断加强自身修养，提高政治觉悟和领导艺术。领导者要有现代化的管理观念，通晓现代行政管理的规律，善于判断形势，分析情况，做出正确决策；要善于协调与处理人与人或单位与单位之间的关系；要善于知人用人，调动下属的工作积极性；要善于控制会议，反对文牍主义，抵制"文山会海"等官僚主义现象；要善于以身作则，惜时守时，讲究效率，影响和带动整个机关提高效率。同时也要提高一般行政工作人员的素质。主要途径是加强教育和培训：（1）加强思想政治教育和职业道德教育，树立为人民服务的思想和忠于职守的道德准则；（2）加强行政工作人员业务知识和专门技能的训练；（3）合理使用人才，把具有不同能力的人放在适合的岗位上，做到人尽其才，扬长避短。

参考答案

> **思考题**
>
> 1. 简述行政绩效的概念与特征。
> 2. 行政绩效评估的要素有哪些？
> 3. 简述行政绩效评估的主要原则。
> 4. 行政绩效评估的指标有哪些类别？
> 5. 简述行政绩效评估的主要步骤。
> 6. 行政绩效评估的基本方法有哪些？
> 7. 行政绩效的综合评估方法具体包括哪些？
> 8. 影响我国行政绩效提高的因素有哪些？
> 9. 联系实际，谈谈提高我国政府行政绩效的途径。

> **讨论题**
>
> 1. 在行政绩效评估中，经常会出现行政机关过度关注绩效目标而忽视社会公众目标的现象，只关注指标本身而不关心工作的实际结果。试讨论如何认识和处理行政绩效评估的工具理性与社会公共价值的冲突。
> 2. 行政绩效的高低，是衡量行政管理活动是否科学的重要标准。试讨论：如何理解私人部门绩效评估与政府的行政绩效评估之间的差异？如何做到行政绩效评估的科学公正？

推荐阅读文献

1. 夏书章主编：《行政管理学》（第六版），高等教育出版社 2018 年版。

2. 张国庆主编：《公共行政学》（第四版），北京大学出版社 2017 年版。

3. 张康之、郑家昊主编：《公共管理学》（第二版），中国人民大学出版社 2019 年版。

4. 郭小聪主编：《行政管理学》（第四版），中国人民大学出版社 2016 年版。

5. 张康之、张乾友主编：《公共行政学》，中国人民大学出版社 2016 年版。

6. 彭和平编著：《公共行政学》（第五版），中国人民大学出版社 2015 年版。

7. 张长立、许超、曹惠民主编：《政府绩效管理》，中国矿业大学出版社 2018 年版。

8. 蔡立辉主编：《政府绩效评估概论》，高等教育出版社 2018 年版。

9. 姜秀敏、张禹林主编：《政府绩效管理——理论与实践》，清华大学出版社 2023 年版。

10. 卓越主编：《公共部门绩效评估》，中国人民大学出版社 2011 年版。

11. 包国宪主编：《中国县级政府绩效指数研究报告（2023）》，社会科学文献出版社 2023 年版。

12. 范柏乃、段忠贤：《政府绩效评估》，中国人民大学出版社 2012 年版。

13. 赵爱英、李晓宏：《政府行政成本与绩效研究》，中国社会科学出版社 2009 年版。

14. 曹惠民：《地方政府治理型绩效评估中的公民参与研究》，光明日报出版社 2023 年版。

15. 徐阳：《中国地方政府绩效评估模式差异研究》，经济管理出版社 2021 年版。

16. ［美］彼得·德鲁克：《人与绩效》，闾佳译，机械工业出版社 2022 年版。

第十八章 行政改革

> **导读**
>
> 行政改革是当代各国普遍关注的问题,也是行政管理学研究的重大课题。研究行政改革,探讨行政发展的基本趋势,对于建立适应中国特色社会主义市场经济需要的新型的行政体制,促进我国行政管理的科学化和现代化具有重要意义。

第一节 行政改革概述

一、行政改革的含义与类型

(一) 行政改革的含义

行政改革前需要
回答的问题

改革是人类在漫长的社会发展中所运用的推进社会变迁的重要手段,人类历史正是在不断的变革中取得进步的。当今世界,科学技术飞速发展,政治与经济也在高速发展,无论是发展中国家还是发达国家,政府的行政改革都是政府发展的主要内容,同时也是当代行政领域研究的一大课题。

行政改革的含义有狭义、广义之分。狭义的行政改革仅指政府机构改革;广义的行政改革则是指国家行政机关为适应内外环境的变化,对行政管理的诸多方面因素进行的调整和变革。它包括行政责权的划分、行政职能、行政组织、人事制度、领导制度、行政方式和行政运行机制等方面的改革。本章从广义行政改革的角度进行研究。

关于行政改革的广义概念,可以从以下几个方面来理解:

第一,行政改革是一个政治过程。行政体制是政治体制的组成部分,政治决定行政。行政改革不仅要处理好政府与立法机关、执政党、在野党和参政党的关系,也要协调好与其他政治团体和利益群体的关系。同时,还要争取广大人民群众的理解和支持。

第二,行政改革是结构性、制度性的变革。行政改革是对国家行政组织及其工作所进行的结构性、制度性的变革。它要对行政权力体制、行政领导体制、行政区划体制、组织机构和人事制度等进行改革,某一方面的改革必然涉及其他方面,因此,行政改革是一个系统工程。在行政改革的过程中,改革者必须从政治、经济、文化、社会风气和社会意识等较深层次探讨推动行政改革的原因,掌握行政执行运行机制的内在规律和客观要求,进而制订科学的行政改革计划,这样才能在推动行政改革的同时有效解决问题。

第三,行政改革的目的具有复合性。行政改革的目的主要包括提高行政效率、节约行政资源等。行政效率的提高主要是通过更为便捷、高效的行政管理活动服务公共利益;节约行政资源则主要是解决行政浪费严重、行政支出低效等问题。实践中,行政改革的目的主要通过更新行政理念、重构行政组织、简化行政流程等方法来实现。因此,行政改革就是旨在实现行政发展的理念和行为的总称,行政发展是行政改革的直接目标。① 行政改革的本质是回应不断发展的社会需求。

第四,行政改革必须正确处理政府与社会、市场、社会组织和公民之间的关系。在行政改革中,政府需要协调好自身与社会、市场、社会组织、公民等多个主体的利益关系。从总的发展趋势来看,政府对社会的干预逐步减少,社会的自主性越来越强,社会团体和非营利组织以及市场的作用越来越大。

(二) 行政改革的类型

行政改革是行政主体适应社会政治、经济、文化环境的变迁而进行的自我调整、变革的过程。由于国情不同,同一国家在不同发展阶段的具体情况也往往有别。因此,不同国家不同时期的行政改革的具体内容、具体方式是各有不同的。

1. 外延型改革和内涵型改革

从改革的基本内容来看,可将行政改革分为外延型改革和内涵型改革。外延型行政改革以改变政府行政机构的外部规模为主要内容,如行政机构的撤销、合并,人员的精简等。这是一种宏观的、粗糙的变革,可以迅速地在行政系统内部实行。但它忽略了行政系统内部的细节问题。内涵型行政改革是指以调整行政管理职能、行政权力结构、行政管理体制为主要内容的行政改革。1998 年我国提出的建设与社会主义经济体制相适应的行政管理体制改

---

① 参见金太军:《行政改革与行政发展》,南京师范大学出版社 2002 年版,前言第 4 页。

革就属于此类。这种改革从源头上解决问题，实行从内到外的改革与完善，有效地进行变革并最终实现目标。近年来，我国行政改革确立了建设服务型政府的目标，这意味着以内涵为主的行政改革全面启动，2013年，党的十八届三中全会提出的全面深化改革将中国的内涵型改革推向深入。

2. 突变式改革和渐进式改革

从改革的基本方式和力度看，可将行政改革分为突变式改革和渐进式改革。突变式改革是指在较短的时期内对整个行政体制进行大范围的调整和变革。这种方式能迅速推进改革，改变旧的体制，但阻力和风险都较大，甚至会引发社会震荡或社会动乱。渐进式改革则指在一段较长时期内有计划分阶段地对行政体制进行逐步的、阶段性的调整和变革。这种方式较为稳妥，易于被人接受，使变革进行得更为具体和有效。但这种方式进程相对缓慢，陈旧体制不易突破。两种方式各有利弊，在行政改革中应根据实际情况权衡利弊，作出抉择。

休克疗法

3. 局部改革和全面改革

从改革范围上看，可将行政改革分为局部改革和全面改革。局部改革是行政组织与行政管理优化过程中的一种经常性改革。全面改革是指在中央和地方各级政府中进行的全方面的改革运动。

4. 调适型改革、转轨型改革和发展型改革

从各国政治体制、经济体制的不同看，可将行政改革分为"调适型"改革、"转轨型"改革和"发展型"改革。"调适型"改革指发达工业化国家在原有政治、经济框架范围内进行的适应性改革。"转轨型"改革指实行计划经济体制国家向市场经济体制的转变中进行的行政改革。"发展型"改革是指欠发达的第三世界国家的改革，涉及发展行政和行政发展两个方面。

二、行政改革的必然性

(一) 行政改革是适应时代发展和应对全球化挑战的必然要求

和平与发展是当今世界的两大主题。世界要和平，国家要稳定，人类要进步，已经成为当代世界的主旋律。在此背景下，促进世界向和平方向发展成为了许多国家政府的一项重要职能。同时，随着贸易全球化进程的加快，政府的综合协调和宏观调控功能不断凸显，为此，政府必须对传统的行政职能和行政管理方式进行调整和变革，以适应国际形势发展的需要。韦伯夫妇 (Sidney Webb & Beatrice Webb) 指出："以变革社会制度为目的的任何提案，不管它是经济的或是政治的，多数人是并不惬意……对社会的各种制度，

如果不去深思熟虑地、不断地使其适应经常变化的时代要求而加以变革，那么这些制度终究是要崩溃的。结果将难免由于革命的痉挛而发生暴力的急剧的变革。"①

（二）行政改革是实现行政管理科学化和现代化的基本途径

行政管理的科学化和现代化是当代行政管理研究的出发点和落脚点，也是各国政府行政管理活动的基本目标。为了实现行政管理的科学化和现代化，需要重新划分行政职权，科学配置政府职能，完善行政体制，建立健全行政法规与行政制度并不断改进行政手段和更新行政文化观念。而这一切都需要通过行政改革才能得以实现，不进行行政改革，旧的行政弊端无法克服和消除，新的行政体制不可能形成和运作。因此，行政改革是促进和实现行政管理科学化及现代化的基本途径与重要手段。

（三）行政改革是促进经济发展和民主政治建设的重要手段

在当代国际政治环境较为和平而经济竞争日益激烈的条件下，无论是发达国家还是发展中国家，都面临着发展经济、加强民主政治建设的中心任务。因此，当代各国政府纷纷进行行政改革。通过行政改革，建立适应经济发展的行政法规制度、监督制度、廉政制度和民主制度等，增强政府管理活动的公开性和民主性，扩大人民群众参政议政的渠道，促进政府与社会公众之间的相互沟通和理解，从而较好地调节上层建筑和经济基础、生产关系和生产力之间的矛盾。

三、行政改革的内容

（一）转变政府职能

政府职能决定政府的权力、机构、规模、组织形式和管理模式，"反映了政府活动的基本方向、根本任务和主要作用"②。政府行政职能的转变主要是通过对行政职能的改变、转变、丰富和扩大而进行的。在宏观层面上，主要体现为如何处理政府与社会、政府与市场的关系；在微观层面上，则具体体现为对行政工作的范围、幅度、专业和场所等的再设计。

（二）调整组织结构

组织结构方面的改革主要指通过机构改革或调整改变组织系统内部构成方式，以提高行政效率。组织结构是否合理，直接影响组织系统能否正常运

---

① 转引自〔日〕佐藤功：《比较政治制度》，刘庆林、张光博译，法律出版社 1984 年版，第 103—104 页。
② 金太军等：《政府职能梳理与重构》，广东人民出版社 2002 年版，第 1—2 页。

转。因此，组织结构方面的改革常常是行政改革的一个主要内容，其基本形式是机构改革或机构调整。需要指出的是，机构改革并非只是组织结构方面改革的特定方式，职能方面和体制方面的改革都可能引起组织结构改革。这里仅指出于组织结构方面的考虑所进行的改革。组织结构方面的改革一般包括下列几个方面：合理调整控制幅度、合理调整组织结构形式、合理调整权力结构。

（三）改革行政体制

行政体制改革是一种制度创新，它本身包含着规模、流程、结构和职能方面的改革，它把多方面的改革有机地结合在一起，通过打破旧体制的方式推动多方面的改革，并以建立新体制的制度化的方式保持和巩固改革成果。行政体制改革主要包括对国家的行政机关与立法机关、司法机关、军事机关和政党等政治组织间的权力关系进行重构的行政权力体制改革；对行政机关内部权责分配、机构设置等进行改革的行政人事制度改革；对通过改革监督机构，改革监督方式，完善监督途径，从而有效地监督行政人员及其行政行为的监督制度改革等。

（四）创新治理工具

新的政府工具

政府根据职能的变化，采用市场机制、企业管理技术和社会化手段来提高政府治理效能。以市场机制和工商技术为例，可以采用的政府工具有民营化、政府付费、合同外包、特许经营、凭单制、分散决策、放松管制、产权交易、内部市场、全面质量管理、目标管理、绩效管理、标杆管理、流程再造等。① 这些政策工具及其组合在英国、美国、澳大利亚等国的政府改革实践中取得了显著成效。然而，政府工具或治理工具的单一化也会妨碍行政改革的成效。尽管近年我国在治理工具的选择和组合上有了许多的进步，但政府还是习惯于用行政的手段进行经济社会管理活动，难以跟上时代的需求。因此，我国需要进一步改进行政治理工具，采用符合我国国情的多元化治理工具，进一步推动我国的服务型政府建设。

（五）更新行政文化

更新行政文化是指通过弘扬与现代行政管理相适应的科学、民主、效率、服务等现代精神，使行政人员的思想倾向由传统向现代转变。包括观念更新和理论更新两个方面。

---

① 参见陈振明等：《政府工具导论》，北京大学出版社2009年版，第1—15页。

四、行政改革的动力与阻力

行政改革既有动力又有阻力,在实践中,行政改革的阻力是非常强大的,这就使得大多数行政改革总是可以取得阶段性的成效,但难以实现理想目标。而动力则会不断促进行政改革。因此,在行政改革的进程中,政府应最大化利用行政改革的动力,并同时克服相关阻力。

(一)行政改革的动力

行政改革的动力是指推动决策者和行政领导者采取措施,实现行政发展的力量。主要有外部动力和内部动力。

1. 行政改革的外部动力

行政改革的外部动力来自行政系统与行政环境的互动。行政环境中的政治、经济、科技和文化因素往往是推动行政改革的主要力量。

公共需求是行政改革的根本动力。公共需求是各国行政改革发动的根本动因,行政改革需要时刻关注社会民众需求。20世纪七八十年代,西方国家由工业社会转型进入后工业社会,由现代社会转而进入后现代社会,后现代时代的多元价值观念和利益诉求,与工业化时代的政府理念、组织结构和绩效标准等大相径庭,因此当时西方国家开始流行行政改革,对工作流程、行政体制等方面进行了改革。

政治体制改革和政治权威推动行政改革。行政体制是政治体制的组成部分,政治体制决定行政体制。政治体制改革是行政体制改革的推动力量,政治权威同样是行政改革的推动力,并且是保持社会稳定的重要因素。中国共产党是我国的执政党,是保证国家与民族统一,整合各种政治与经济利益的唯一政治力量。中国共产党领导能够使国家和人民形成统一意志,推动我国各项改革稳步进行。

经济基础变化推动行政改革。经济基础决定上层建筑,上层建筑对经济基础有反作用。经济体制改革是行政改革的强大推动力。我国行政改革就是在经济体制改革的有力推动下进行的。自1978年改革开放以来,我国的行政改革也逐步开展。通过改革,我国社会主义市场经济体制逐步建立和完善。

社会演变推动行政改革。社会演变是渐进式的社会变迁。社会每时每刻都在演变,当社会演变到一定程度时,政府必须进行改革以适应这种"静悄悄"的社会变革。

新思想与新价值推动行政改革。新思想和新价值是行政改革的目标与方向。效率、公平、民主是进行行政改革的指导思想和价值取向。它们不仅更新了行政观念，也推动了行政管理实践的进步。我国行政改革过程中提出的服务型政府建设、数字政府建设、大部制改革等，都体现了新的思想和新的价值观。

科技进步推动行政改革。第三次科技革命对政府更有效地改善内部管理和回应社会服务需求提出了新的要求。为了更好回应信息时代的公民需求，不少国家和地区都展开了数字政府建设，通过革新政务平台、建立门户网站、提供电子政务服务，为公民和各类社会群体提供数字化政务管理和服务。但科技进步并不是行政改革的直接动因，而是一种间接性的动因。

2. 行政改革的内部动力

行政发展的内部动力主要来自行政体系本身的自主发展规律，即行政体系本身的自然生长的趋势。

行政组织的演化。行政组织是行政体系中最基本、最重要的构成部分，行政体制、行政过程和一切行政行为都是由行政组织所承载的。行政组织既是行政改革的内容也是行政改革的经常性动因。行政组织具有自我生长的能力，组织内部的公共权力、财政软约束、信息不对称等都会引发组织的自我膨胀。一旦行政组织膨胀到了某个临界点，就会引发财政危机、人浮于事、效率低下等问题。

行政权力的异化。复杂的行政环境和行政事务会导致权力滥用和以权谋私，行政权力难以更好地维护公共利益，也难以服务人民和社会。因此需要通过行政改革来完善对行政权力运行的监督和制约，进而解决行政权力异化的问题。

行政文化的僵化。行政文化包括行政思想、行政观念和行政心理，也包含着行政人员的行为习惯。在行政体系的运行中，往往会形成一套固定的行政思想、观念和意识，这种固化的惯性思维会导致行政人员的惰性行为，产生官僚主义作风，降低行政效率，不利于组织文化的健康发展。对于政府而言，即使通过一场思想运动去冲击旧的行政文化，也无法避免旧的行政文化以"潜规则"的形式存在。所以，需要通过行政改革铲除旧的行政文化赖以生存的土壤。

行政人员的利益需求。每一位行政人员都具"经济人"属性。他们的利益需求既包括较低层次的生理需求，也有较高层次的升迁、荣誉、自我实现的需求。因此，行政人员自我实现的需要也是行政发展改革的巨大内驱力。

(二) 行政改革的阻力

1. 政治因素的限制

行政改革受到政治因素的限制与制约。行政体制是政治体制的组成部分，政治体制给予行政体制的改革空间决定了行政体制的改革程度。政治体制的改革程度决定了行政体制的改革程度,政治体制决定、限制和制约着行政改革。由政治人物和立法机关组成的政治官僚集团对行政改革起着决定性的影响。政治官僚集团的赞成和反对往往能够决定改革的成败,对行政改革起着决定性作用。如果行政改革触犯政治官僚集团的利益或者不符合他们倡导的基本价值观,他们就会公然反对,行政改革也就无法进行下去了。如我国清末的康梁变法因以慈禧太后为首的政治官僚集团的反对而失败。因此,政治因素对行政改革起着决定作用,政治官僚集团的支持能够有效保证行政改革的顺利进行。

2. 文化传统的影响

传统文化是民族价值观的体现,是民族整合统一的纽带。强大的传统文化具有积极性,但其保守性也阻碍行政改革。我国传统文化重视人际关系,如家族关系、同乡关系、同学关系等,这种人际关系往往容易在政府中形成依附性的上下级关系。讲人情而不讲规则,用人唯亲和家长制是我国传统文化中的人际关系规则、用人规则和领导规则。这种人际关系对行政改革有阻碍或破坏作用。此外,我国从政为官的传统文化极大影响了行政改革。许多有才华的人宁愿为官从政也不愿去搞科研,这种盲目追求从政为官的思想对行政改革造成了巨大的阻力。

传统行政文化对行政改革的影响

3. 组织本身的阻力

任何组织本身都是保守的,行政改革作为行政系统的内部改革,也会遇到强大的阻力。组织内部的工作人员长期受到严格的规章制度和机关文化的影响,其思维方式和行为方式已经固化,导致组织出现了求稳怕变的惯性思维。因此,组织结构的惯性成为行政改革的阻力。行政改革是权力再调整和利益再分配的过程,当行政改革触犯了上层行政官僚集团的利益,或者使其失去权力和地位,就会形成强大的阻力。这些行政官僚集团会使改革政策无法正常执行或只是流于形式。

第二节 当代西方国家的行政改革

一、当代西方国家行政改革的主要内容

第二次世界大战以后,随着社会的发展和国家干预的加强,各国政府的行政职能和管理范围不断扩大,行政机构和人员编制日益增加。政府机构的剧增导致了机构臃肿、人浮于事、公共开支不堪重负、行政效率低下等弊端。

为了摆脱政府的困境,促进经济的高速发展,自 20 世纪 70 年代以来,西方各国政府都积极地推进行政改革。

(一) 优化政府职能

当代西方国家行政改革的一个主要内容是缩小政府行政管理的范围,分散、转移政府专业管理职能和部分公共服务职能,同时,强化政府宏观调控和综合协调功能。普遍采取以下改革措施:

1. 国有企业私营化

国有企业私营化即将部分国有企业或资产卖给私人经营。英国自 1979 年撒切尔夫人上台后便积极推行私营化运动,主要包括对国有企业进行股份制改造、整体或部分业务转让以及公私合营、授予私营部门特许经营权三种形式,有效减少了政府的赤字水平,推动了社会经济活力的复苏。1996 年起,日本也通过重新划分政府与社会职能分工,对原由政府直接经营管理的公用事业,如公共建设、交通运输、邮政、林业等领域的国有企业实行简放政权,引进现代企业机制,由其自主经营,政府不再直接插手管理。

2. 政府业务合同化

政府业务合同化即把政府主管的部分业务工作推向市场,由政府与企业签订合同,以保证其业务目标的实现。法国政府 20 世纪 60 年代末首先在政府和企业间实行合同制。政府与企业通过谈判签订合同,明确规定双方的义务,企业按合同履行义务,政府则据此对其进行监督并支付酬金。业务内容包括环境保护、公共设施维护、消防和救护服务、公共项目的论证与规划等。西方各国政府在缩小其管理范围的同时也十分注意加强政府的宏观调控和综合协调功能。一方面,通过制订指导性的经济计划对国民经济发展前景做出预测,向经济和社会组织提供政府经济政策和市场发展前景的综合信息,制定保持市场正常运行的规则。另一方面,通过预算调控、货币金融调控、物价调控保证市场的正常运行和竞争的公正性与合法性。

3. 公共服务市场化

公共服务市场化即将公共服务或部分政府职能委托给民营团体或私人管理。具体途径有合同出租、以私补公、授权社区。美国在重塑政府期间,高举公共服务改革大旗,主张"掌舵"与"划桨"分离,利用民间部门高效率、低成本的优势,让私人企业和非营利机构参与公共服务的提供和生产。据统计,美国大约有 35% 的地方政府让私营公司负责收集城市垃圾,42% 的地方政府使用私人企业经营公共汽车系统。[①] 日本政府也将清洁卫生、维修公用设

---

① 转引自夏书章主编:《行政管理学》,中山大学出版社 2003 年版,第 368—369 页。

施、修建学校等公共事务委托给地方自治体、民间团体或个人管理。

(二) 调整政府权力

调整政府权力表现为政府持续的分权与授权,这是西方各国行政改革的又一重点。如果说政府向市场和社会转移权能是政府向外分权的话,那么政府关系的调整则是政府系统内的分权。

1. 中央政府的分权和非集中化改革

20世纪70年代以来,中央与地方关系的改革呈分权和集权两种趋势,但以地方分权为主。其主要做法是中央政府将更多公共事务连带相应的管理权、法制规定权、财政支配权等下放给地方政府,扩大地方自主权。例如,美国联邦政府通过整笔补助、解除规制、减税和向社区自治授权的方式向地方政府和社会分权。需要特别指出的是,在各国的分权与放权改革中,各国政府都坚持财权集中、事权分散原则,既保证国家整体利益得以维护,又充分调动地方政府的积极性。

2. 行政组织内部层级间的分权

通过将部分管理权限授权给基层组织、减少中间管理层、倡导全面质量管理,有利于实现组织结构由传统的金字塔式结构向现代扁平式结构的转变。

3. 政治家与非民选官僚之间的分权

例如,新西兰实施各部副部长绩效合同雇佣制,以此来实现政治官员对行政官员的分权。英国通过执行局化改革(中央决策与执行机构分离的"适距控制")、实施绩效管理以达到有效分权。20世纪80年代,澳大利亚、丹麦、爱尔兰和瑞典等国也进行过这样的分权实践。

(三) 重组政府机构

根据现代社会管理的需要重组政府机构,建立更加精干高效的组织结构,是国外行政改革的一个重要内容。主要包括:第一,部门整合,实行大部制。将职能相近或相关的部门合并重组为一个大部门,以减少职能交叉,降低协调成本。同时设立某些专业性较强的独立机构和直属机构。第二,决策与执行分离,设立执行机构。英国将中央政府各部门分为两部分,即由政策制定人员组成核心部门,负责政策制定和监督协调执行机构运作;把执行性的部门内设机构转为若干执行机构,专事政策执行和提供服务,在人事、管理和财务上享有充分自主权。澳大利亚、新西兰、新加坡等国也都有类似的做法。第三,注重决策协调,设立非实体性的议事协调机构。如许多国家在政府内阁设有一些专门委员会或部际联席会议,虽然不设专门的办事机构,但在政府运行中起着重要作用。

(四) 革新公务员制度

为了能够更好适应现代社会发展的要求,二战后,西方各国开始改革公务员制度。英国首先对公务员制度进行了著名的富尔顿改革，1968年的《富尔顿报告》指出公务员缺少专业知识、缺少有效的通才管理、晋升制度不合理等弊端，并建议建立统一的文官队伍的等级制度，强调文官队伍知识结构和业务能力的专业化以及提升文官队伍的流动性等。1978年，美国《文官制度改革法》对近百年来美国公务员制度进行了全面总结，提出要设立"高级行政职位"、实行功绩工资制、改革考核制度等。1994年，美国国会通过《联邦雇员重新调整法案》，要求联邦政府1999年前裁减272500人，并授权联邦机构"买断"雇员以鼓励雇员离开联邦政府，对自愿提前退休和自愿辞职的雇员一次性发放2.5万美元的"现金奖励"。

（五）改进行政程序与方法

西方各国政府在简化行政程序方面普遍采取以下做法：（1）缩小审批事项的管理范围；（2）下放审批权限；（3）废除失效的、过时的条例；（4）合并重复的审批程序和审批制度；（5）简化申报程序和审批手续等。例如，澳大利亚政府于1985年废除了所有过时无用的条例，规定了新条例的时效，并明确了各个不同行政层级的条例审批权限，使行政程序和方法简单易操作。

当代西方各国政府管理方式方法改革的另一个基本趋势是将私人企业的成功管理办法引入政府管理。英国和美国做的尤为突出。1968年《富尔顿报告》提出的行政改革思想直接吸取了大型企业管理的经验。美国纽约市政府在司法系统改革过程中利用信息技术建立自动化的案卷，运用地方性的网络系统追踪缓刑犯等，每年能够节省330万美元的监督费用。[①]

二、当代西方国家行政改革的基本特点

（一）坚持有计划、渐进式的行政改革，使行政改革稳步发展

在推进行政改革的过程中，西方国家大都强调改革的阶段性和渐进性，坚持有计划、分步骤、分阶段地实施改革，使行政改革稳步发展。日本政府从1968年开始，已经实施了8次削减定员的计划，而每次的削减计划都有统一规划和逐年计划，采取渐进式的削减方式，避免因机构和编制的大幅减少而引起社会震动。美国调整改革联邦与州关系的方式也是比较温和的，如还权于州的"新联邦主义"改革自20世纪60年代末尼克松总统上台就已开启，目前还在有条不紊地进行之中。

（二）在政府管理中引进私人企业的成功管理方法

在政府管理中引进私人企业管理的经验和方法，就是用企业家所追求的

---

① 转引自夏书章主编：《行政管理学》，中山大学出版社2003年版，第372页。

讲效率、重质量、善待消费者和力求完美服务的精神去重塑政府，进而提高行政效率。英国撒切尔夫人当政时安排所有中高级行政官员到私人企业学习管理经验，有效地将政府官员转变成经理型的管理者，有效提高了政府工作效率。新公共管理运动还将这类经验上升到了理论高度，美国学者戴维·奥斯本和特德·盖布勒在《改革政府：企业家精神如何改革着公共部门》一书中就大力主张以企业家精神来重塑政府，并归纳出改革的十个方面。①

(三) 以立法为先导，坚持依法改革

日本的行政改革之所以能够长期坚持，稳步发展，关键在于建立了一整套的法律规范。西方国家的行政改革也同样遵循以立法为先导。如英国政府在行政改革中一直强调要有法律依据，实行"先立法后改革"的做法。美国宪法明确规定，总统和政府行政机构的一切改革活动必须以法律为依据，未经授权不得擅自采取任何行动。联邦政府各行政机构的设立及其经费预算、职责任务、管辖范围和人员定额等，也都有明确的法律依据。

(四) 组建精干、高效的改革工作班子，重视发挥参谋咨询机构的作用

为了推动行政改革稳步向前发展，西方国家都成立了精干高效的实施与监督机构。美国克林顿政府于1993年3月成立了"政府运行评议委员会"，该委员会由200多名高级官员和资深专家组成，负责对联邦政府的行政运作及工作效率进行考察分析，提出改革建议。此外，各国政府在行政改革过程中普遍重视参谋咨询机构的作用。西方国家政府内部的参谋咨询机构主要有最高行政长官的咨询机构、部门的咨询机构和独立的咨询机构等几种类型。最高行政长官的咨询机构是直接为最高行政长官的决策提供咨询服务的，如美国的白宫办公厅、法国总统府中的总秘书处等。部门的咨询机构是为政府部门提供咨询服务的机构，如日本各省厅的"审议会"等。独立的咨询机构与行政系统关系密切，但又保持自己的相对独立性，如法国的经济与社会委员会，英国的枢密院等。

(五) 运用信息技术进行政府改革

建立健全行政信息系统，收集、处理、存储和使用各类情报资料，已成为当代西方国家行政管理现代化的一大特点。20世纪60年代，西方国家在行政改革中普遍建立了行政信息系统。美国为满足现代化决策对信息的要求，于1971年对情报系统进行了改革，规定美国情报委员会协调和监督国防部、国务院、司法部、财政部和原子能委员会的情报，由中央情报局局长任委员会主席。20世纪70年代初，西方国家开始普及计算机应用，目的是提高信息

---

① 参见〔美〕戴维·奥斯本、特德·盖布勒：《改革政府——企业家精神如何改革着公共部门》，周敦仁等译，上海译文出版社2016年版。

收集和处理能力,实现行政管理现代化。20世纪80年代,西方国家基本上实现了办公手段的自动化和数据处理的计算机化。

第三节 当代中国的行政改革

一、改革开放以来中国的行政改革

改革开放以来,我国政府系统进行过多次改革。从整体上看,这些变革基本上是围绕着调整中央与地方的关系,调整国民经济结构,调整社会管理重点而进行的。这些变革在不同程度上都对完善我国的国家行政管理体制产生过积极的影响,积累了一些有益的经验。

(一)1982年政府机构改革:提高行政效率,实行干部年轻化

党的十一届三中全会以后,中国进入了一个新的发展时期。从1982年开始,首先从国务院开始展开了各级政府机构改革,这次改革注意到了经济体制改革的进一步发展可能对政府机构设置提出的新要求,力求使机构调整为经济体制改革的深化提供有利条件,大量撤并经济管理部门。

1982年3月8日,五届全国人大常委会第二十二次会议通过了《关于国务院机构改革问题的决议》。这次改革明确规定了各级各部的职数等结构,减少了领导副职,提高了素质。在精简机构方面,国务院各部门从100个减为61个,人员编制从原来的5.1万人减为3万人,缩减了41%。

此次改革的历史性进步可用三句话来概括:一是开始废除领导干部职务终身制;二是精简了各级领导班子;三是加快了干部队伍年轻化建设进程。但是,由于未能建立起与社会主义初级阶段的发展特征相适应的国家行政管理的基本模式,已经精简的机构很快又恢复起来,出现并形成了一种"精简—膨胀—再精简—再膨胀"的恶性循环的行政现象。

(二)1988年政府机构改革:转变政府职能是机构改革的关键

随着经济体制改革的深入,政治体制与经济体制改革不相适应的矛盾日益凸显。邓小平在1986年9月3日会见日本公明党委员长竹入义胜时说:"现在经济体制改革每前进一步,都深深感到政治体制改革的必要性。不改革政治体制,就不能保障经济体制改革的成果,不能使经济体制改革继续前进,就会阻碍生产力的发展,阻碍四个现代化的实现。"[①] 1988年4月9日,七届

---

① 《邓小平文选》第3卷,人民出版社1993年版,第176页。

全国人大一次会议通过了国务院机构改革方案。国务院部委由原有的 45 个减为 41 个,人员编制减少了 9700 多个。这次改革最大的特点是按照政治体制改革和经济体制改革进程的要求,以转变政府职能为关键,与政府内部的制度化建设相配套。①

此次改革侧重于推进政府职能的转变。政府的经济管理部门要从以直接管理为主转变为以间接管理为主,强化宏观管理职能,淡化微观管理职能。其内容主要是合理配置职能,科学划分职责分工,调整机构设置,转变职能,改变工作方式,提高行政效率,完善运行机制,加速行政立法。改革的重点是那些与经济体制改革关系密切的经济管理部门。改革采取自上而下、先中央后地方、分步实施的方式进行。

(三) 1993 年政府机构改革:适应建设社会主义市场经济的需要

1992 年,党的十四大确立了中国经济体制改革的目标是建立社会主义市场经济体制,中国的改革开放和经济发展进入了一个新阶段。此后几次改革都是围绕建立适应市场经济体制要求的行政管理体制而展开的,1993 年的政府机构改革也不例外。首先,将适应社会主义市场经济发展的要求作为此次改革的目标;其次,明确提出了行政管理体制改革的概念,从而提高了机构改革的广度和深度;最后,以转变职能为重点,提出政企分开是职能转变的根本途径。

此次机构改革的核心任务是在推进经济体制改革、建立市场经济的同时,建立起有中国特色的、适应社会主义市场经济体制的行政管理体制。此次机构改革的历史性贡献在于:首次提出政府机构改革的目的是适应建设社会主义市场经济体制的需要。

(四) 1998 年政府机构改革:消除政企不分的组织基础

1998 年 3 月 10 日,九届全国人大一次会议审议通过了《关于国务院机构改革方案的决定》。此次改革的目标是:建立办事高效、运转协调、行为规范的政府行政管理体系,完善国家公务员制度,建设高素质的专业化行政管理队伍,逐步建立适应社会主义市场经济体制的有中国特色的政府行政管理体制。此次改革的重点是优化政府组织结构。改革后,国务院组成部门由原来的 40 个减少到 29 个,全国各级党政群机关共精简行政编制 115 万人。

(五) 2003 年政府机构改革:实现行为规范、运转协调、公正透明、廉洁高效的目标

这一轮政府机构改革是在加入世界贸易组织的大背景下进行的,改革的

---

① 参见汪玉凯:《中国行政体制改革 20 年》,中州古籍出版社 1998 年版,第 107—113 页。

目的是：进一步转变政府职能，改进管理方式，推进电子政务，提高行政效率，降低行政成本。改革的目标是建立与社会主义市场经济相适应，与社会主义民主政治相配套，行为规范、运转协调、公正透明、廉洁高效的行政管理体制。改革的重点是紧紧围绕政府职能转变这个主题，深化国有资产管理体制改革，完善宏观调控体系，健全金融监管体制，继续推进流通体制改革，加强食品安全和安全生产监管体制建设。并特别提出了"决策、执行、监督"三权相协调的要求。此次改革解决了一些深层次问题，如在构建新的职能体系上取得了实质性进展，使政府职能更加集中化；进一步优化了政府组织结构，协调和规范了政府行为，打破了部门分割的状态，在建立责任政府、效率政府及服务政府上迈出了一大步。

（六）2008年政府机构改革：推进大部门体制

为了更好地适应发展社会主义市场经济和发展社会主义民主政治的要求，行政体制改革被再次提上议事日程。此次国务院机构改革的主要任务是围绕转变政府职能和理顺部门职责关系，探索实行职能有机统一的大部门体制，合理配置宏观调控部门职能，加强能源环境管理机构，整合完善工业和信息化、交通运输行业管理体制，以改善民生为重点加强与整合社会管理和公共服务部门。深化行政管理体制改革的总体目标是：到2020年建立起比较完善的中国特色社会主义行政管理体制。

此次改革突出了三个重点：一是加强和改善宏观调控，促进科学发展；二是着眼于保障和改善民生，加强社会管理和公共服务；三是按照探索职能有机统一的大部门体制要求，对一些职能相近的部门进行整合，实行综合设置，理顺部门职责关系。

（七）2013年政府机构改革：信息化驱动的整合式改革

党的十八大从我国发展全局出发，提出了深化行政体制改革的要求和任务，强调要按照建立中国特色社会主义行政体制目标，深入推进政企分开、政资分开、政事分开、政社分开，建设职能科学、结构优化、廉洁高效、人民满意的服务型政府。这次改革围绕转变职能和理顺职责关系，稳步推进大部门制改革，破除制约经济社会发展的体制机制弊端。具体内容包含以下四个方面：第一，机构整合。这次国务院机构改革，重点围绕转变职能和理顺职责关系，稳步推进大部门制改革，实行铁路政企分开，整合加强卫生和计划生育、食品药品、新闻出版和广播电影电视、海洋、能源管理机构。第二，职能整合。职能整合的大致方向为创造良好的发展环境、进一步提供优质的公共服务、维护社会公平正义。具体领域涉及经济调节、市场监管、社会管理和公共服务等。第三，制度整合。注重完善制度机制，加快形成权界清晰、分工合理、权责一致、运转高效、法治保障的国务院机构职能体系。构建合理的制度结构，把逐渐转移到市场、企业、社会以及地方政府的职能和资源置于中央的宏观管理体系中。第四，技术整合。在现行电子政务体系建设基础上加大政务服务信息化平台整合力度，把分散的政务服务平台整合集成起来，建立起整体化、网络化、一站式公共服务平台。

（八）2018年政府机构改革：推进党和国家机构职能优化协同高效

2017年，党的十九大报告提出"深化机构和行政体制改革"的要求，要"转变政府职能，深化简政放权"，这成为新一轮政府机构改革的纲领性文件。2018年2月，党的十九届三中全会通过的《中共中央关于深化党和国家机构改革的决定》提出了深化党和国家机构改革的具体目标。

此次改革是全面推进国家治理体系和治理能力现代化的迫切需要，以推进党和国家机构职能优化协同高效为着力点，着眼于转变政府职能，推进重点领域和关键环节的机构职能优化和调整。改革要求优化政府机构设置和职能配置、统筹党政军群机构改革、合理设置地方机构、推进机构编制法定化、加强党对深化党和国家机构改革的领导。

此次改革具有以下三个特点：第一，更加强调协同高效。这次改革通过合并同类项，最大限度地合并分散在国务院不同组成部门中相同或相近的职能，重新组建一个新的部门，确保一类事项原则上由一个部门统筹、一件事情原则上由一个部门负责。如新设立的自然资源部就整合了国土资源部、国家发展和改革委员会、住房和城乡建设部、水利部、农业部、国家林业局、国家海洋局、国家测绘地理信息局等八个部门的相关职责。这种组建方式将原来需要在多个部门之间流转的事情放在一个部门，使国务院机构设置更加科学、职能更加优化、权责更加协同、监管更加有力、运行更加高效。第二，系统性地重组机构。这次国务院机构改革以组建或重新组建为主，在国务院组成部门中组建了自然资源部、生态环境部、农业农村部、文化和旅游部、国家卫生健康委员会、退役军人事务部、应急管理部，重新组建了科学技术部、司法部，占改革后国务院26个组成部门的1/3。这一改革的力度大，影响广，触及的利益关系复杂，是一场系统性、整体性、重构性的变革。第三，与党中央的机构改革同步进行。如此次国务院机构改革将监察部、国家预防腐败局、最高人民检察院的相关职责进行整合，组建国家监察委员会，同中央纪律检查委员会合署办公，履行纪检、监察两项职责。此外还将国家公务员局并入中央组织部，将原国家新闻出版广电总局的新闻出版和电影管理职责划入中央宣传部，将国家民族事务委员会归口中央统战部领导，将国家宗教事务局和国务院侨务办公室并入中央统战部，将工业和信息化部管理的国家计算机网络与信息安全管理中心调整为由中央网络安全和信息化委员会办公室管理。这次改革使党政机构职能分工更加合理，责任更加明确，促进了行政机构的高效运转协调。

(九) 2023年政府机构改革：坚持系统集成观念

党的二十届二中全会通过了《党和国家机构改革方案》，方案强调，必须以习近平新时代中国特色社会主义思想为指导，以加强党中央集中统一领导为统领，以推进国家治理体系和治理能力现代化为导向，坚持稳中求进工作总基调，适应统筹推进"五位一体"总体布局、协调推进"四个全面"战略布局的要求，适应构建新发展格局、推动高质量发展的需要，加强科学技术、金融监管、数据管理、乡村振兴、知识产权、老龄工作等重点领域的机构职责优化和调整，转变政府职能，加快建设法治政府，为全面建设社会主义现代化国家、全面推进中华民族伟大复兴提供有力保障。

这次国务院机构改革具体包括以下几个方面：第一，重新组建科学技术部。加强科学技术部推动健全新型举国体制、优化科技创新全链条管理、促进科技成果转化、促进科技和经济社会发展相结合等职能，强化战略规划、体制改革、资源统筹、政策法规等宏观管理职责，保留国家基础研究和应用基础研究、国家实验室建设、国家科技重大专项、国家技术转移体系建设、科技成果转移转化和产学研结合、区域科技创新体系建设、科技监督评价体系建设、科研诚信建设、国际科技合作、科技人才队伍建设、国家科技评奖等相关职责，仍作为国务院组成部门。第二，组建国家金融监督管理总局。统一负责除证券业之外的金融业监管，强化机构监管、行为监管、功能监管、穿透式监管、持续监管，统筹负责金融消费者权益保护，加强风险管理和防范处置，依法查处违法违规行为，作为国务院直属机构。不再保留中国银行保险监督管理委员会。第三，深化地方金融监管体制改革。建立以中央金融管理部门地方派出机构为主的地方金融监管体制，统筹优化中央金融管理部门地方派出机构设置和力量配备。地方政府设立的金融监管机构专司监管职责，不再加挂金融工作局、金融办公室等牌子。第四，中国证券监督管理委员会由国务院直属事业单位调整为国务院直属机构。强化资本市场监管职责，划入国家发展和改革委员会的企业债券发行审核职责，由中国证券监督管理委员会统一负责公司（企业）债券发行审核工作。第五，统筹推进中国人民银行分支机构改革。撤销中国人民银行大区分行及分行营业管理部、总行直属营业管理部和省会城市中心支行，在31个省（自治区、直辖市）设立省级分行，在深圳、大连、宁波、青岛、厦门设立计划单列市分行。中国人民银行北京分行保留中国人民银行营业管理部牌子，中国人民银行上海分行与中国人民银行上海总部合署办公。第六，完善国有金融资本管理体制。按照国有金融资本出资人相关管理规定，将中央金融管理部门管理的市场经营类机构剥离，相关国有金融资产划入国有金融资本受托管理机构，由其根据国务院授权统一履行出资人职责。第七，加强金融管理部门工作人员统一规范管理。中国人民银行、国家金融监督管理总局、中国证券监督管理委员会、国家外汇管理局及其分支机构、派出机构均使用行政编制，工作人员纳入国家公务员统一规范管理，执行国家公务员工资待遇标准。第八，组建国家数据局。负责协调推进数据基础制度建设，统筹数据资源整合共享和开发利用，统筹推进数字中国、数字经济、数字社会规划和建设等，由国家发展和改革委员会管理。第九，优化农业农村部职责。统筹抓好以乡村振兴为重心的"三农"各项工作，加快建设农业强国，将国家乡村振兴局的牵头开展防止返贫监测和帮扶，组织拟订乡村振兴重点帮扶县和重点地区帮扶政策，组织开展东西部协作、对口支援、社会帮扶，研究提出中央财政衔接推进乡村振兴相关资金分配建议方案并指导、监督资金使用，推动乡村帮扶产业发展，推动农村社会事业和公共服务发展等职责划入农业农村部，在农业农村部加挂国家乡村振兴局牌子。第十，完善老龄工作体制。实施积极应对人口老龄化国家战略，推动实现全体老年人享有基本养老服务，将国家卫生健康委员会的组织拟订并协调落实应对人口老龄化政策措施、承担全国老龄工作委员会的具体工作等职责划入民政部。全国老龄工作委员会办公室改设在民政部，强化其综合协调、督促指导、组织推进老龄事业发展职责。中国老龄协会改由民政部代管。第十一，完善知识产权管理体制。加快推进知识产权强国建设，全面提升知识产权创造、运用、保护、管理和服务水平，将国家知识产权局由国家市场监督管理总局管理的国家局调整为国务院直属机构。商标、专利等领域执法职责继续由市场监管综合执法队伍承担，相关执法工作接受国家知识产权局专业指导。第十二，国家信访局由国务院办公厅管理的国家局调整为国务院直属机构，以更好贯彻落实新时代党的群众路线，加强和改进人民信访工作，更好维护人民根本利益。第十三，精减中央国家机关人员编制。中央国家机关各部门人员编制统一按照5%的比例进行精减，收回的编制主要用于加强重点领域和重要工作。

改革后，除国务院办公厅外，国务院设置组成部门仍为26个。此次国务院机构改革，着力于科技、金融、知识产权、数据治理等资源要素，以期助力创新驱动发展，这与过去二十年里的四次机构改革中注重交通运输、生态环境、卫生健康、应急管理、退役军人事务等民生和社会治理领域明显不同，充分说明我国政府职能转变和机构改革进入深水区。

二、中国行政改革的经验与难点

（一）中国行政改革的经验

行政改革是一项复杂的系统工程，它涉及社会生活的方方面面。为了保证行政改革的顺利进行，我国在推进行政改革中的基本做法和经验是：

1. 立足中国国情，坚持因地制宜，区别对待

一个国家的行政体制受到政治、经济、文化、历史等多方面因素的影响，只有进行与本国国情相适应的行政改革，才能保证行政改革取得成功。我国幅员辽阔，区域差异明显。这就决定了我国政府的职能更为复杂，更需要从本国国情出发，进行中国特色式的行政改革。我国的经济发展有很大的不平衡性，东西差异明显，且每个县市之间的发展水平也有很大的差异。因此，我国在行政改革的过程中一定要注意各个地方的特殊性，实行分类的行政改革指导。允许各地在遵循改革的总原则和方针的前提下，因地制宜地设计具体步骤。

2. 坚持与经济体制改革相配套

政府行政体制作为社会的上层建筑，既反作用于经济体制，又受到社会经济的发展水平和经济体制的制约，它一定要服务于社会经济的发展和经济体制改革的需要。因此，中国的行政改革需要围绕经济建设事业进行。

3. 正确处理改革、发展和稳定的辩证关系

我国正处于向市场经济转变的变革时期，没有社会的稳定不可能发展经济和促进改革。而经济的持续和快速发展是社会稳定的基础，改革又是经济发展的基本动力。因此，发展是目的，改革是动力，稳定则是推进改革和发展的基本前提。我国政府在推进行政改革过程中，十分注意从整体上把握这三者之间的辩证关系，使之相互协调、相互促进。特别是在机构精简、人员分流等涉及人们切身利益的敏感问题上，始终注意采取积极稳妥的方针，既坚定不移地推进改革，又妥善安置相关人员，在保持政府工作连续性和社会稳定的前提下，使改革达到预期目的。

4. 坚持对外开放，广泛吸收和借鉴国外发达国家的行政改革经验和我国传统的行政精华

对外开放是我国的基本国策，是促进改革、加快改革的成功之路。世界

各国在长期的行政管理实践中积累了许多经验,值得我们学习借鉴。同时,我国也是一个具有悠久历史的文明古国,几千年的行政历史为当今中国的行政改革提供了丰富的养料。因此,我们在行政改革中既要吸收和借鉴当今世界各国科学管理的方式方法,也要注意弘扬中国传统文化的精华,古为今用,建立具有中国特色的行政体制。

5. 坚持分步实施、逐步到位的渐进改革方式

改革涉及利益的分配与权力的调整,必然会引起社会的震动与各种矛盾和冲突。因此,必须意识到我国的行政改革是一个具有复杂性、长期性和艰巨性的过程,必须采取从点到面、从局部到整体、从表层到深层分步实施的做法,自上而下地逐步推行。既能够审时度势,抓住时机重点突破,又能把握改革力度和步骤,分步推进,做到长远目标与阶段性改革相结合。

(二)中国行政改革的难点

当然,我国在推进行政改革中仍存在着许多有待解决的问题和难点,主要是:

1. 观念和利益问题

每一场大的变革,总是伴随着观念的变革。当前,影响行政改革深入推进的旧观念很多,如因循守旧、求稳怕乱等。还有些人秉持"官本位"观念,坚持传统的"企业主管部门"思维方式,在政企关系上往往立足于"给予"而不是"归还",因而导致放权放不彻底、放不到位的情况出现。

此外,改革涉及利益的调整,必然会遭到既得利益者的反对。这里的既得利益者主要指以下三种情况:一是传统体制下取得利益的政府官员,他们为了维护既得的利益,往往反对改革,或者是带着消极态度工作,导致管理的真空。二是在经济转轨过程中取得利益的部分群体,为了继续利用价格、汇率等"双轨制"发财,他们往往支持前期的改革,反对后期的改革。三是政府部门之间利益矛盾的存在也会阻碍经济的发展和政府的改革。如某些垄断部门利用其自身的行政权力维持其垄断地位,禁止或限制竞争者的进入。

2. 职能转变、政企分开问题

行政改革的关键是转变政府职能,实现真正的政企分开。这是政府角色的根本转变和市场主体结构的位移,是利益的调整或某种权力的失落。因而实践中出现了"口转心不转""形转实不转"或"明转暗不转"的情况。有的机构只是更名为实业总公司或集团公司,摇身一变而成为经济实体,但其职能未变、人马依旧。许多"翻牌公司"的出现便是政府职能扭曲的结果。

3. 改革的配套、平衡问题

行政改革是一项复杂的系统工程,它本身包含着政府职能的转变、机构

的精简以及人事制度、社会保障制度、管理方式和方法等方面的配套改革，外部又受到政治、经济、文化环境的影响和制约，必须与政治、经济、文化环境保持动态的平衡。但在我国以往的改革中，政治体制改革、法制建设、人事制度和社会保障制度等方面的配套改革明显滞后，致使机构改革"孤军深入"，导致改革很难奏效。同时，条块矛盾也会造成"上改下不改""左动右不动""你转他不转"的格局，妨碍了改革的深化。

4. 人员分流问题

精兵简政、人员分流是历次改革的难点，也是以往改革成效不大、成果难以巩固的重要原因。人员分流不妥和安置不当，不仅会挫伤一大批政府工作人员的积极性，给改革带来阻力，而且可能影响社会稳定。因此，如何妥善地进行人员分流，合理地安置富余人员是行政改革一个亟待解决的难题。

5. 行政法治建设问题

行政改革必须遵循法律规定，必须纳入严格的法定程序，行政改革的成果也必须由法律予以确认和保障。长期以来，我国的行政法治建设一直是一个薄弱环节，科学立法、严格执法、公正司法和全民守法仍存在不少问题。因此，如何采取得力措施，切实加强行政法治建设，也是行政改革中有待解决的又一难题。

三、新时代中国行政改革的主要方向

中国政府制度的创新

行政改革是一个持续的过程和复杂的系统工程。当下，我国进入了新时代，党的二十大擘画了以中国式现代化全面推进中华民族伟大复兴的宏伟蓝图。行政改革必须紧紧围绕服务型政府、法治政府和数字政府的目标，着力推进重点领域和关键环节的机构职能优化和调整，构建依法行政的政府治理体系，建设人民满意的政府。

（一）建设服务型政府

服务型政府，是指能够公正、透明、高效地为公众和全社会提供优质公共产品和服务的政府，是按照公众的需求提供公共产品和服务、以回应公众和社会的需要为政府职能定位的现代政府。服务型政府的基本特征是：政府是公共利益的代表，政府的主要职责是实现和保障社会公正，政府的职能主要是提供公共产品与公共服务，政府财政资源主要向公共产品服务领域倾斜。

因此，深化行政改革，要以服务型政府建设为切入点。完善公共财政体制，健全公共服务体系；创新公共服务体制，改进公共服务方式。以发展社

会事业和解决民生问题为重点,着力解决就业、就学、就医、社会保障、社会治安、安全生产和环境保护等人民群众最关心的问题;强化公共服务职能,优化公共资源配置,加强公共设施建设,完善社会管理制度,提高社会管理水平,为全体人民提供更多更好的公共服务;全面推行政务公开,使其成为各级政府及部门的一项基本制度和基本责任,贯穿行政权力运行的全过程;加快电子政务建设,建立高效政务服务体系,完善各级政府及部门的"政务大厅",推行"一站式服务",在基层建立"政务超市",提供在线政府服务。

(二) 建设法治政府

在我国,法治政府建设包括合法行政、合理行政、程序正当、高效便民、诚实守信和权责统一等六个方面的要求。对于行政体制改革而言,法治政府意味着:用法律手段推动改革进程,把机构改革过程和改革成果法制化;按照法定权限和程序行使职权、履行职责,既不能失职不作为,又不能越权乱作为;坚持和自觉地接受人大监督、政协的民主监督、监察监督、司法监督、新闻舆论监督和群众监督,加强审计等专门监督。

因此,要树立法治观念,做到行政行为的规范化、行政关系的法制化;健全和完善行政法治的规范;完善行政法治程序;强化行政法治的监督,构建完备的权力监督法律体系;转变观念,在人民和政府关系认识上,注意向公民权利和政府责任转变;在法治理念上,注重向依法规范和制约行政权转变;在责任意识上,注重向强化政府责任转变。

(三) 建设数字政府

数字政府是指运用现代信息通信技术,超越传统政府行政机关的组织界限,改变传统政府中的集中管理和分层结构,建立新型的扁平化网络结构的电子化政府管理体系,履行政府职能,使人们从电子化支撑的不同渠道获取政府的信息及服务。政府还可以依据人们的需求,高效率、低成本地提供各种不同的服务选择,以适应全球性的信息经济和网络经济发展状况。数字政府着眼于政府管理流程再造,构建和优化政府内部管理系统、决策支持系统和办公自动化系统等,为政府信息管理、服务水平的提高提供强大的技术支持。

因此,建设数字政府需要从以下四个方面入手:第一,大力构建协同高效的政府数字化履职能力体系,统筹推进各行业各领域政务应用系统集约建设、互联互通、协同联动,创新行政管理和服务方式,全面提升政府履职效能。具体包括运用大数据监测分析提升经济调节能力、推行智慧监管提升政府市场监管能力、推动数字化治理提升社会治理能力、优化数字化服务提升公共服务供给能力、推动生态环境保护数字化转型提升生态环境保护能力、加快数字化机关建设、提升政务运行效能等。第二，加快开放共享的数字资源体系和平台支撑体系。充分发挥政务数据共享协调机制作用，提升数据共享统筹协调力度和服务管理水平，整合构建结构合理、智能集约的平台支撑体系，适度超前布局相关新型基础设施，全面夯实数字政府建设根基。第三，构建全方位的数字政府安全保障体系，加强关键信息基础设施安全保障，强化安全防护技术应用，切实筑牢数字政府建设安全防线。统筹做好数字政府建设安全和保密工作，加强数据全生命周期安全管理和技术防护，构建全方位、多层级、一体化的安全防护体系。第四，以数字政府建设带动全面数字化发展，更好激发数字经济活力，优化数字社会环境，营造良好数字生态。

参考答案

> **思考题**
>
> 1. 简述行政改革的含义与类型。
> 2. 试比较行政改革中"渐进式"与"突变式"改革的优缺点。
> 3. 行政改革的内容具体包括哪些？
> 4. 行政改革的动力与阻力包括哪些？
> 5. 当代西方国家行政改革的主要内容有哪些？
> 6. 简述当代西方国家行政改革的基本特点。
> 7. 我国在推进行政改革中的基本做法和经验有哪些？
> 8. 我国在推进行政改革中有哪些难点问题有待解决？
> 9. 新时代中国行政改革的主要方向包括哪些？

> **讨论题**
>
> 1. 试从时代背景、改革内容等方面入手，讨论分析西方社会和中国社会的行政改革与发展的异同点。
> 2. 西方国家的行政改革对西方乃至整个国际社会产生了怎样的影响？如何评价西方国家行政改革的得失？
> 3. 当下，我国进入了新时代，党的二十大擘画了以中国式现代化全面推进中华民族伟大复兴的宏伟蓝图。展望未来，如何处理好行政改革借鉴西方和本土化之间的关系？

推荐阅读文献

1. 国家行政学院国际合作交流部编：《西方国家行政改革述评》，国家行政学院出版社2000年版。

2. 周志忍主编：《当代国外行政改革比较研究》，国家行政学院出版社1999年版。

3. 高小平主编：《行政管理改革理论新探索》，社会科学文献出版社2012年版。

4. 周雪光、刘世定、折晓叶主编：《国家建设与政府行为》，中国社会科学出版社2012年版。

5. 任晓：《中国行政改革》，浙江人民出版社1998年版。

6. 沈荣华：《大部制》，江苏人民出版2014年版。

7. 蒋硕亮：《新中国行政体制改革70年》，上海人民出版社2019年版。

8. 周天勇、翁士洪：《从管理走向治理——中国行政体制改革40年》，上海人民出版社2018年版。

9. 陈剩勇等：《政府改革论：行政体制改革与现代国家制度建设》，北京大学出版社2014年版。

10. 张林山、孙凤仪：《改革梗阻现象：表现、根源与治理》，社会科学文献出版社2017年版。

11. 沈荣华、钟伟军：《中国地方政府体制创新路径研究》，中国社会科学出版社2009年版。

12. 世界银行：《1997年世界发展报告——变革世界中的政府》，中国财政经济出版社1997年版。

13. 〔美〕塞缪尔·P.亨廷顿：《变化社会中的政治秩序》，王冠华、刘为等译，上海三联书店1989年版。

后　　记

　　行政管理学是高等学校行政管理、公共事业管理、秘书学等专业的核心基础课程。行政管理学，亦称行政学、公共行政学、公共行政管理学等，是研究政府行政机关依法、有效地管理国家事务、社会公共事务和机关内部事务的学科。改革开放以来，作为一门新兴学科的行政管理学发展迅猛，其显著标志之一就是有关教材的大量涌现，其中关于行政管理学概论或原理的教材更是层出不穷。这些教材对于促进行政管理学教学、科研与学科建设都产生了积极作用。但毋庸讳言，这些教材在一定程度上也存在着重复建设、创新不够、逻辑体系不够严密、内容不够与时俱进等问题。2013年党的十八届三中全会提出"国家治理体系和治理能力现代化"，2022年党的二十大提出"中国式现代化"。很显然，无论是国家治理现代化还是中国式现代化，都离不开政府治理体系和治理能力现代化，都离不开行政管理学的创新与发展。因此，回应新时代社会发展的需要，与时俱进地编写教材，为课堂教学提供最新最鲜活的知识和素材，正是我们的初衷所在。

　　其实，编写一本具有自身特色的行政管理学教材是我的夙愿。记得2002年刚工作时讲授的第一门课就是行政管理学，在备课时参阅了近十本国内外经典教材，夏书章先生主编的《行政管理学》（1998年版）、王沪宁和竺乾威老师主编的《行政学导论》（1988年版）、张国庆老师主编的《行政管理学概论》（2000年版，该书自第三版后改为《公共行政学》）、彭和平老师主编的《公共行政管理》（1995年版，该书自第四版后改为《公共行政学》）、丁煌老师著的《西方行政学说史》（1999年版）这几本教材更是常立案头，随时翻阅。学习借鉴的基础上，我手写了四百多页的讲稿和教案（那时电脑使用尚不普遍）供上课使用。在随后几年的教学过程中逐渐确立了本门课程的逻辑体系，即行政管理的最终目标是提高行政绩效，为达此目标需要解决三个方面的问题——"谁来进行行政管理"即主体、"行政管理管什么"即客体或曰内容和对象、"如何进行行政管理"即手段或方式，这正好构成了这门课程的主要内容。2010年，该课程被立项为校级精品课程，结项要求之一就是编写一本教材。于是我就按照上述思路列出了章节框架并着手写作。经过近两年的整理和撰写，一部四十多万字的书稿基本成型。2012年由学校印刷厂印刷了600册并于当年投入教学使用中。在六年多的使用过程中，学生提出了不少修改意见和建议，其中大部分的建议比较中肯，我及时予以采纳。2022年，学校教务处进行"十四五"教材立项，本教材顺利通过资助。2023年又获得国家一流本科专业建设点"行政管理"专业建设经费的资助。于是，教材的正式出版工作便提上日程。

在编写的过程中，我们也出现了诸多困惑。比如在章节的名称上，第七章财务行政管理，夏书章老先生主编的教材中直接叫"公共预算"，我们认为财务工作是政府运行的基础，也是政府行政管理的重要内容，除了预算工作，应还包括财政收入与支出、政府决算、政府审计等内容，因此本章名称仍沿用"财务行政"的称谓。第十章公共危机管理，有的教材叫"公共危机管理与应急管理"（特别是2018年应急管理部成立后，比如王宏伟编著的《公共危机与应急管理：原理与案例》、迈克尔·林德尔等主编的《公共危机与应急管理概论》等），有的教材章节名称直接为"应急管理"，我们认为公共危机管理是更为宏观的概念，包含的范围更加广泛，因此使用了这一名称。又比如在章节的取舍上，国内多数教材没有"公共政策"和"行政计划"这两章，我们认为公共政策是政府进行行政管理的重要手段，行政计划是联结行政决策和行政执行的中介；没有公共政策，政府不能实现有效的政府治理；没有行政计划，行政决策目标无法细化，行政执行也就没有依据。鉴于此，我们果断加入了这两章。再比如在五个方面内容的编排上，国内有的教材将"行政领导"作为行政管理的方法或手段来阐述，这当然是无可厚非的，因为任何行政管理过程都需要"领导"；国内大多数教材将"人事行政"作为行政管理的主体，因为人事行政主要涉及国家公务员，他们是负责社会公共事务管理的。我们认为，从事行政领导活动的行政领导者是行政组织中具体从事行政管理活动的人的因素，因此将其作为主体部分。行政管理需要管理人、财、物及相关资源，而国家公务员是国家行政机关首先要管理的"人"，因此将人事行政作为客体部分。如此等等。以上困惑，恳请学界同仁予以解答与赐正。同时，由于篇幅所限，行政管理学的诸多研究内容，如行政权力、行政信息、行政文化、行政责任、行政伦理、行政方法、电子政务、行政发展等，未能在本教材中得以展现。

本教材作为国家一流本科专业建设点"行政管理"专业建设的一项成果，是江苏师范大学政治与公共管理系从事行政管理专业教学科研工作的教师集体努力、精诚合作的结果。作为主编，我负责本教材思路与逻辑体系设计以及修改、统稿、定稿工作，楚德江、史为恒、白现军、张红梅、张峰、李楠、周蜜、吴雪倩、郭军涛、胡嘉伟等分头撰写有关章节，我们都付出了艰辛的劳动，凝结着课题组全体成员的心血和汗水。特别是本教材作为新形态教材，需要在教材中附思考题答案和大量的二维码资源，大家都在周末或假期加班加点按时完成，充分体现出认真负责的敬业精神和同心协力的团队精神。本书参编人员的分工如下（以撰写章节先后为序）：

周定财，第一、二、三、五、六、十四、十五、十八章；李楠，第四章；张红梅，第七章；周蜜，第八章；白现军，第九章；吴雪倩，第十章；楚德江，第十一章；张峰，第十二章；史为恒，第十三章；郭军涛，第十六章；胡嘉伟，第十七章。

在本教材即将出版之际，要特别感谢北京大学出版社圣大燕园编辑部的吴康文编辑，正是他精湛专业的支持、帮助和督促，本书才得以顺利出版。还要感谢张子萌、张雨龙、顾润男、赵燕嘉、朱源清等研究生参与书稿的校对与修改工作，以及在过去的课堂上积极参与讨论并提出修改建议的每一位同学。

当然，作为全国同类教材中为数不多的新形态教材，本书是一次创新的大胆尝试，其中不够成熟甚至疏漏失误之处在所难免，真诚欢迎学界前辈与同仁批评指正，我们将在以后的使用与修订中不断完善。同时我们也吸收和引用了国内外大量的相关研究成果特别是已经出版的同类教材，除已经注明的外，尚借用了其他专家、学者的成果，在此一并对这些成果的原著者表示感谢。

周定财

2024 年 4 月 16 日